《云南少数民族古籍珍本集成》编纂委员会

云南少数民族古籍珍本集成

云南省少数民族古籍整理出版规划办公室◎编

第五十九卷　傣族

云南出版集团公司
云南人民出版社

云南省百项少数民族文化精品工程项目
民族文字出版专项资金资助项目

前言

云南是一个多民族的边疆省份，全省25个少数民族在长期的历史发展进程中创造了丰富多彩的民族历史文化，留下了卷帙浩繁的民族文字文献古籍和口传古籍，这些少数民族古籍是各民族先民创造的重要文明成果，是中华文明一脉相承的历史见证，也是人类文明的瑰宝。据统计，云南少数民族文字文献古籍蕴藏量达10万余册（卷），口传古籍4万余种，大多数至今仍散藏于民间，损毁日益严重。

云南少数民族古籍以种类繁多、历史悠久、载体多样而独具特色，是云南不可再生的珍贵文化遗产，也是亟待抢救保护和开发利用的重要文化资源。2003年，纳西东巴古籍文献入选《世界记忆遗产名录》，云南少数民族古籍的人类文化遗产价值得到联合国教科文组织世界遗产委员会的肯定。

为抢救保护这宗珍贵的世界文化遗产，我们计划用5年左右时间编纂出版《云南少数民族古籍珍本集成》100卷，结集出版一批云南少数民族古籍中的孤本、善本和珍本，并用彩色影印的方式真实再现古籍原貌，以丰富和繁荣民族文化事业。

云南省少数民族古籍整理出版规划办公室

《云南少数民族古籍珍本集成》编纂委员会

2012年9月16日

目录

释伽牟尼前传

傣族叙事长诗。流传于云南保山市昌宁县傣族地区。叙述了两千多年前迦吡罗卫城王国（今尼泊尔境内）王子召细塔在天神的招引下，为了解除人类生老病死的疾苦，放弃王位到荒郊野外修行，经过六年六个月零六天的修行成佛，并带领众徒弟到各地讲经，传播佛法，引导人们行善积德，到达涅槃世界。佚名撰。旧抄本。绵纸。保存完好，今藏保山市昌宁县湾甸傣族乡金万德家。

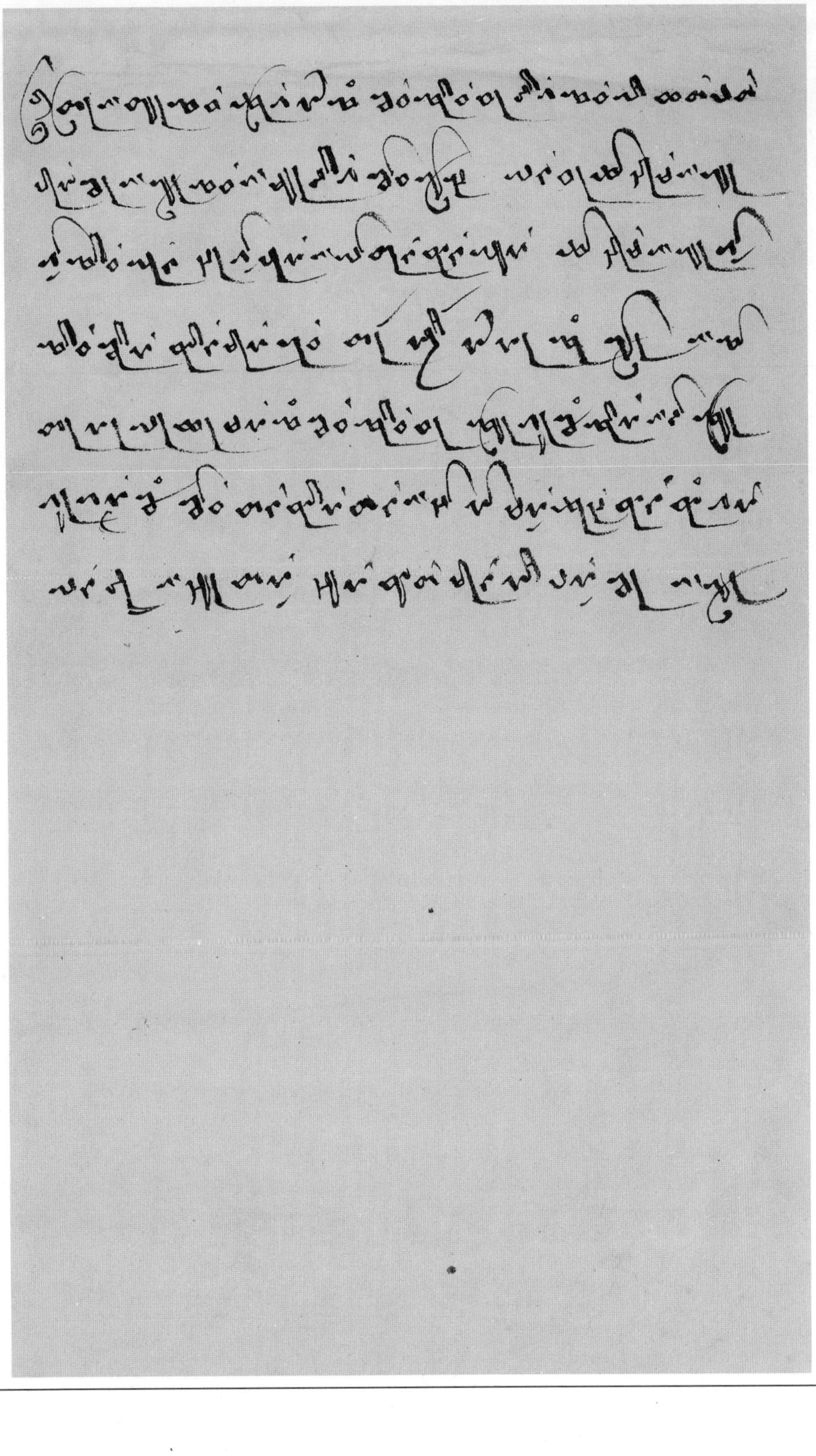

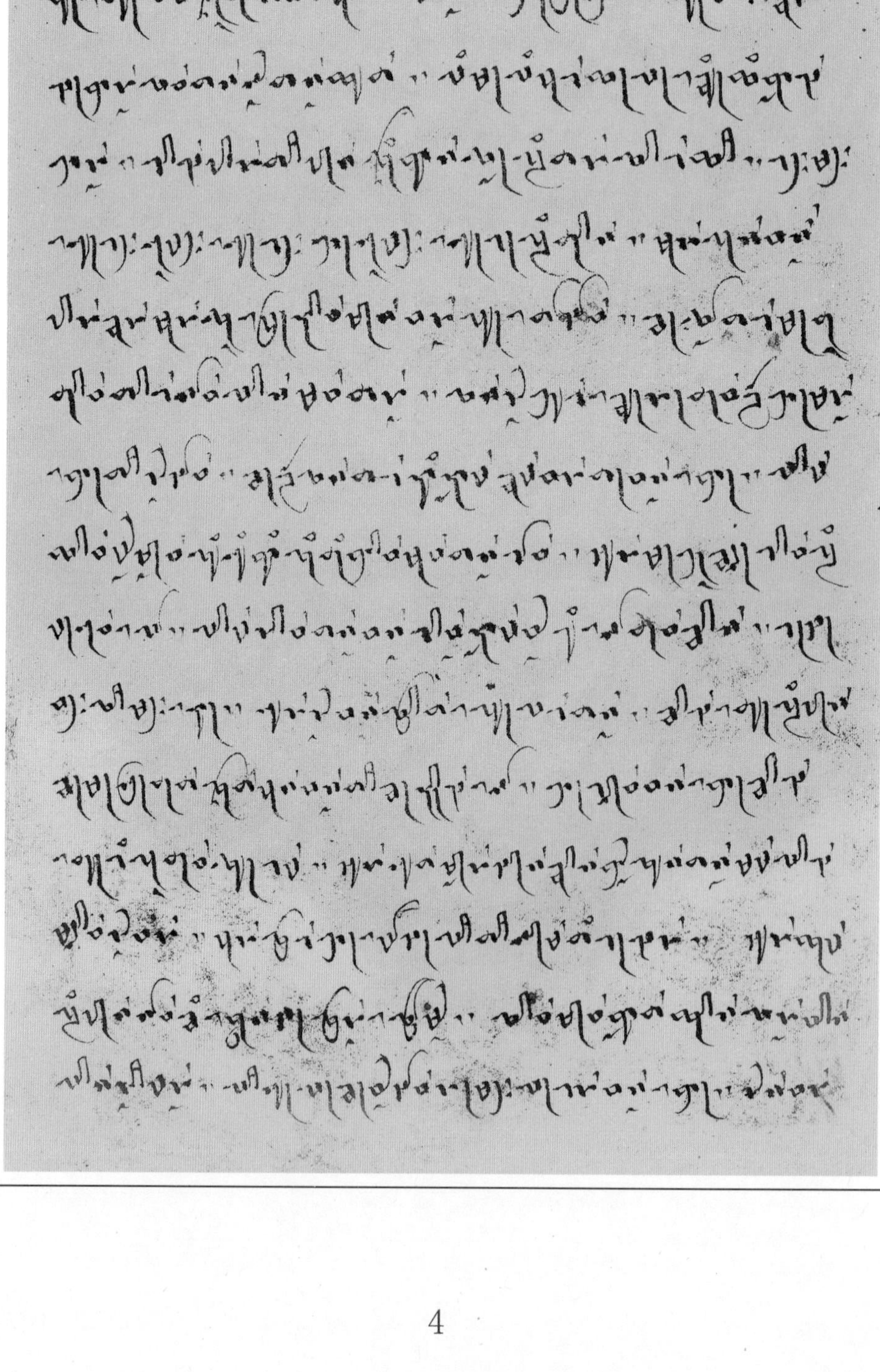

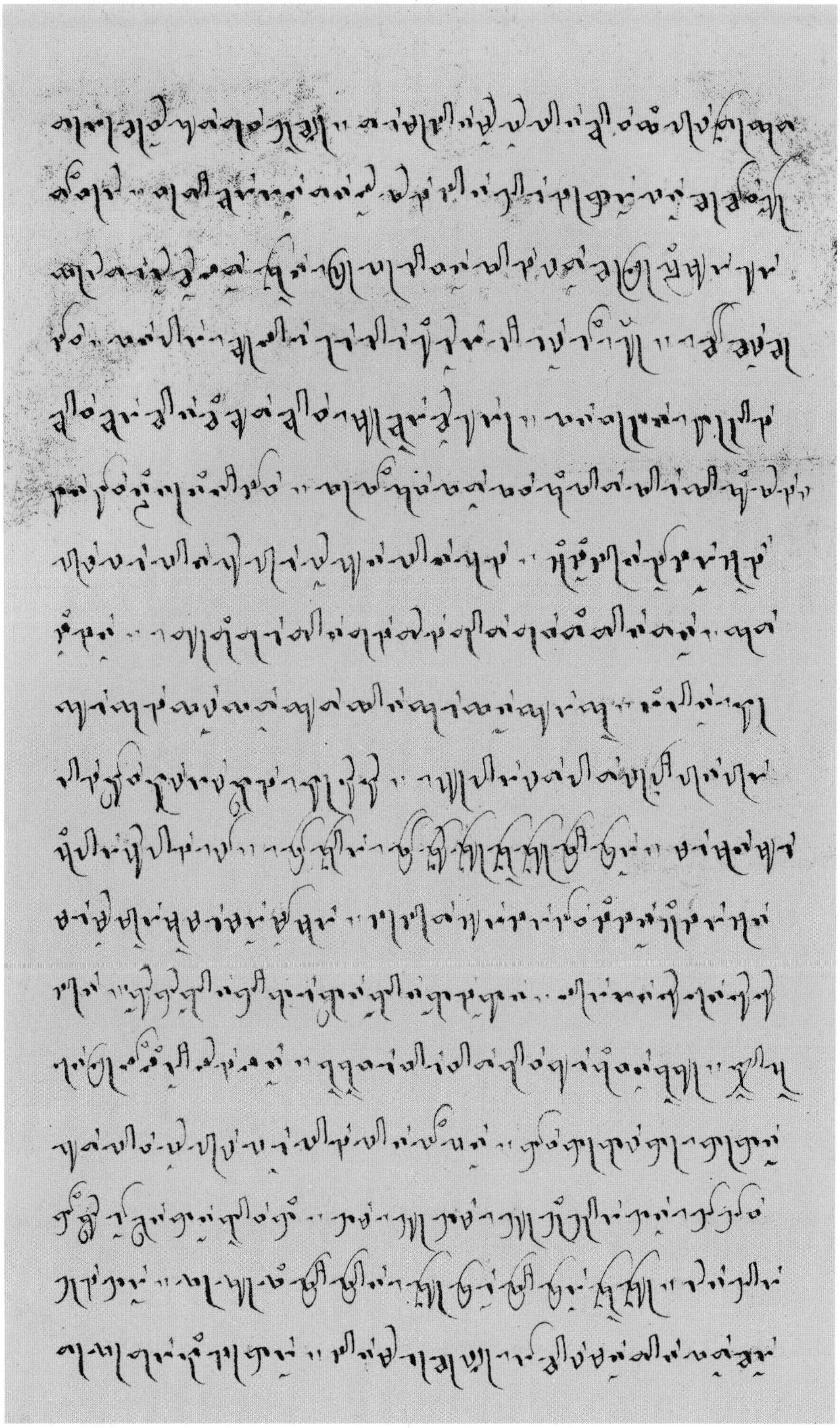

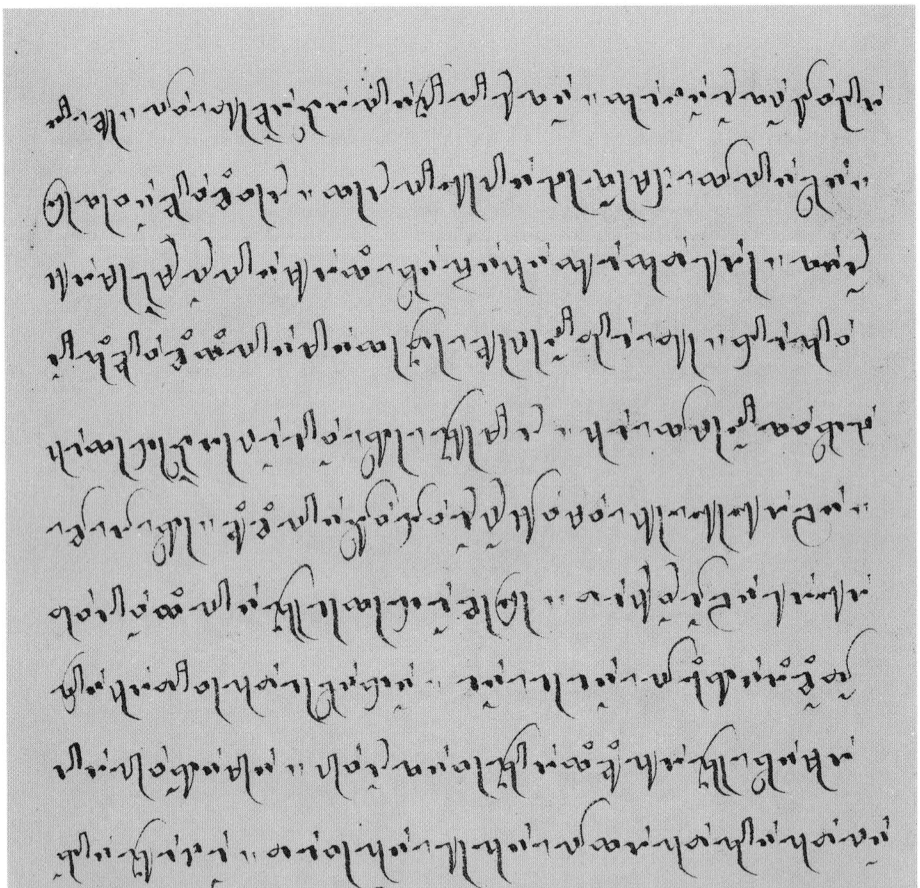

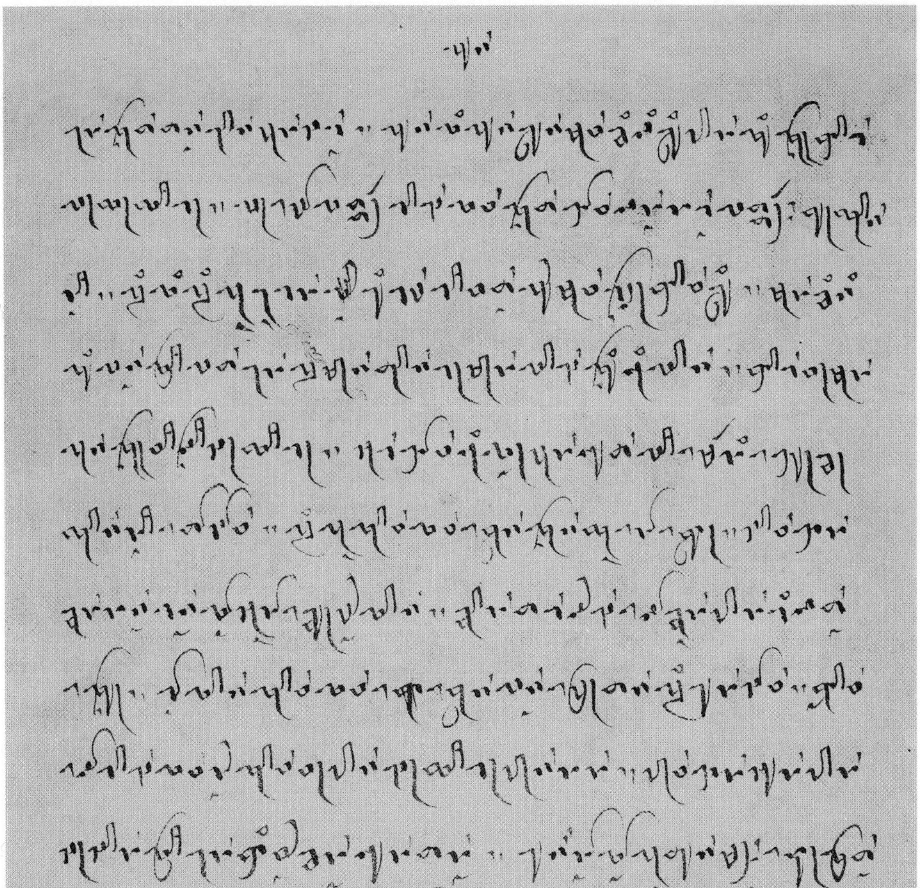

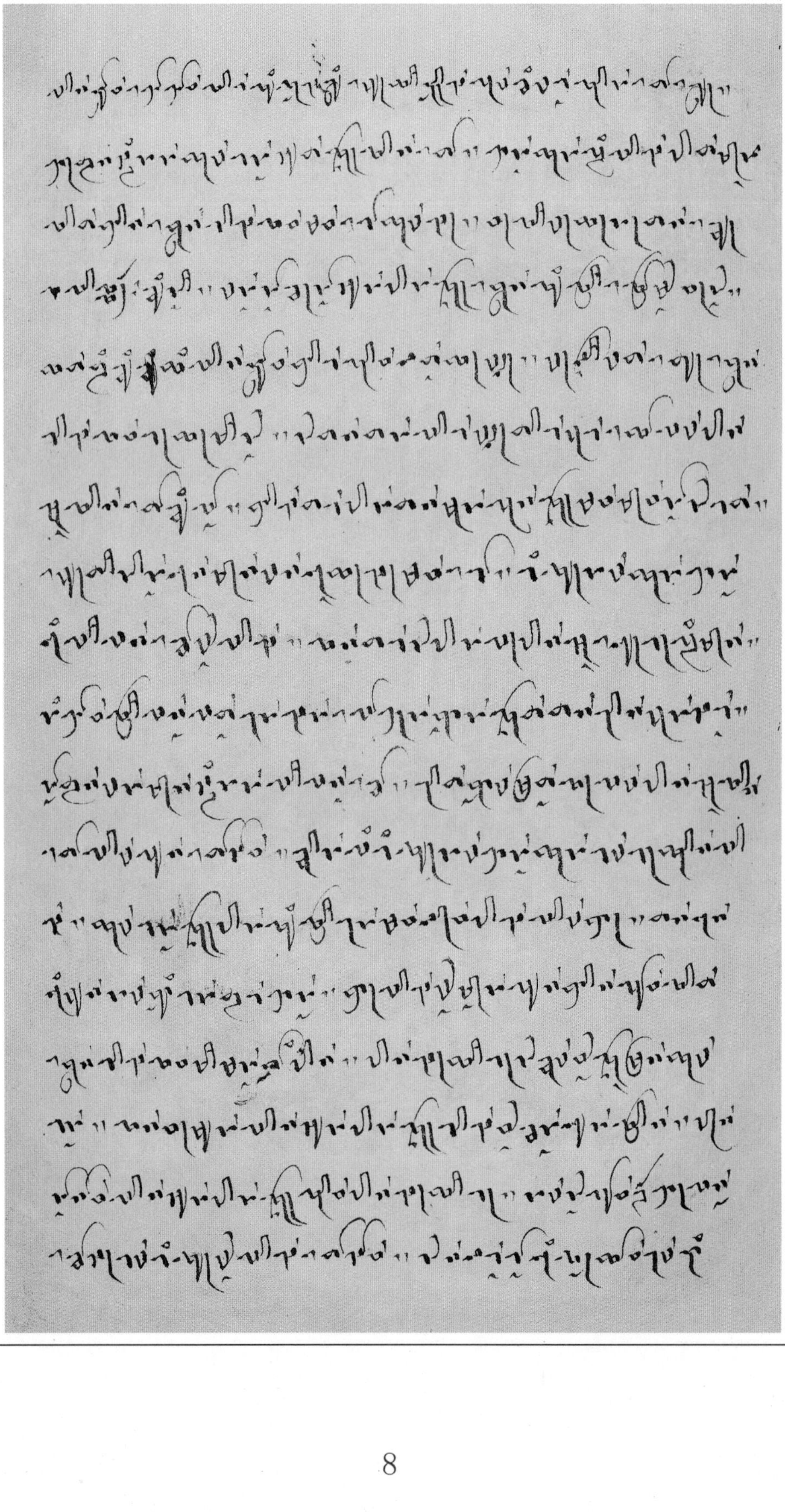

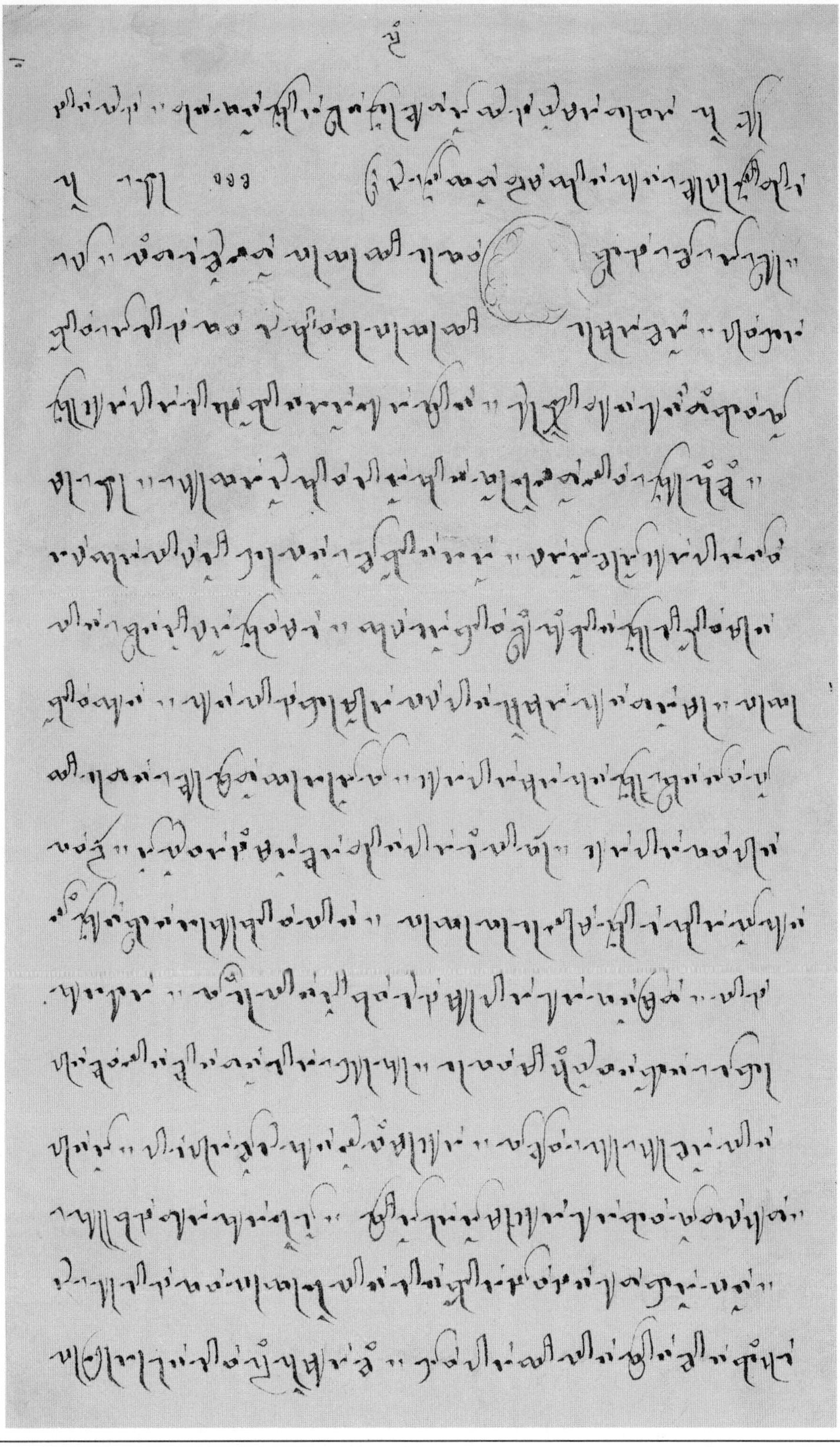

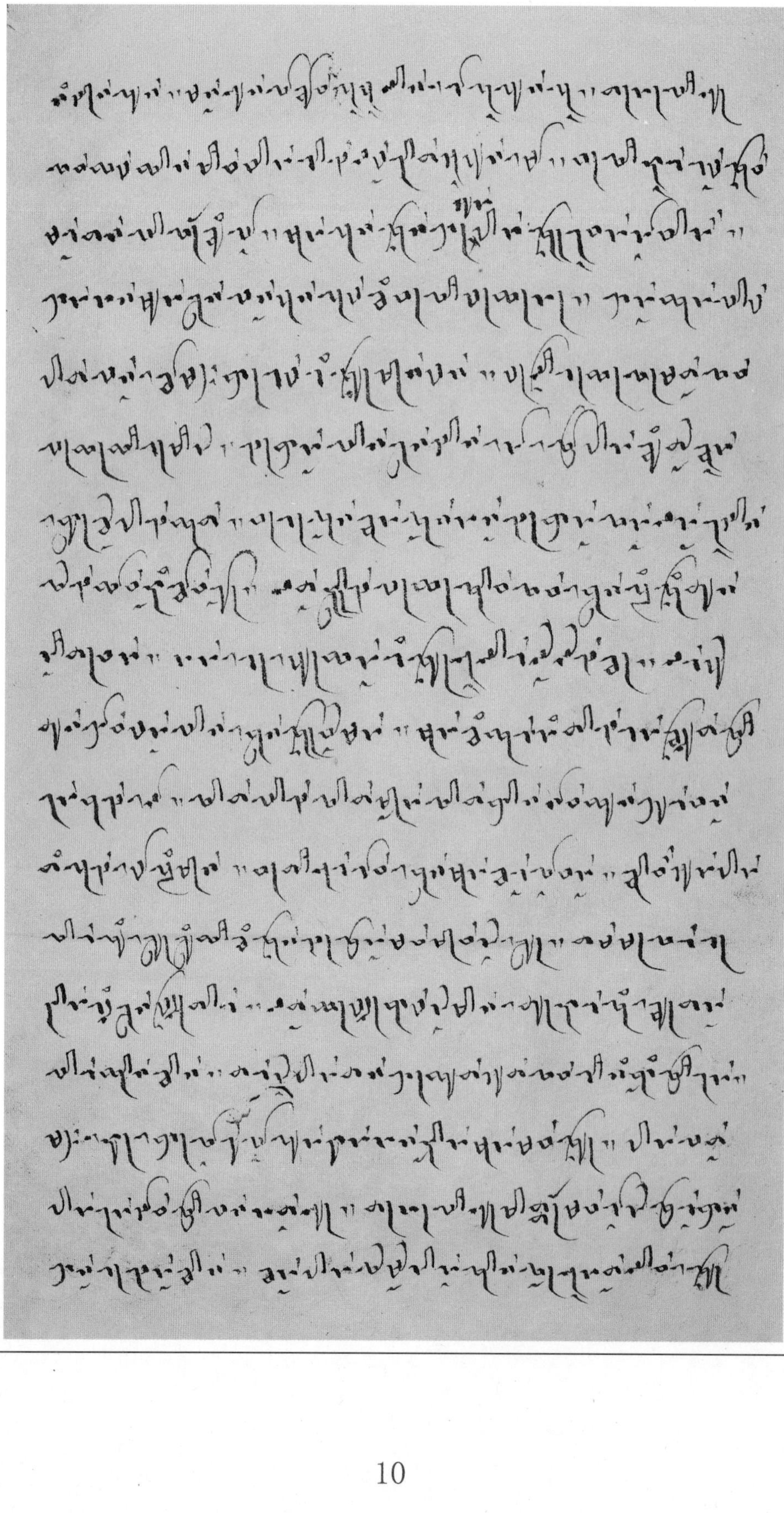

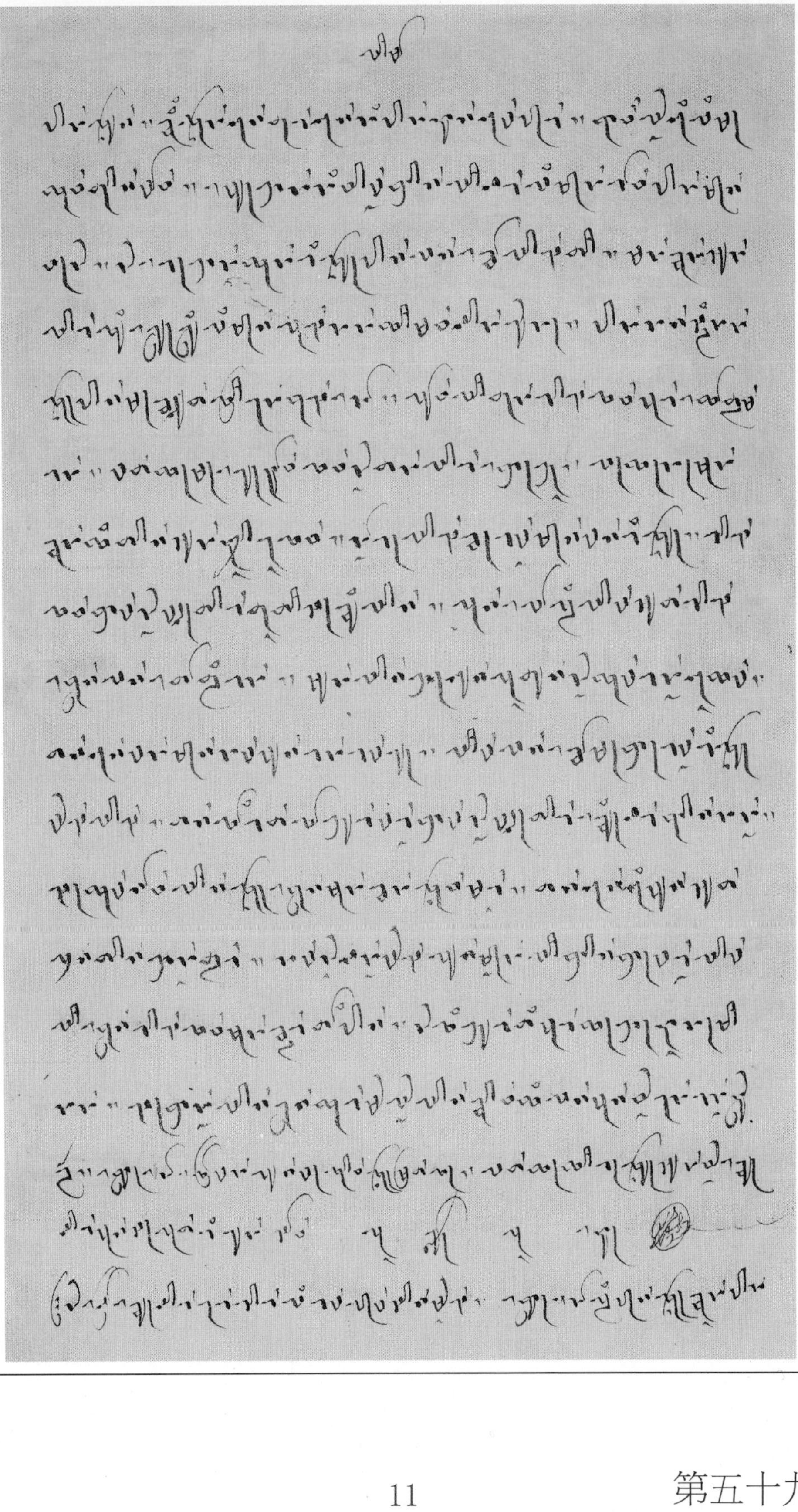

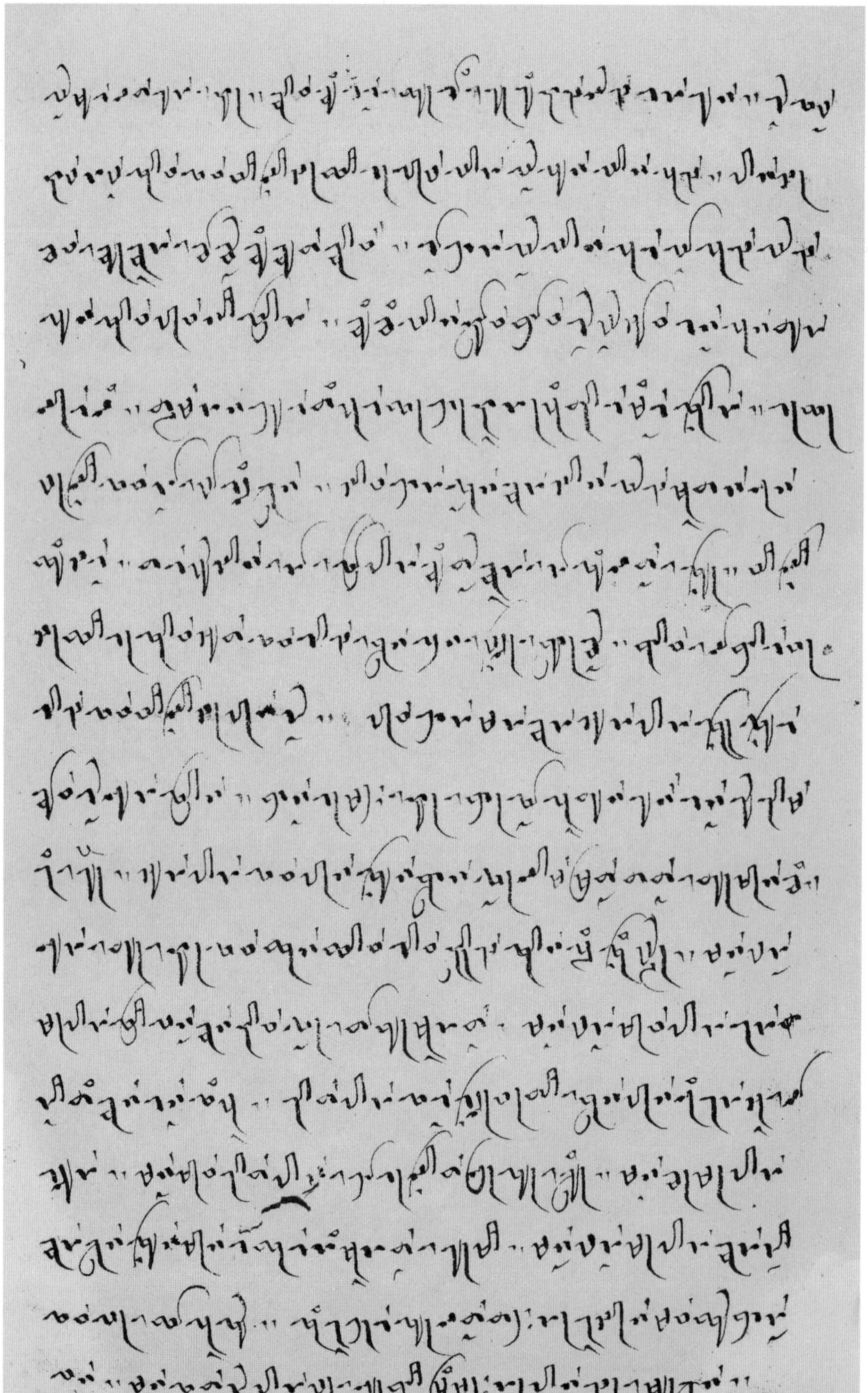

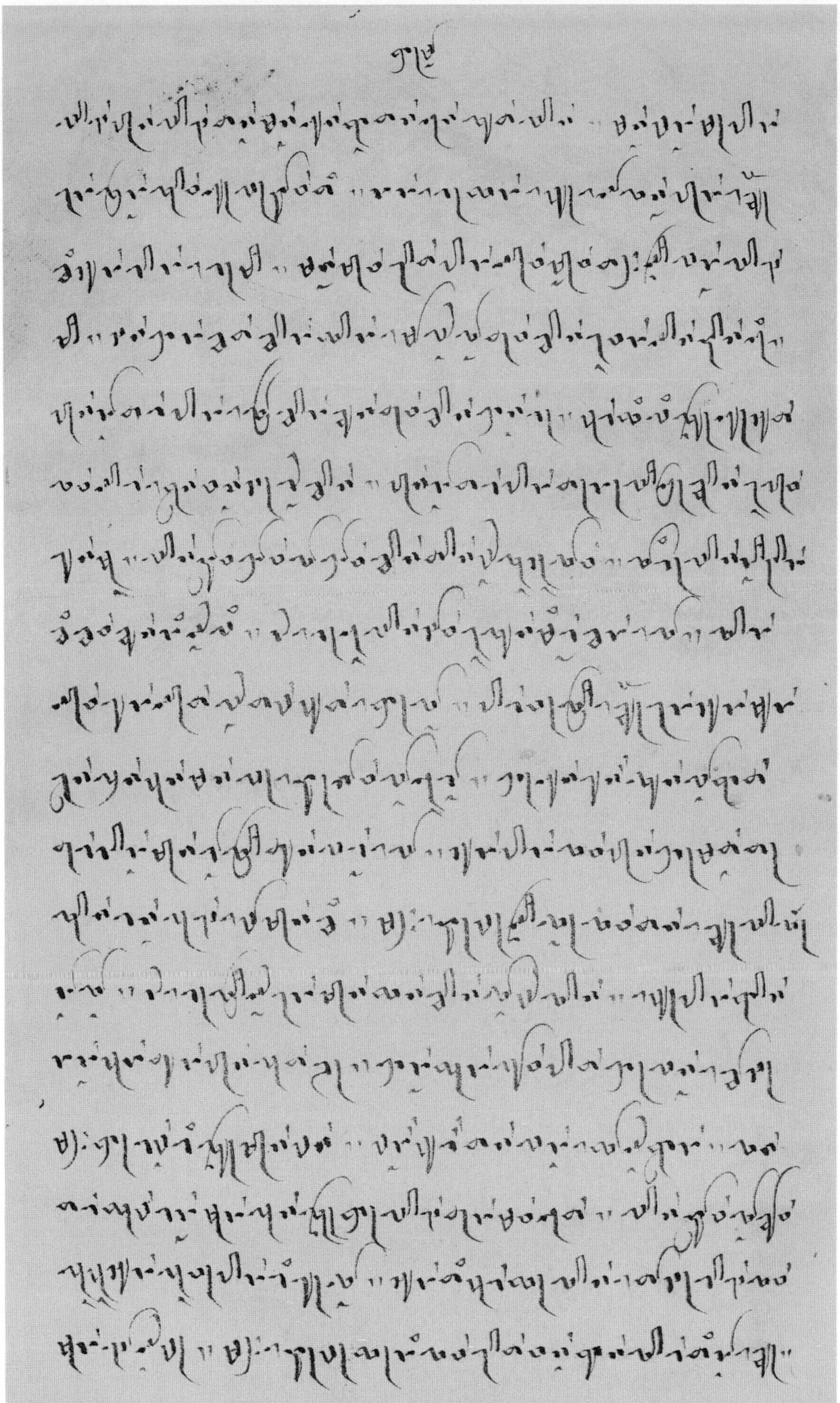

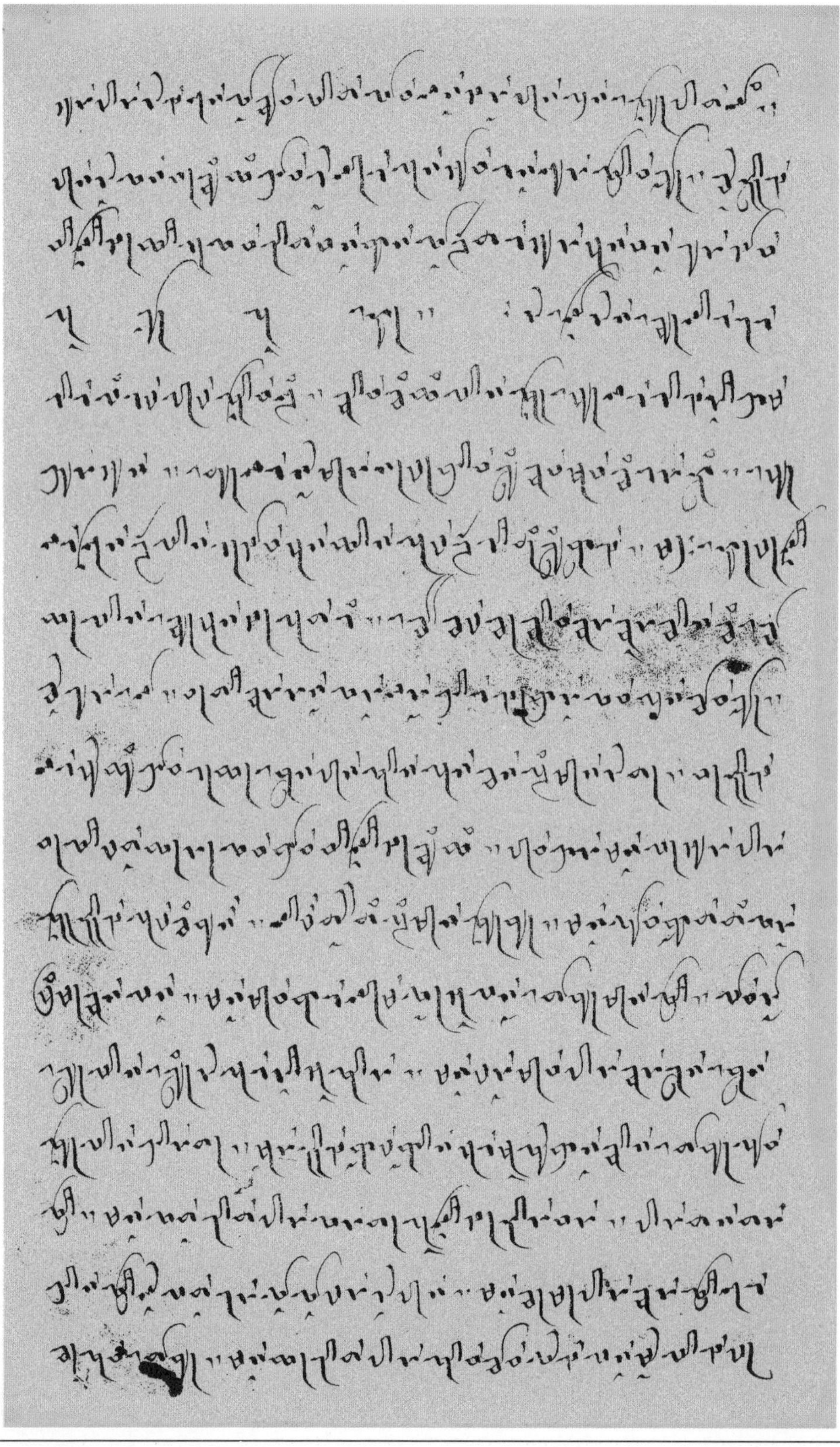

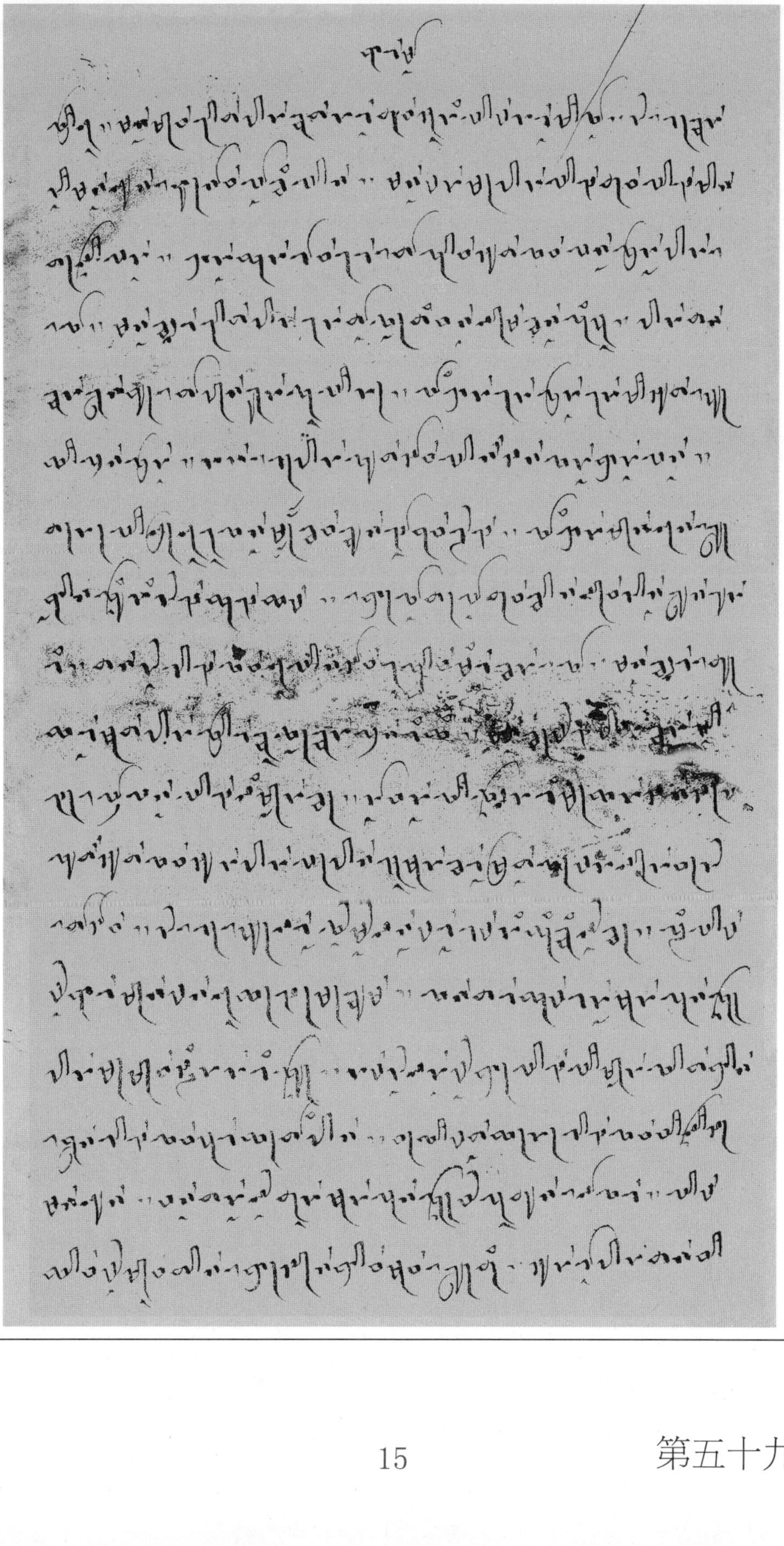

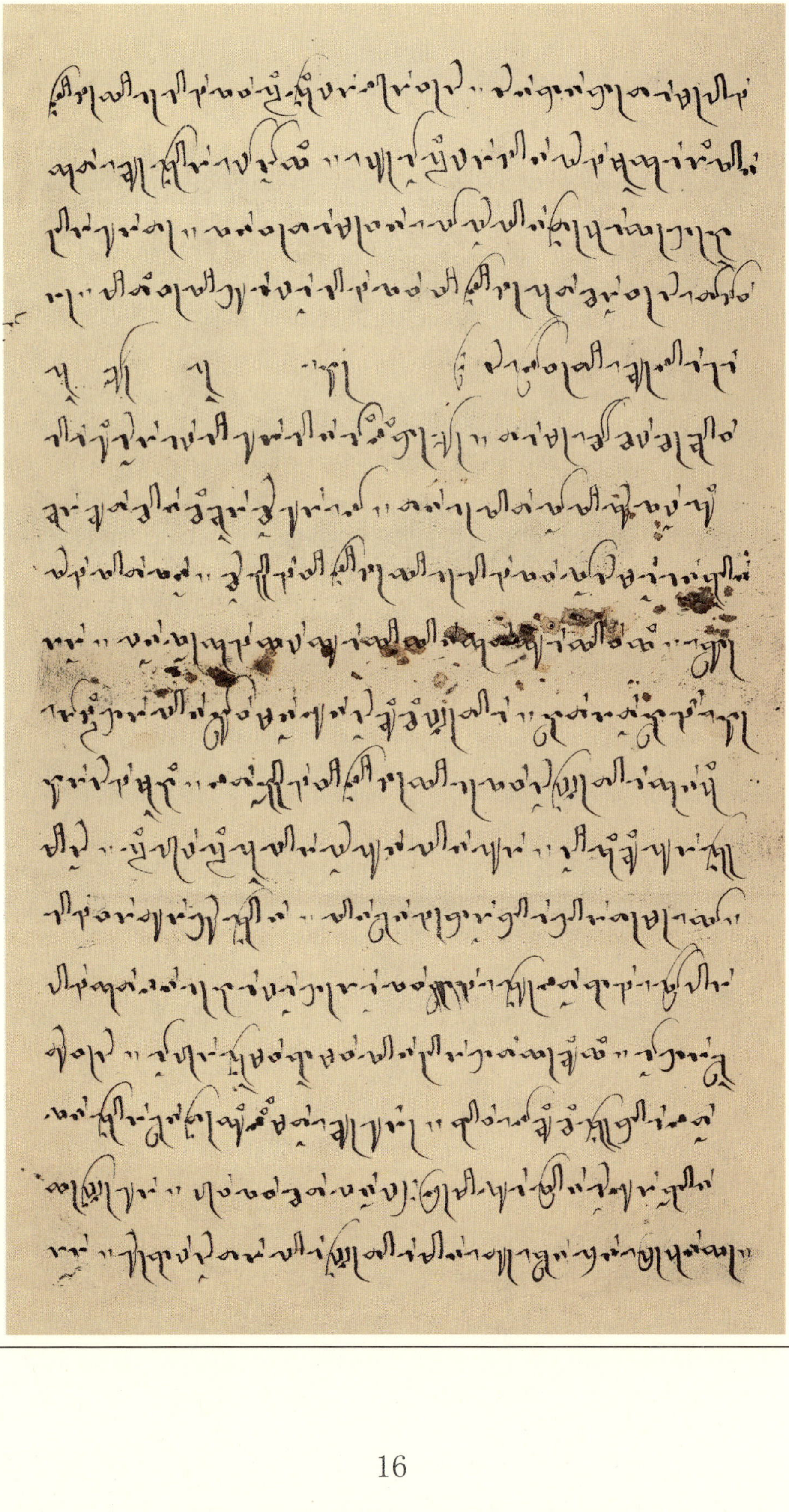

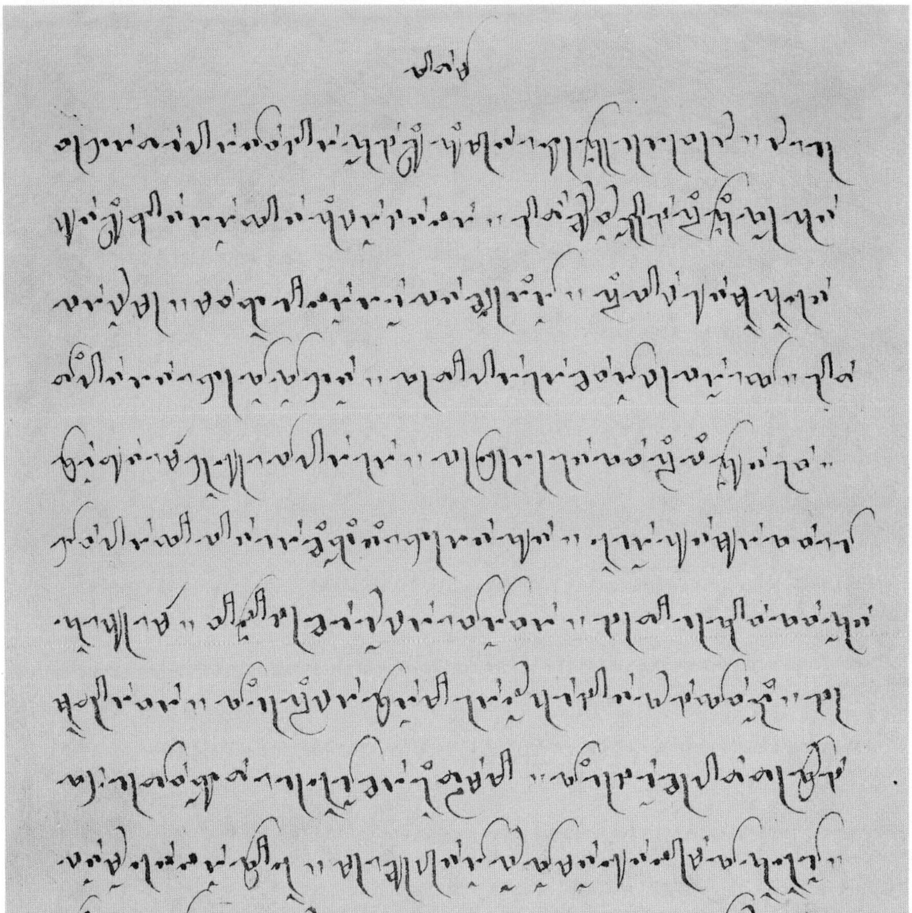

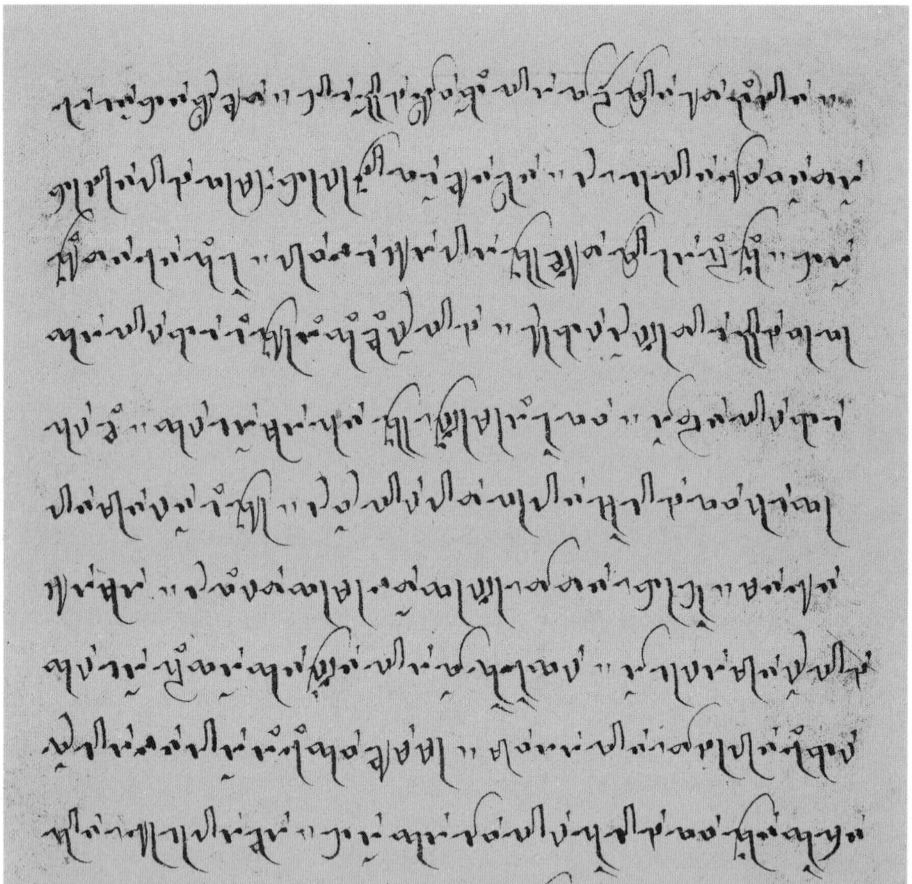

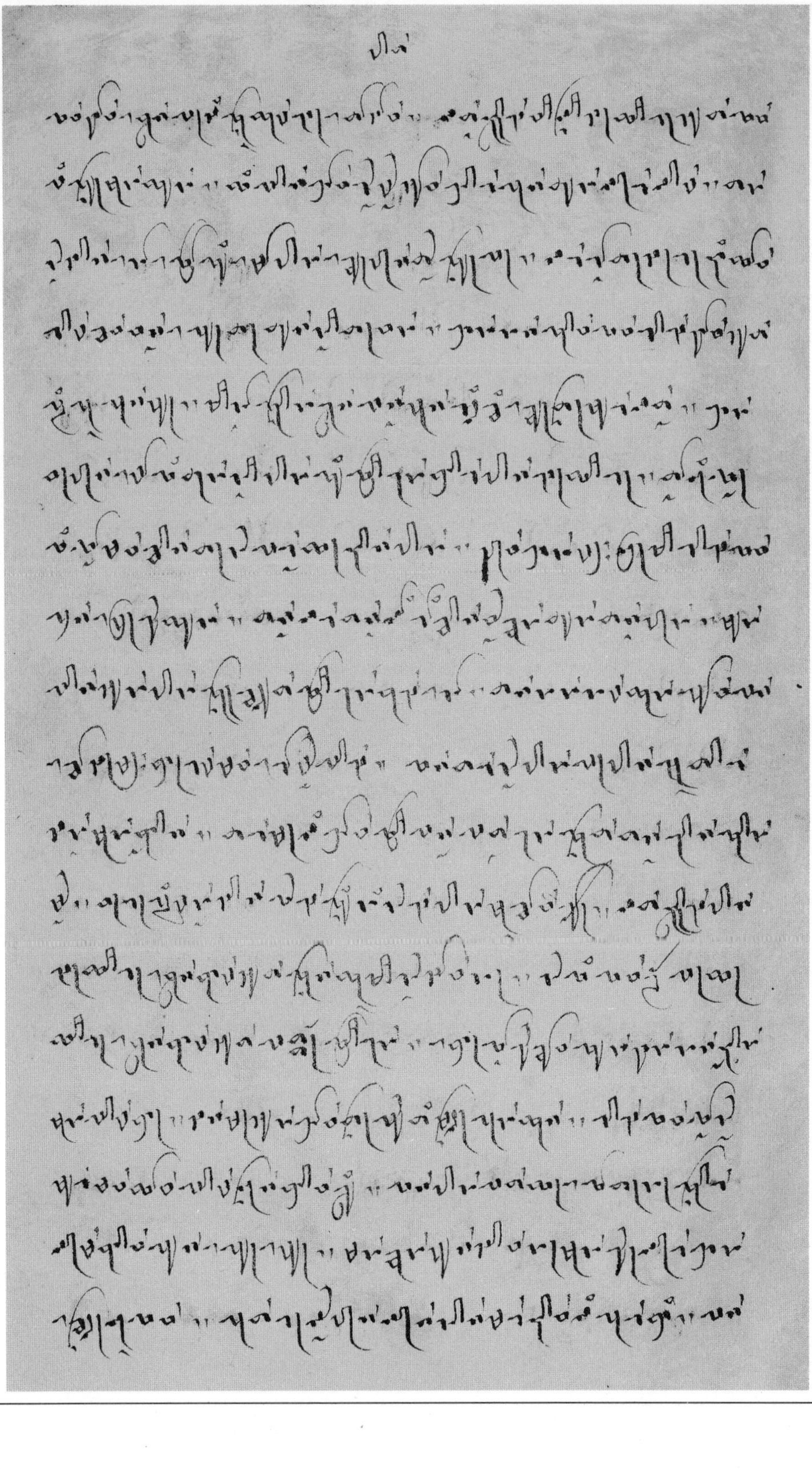

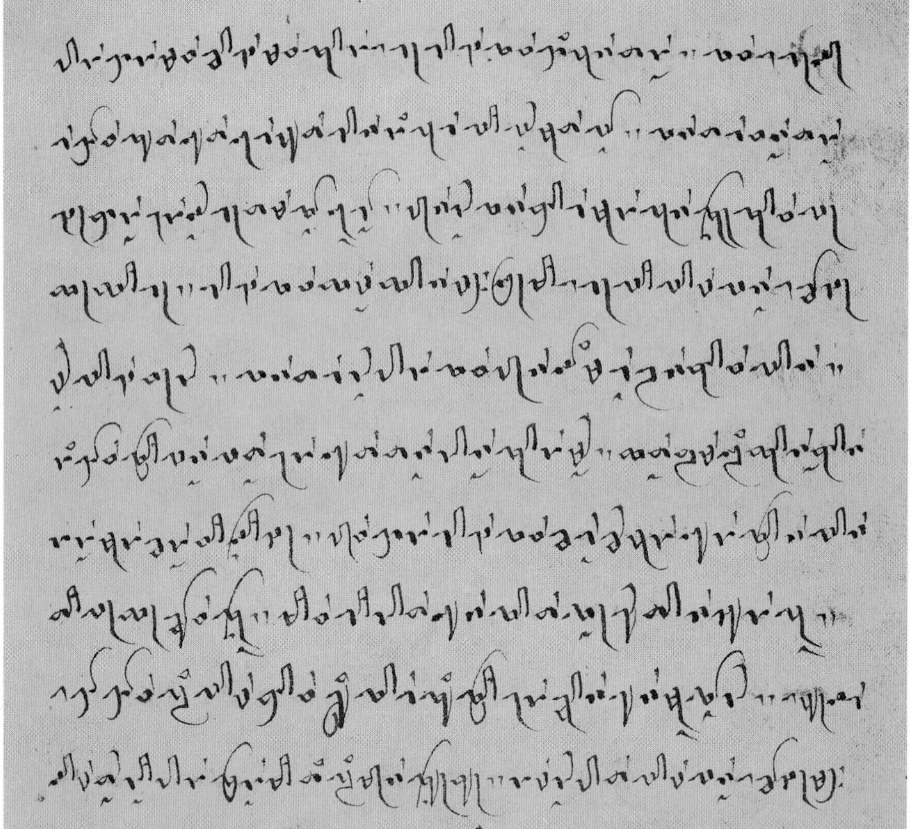

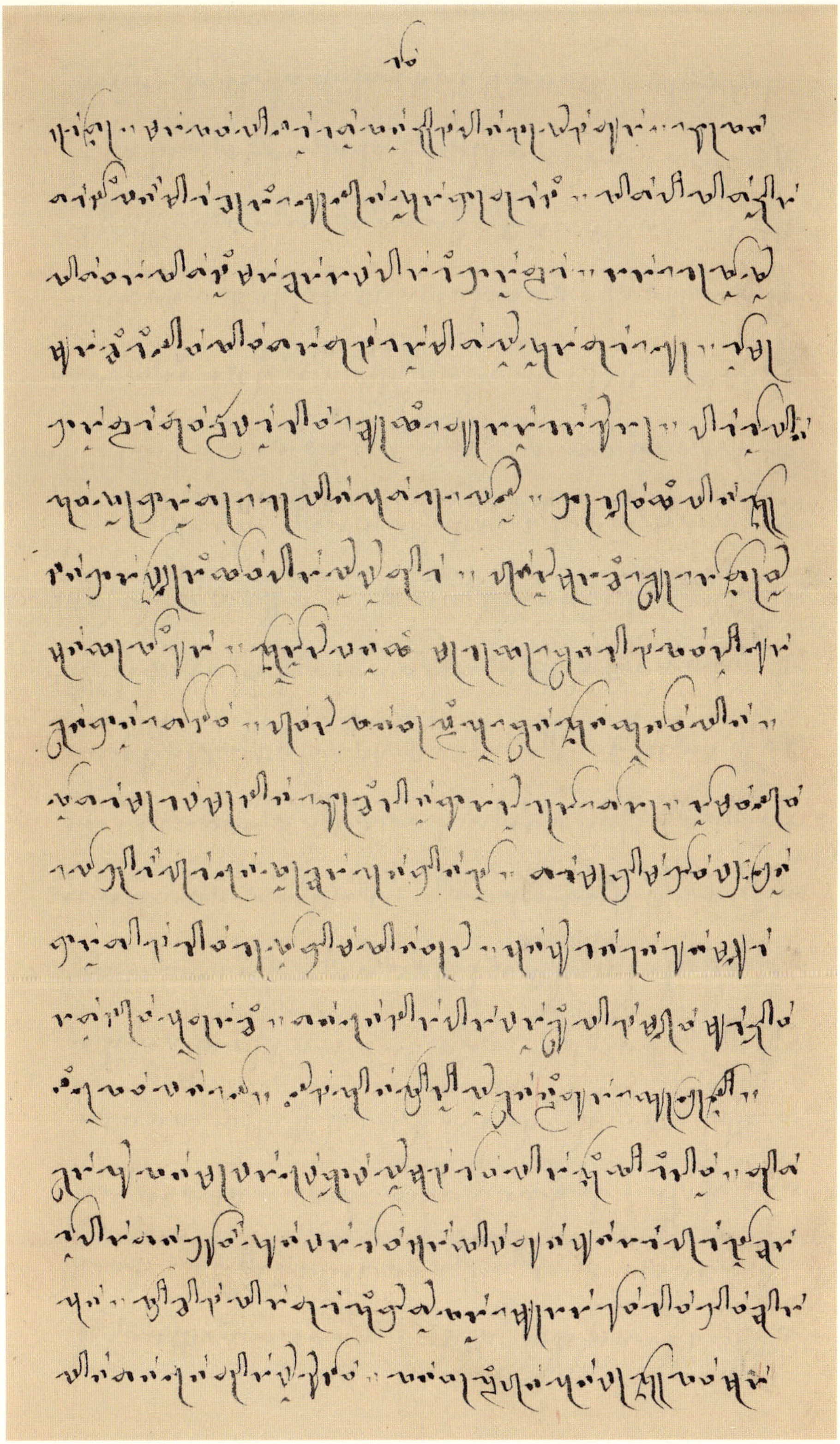

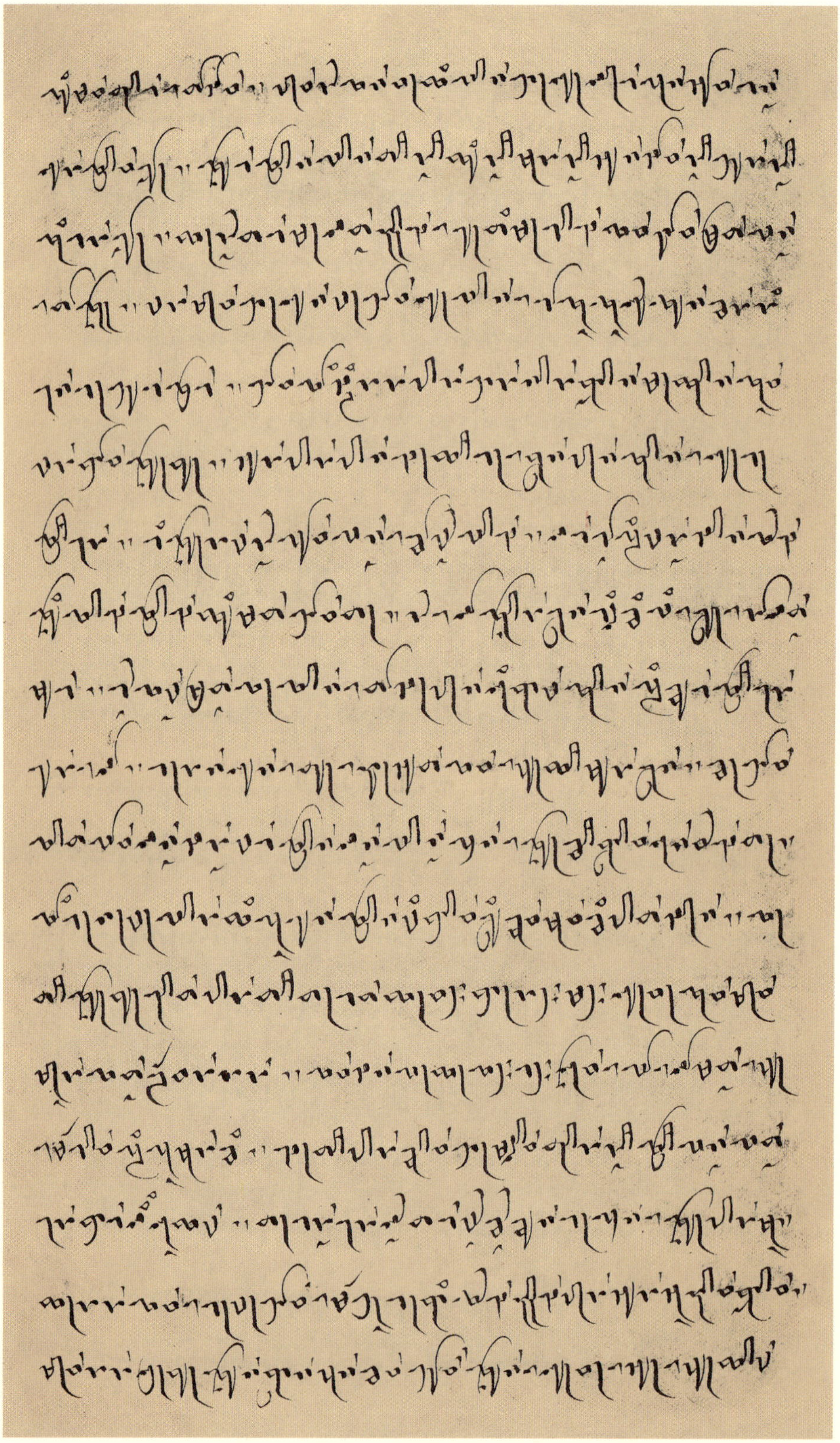

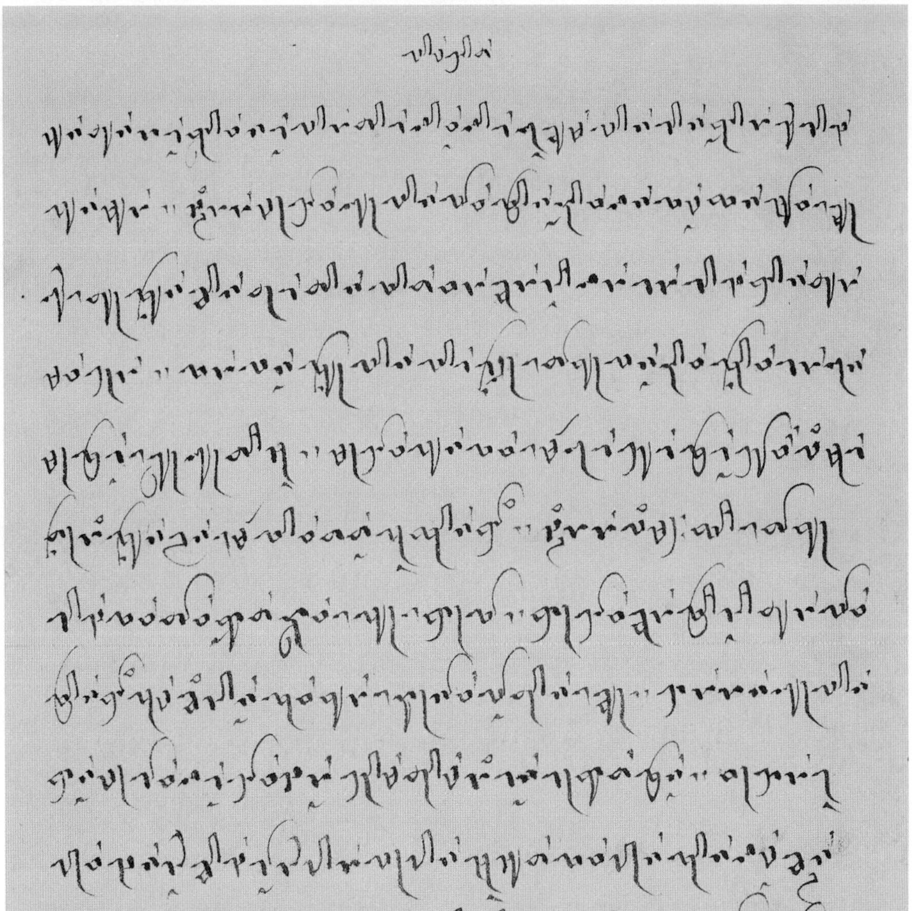

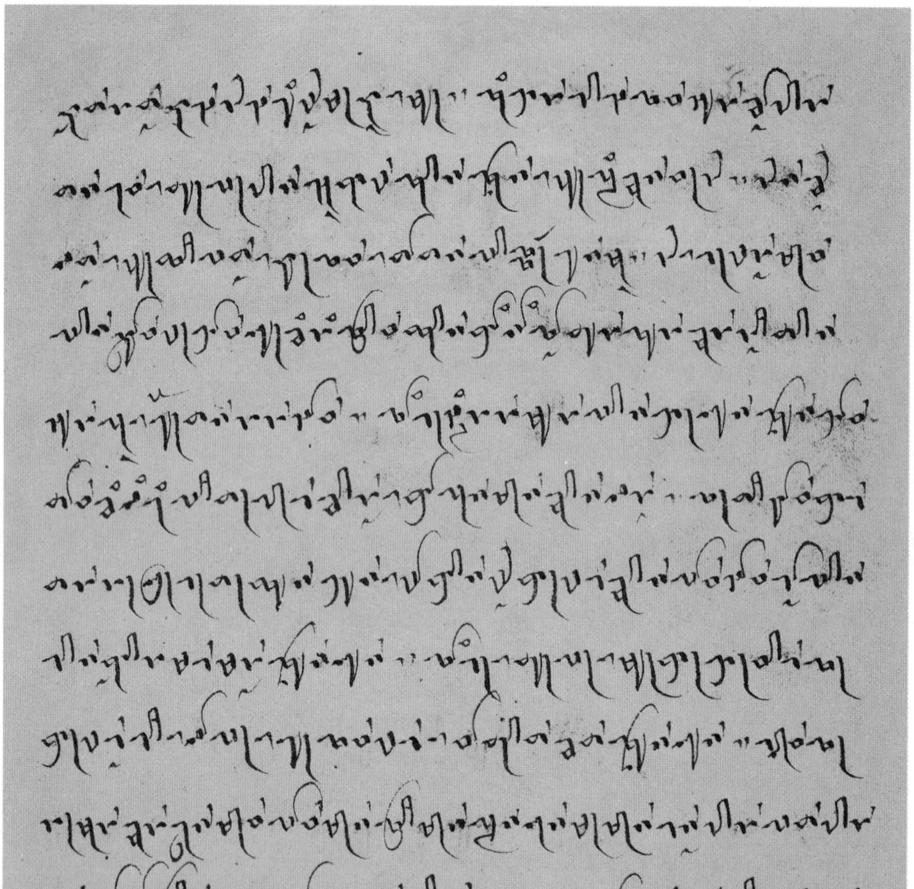

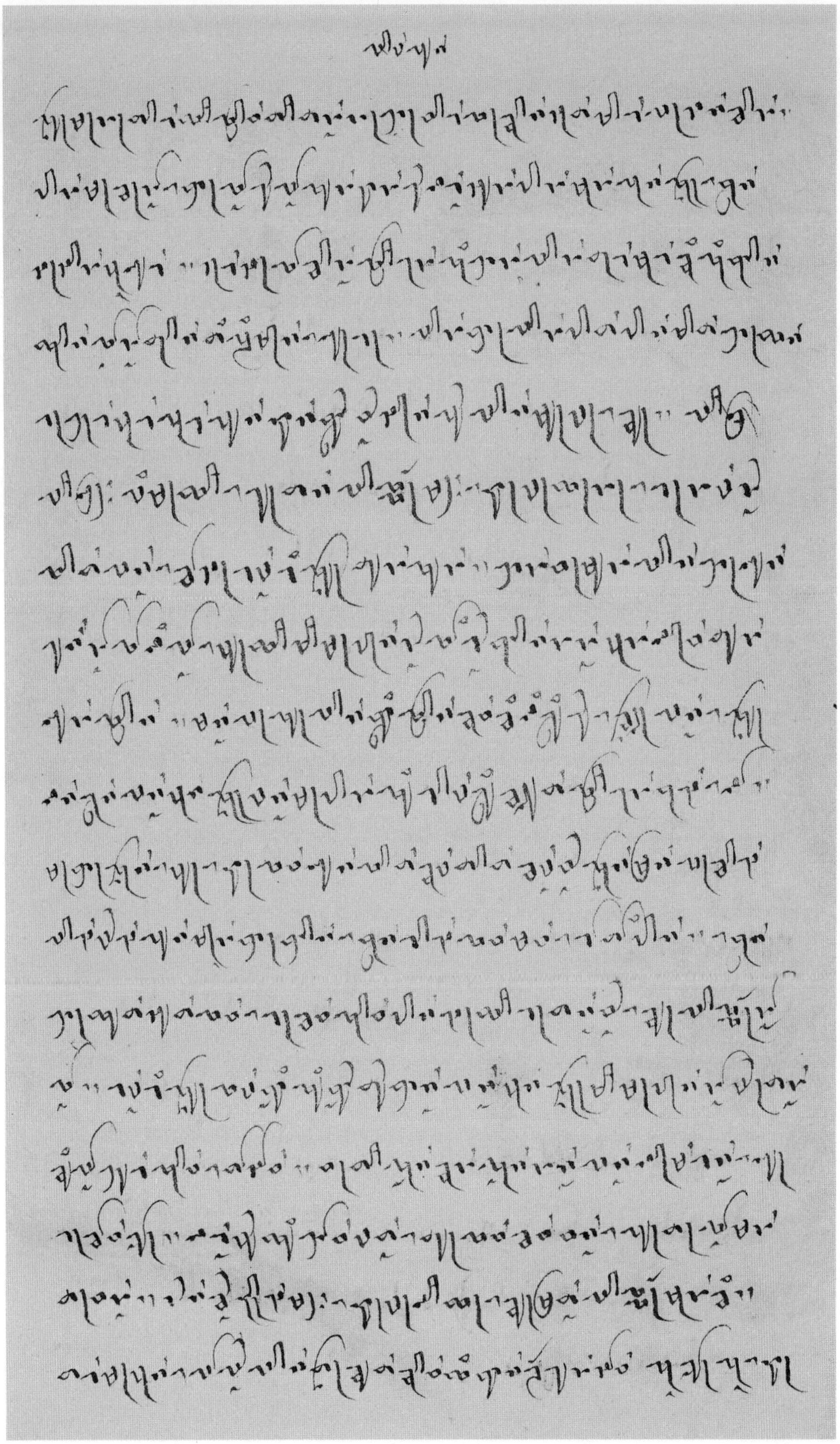

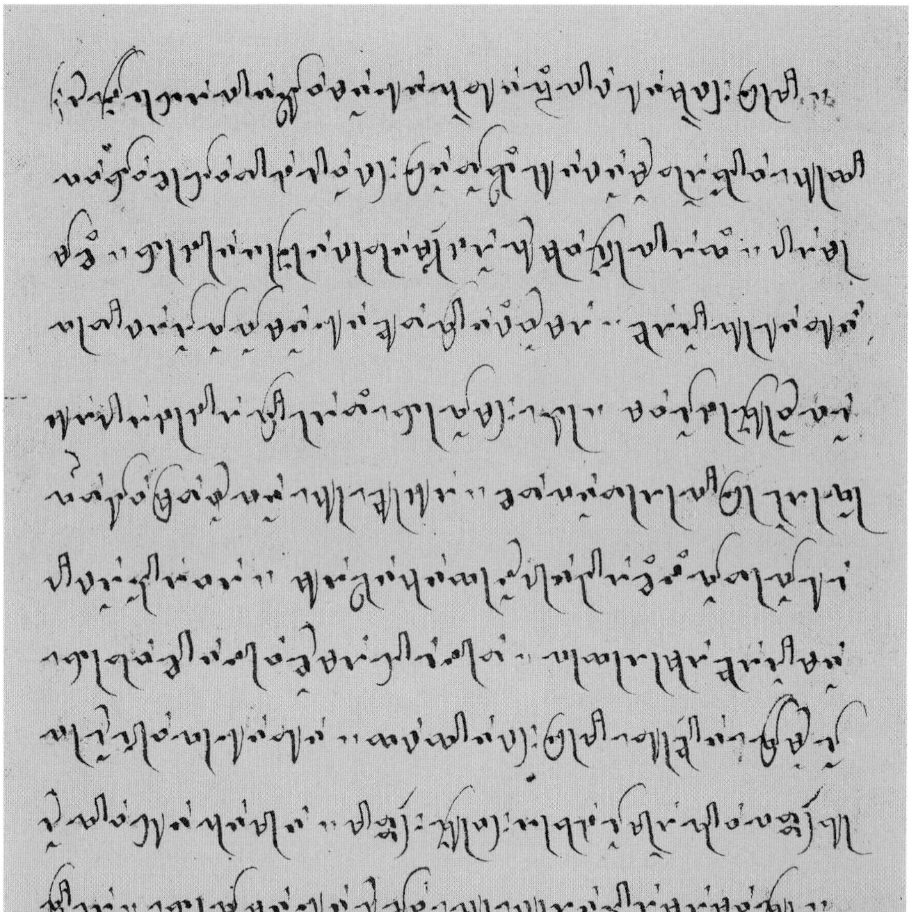

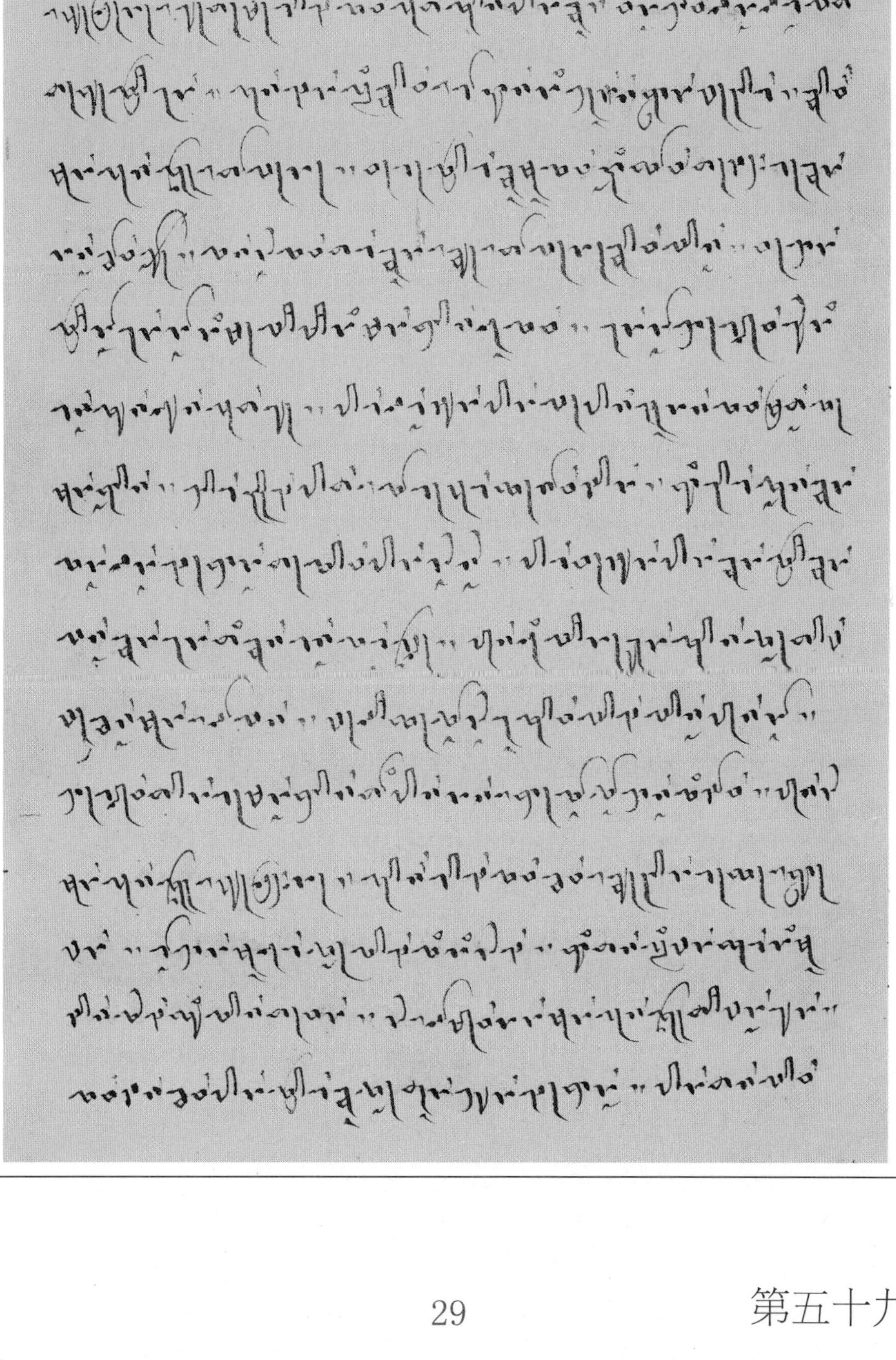

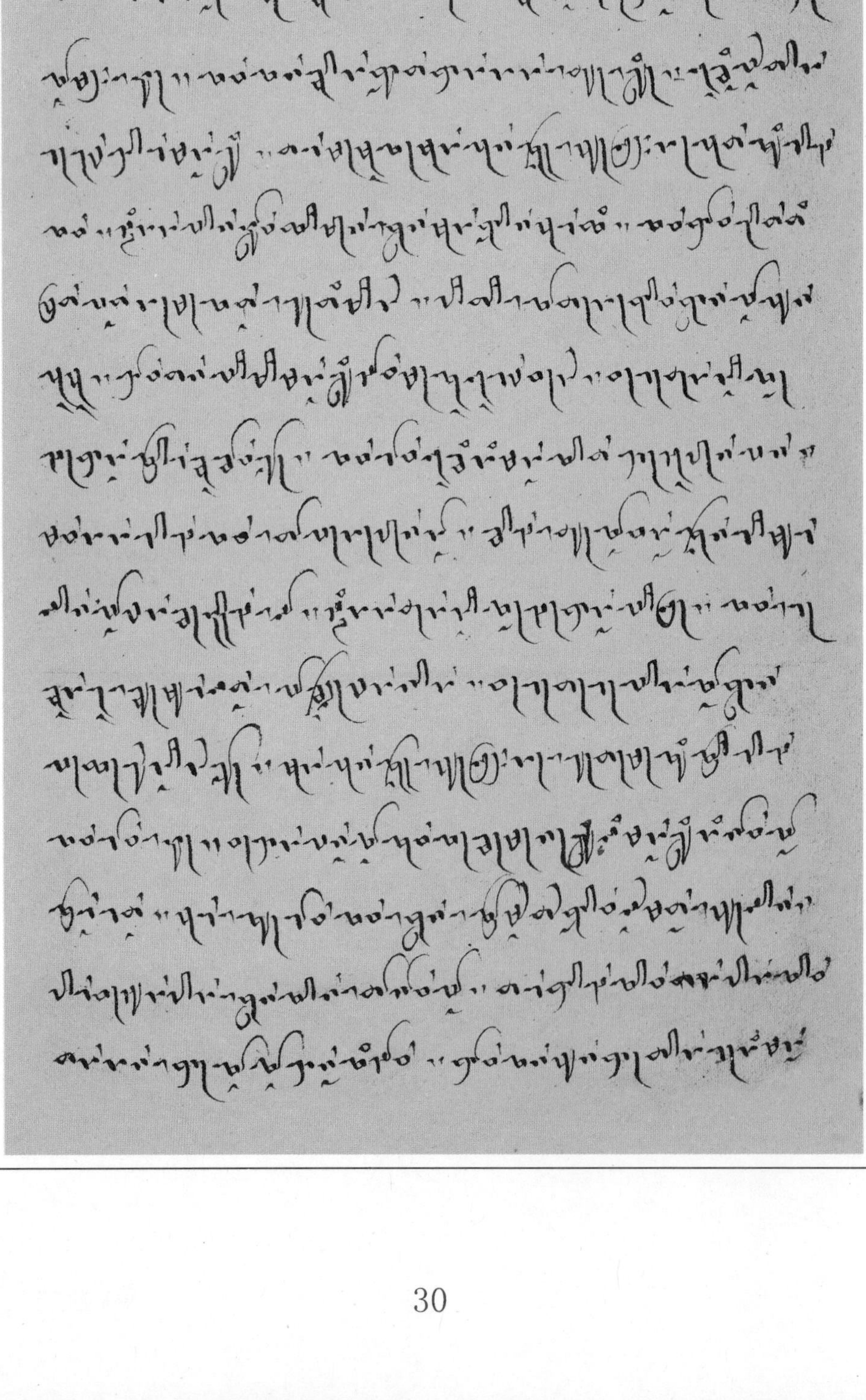

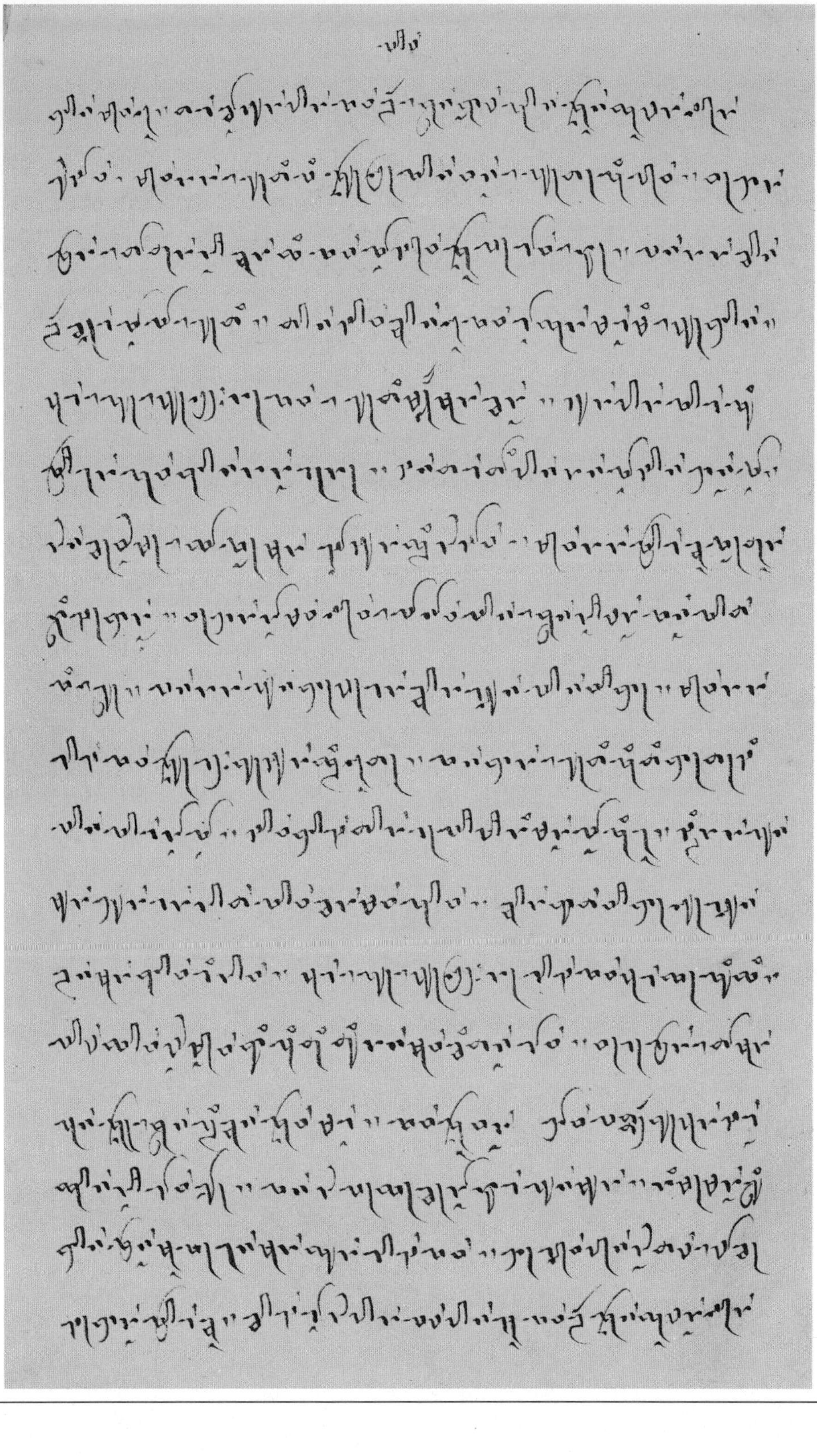

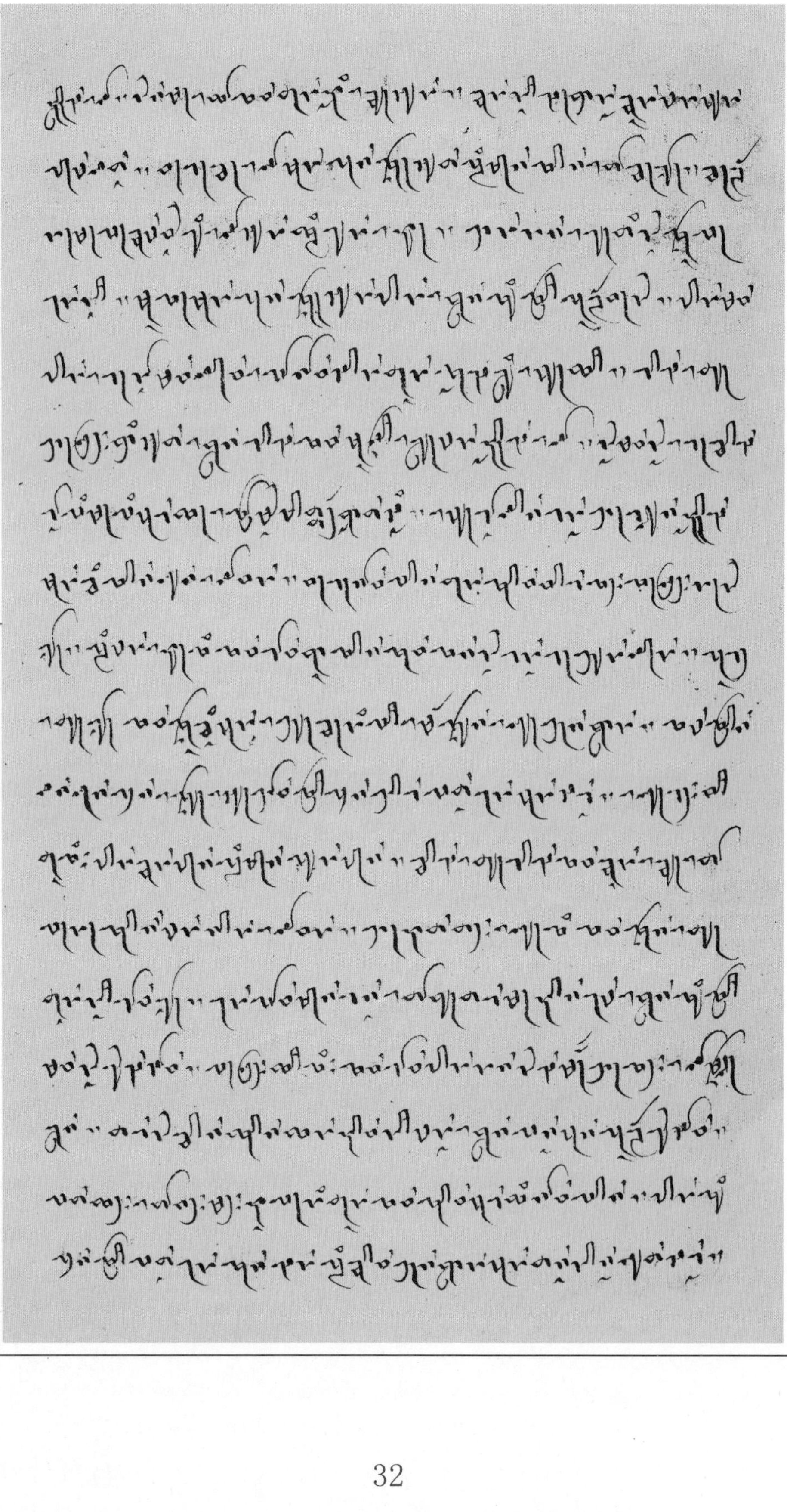

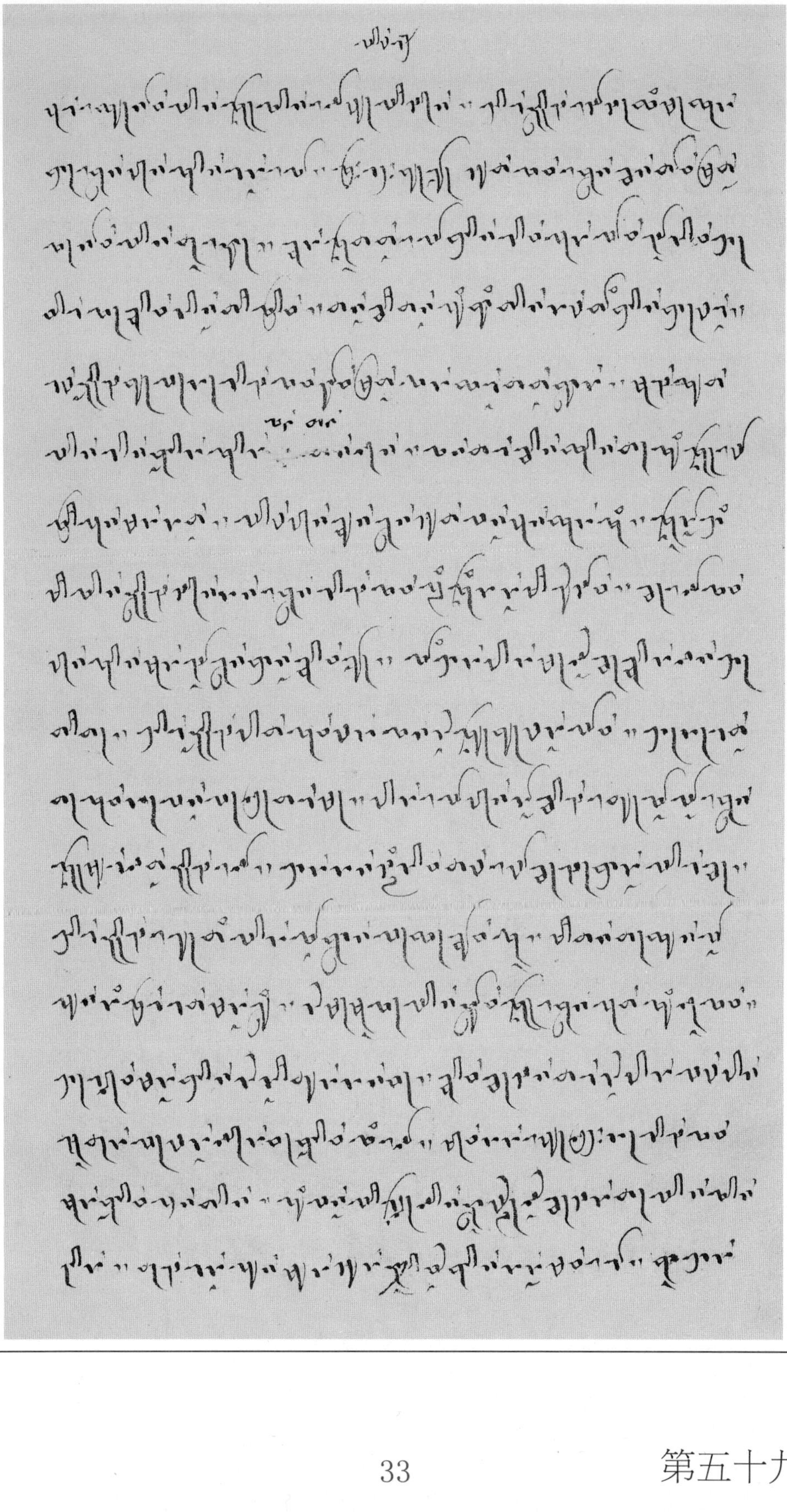

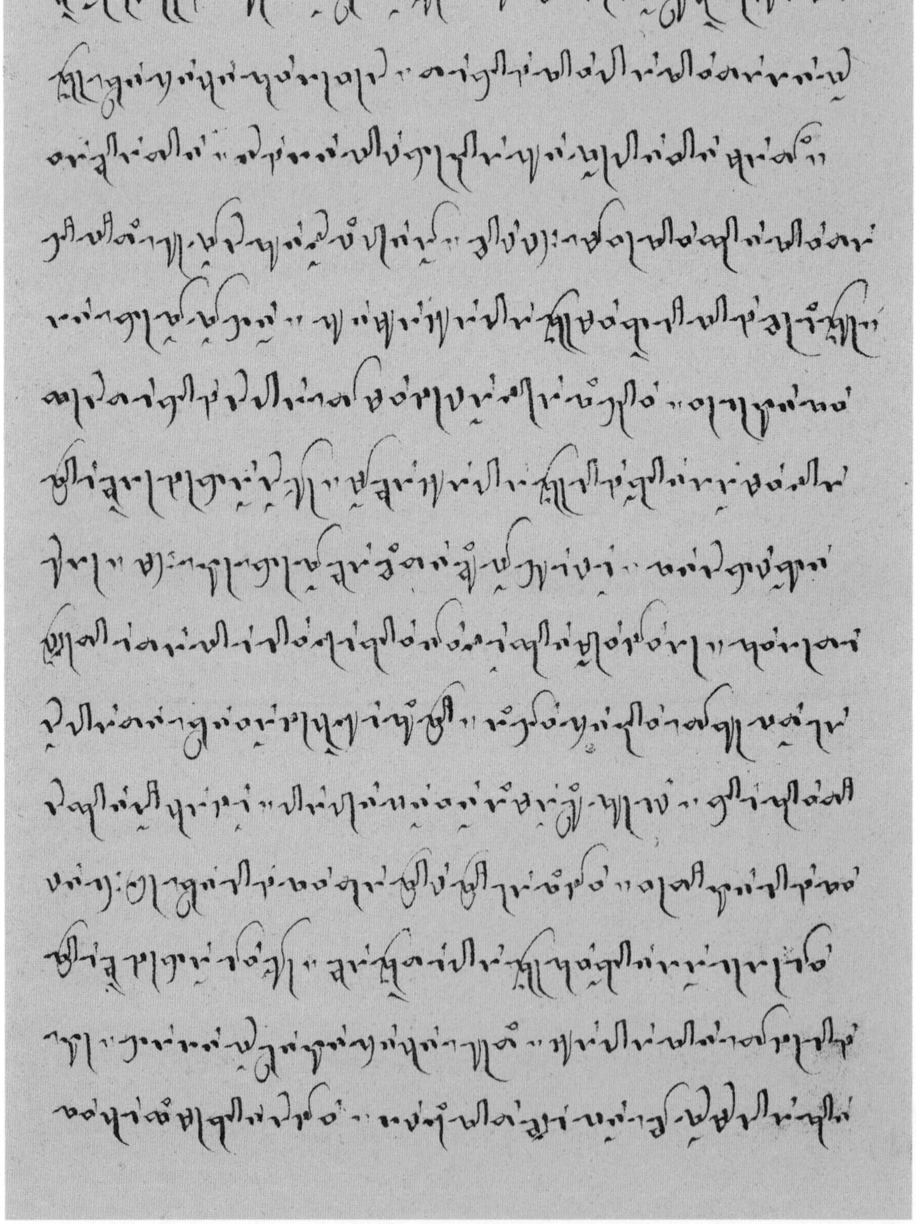

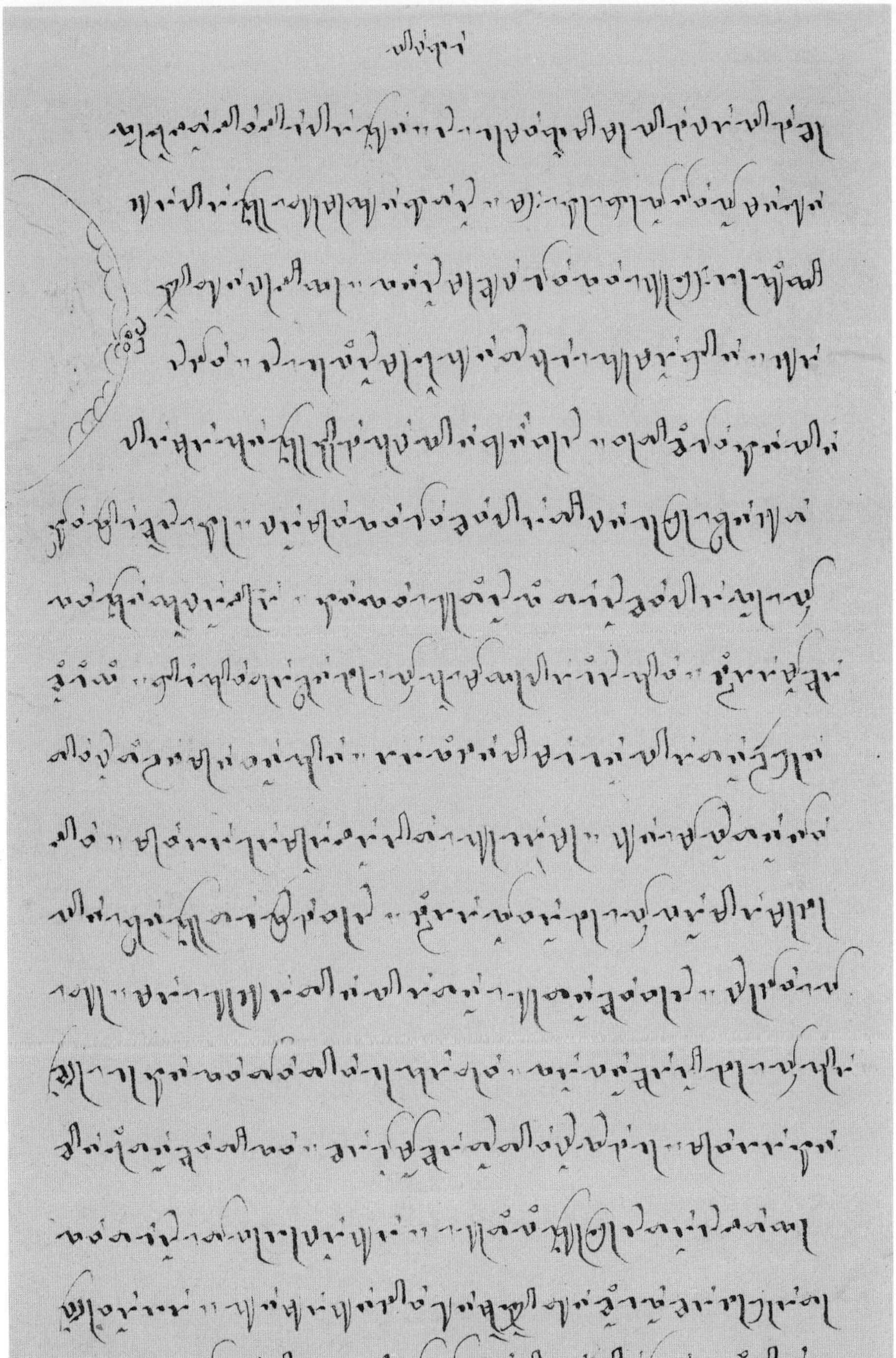

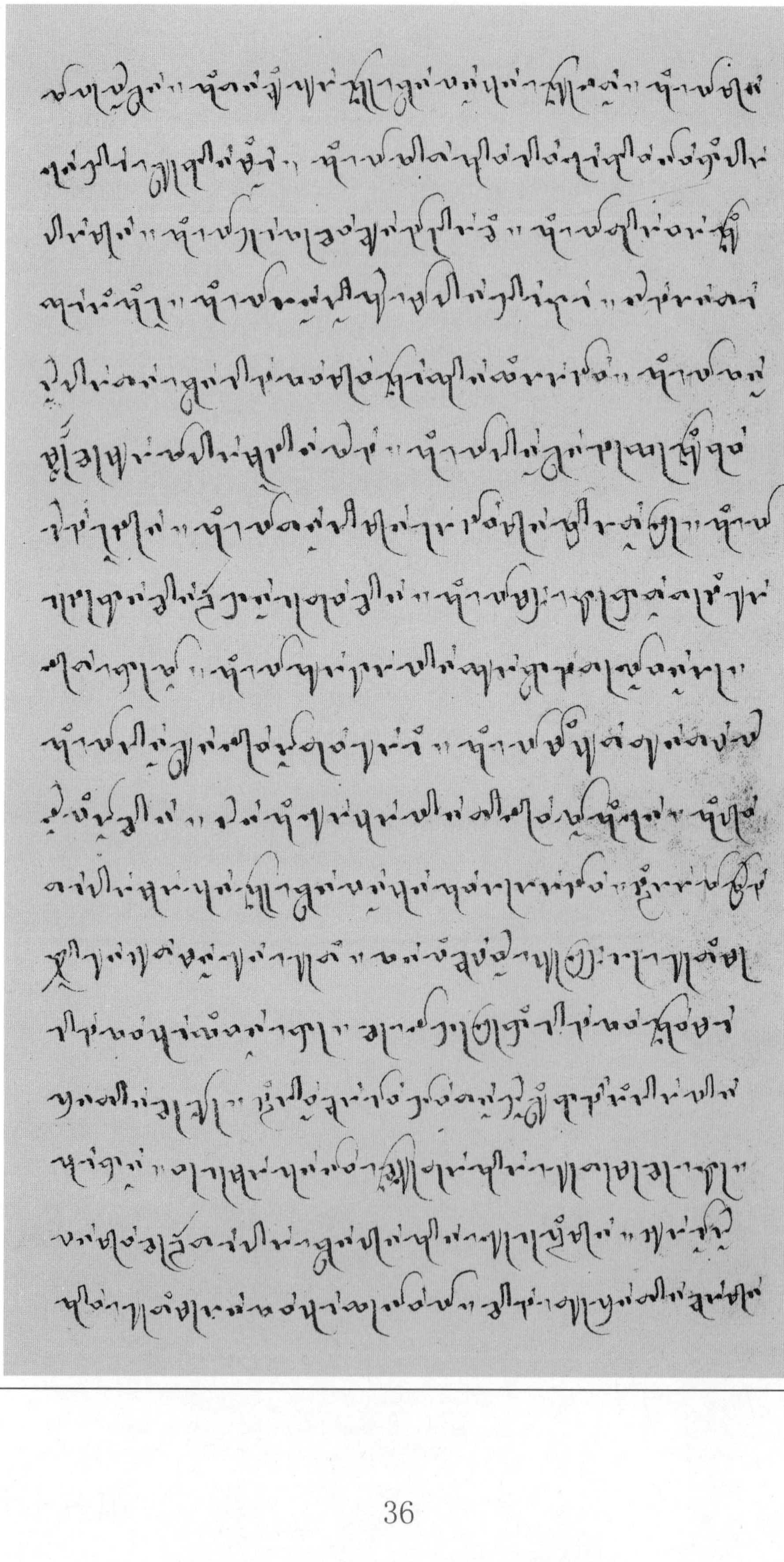

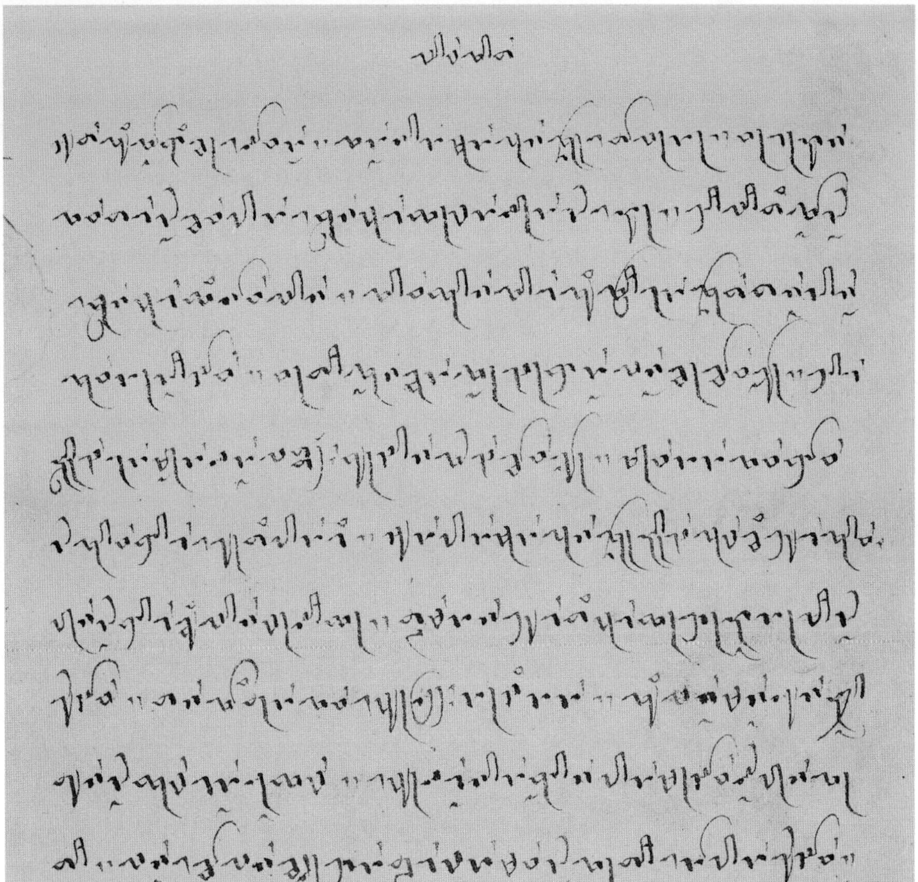

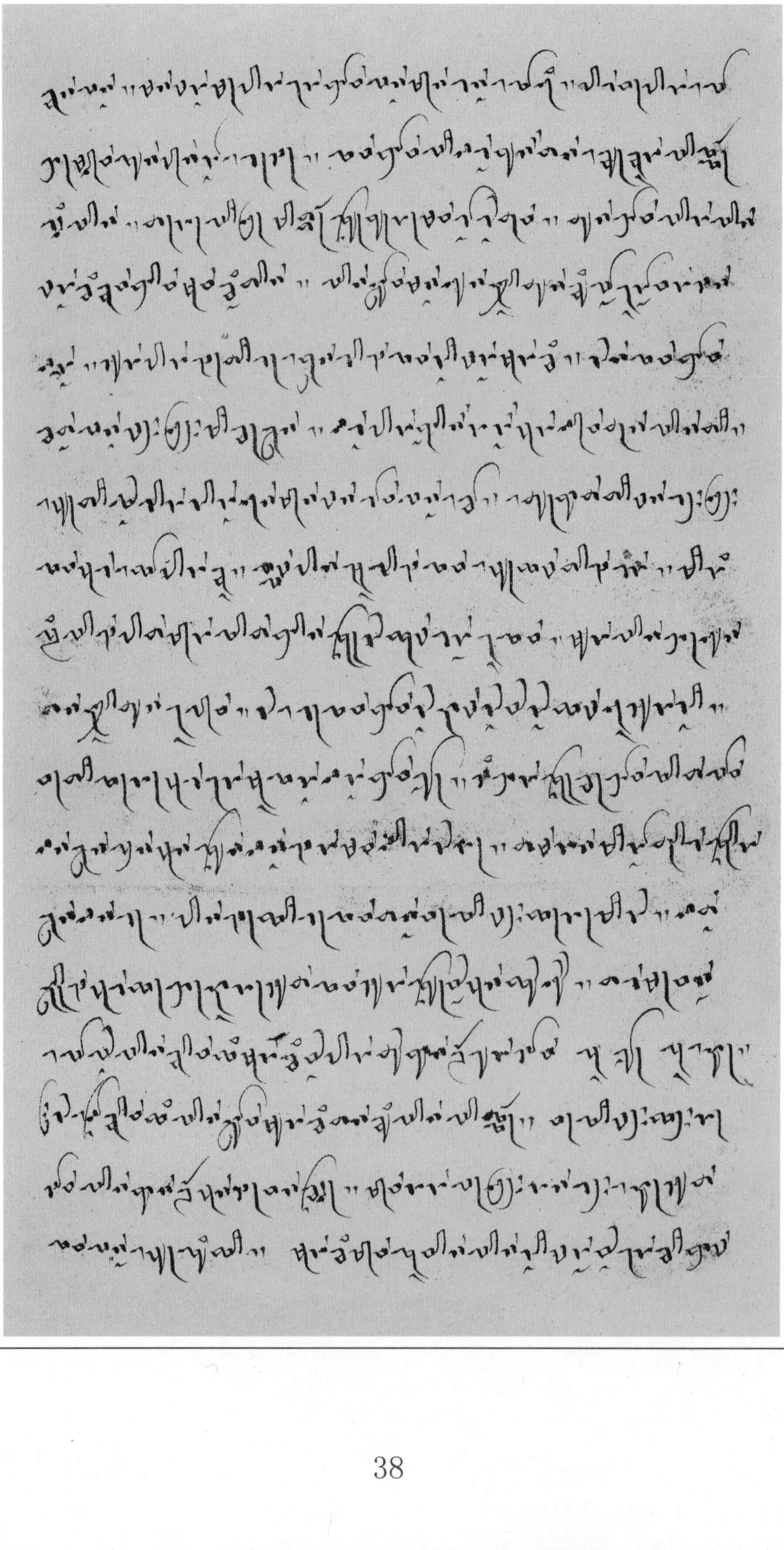

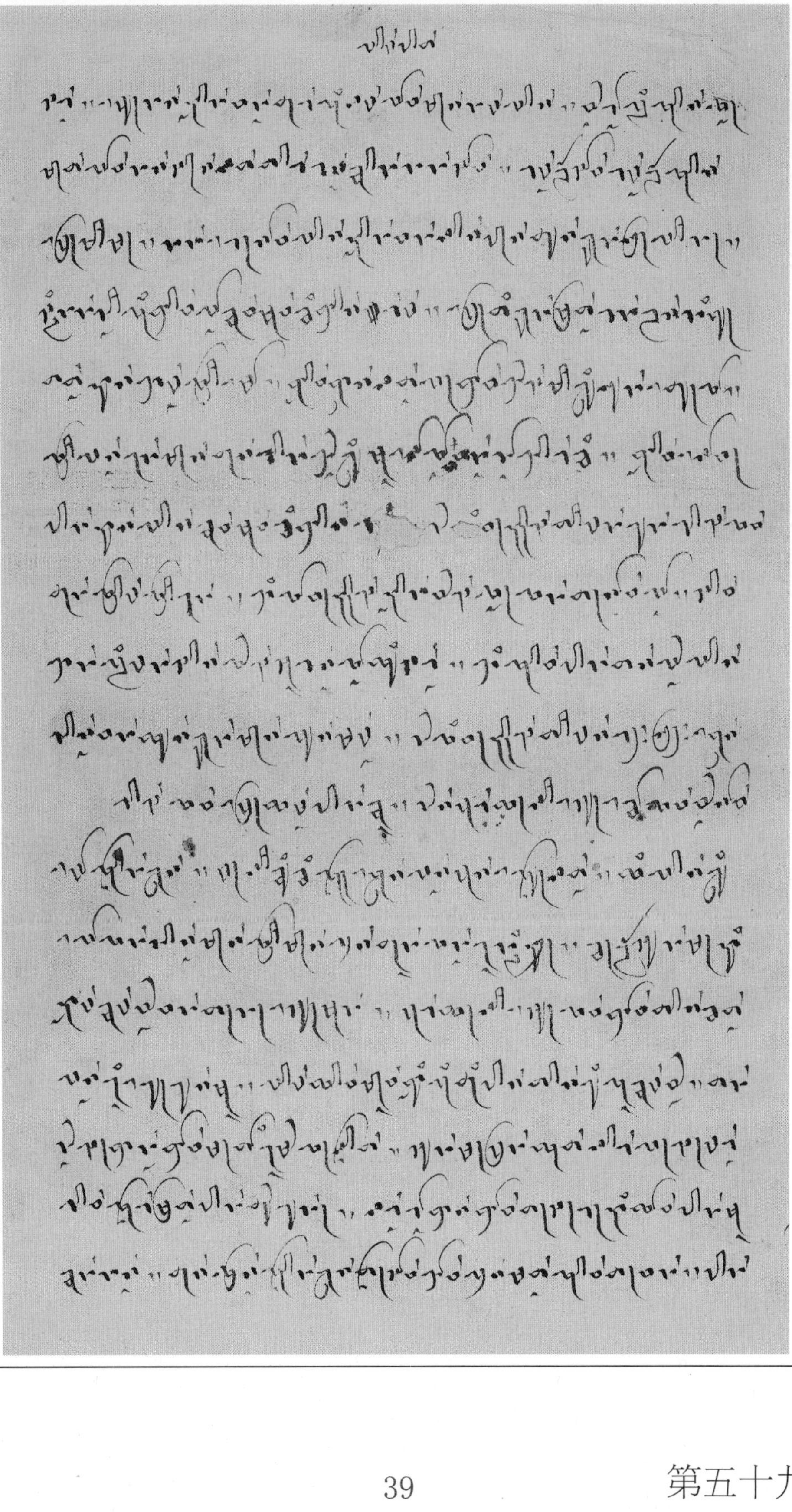

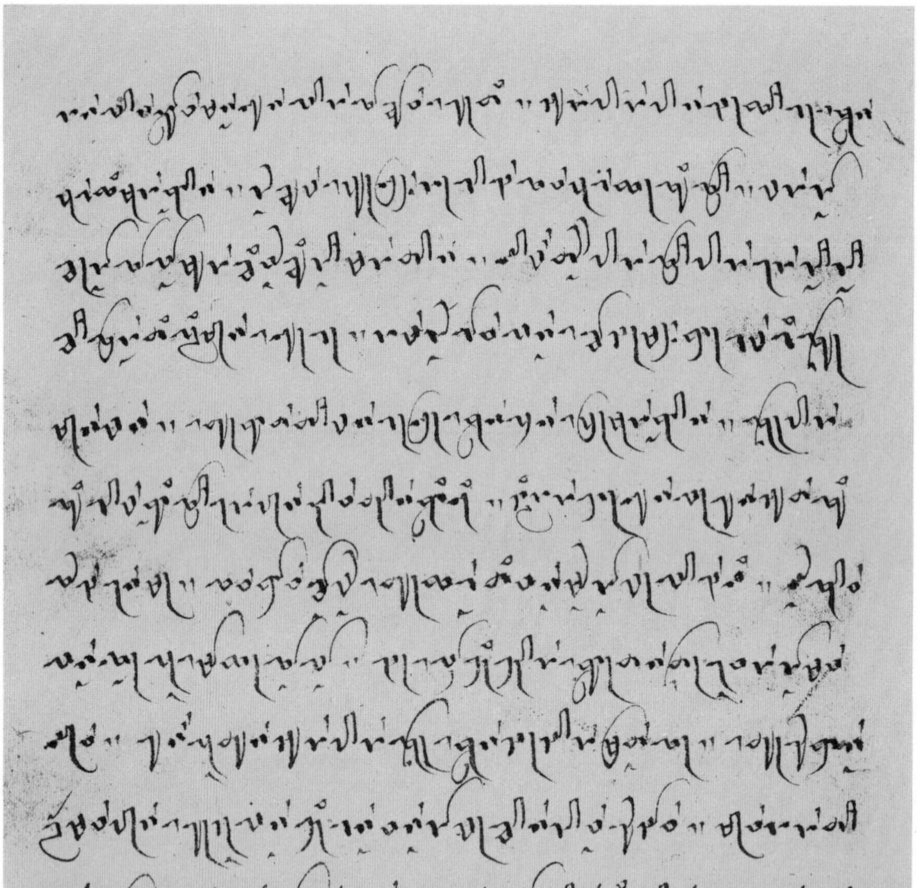

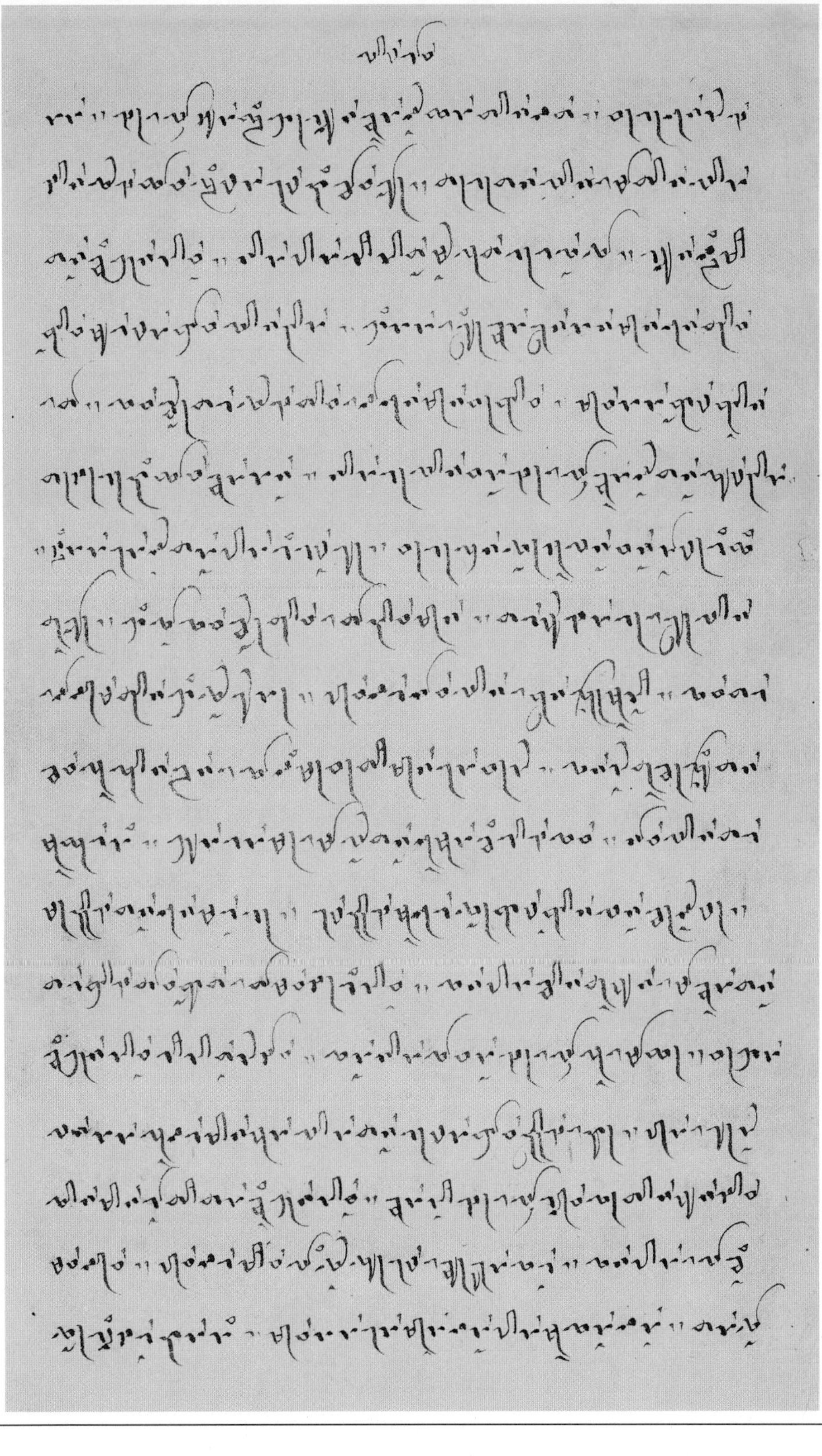

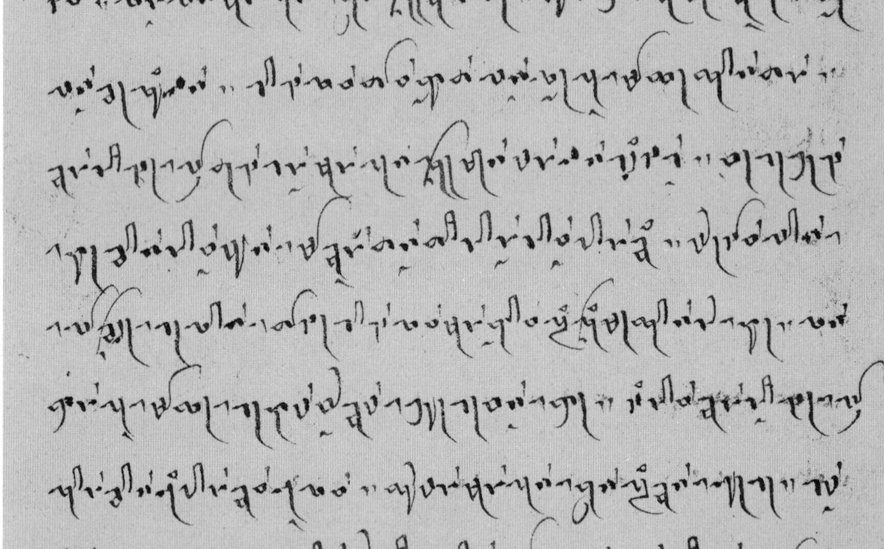

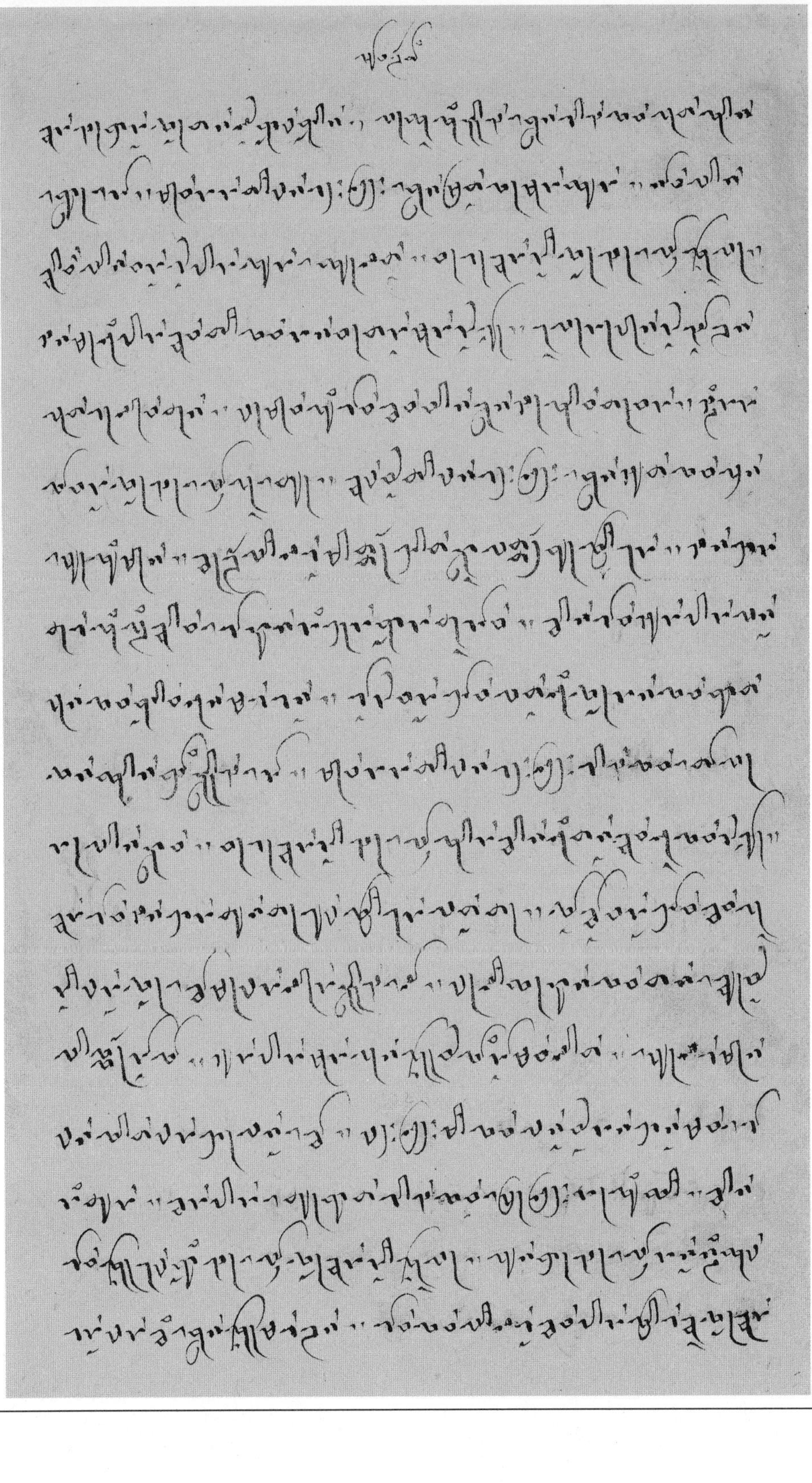

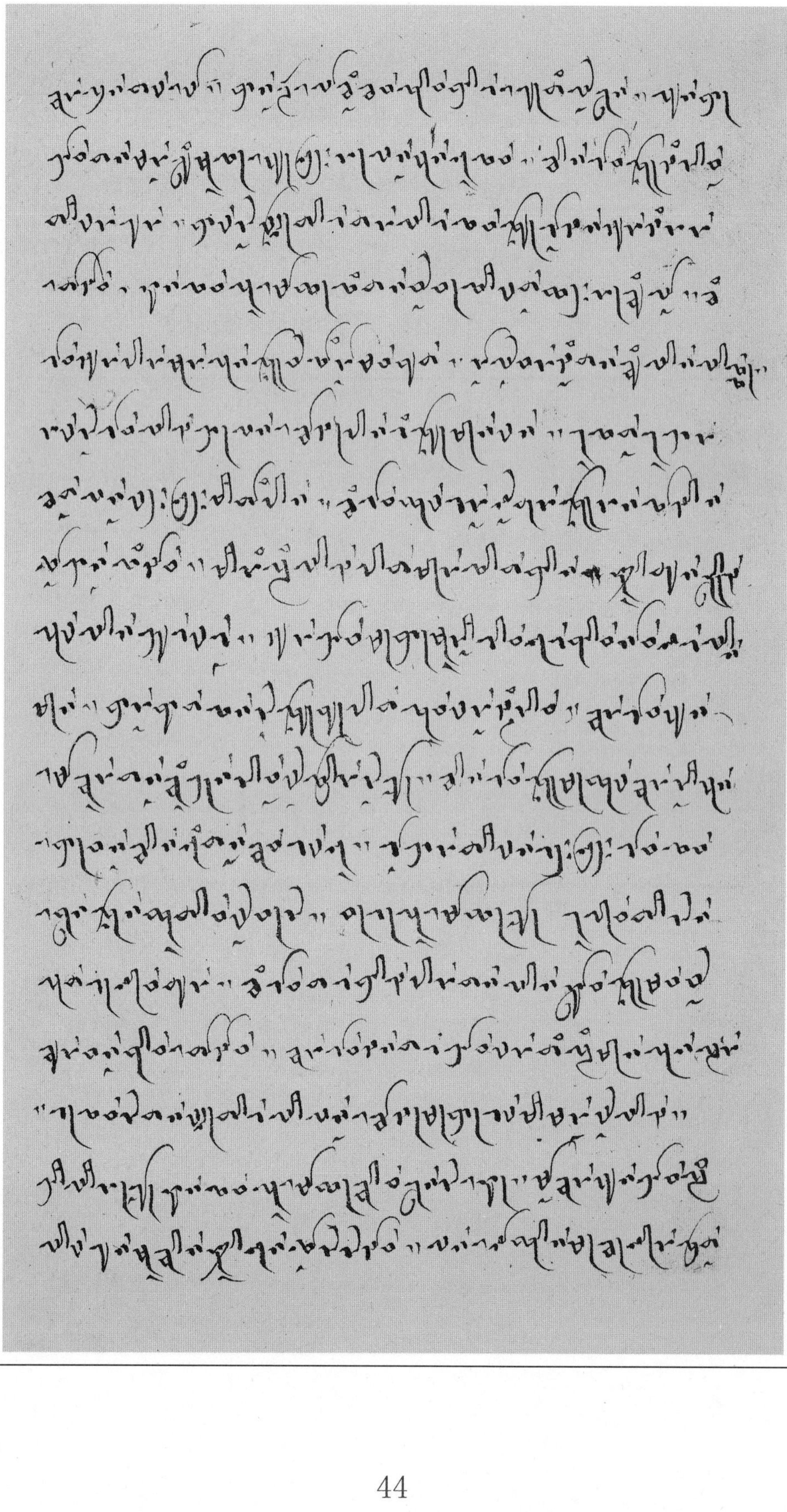

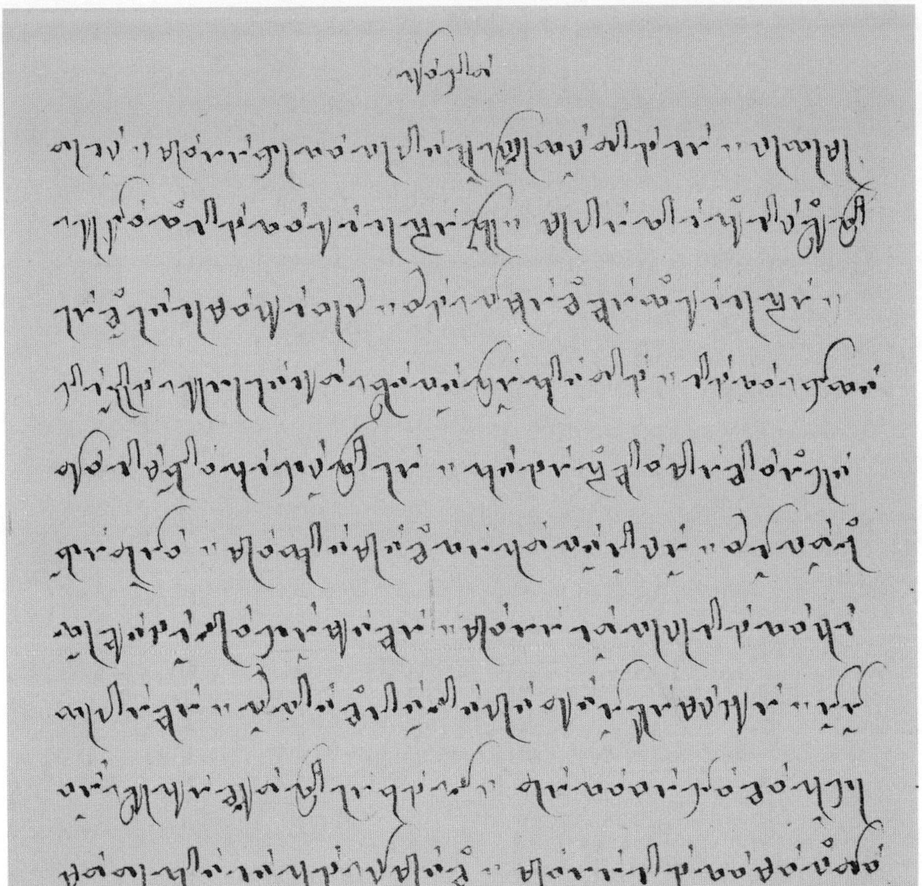

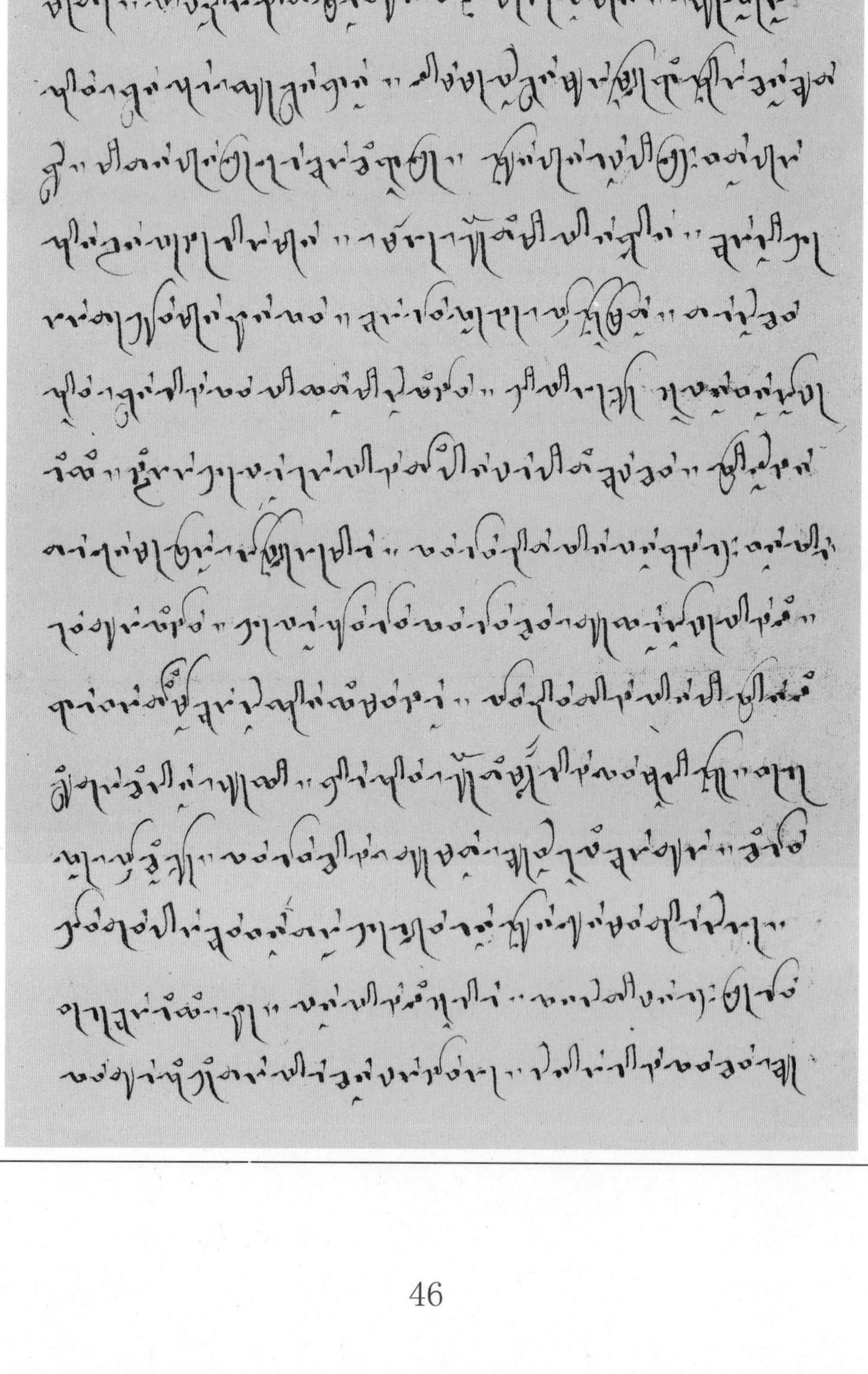

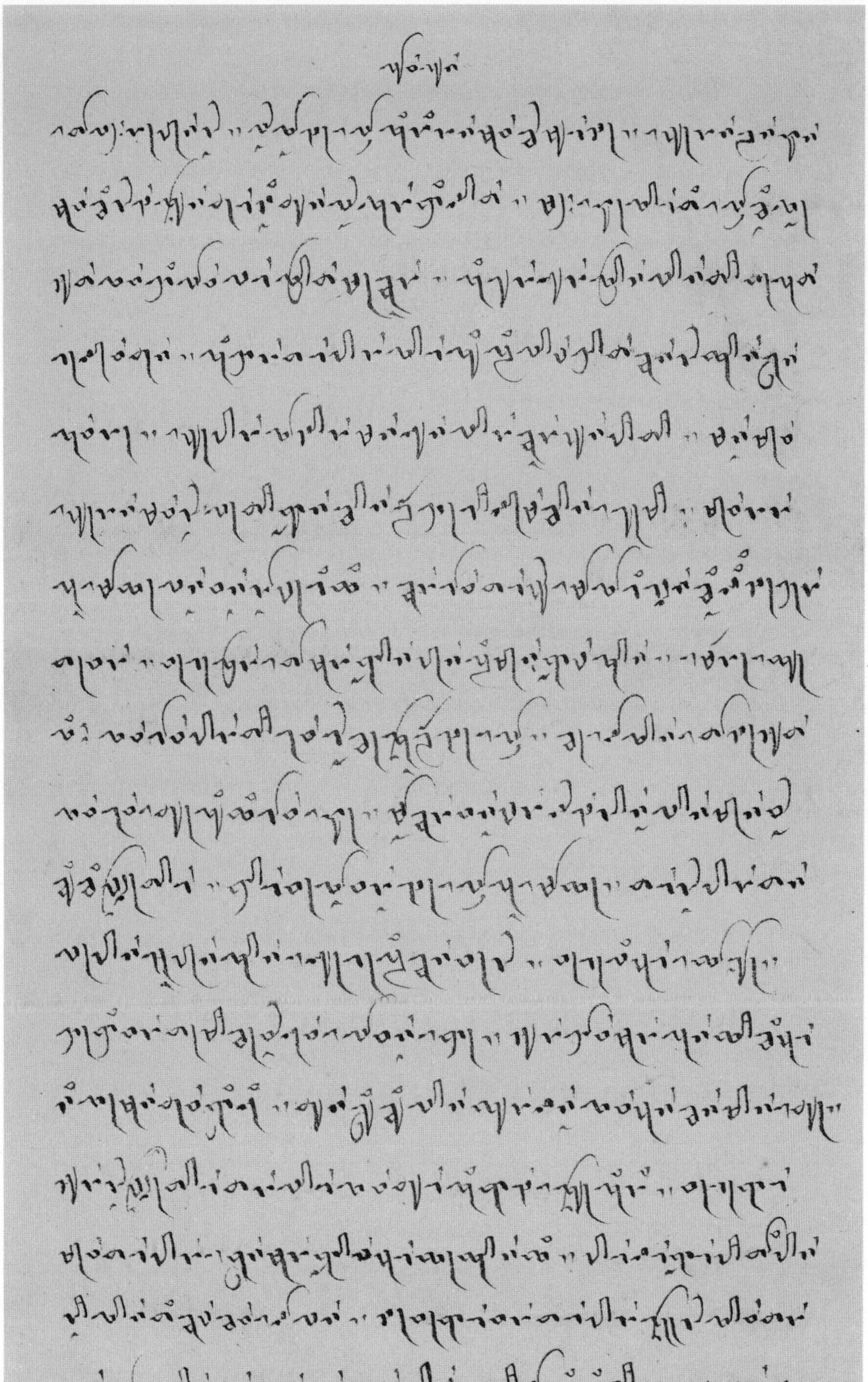

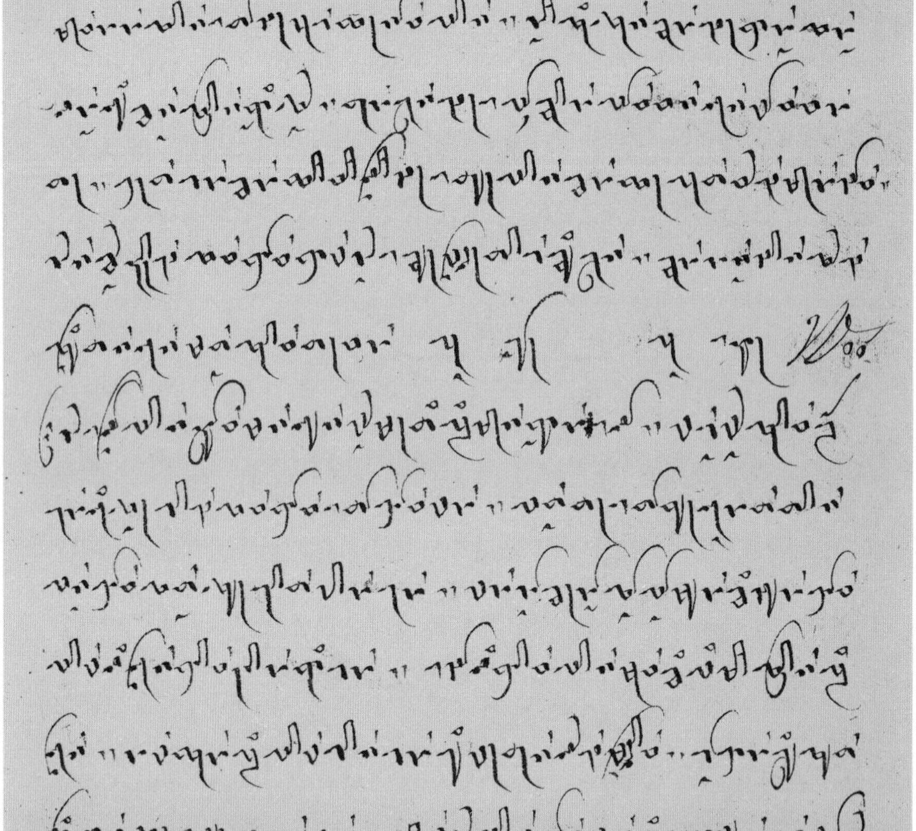

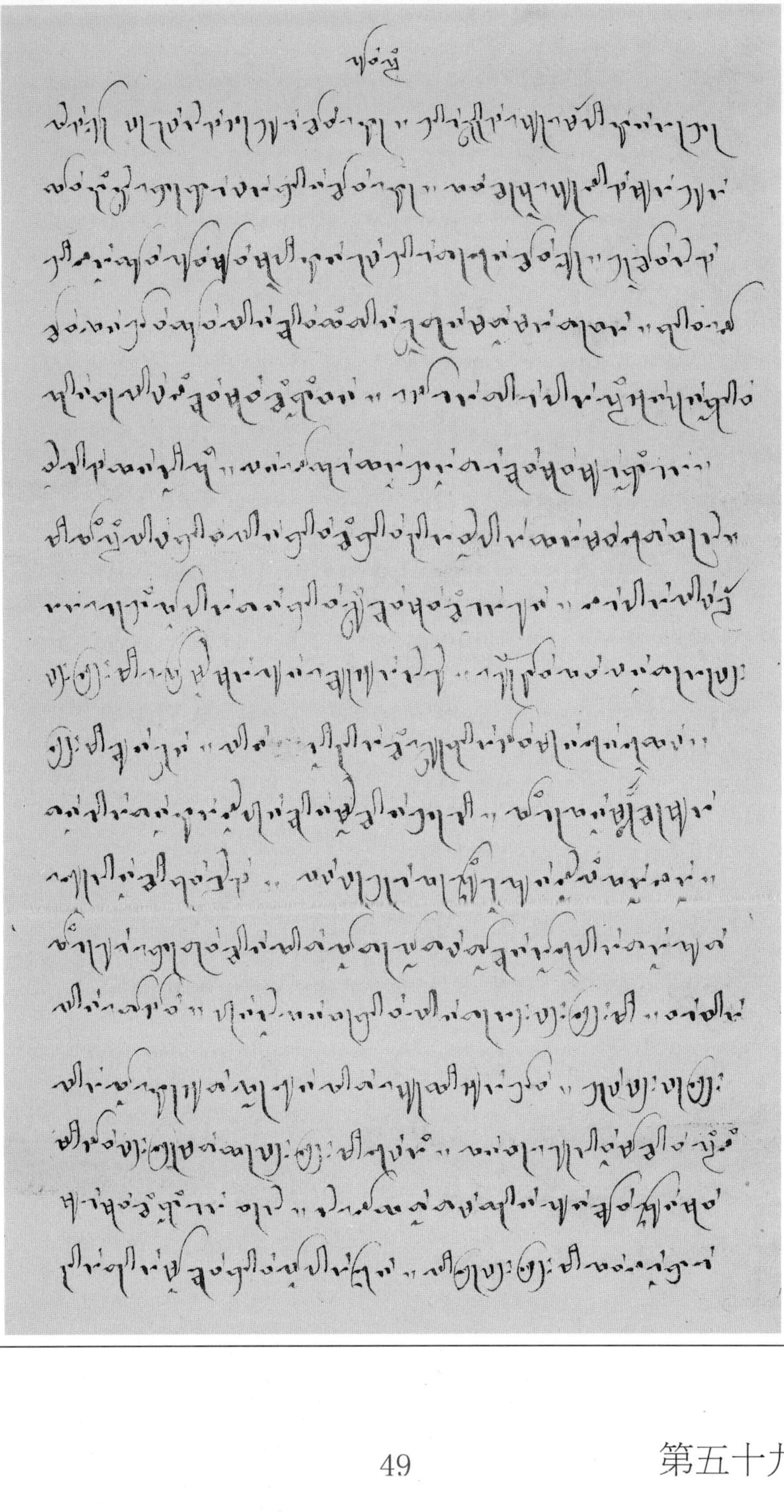

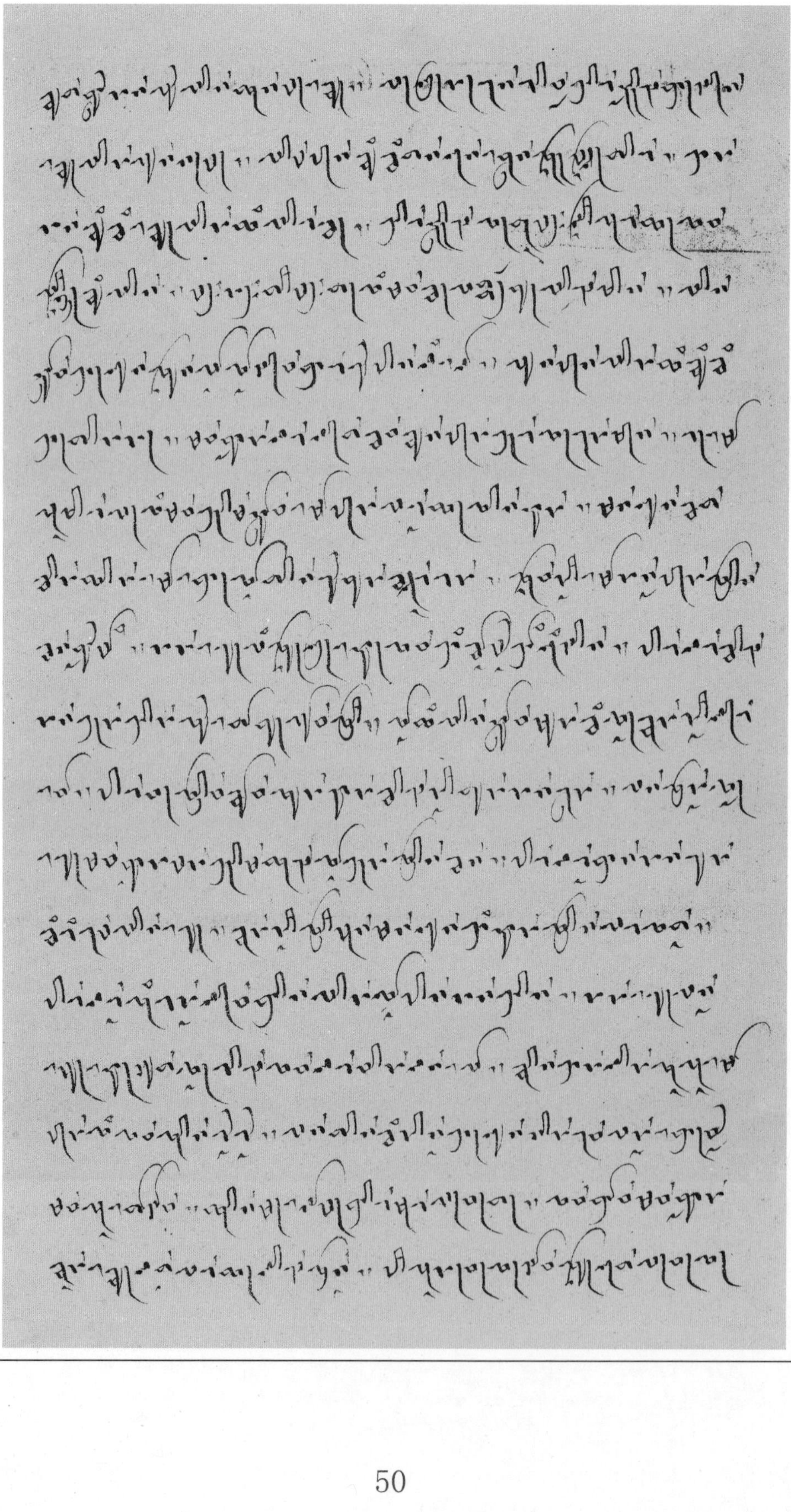

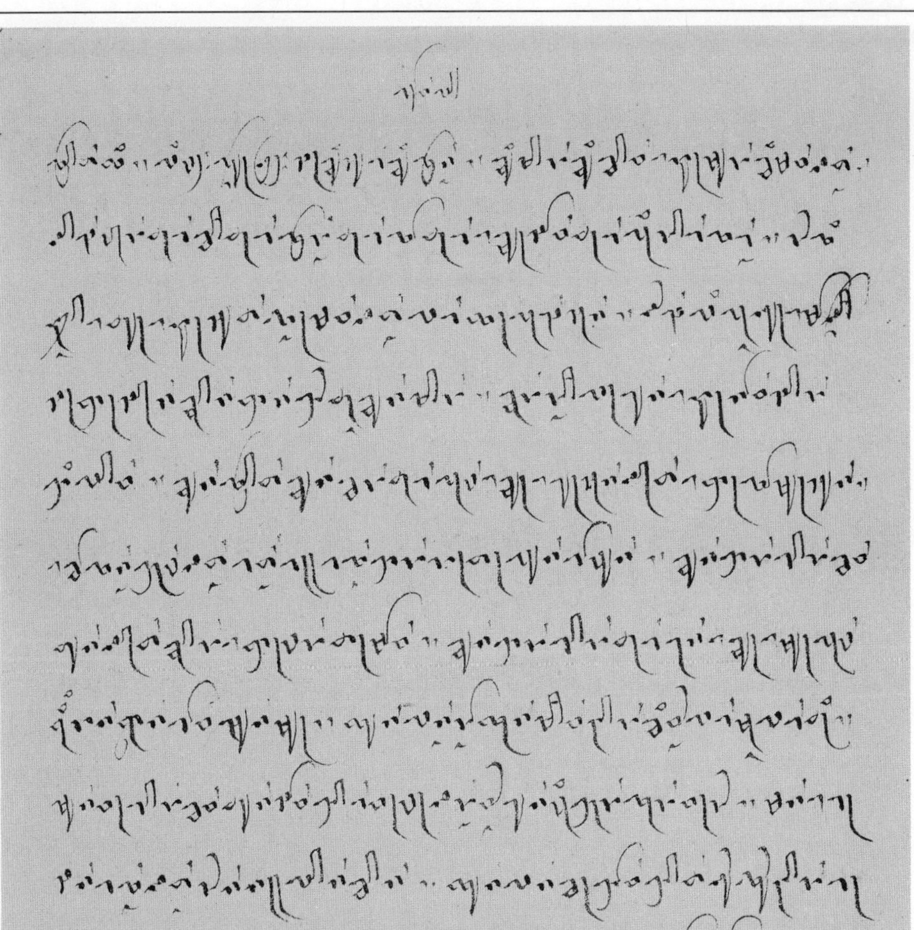

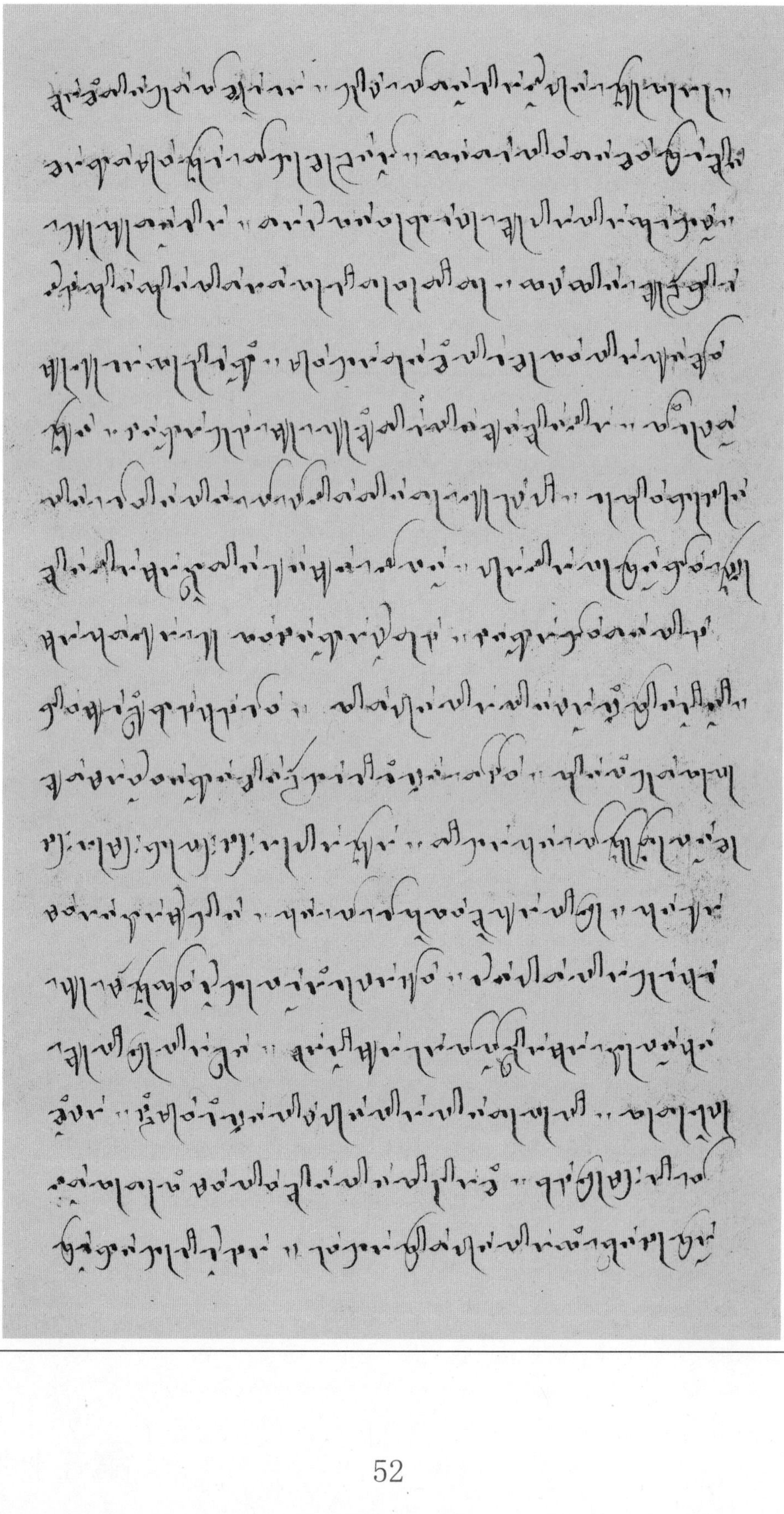

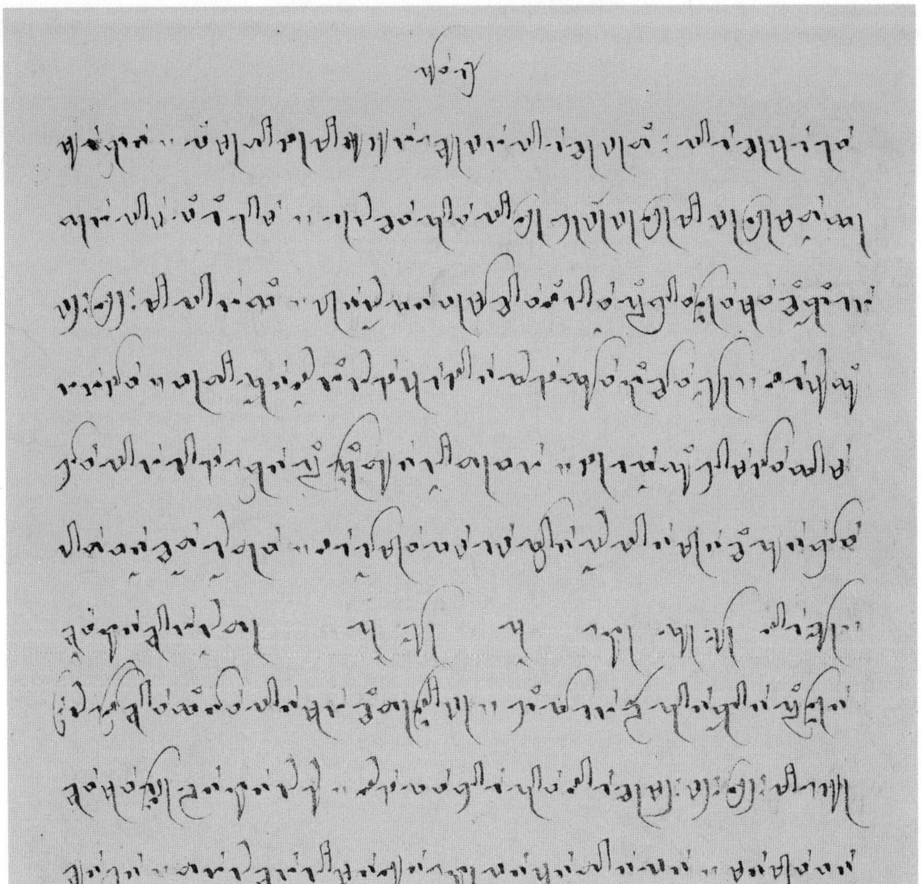

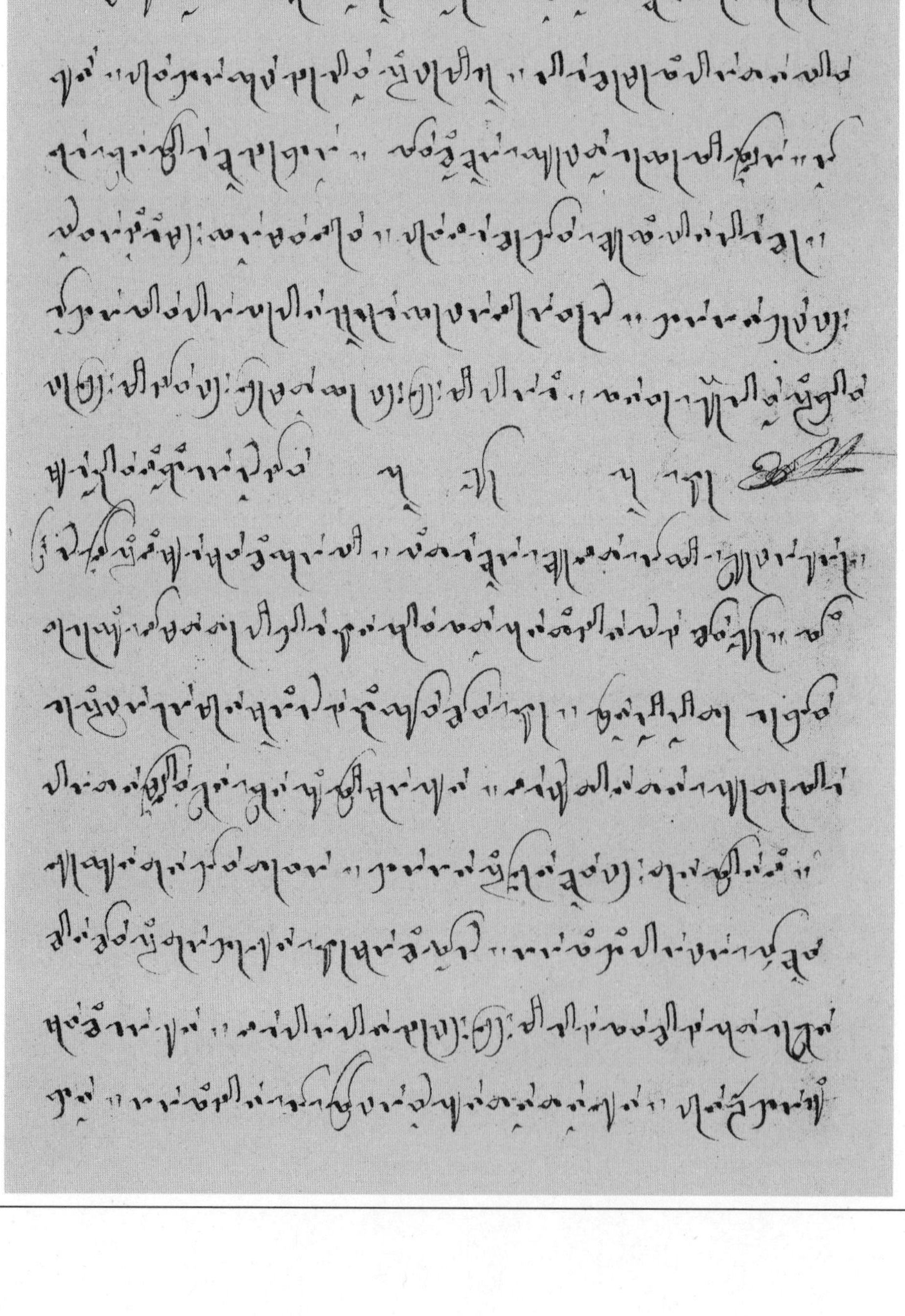

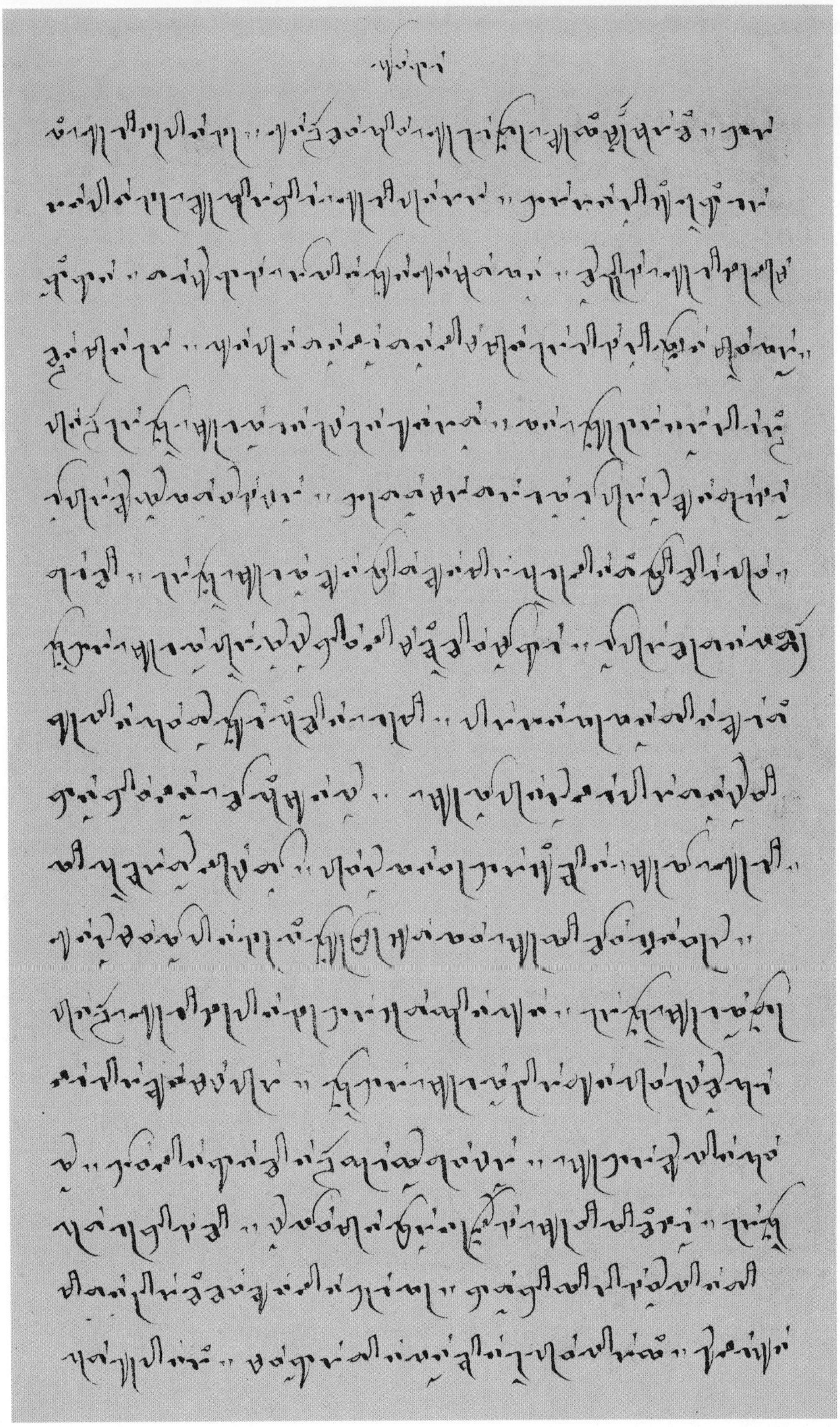

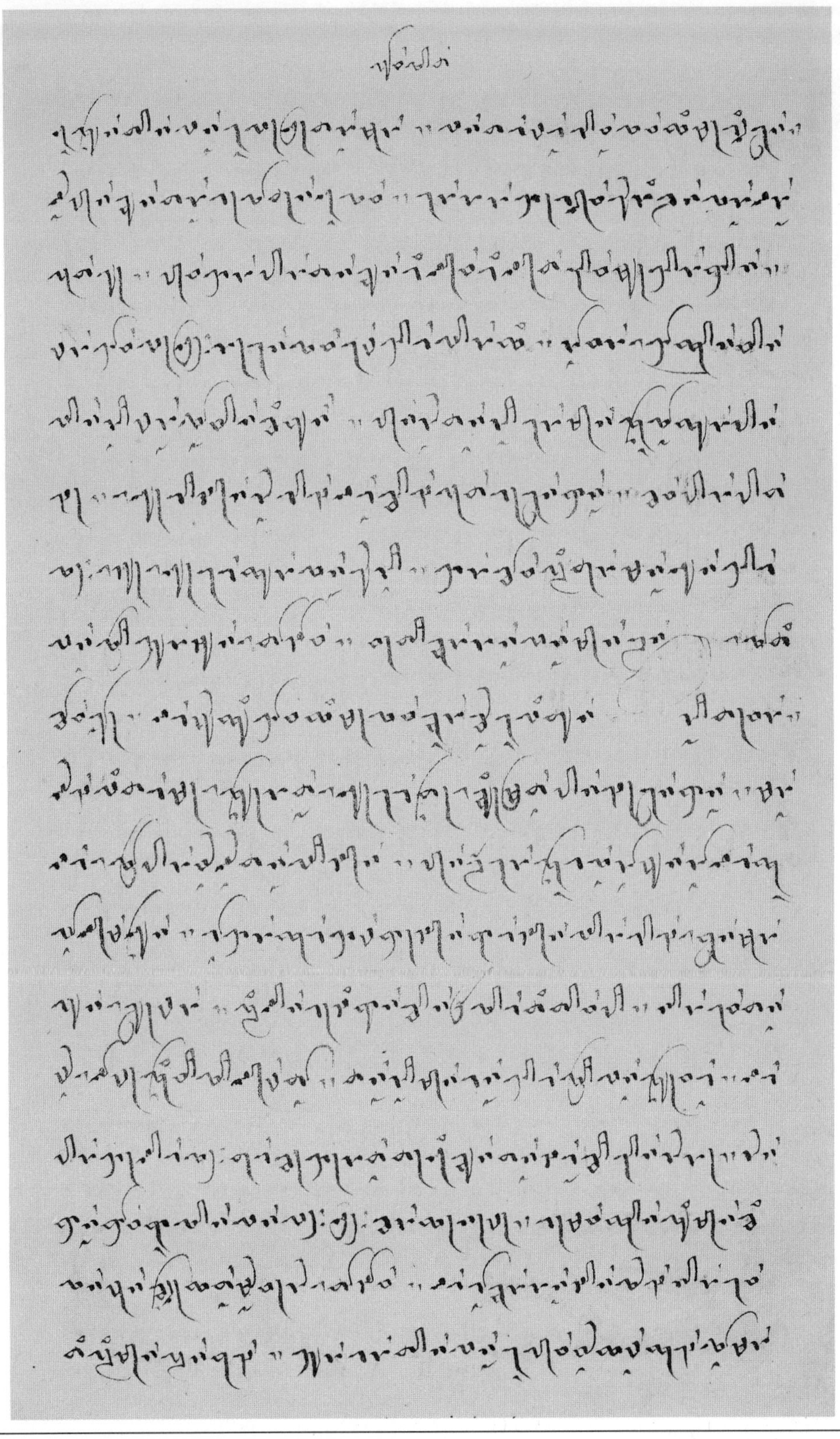

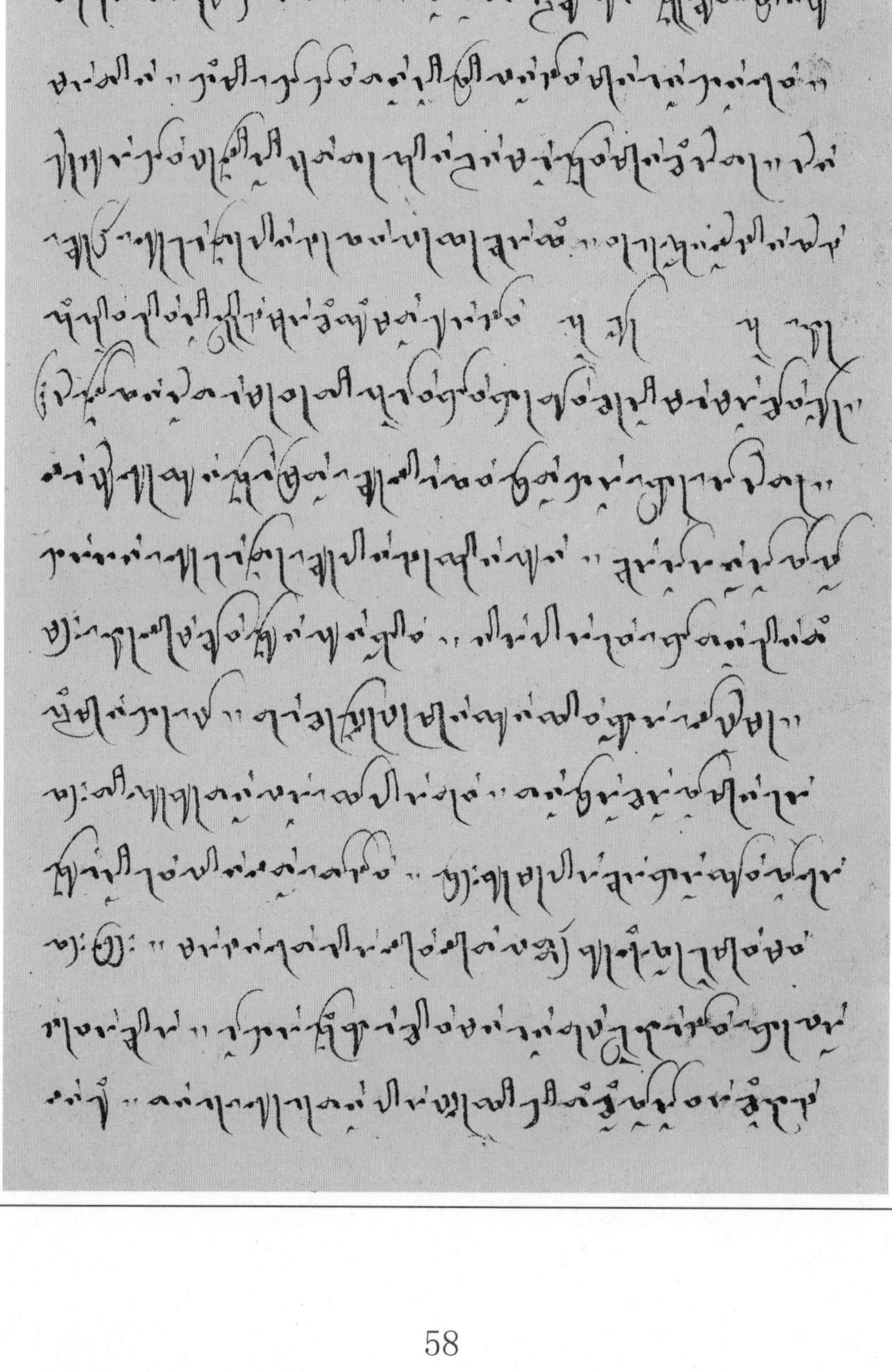

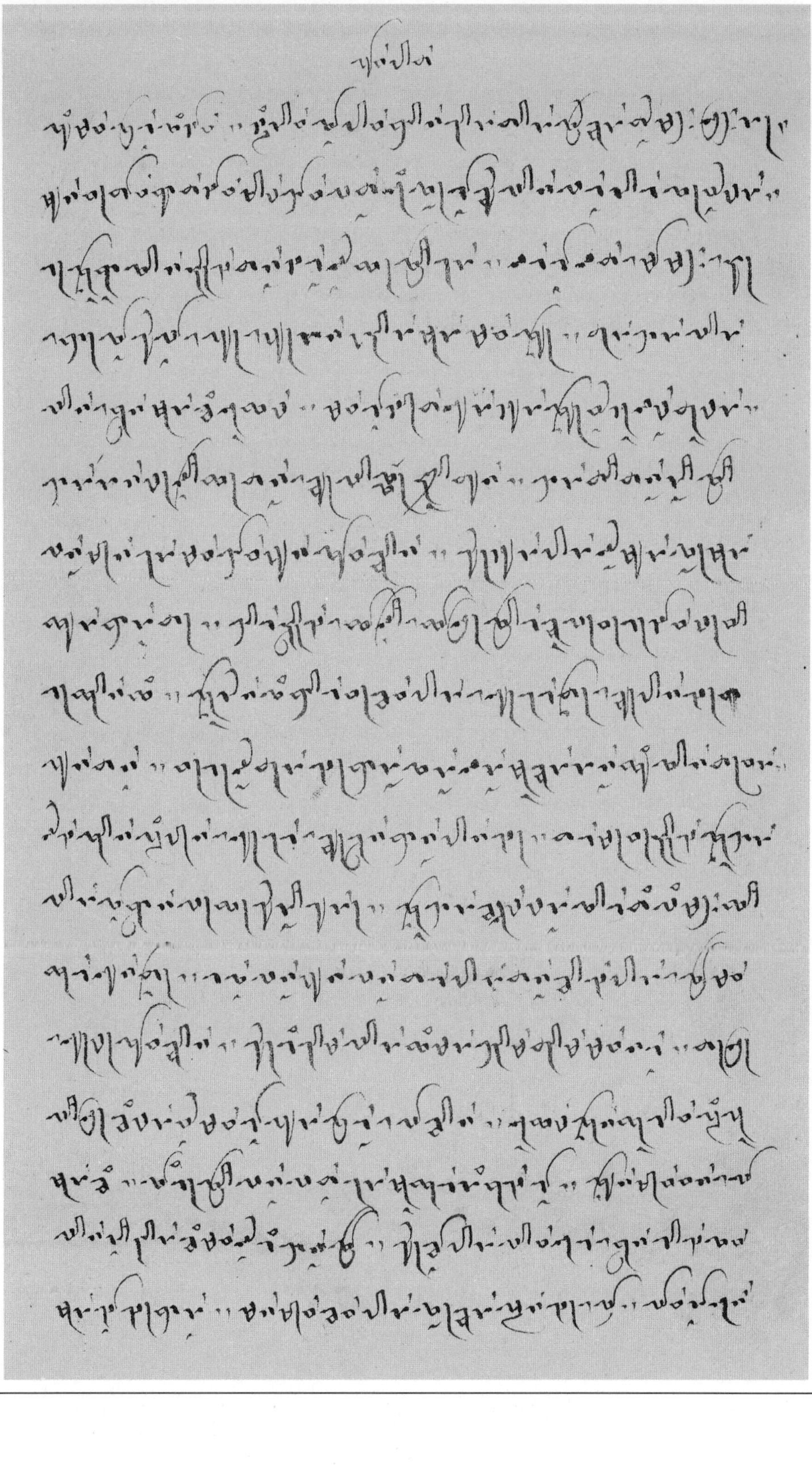

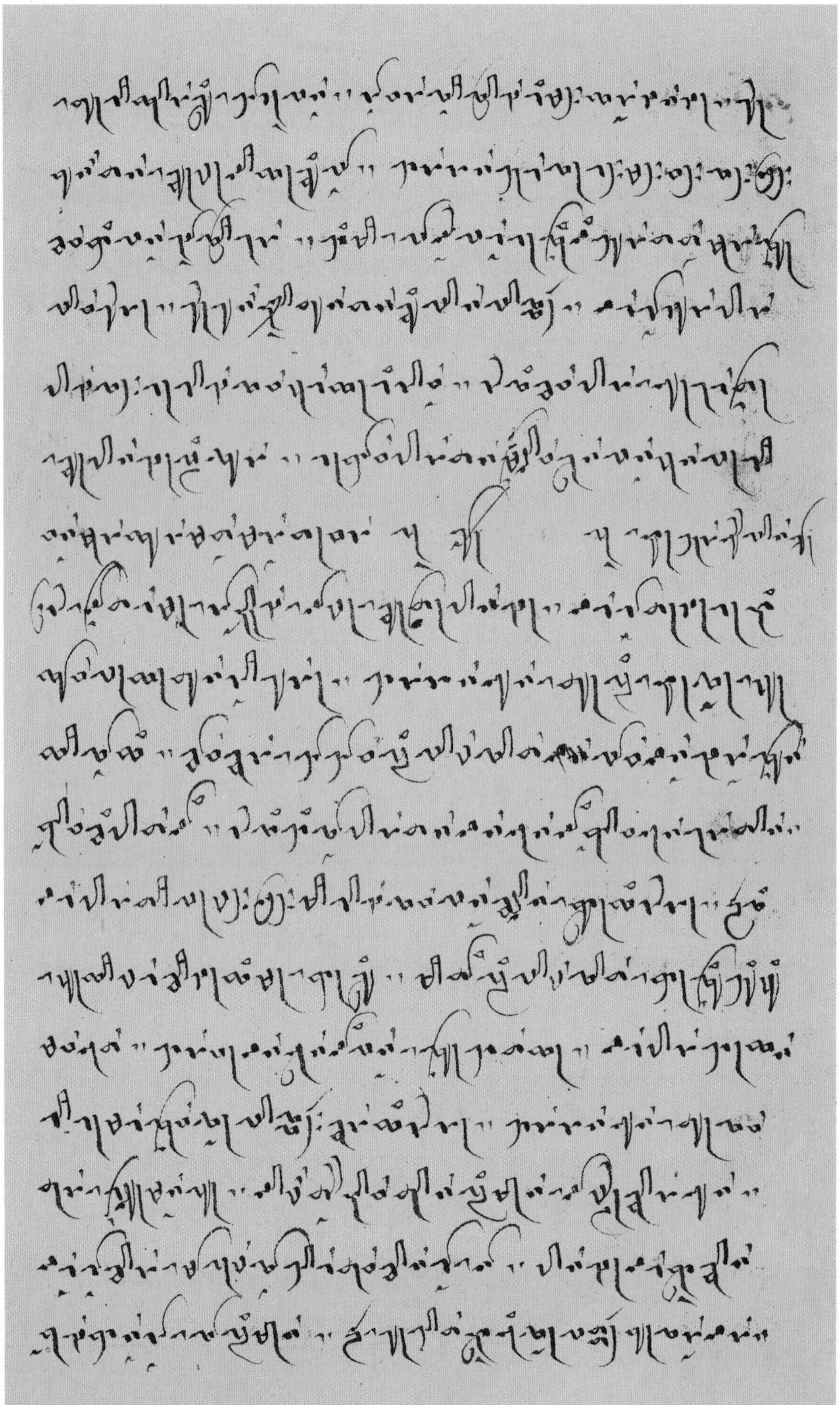

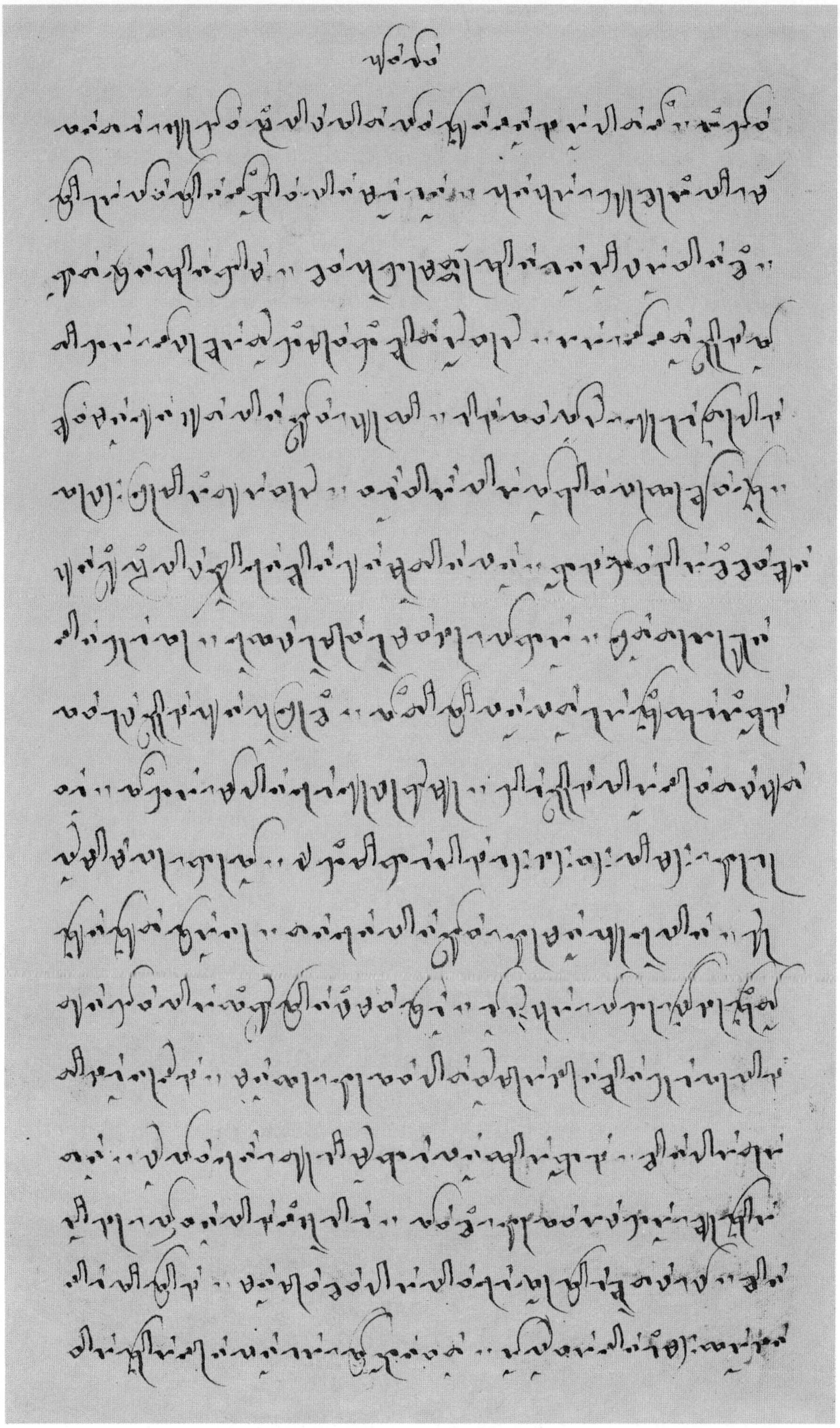

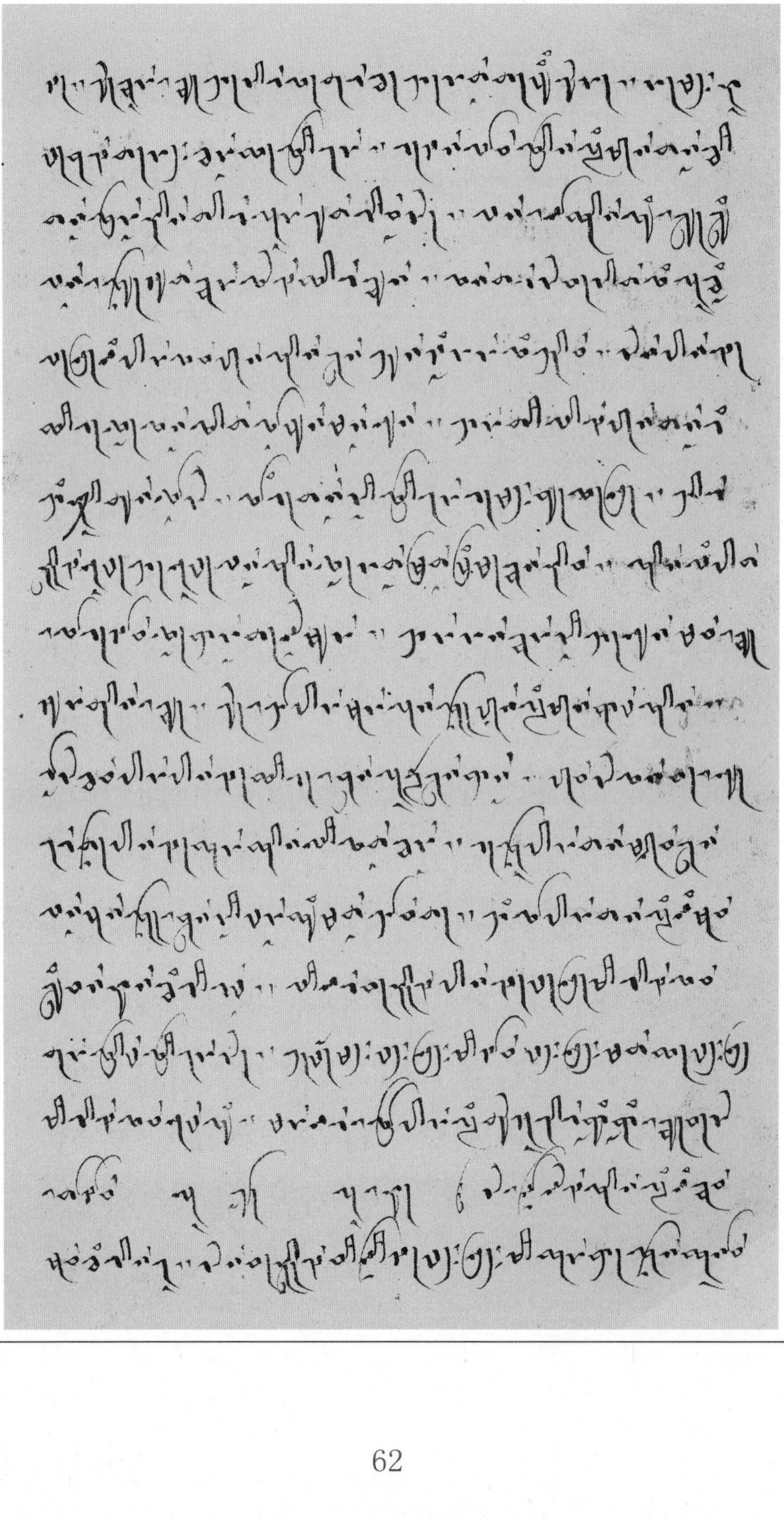

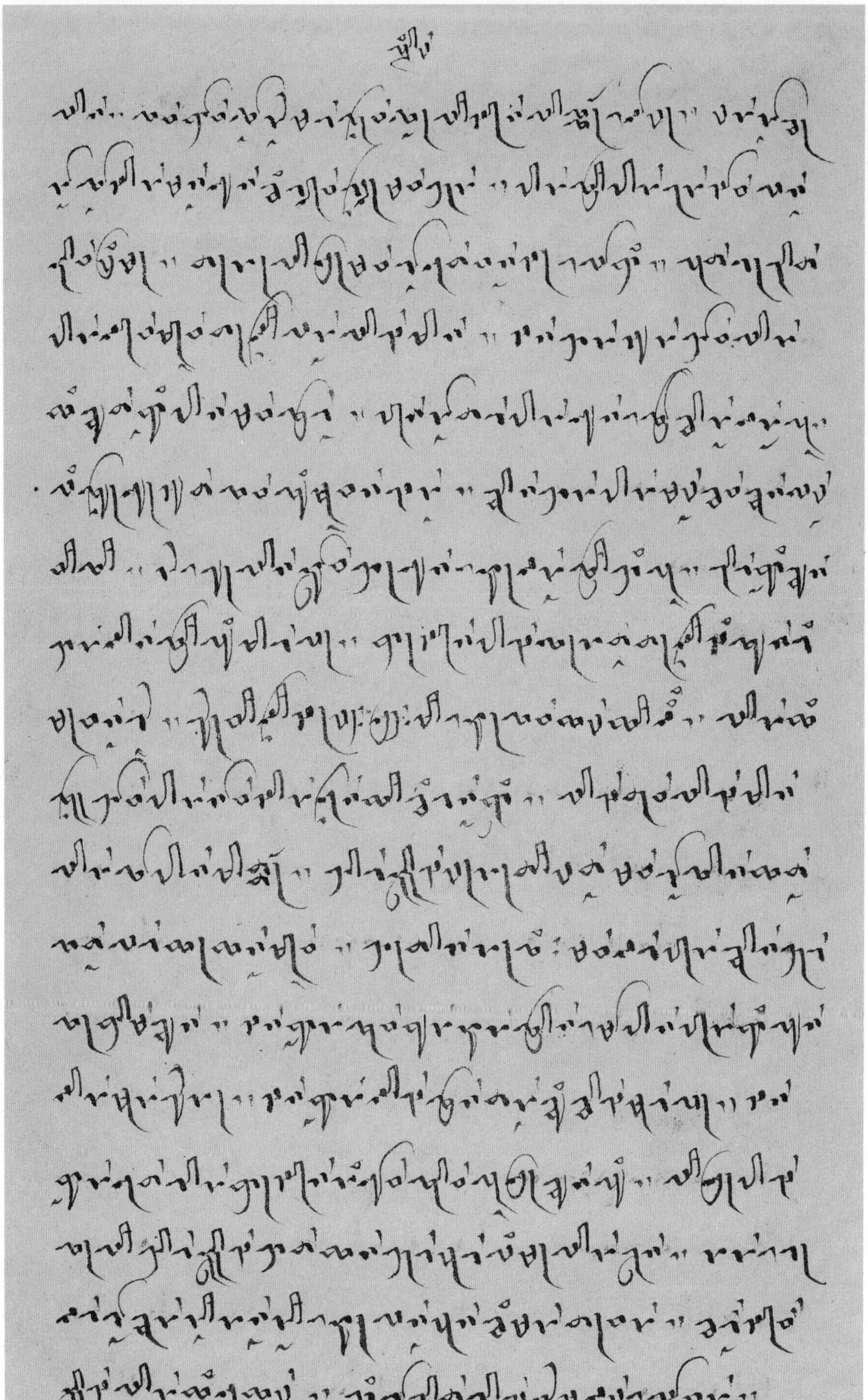

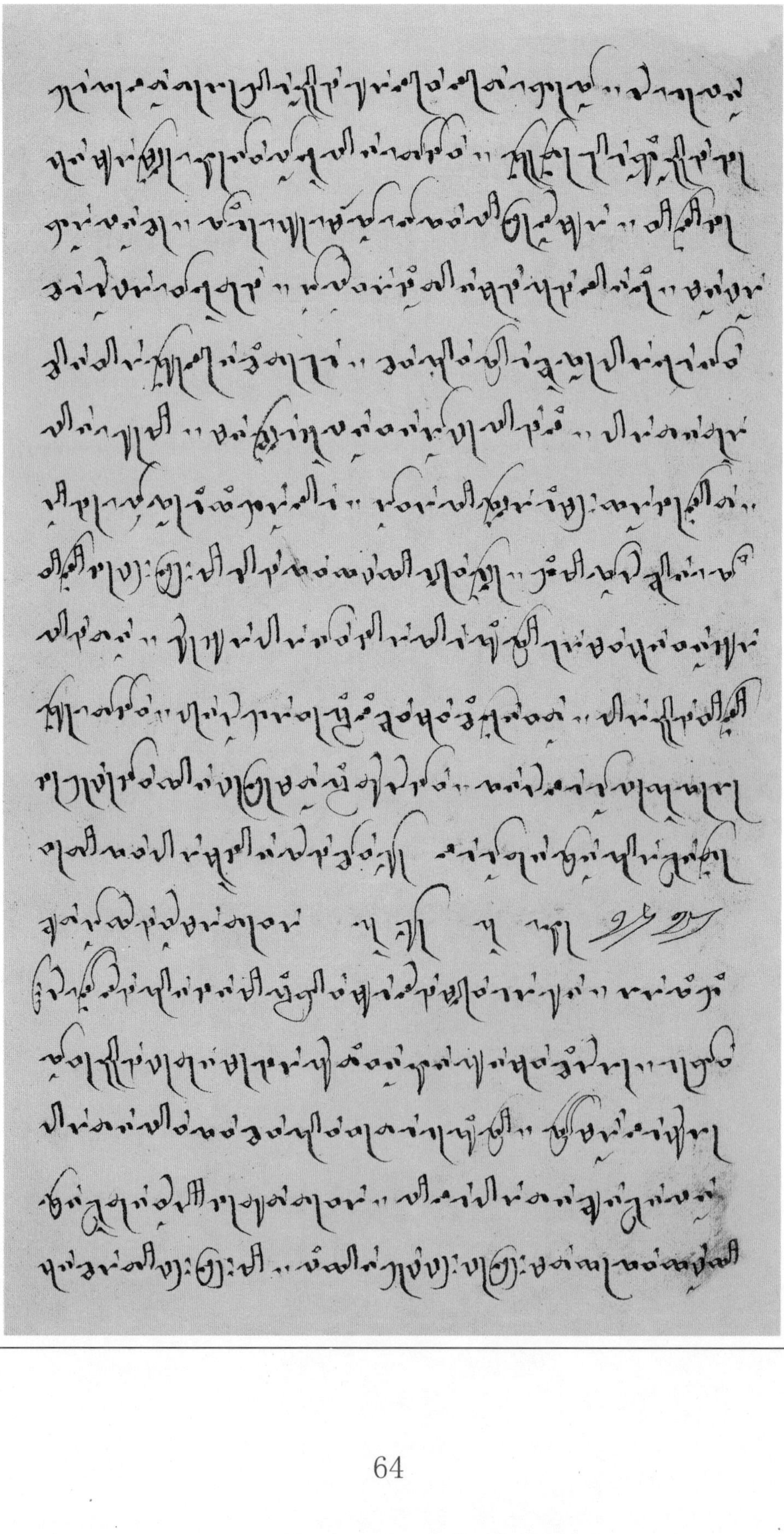

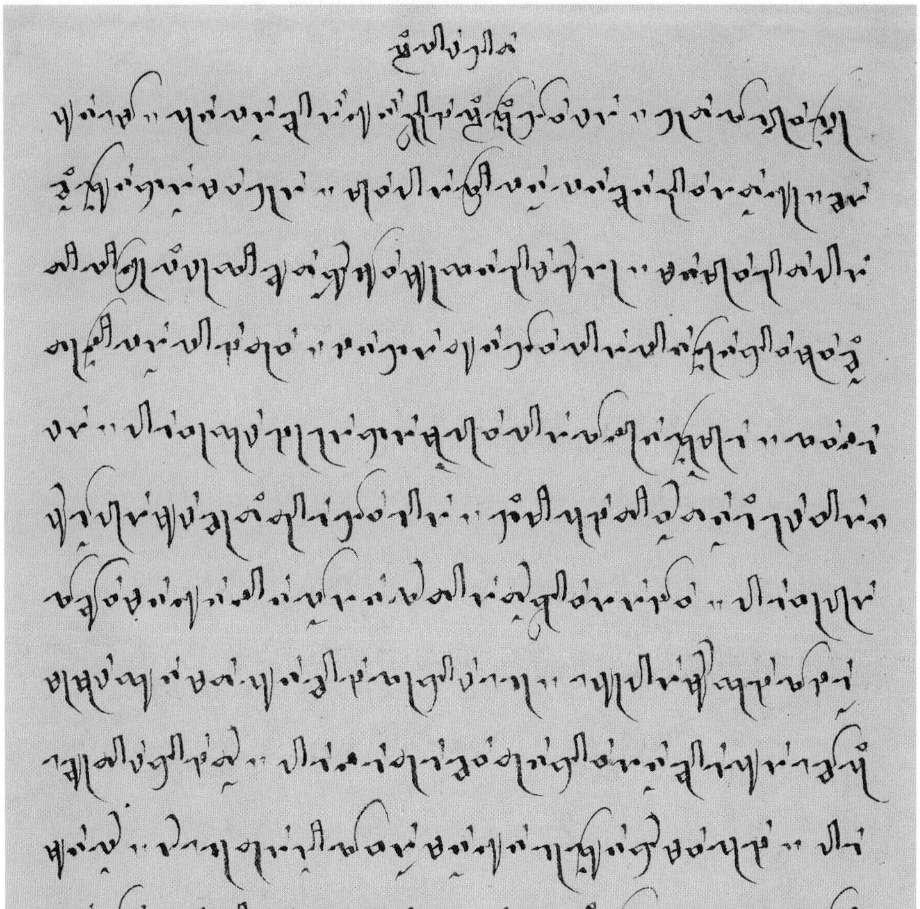

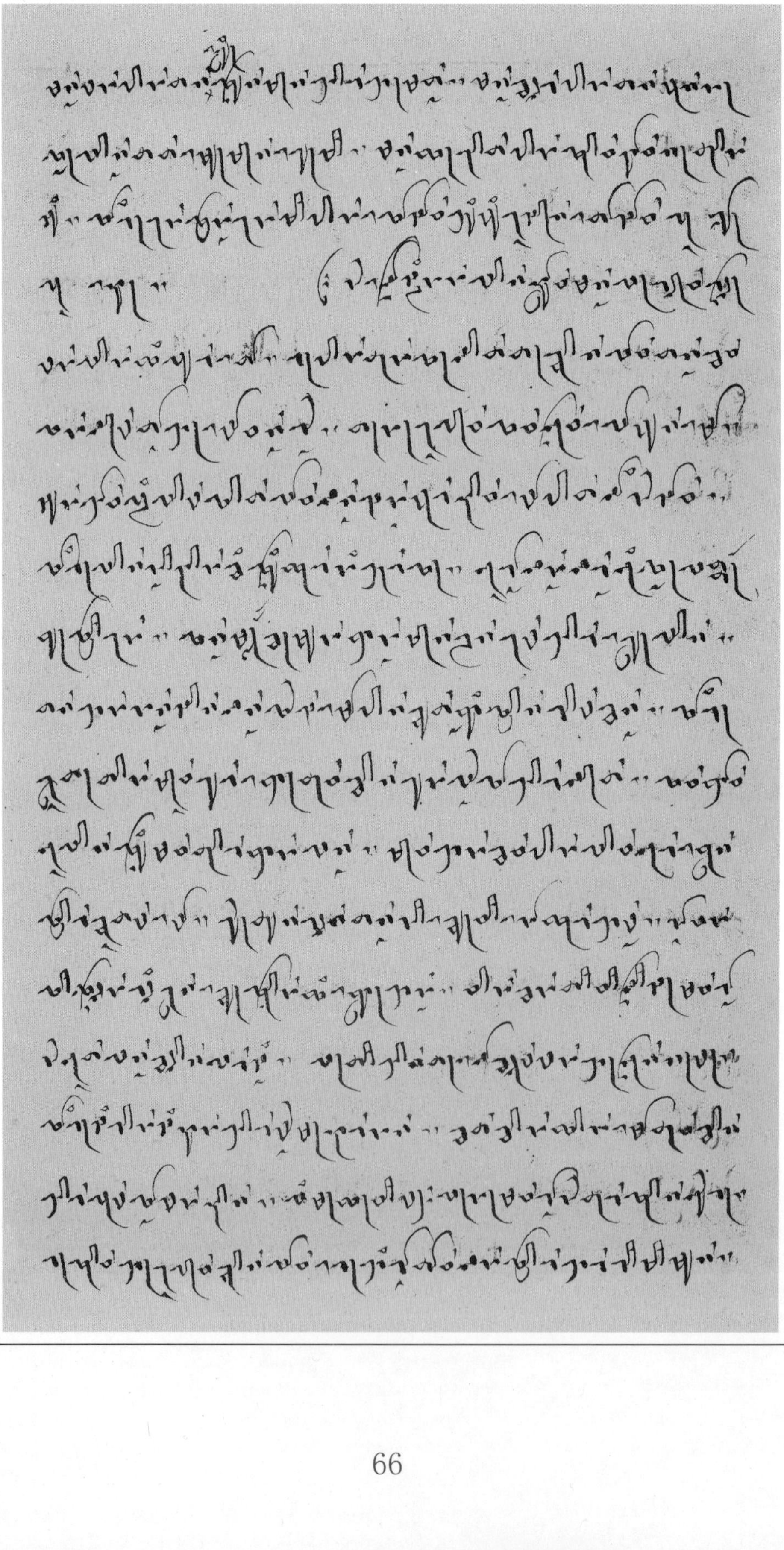

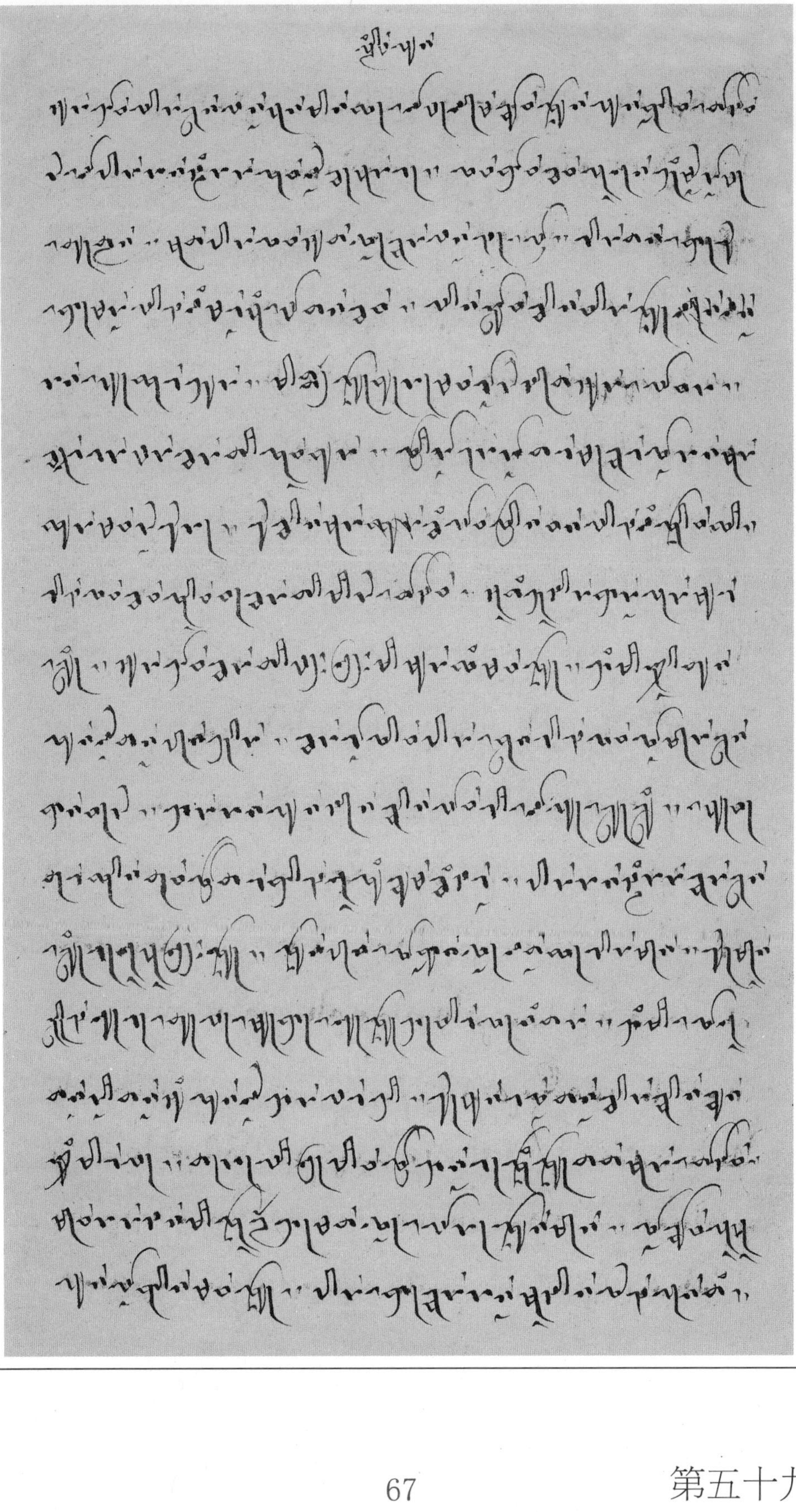

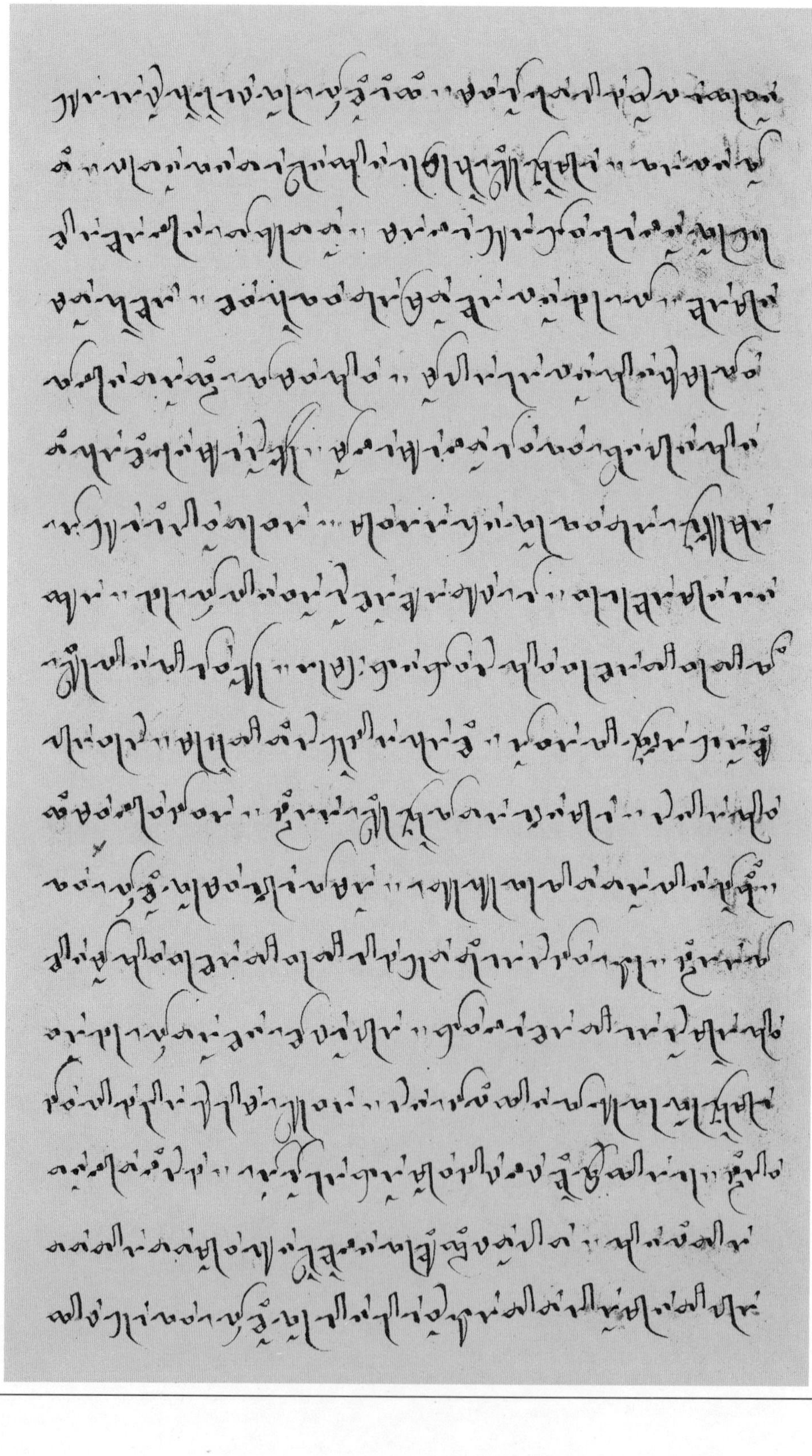

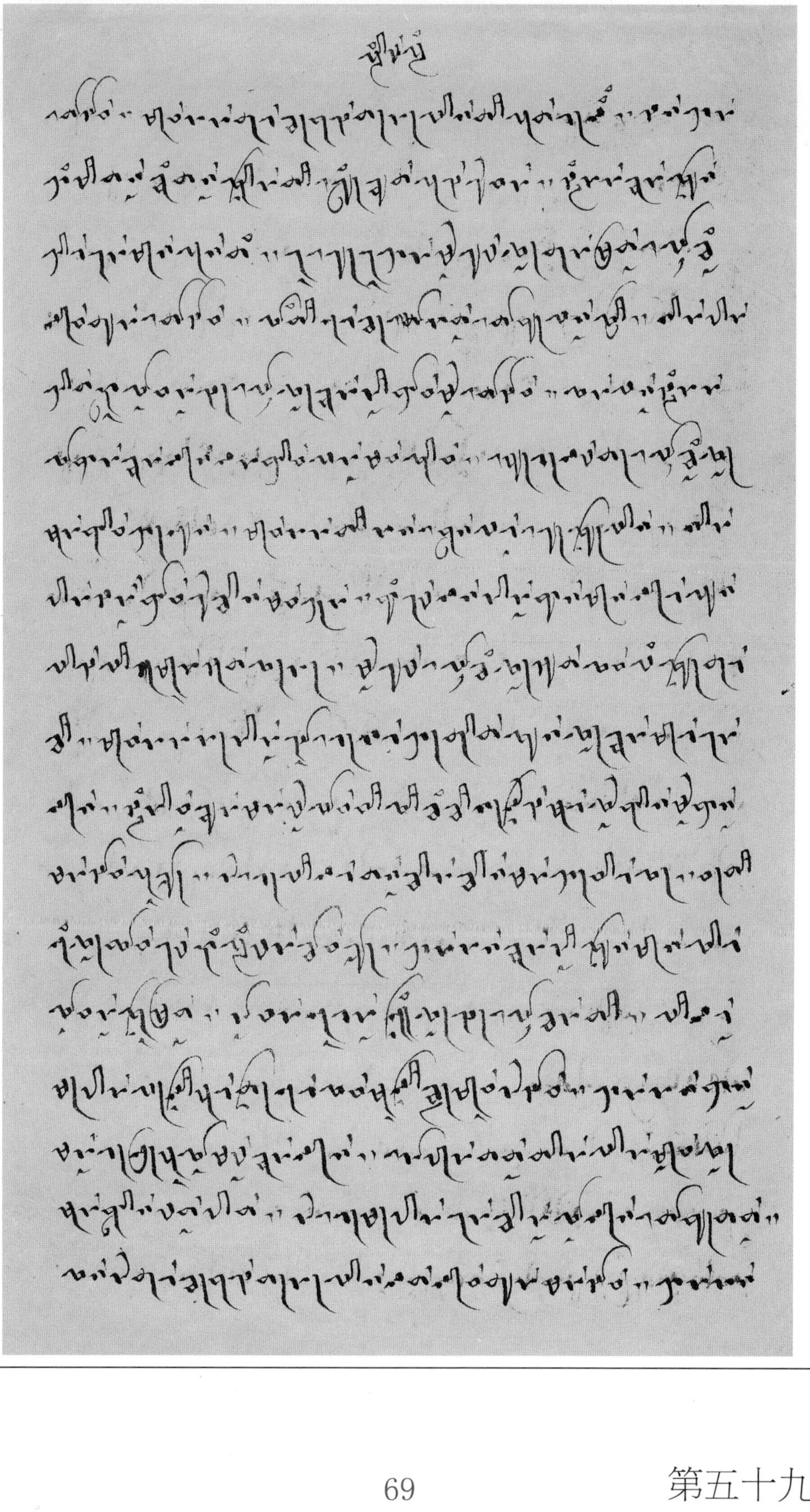

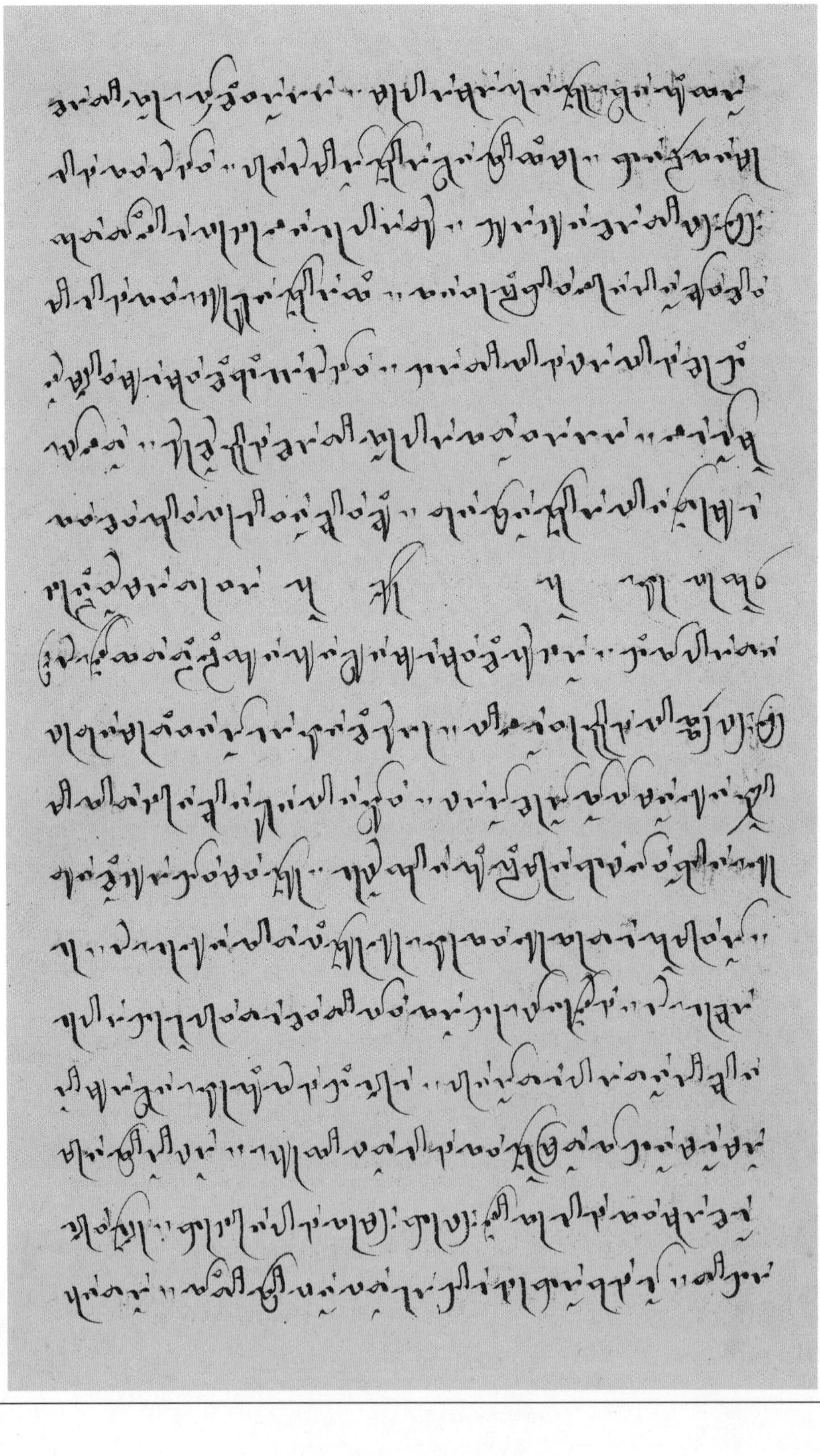

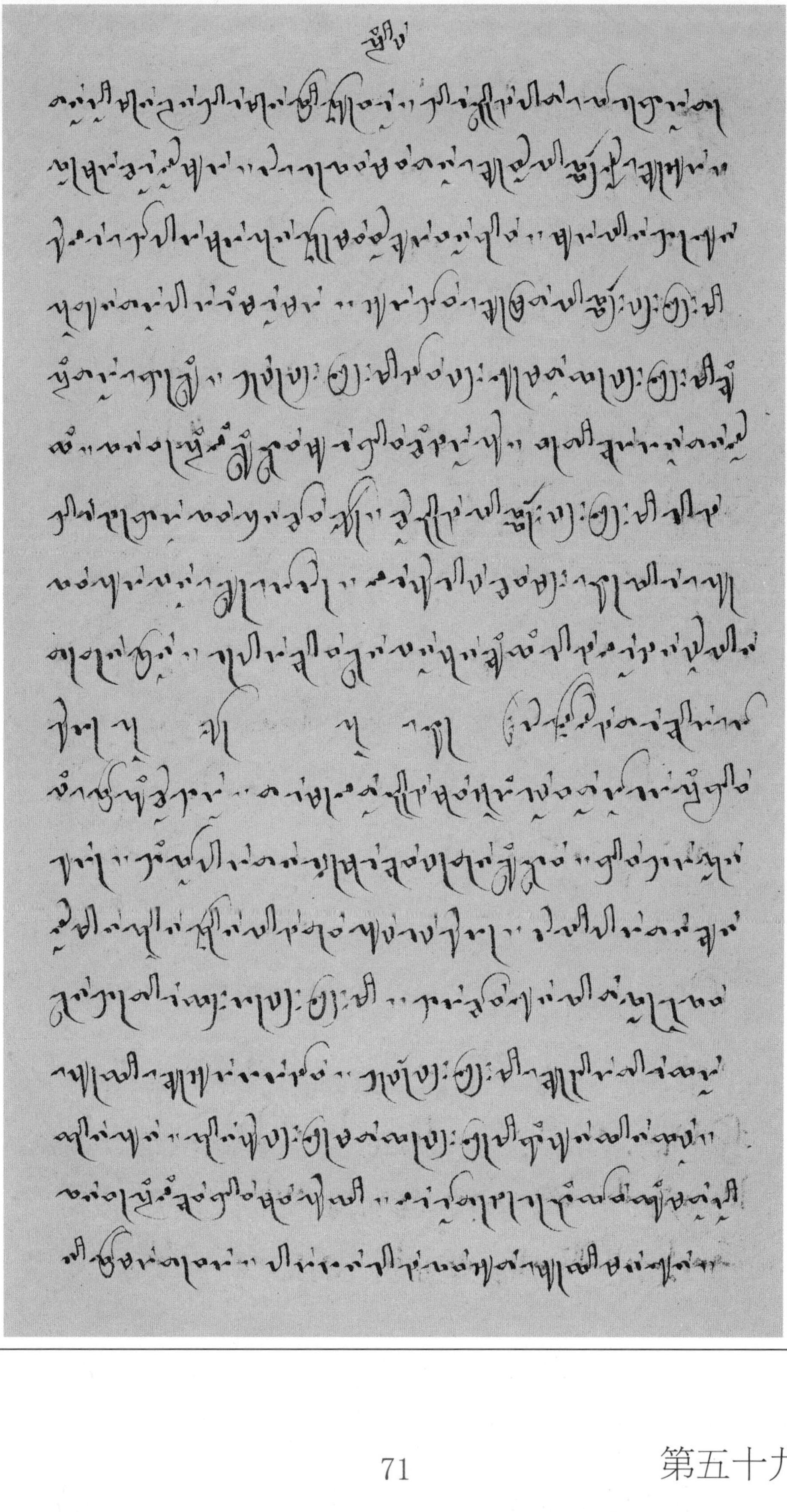

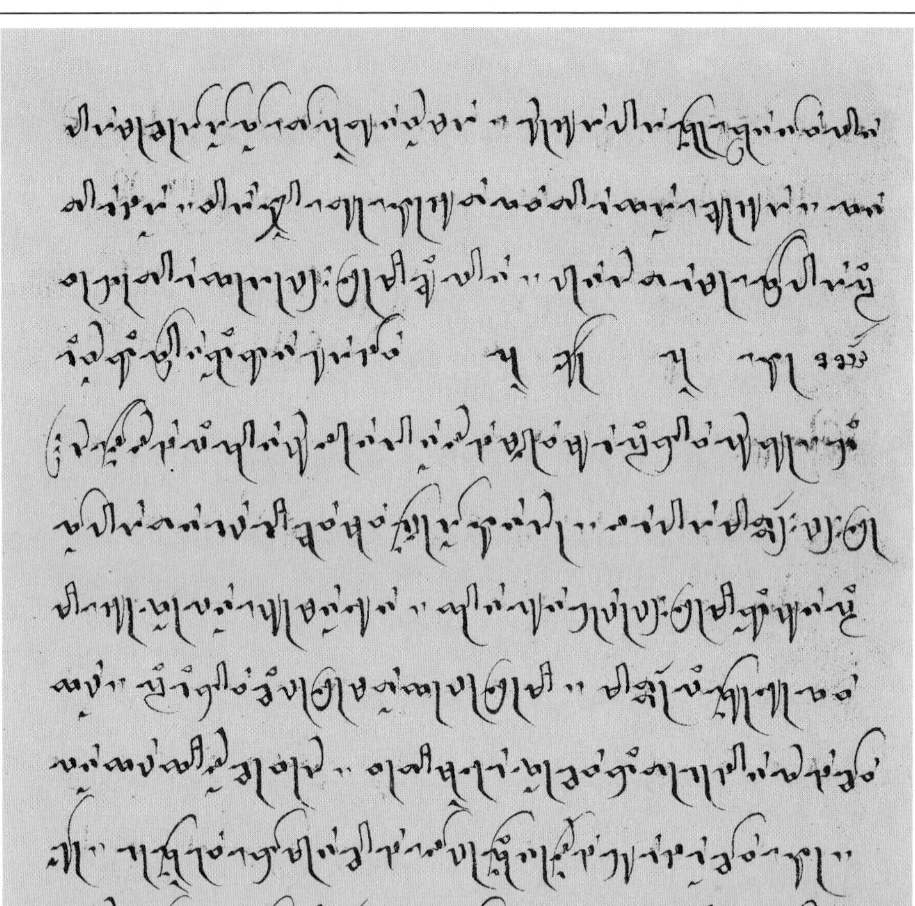

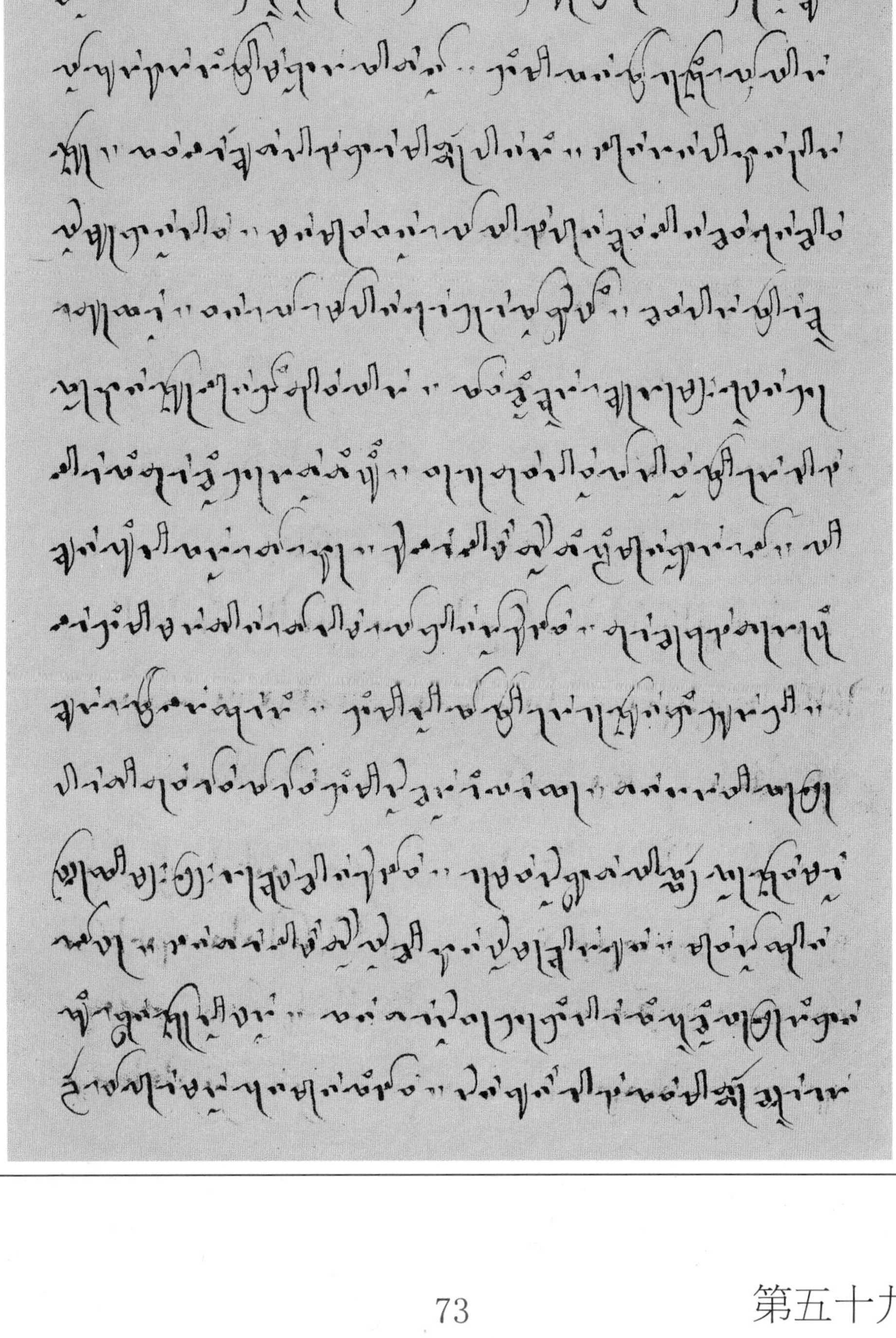

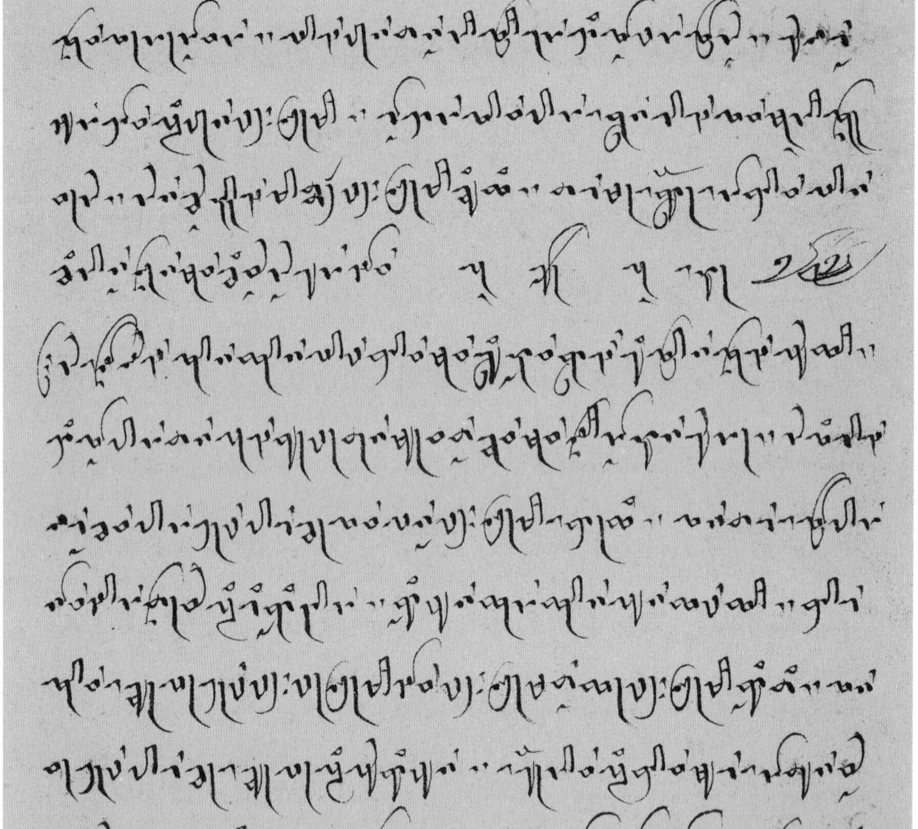

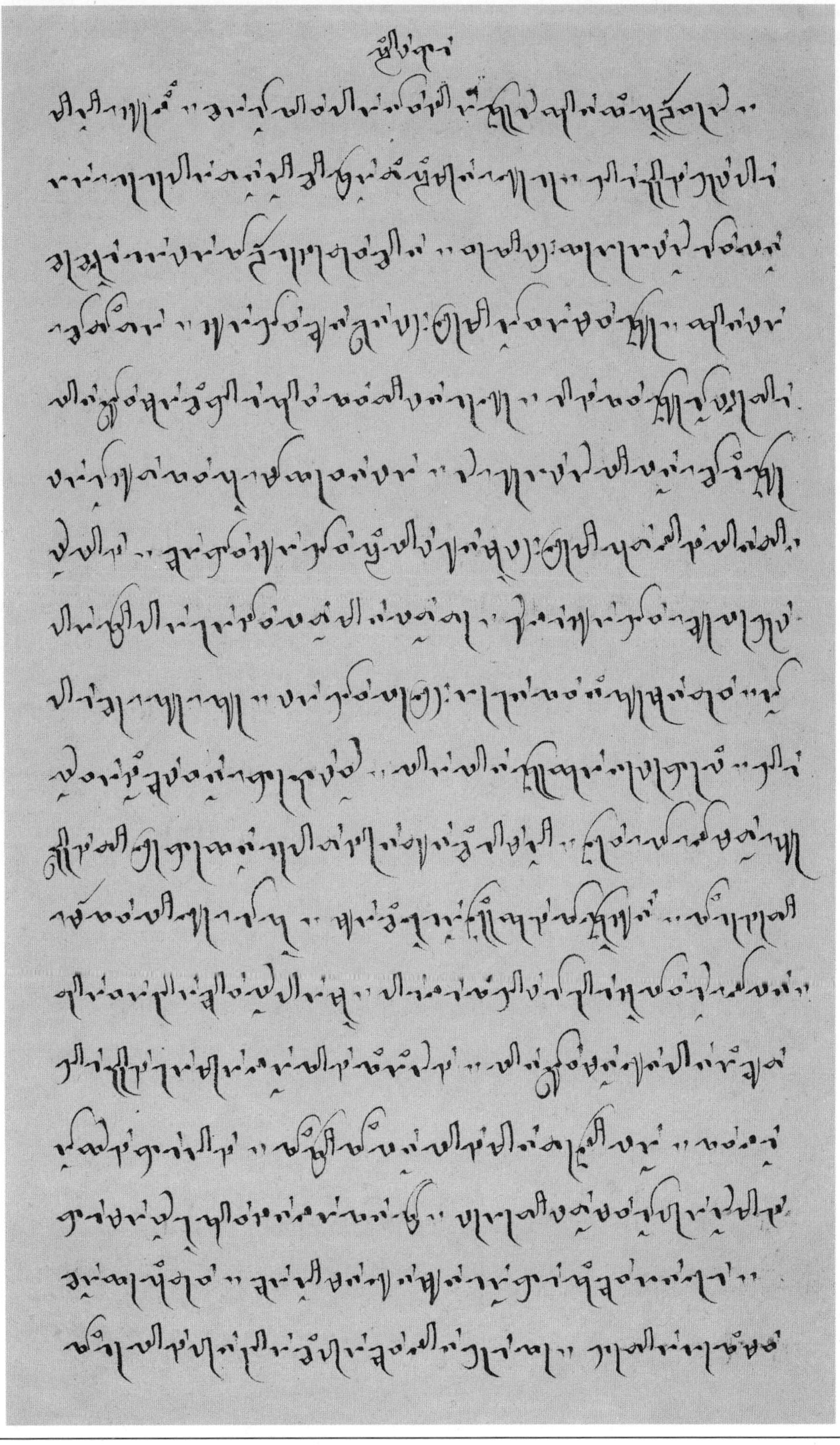

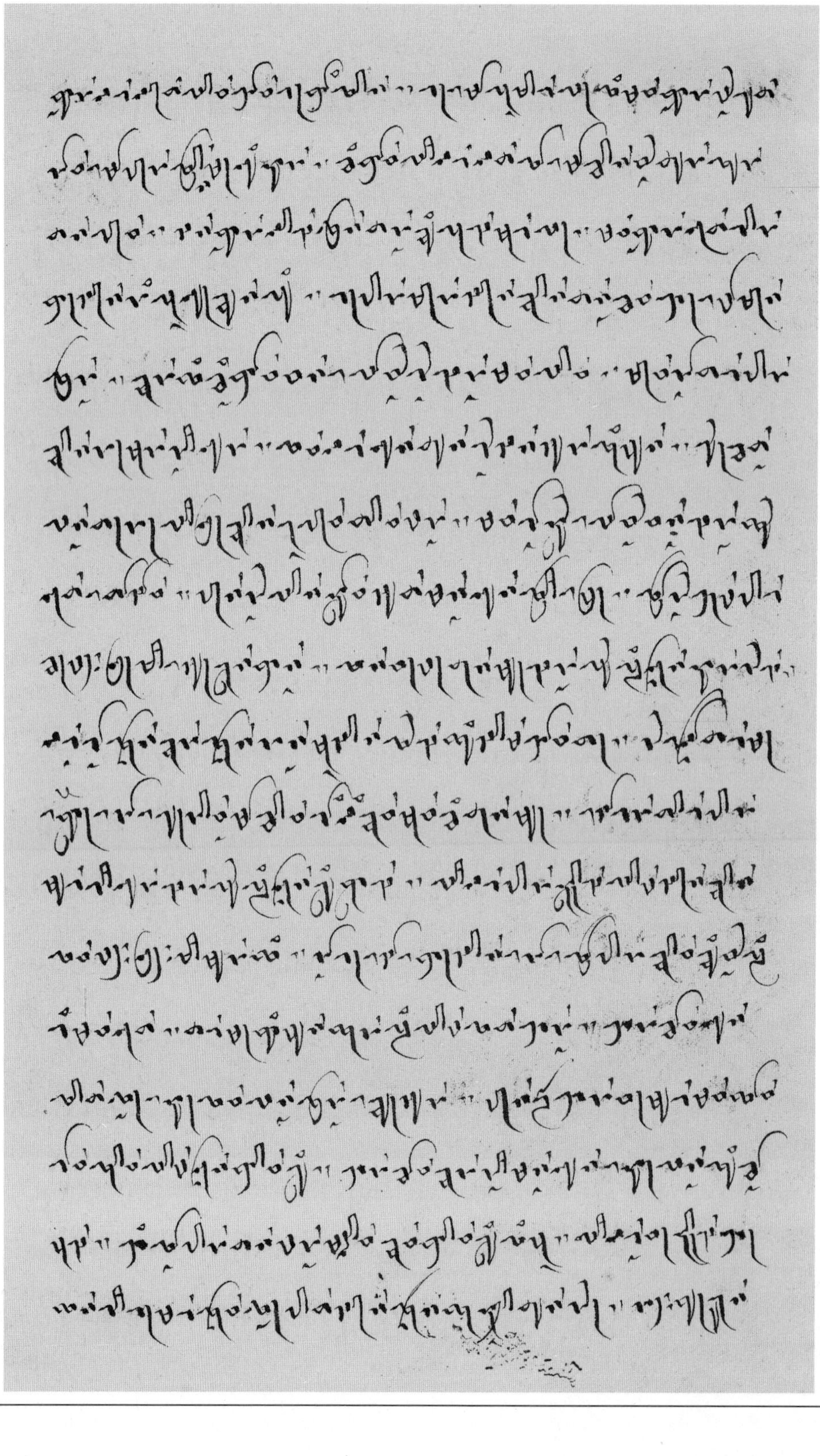

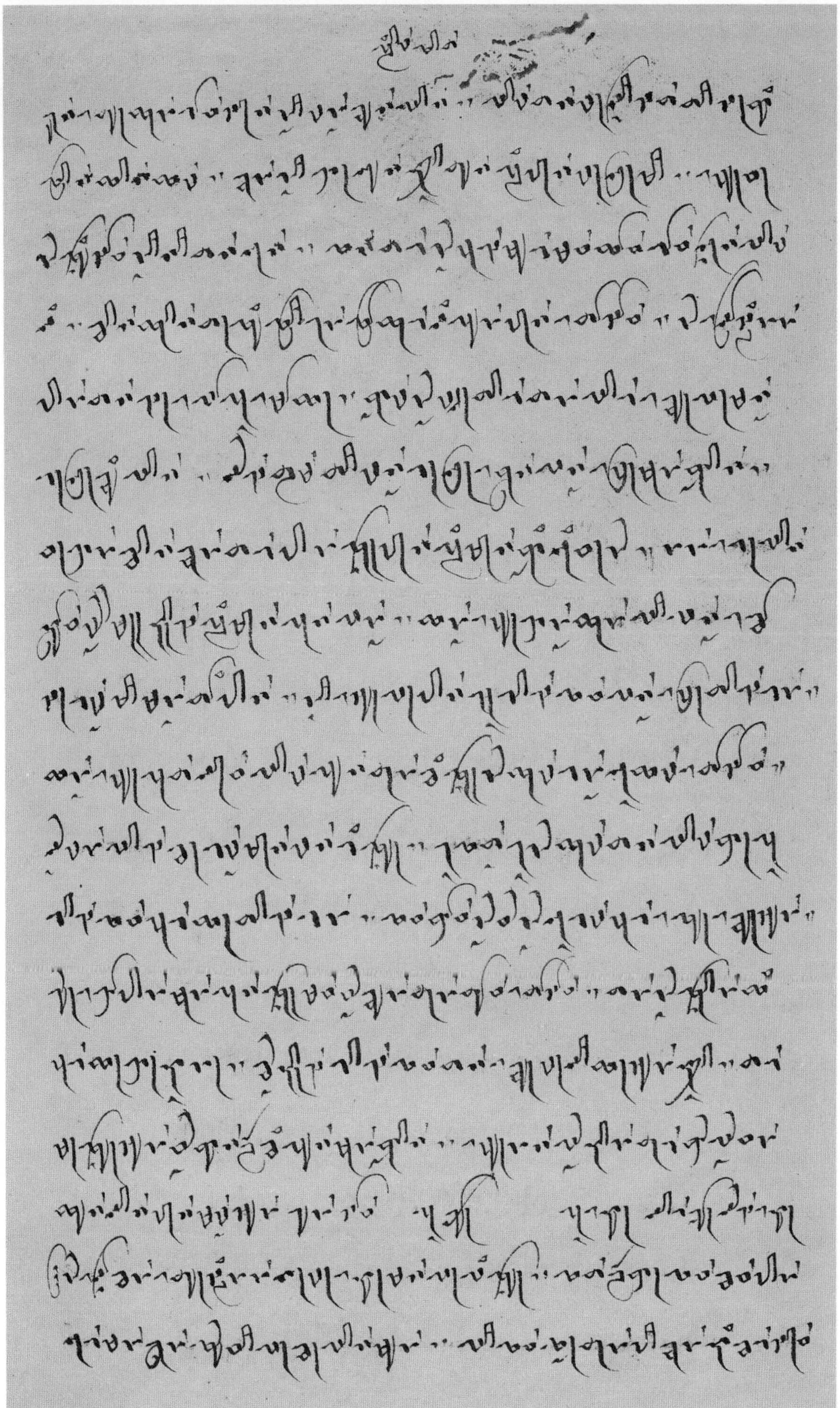

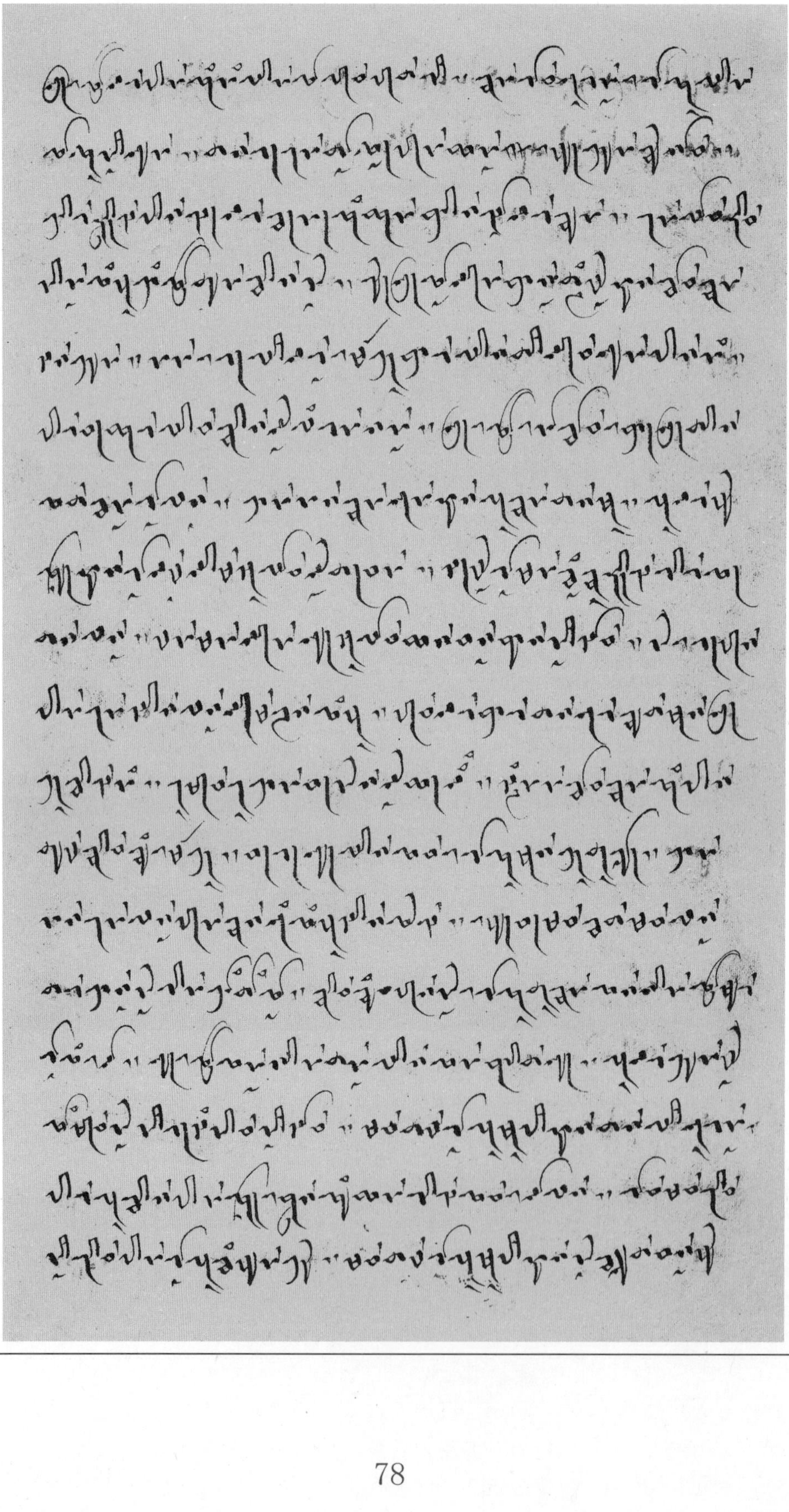

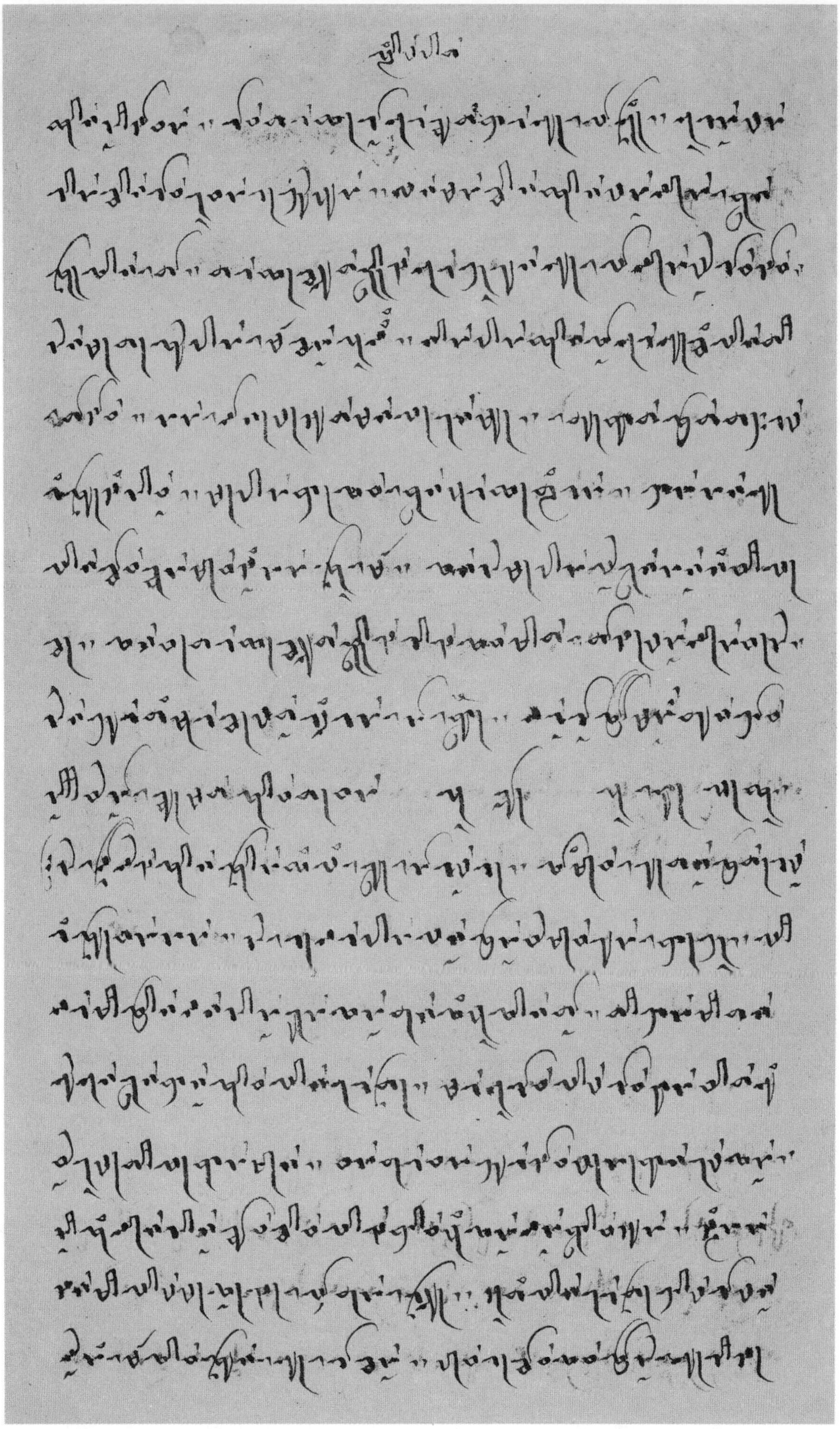

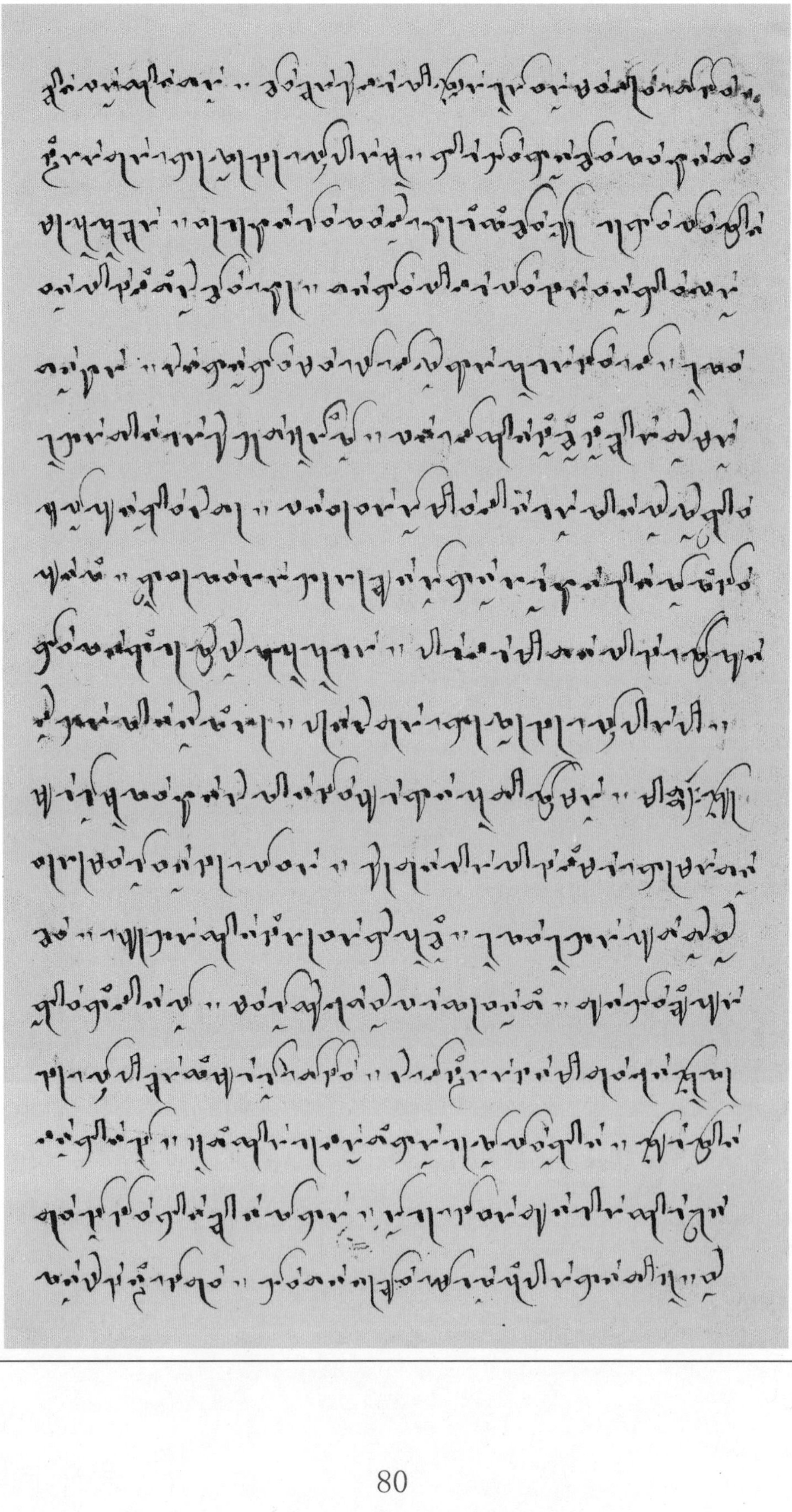

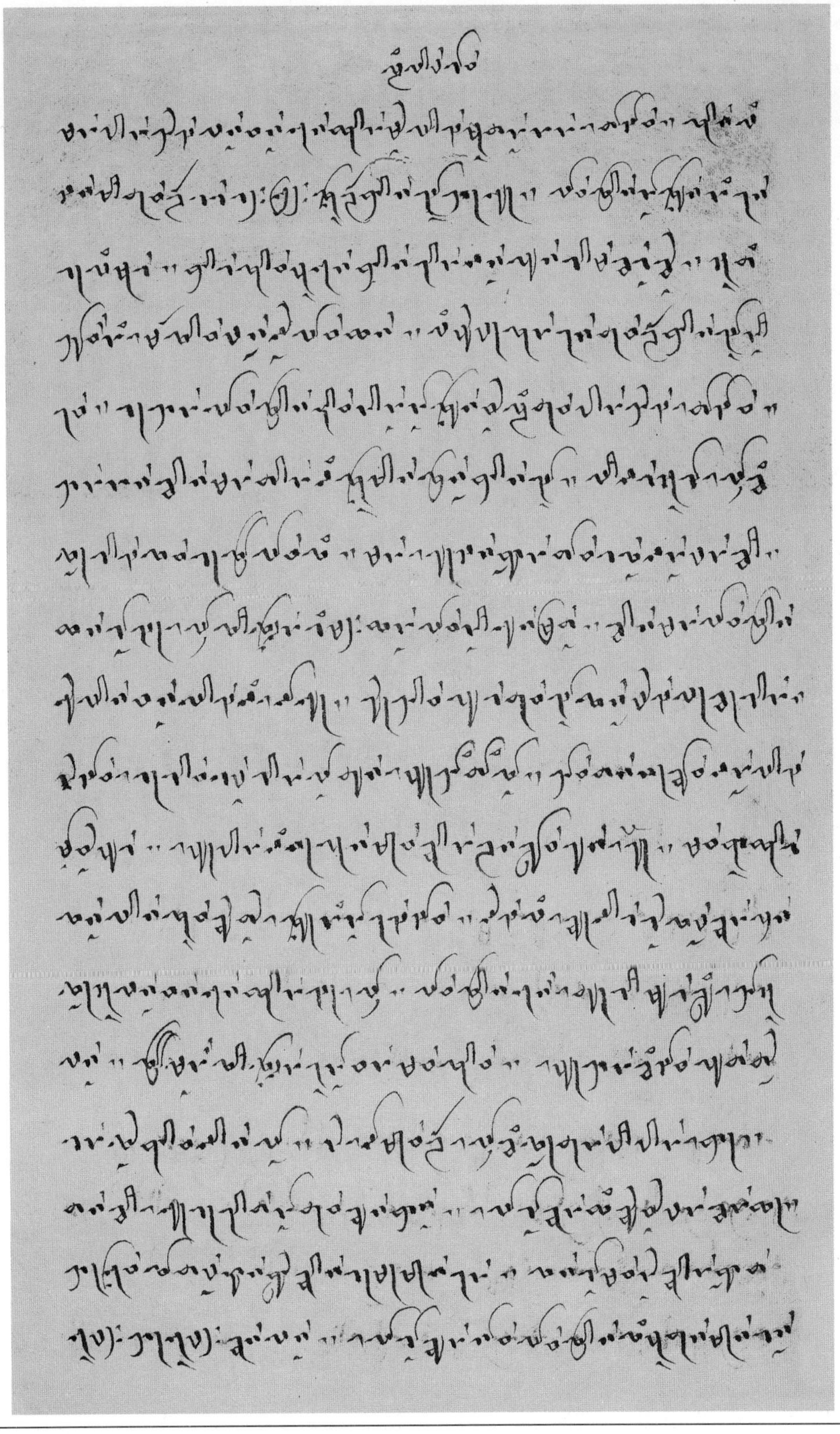

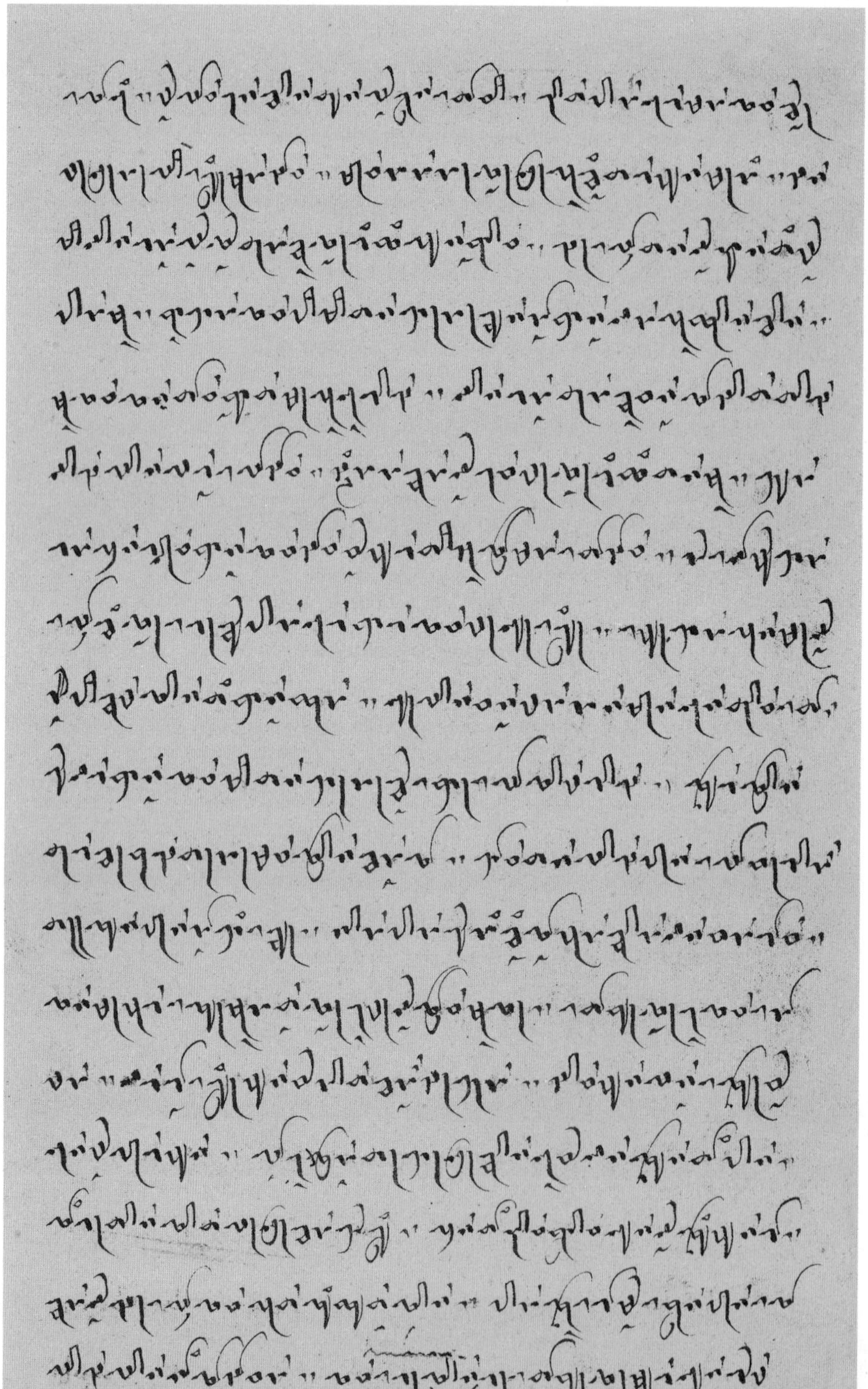

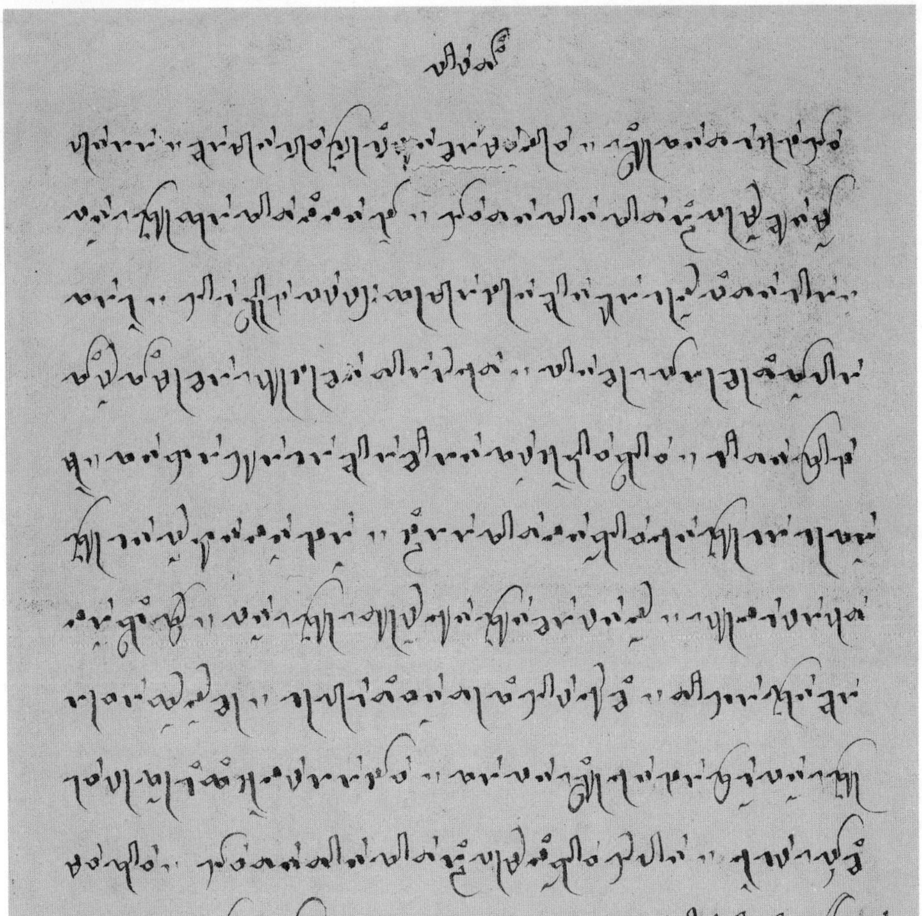

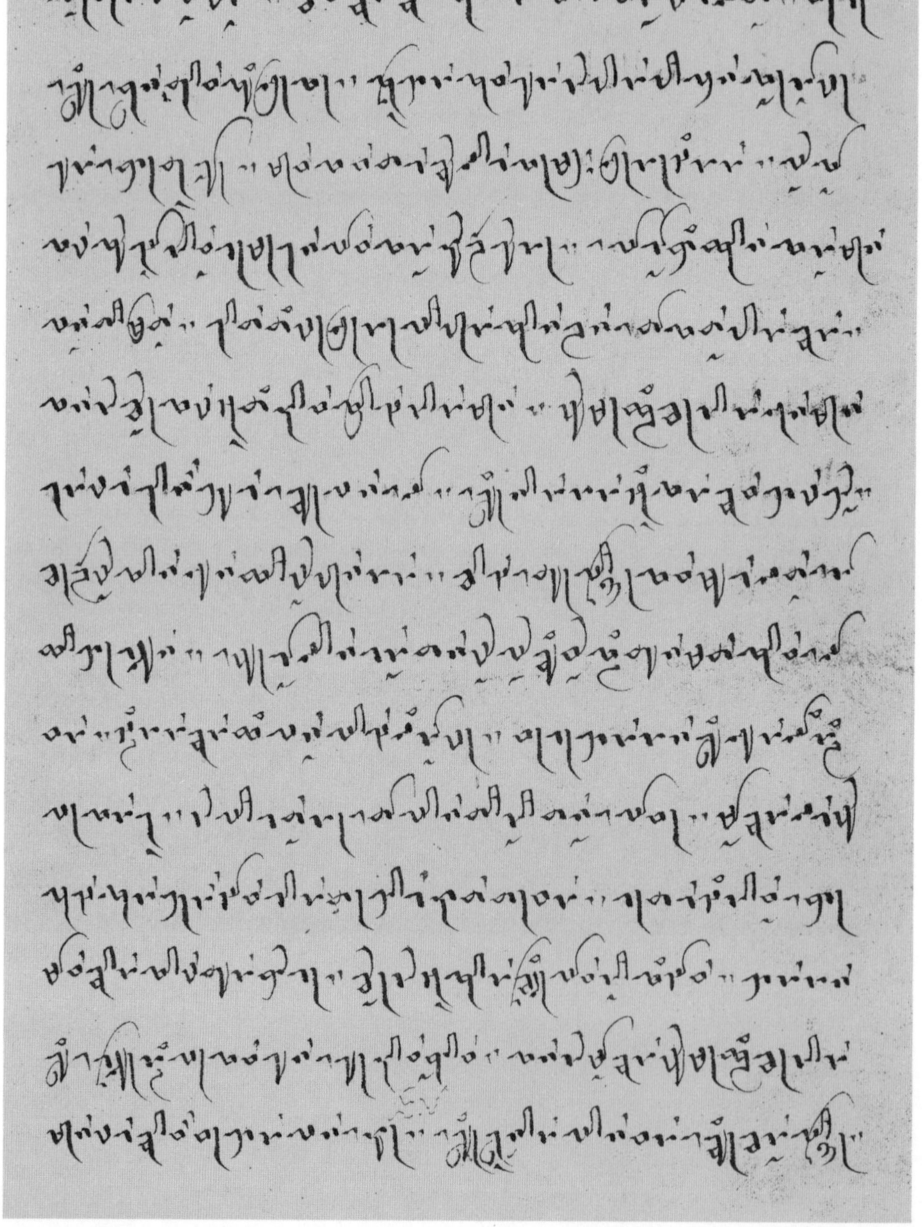

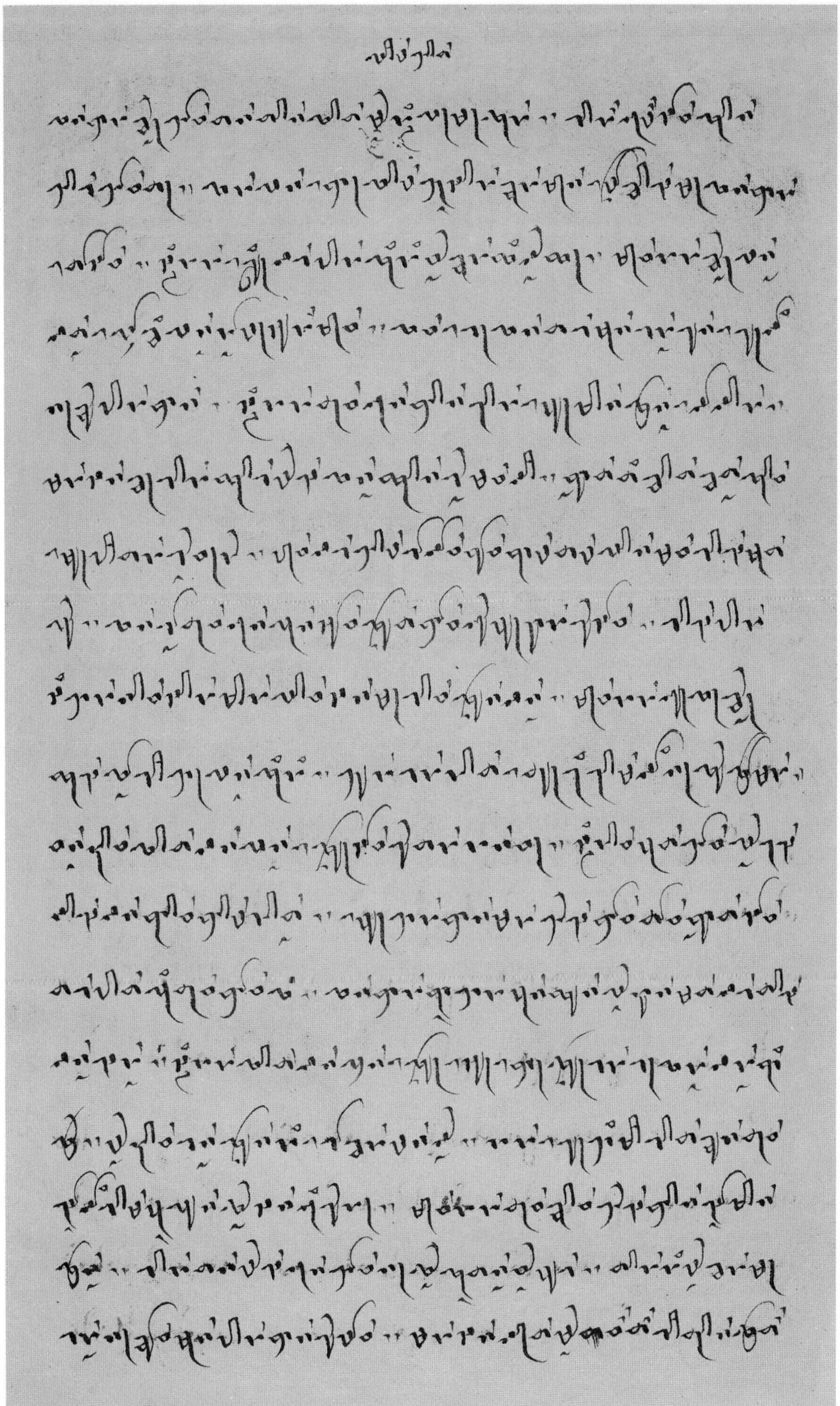

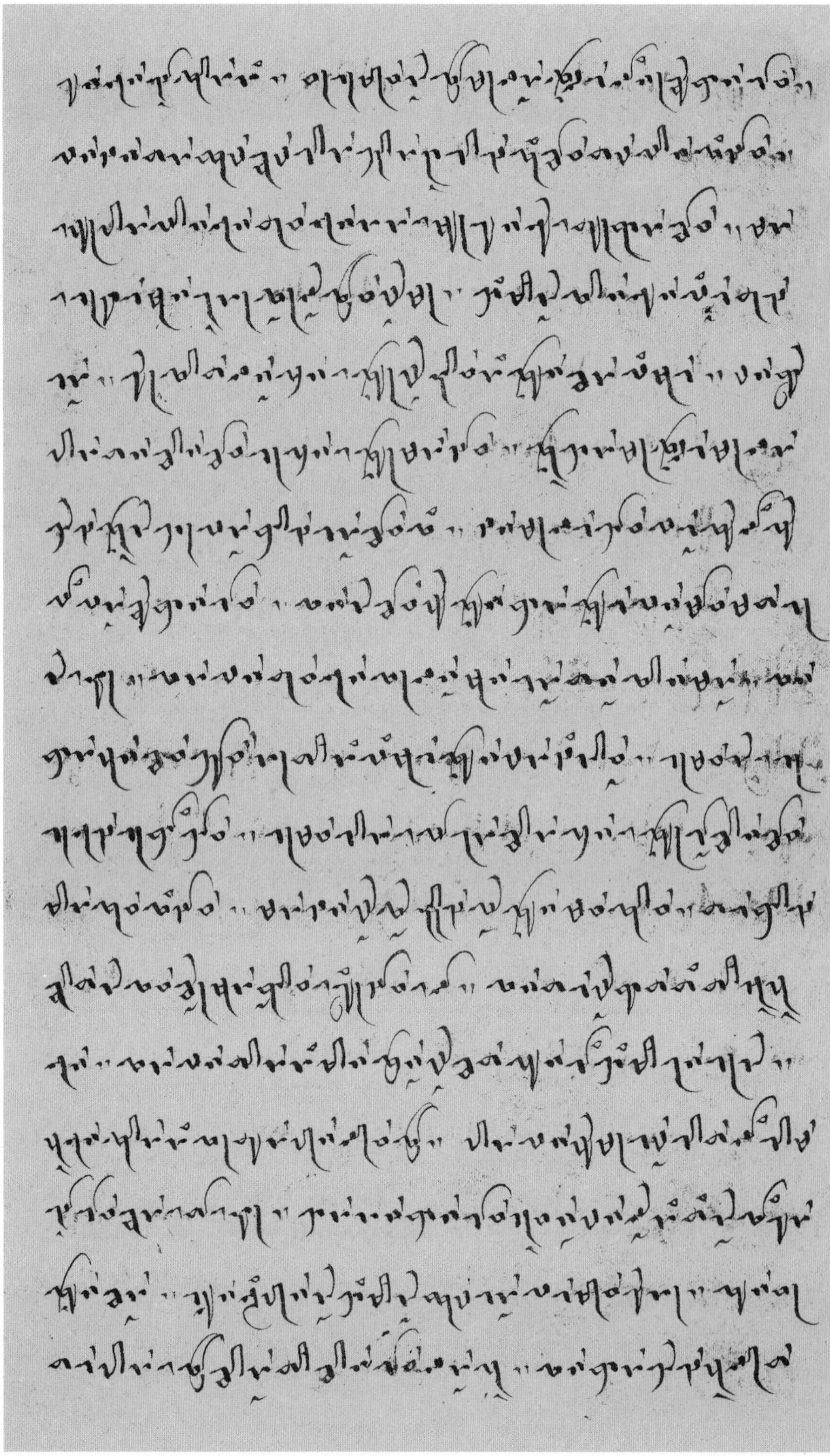

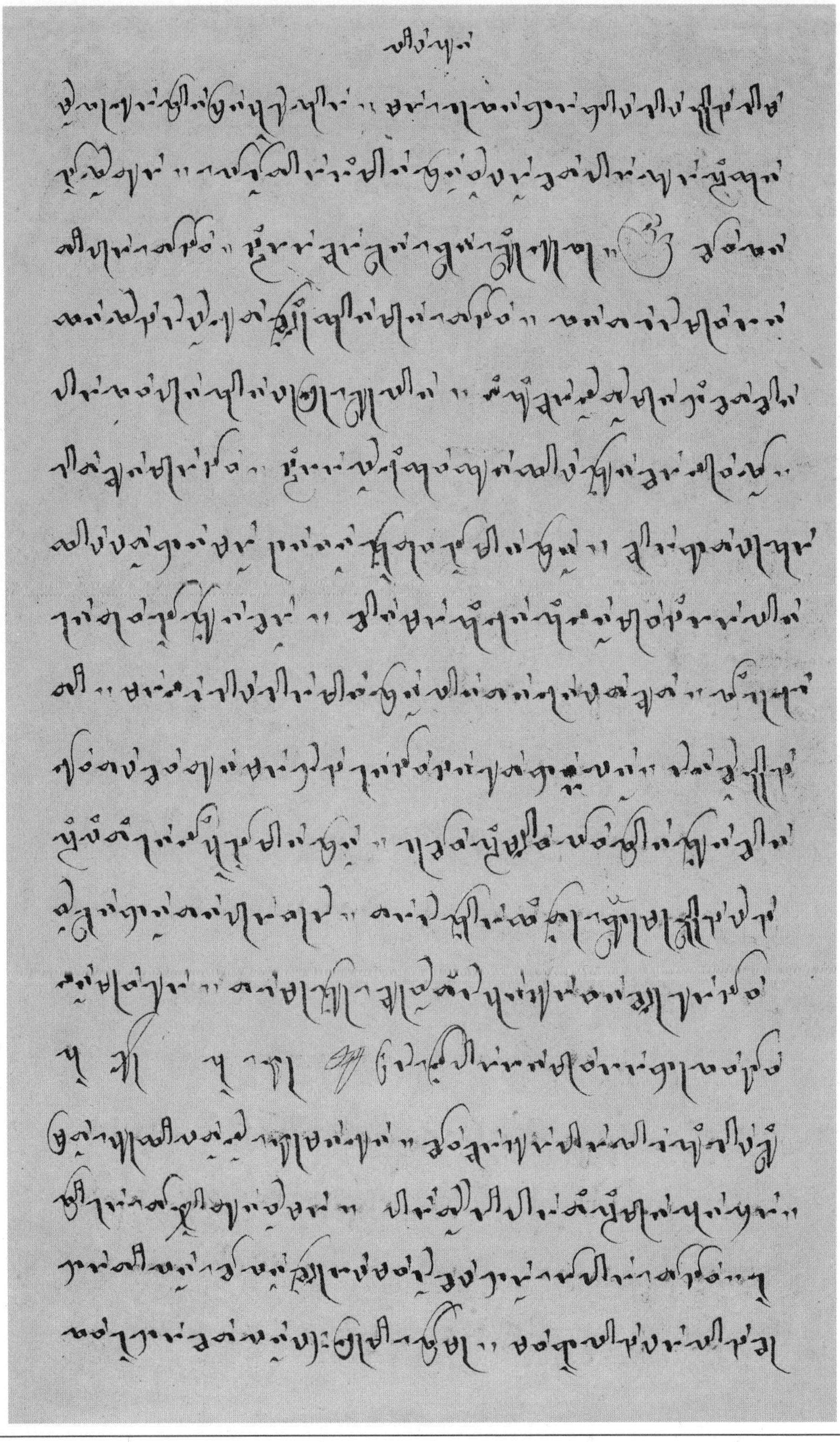

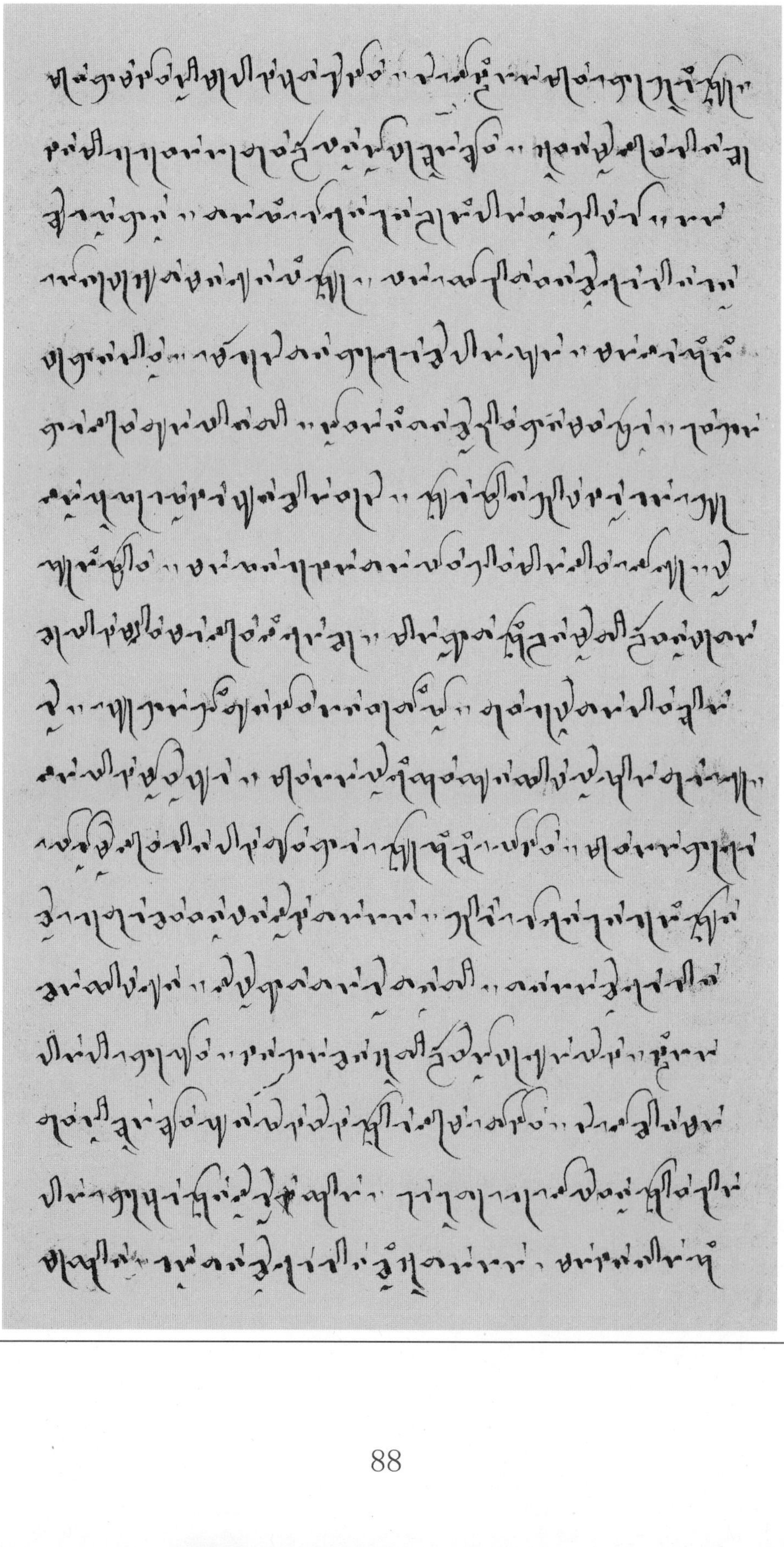

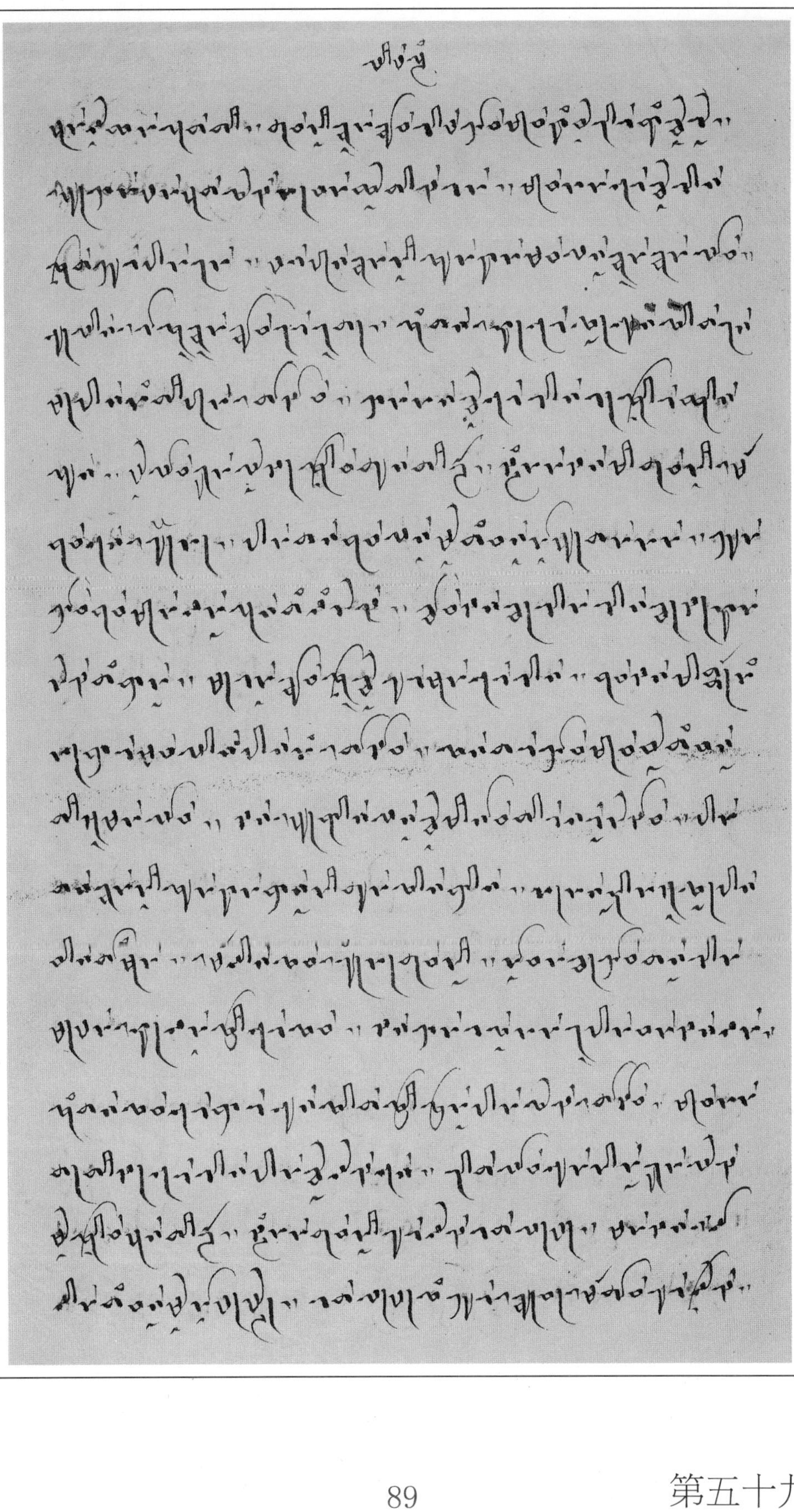

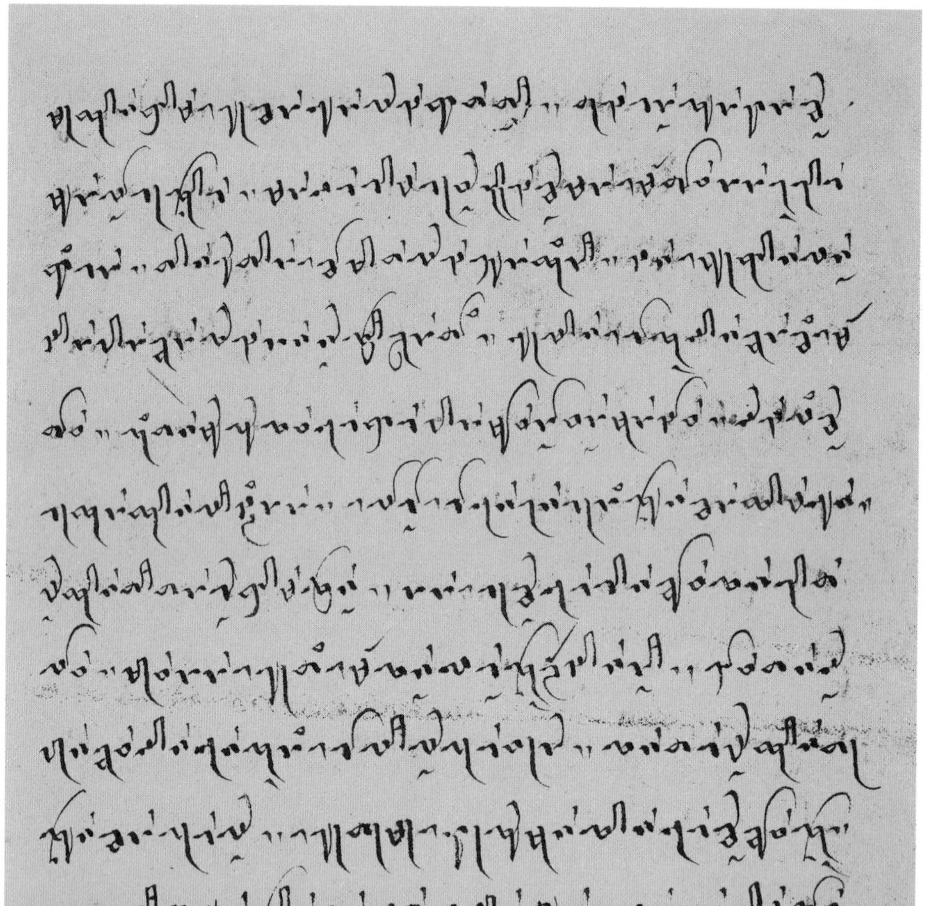

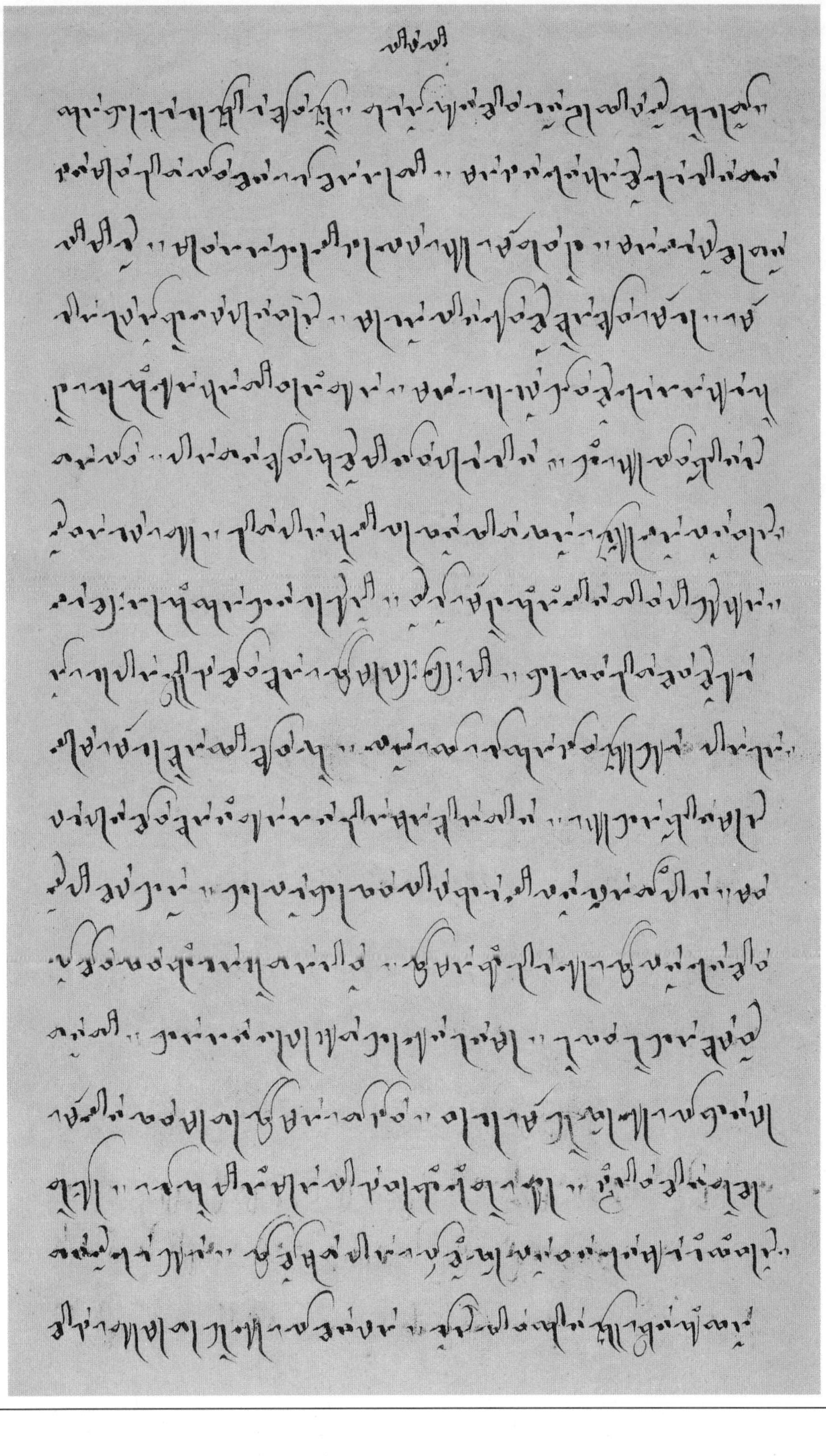

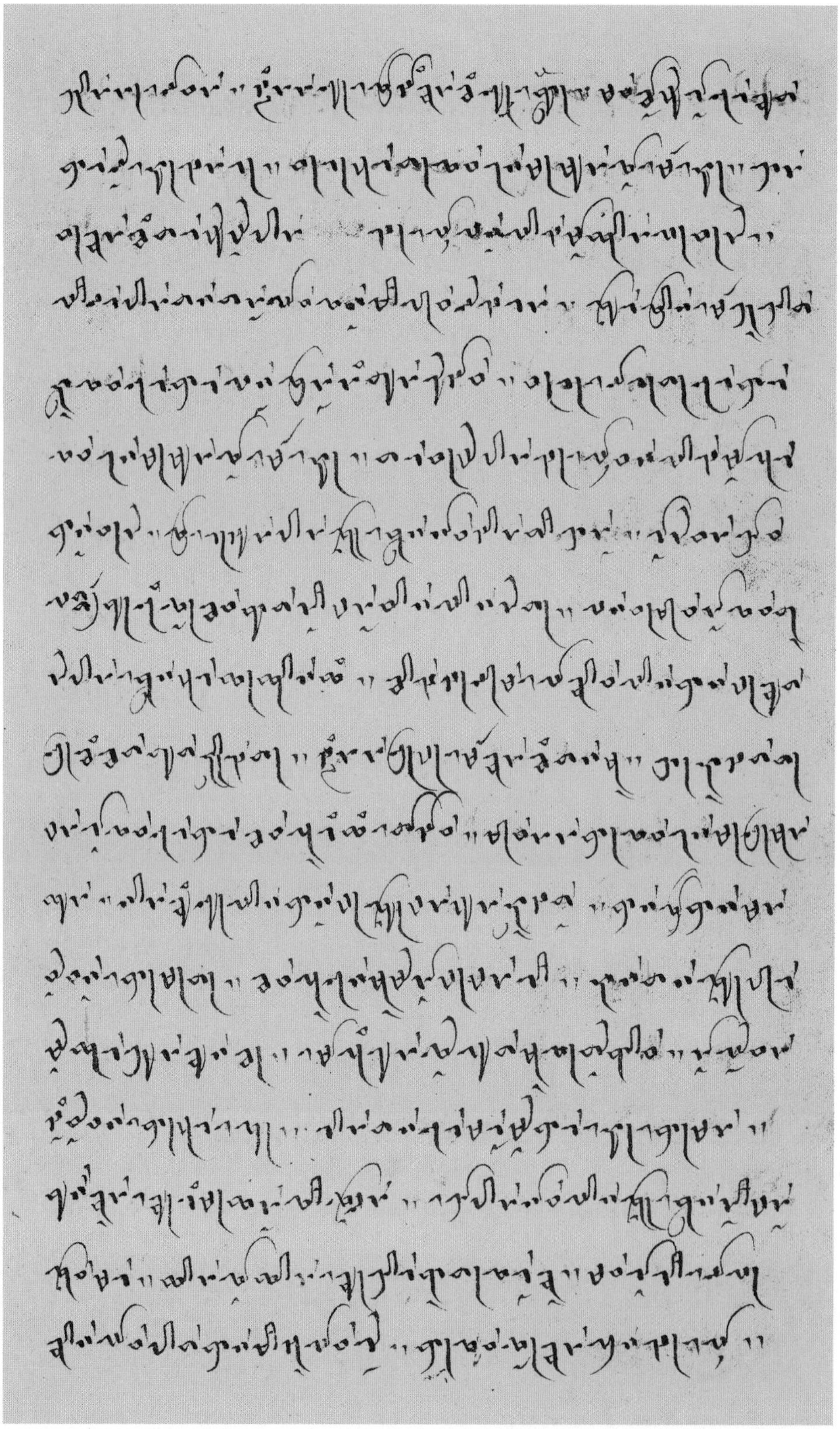

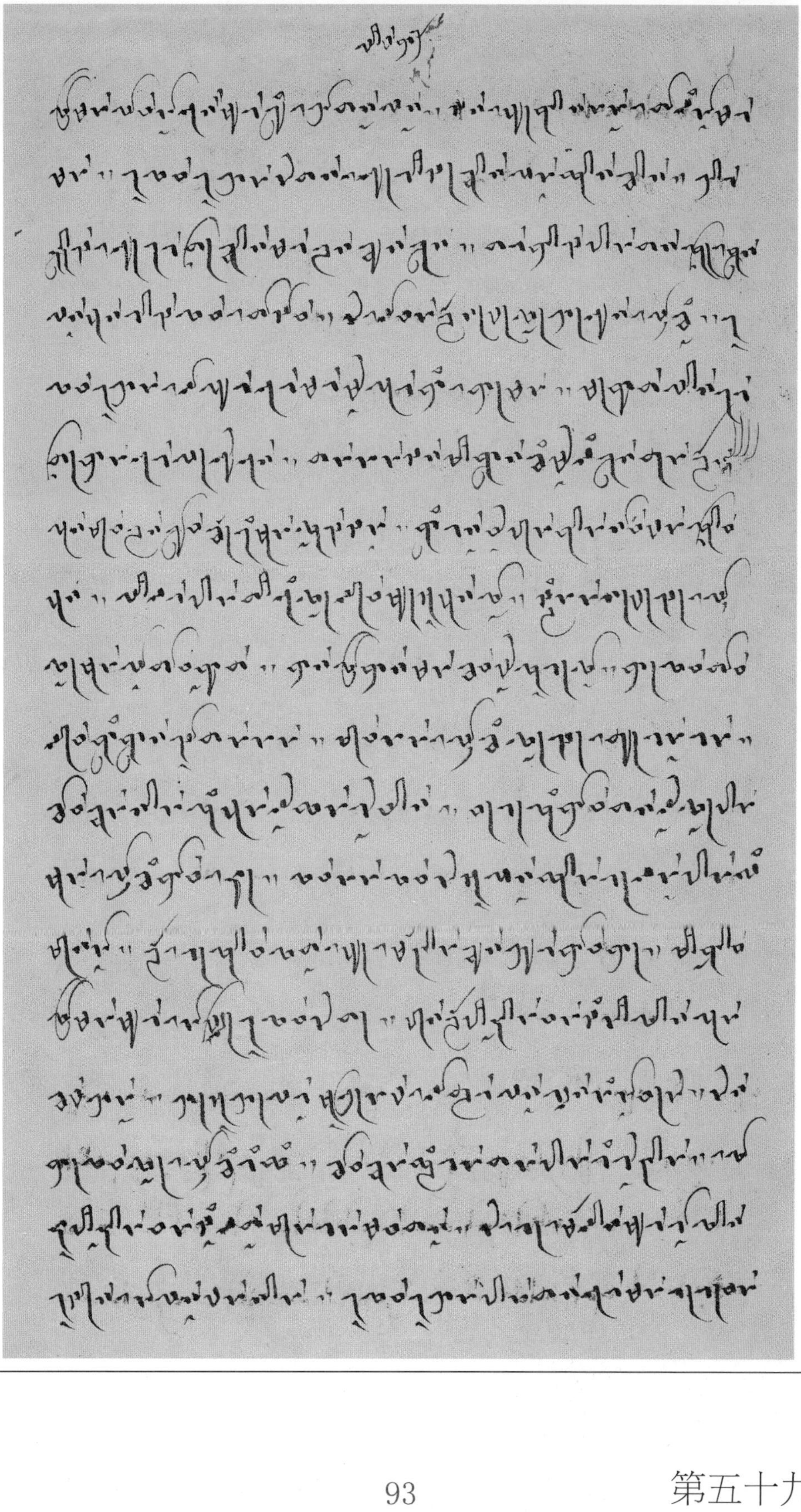

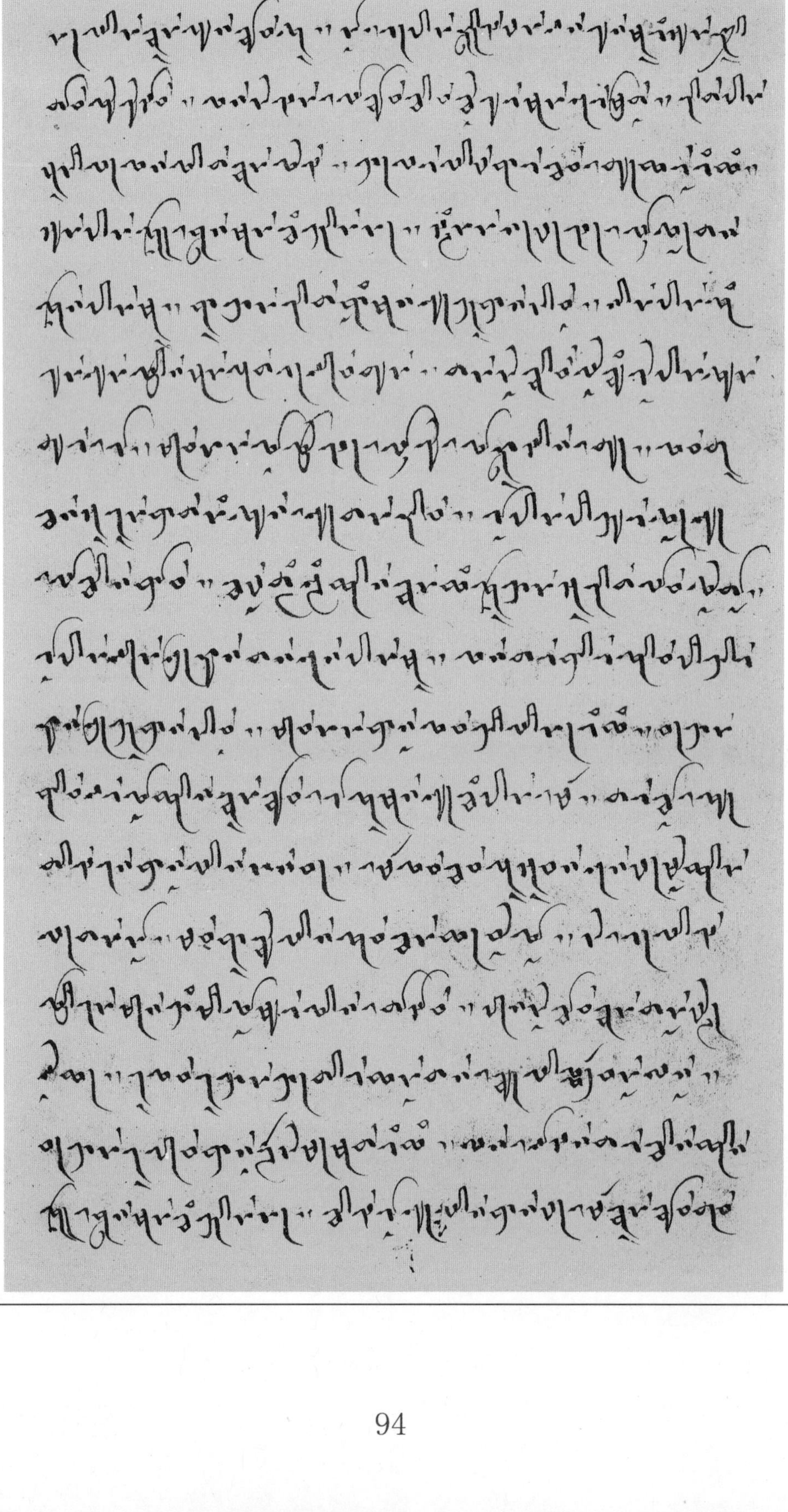

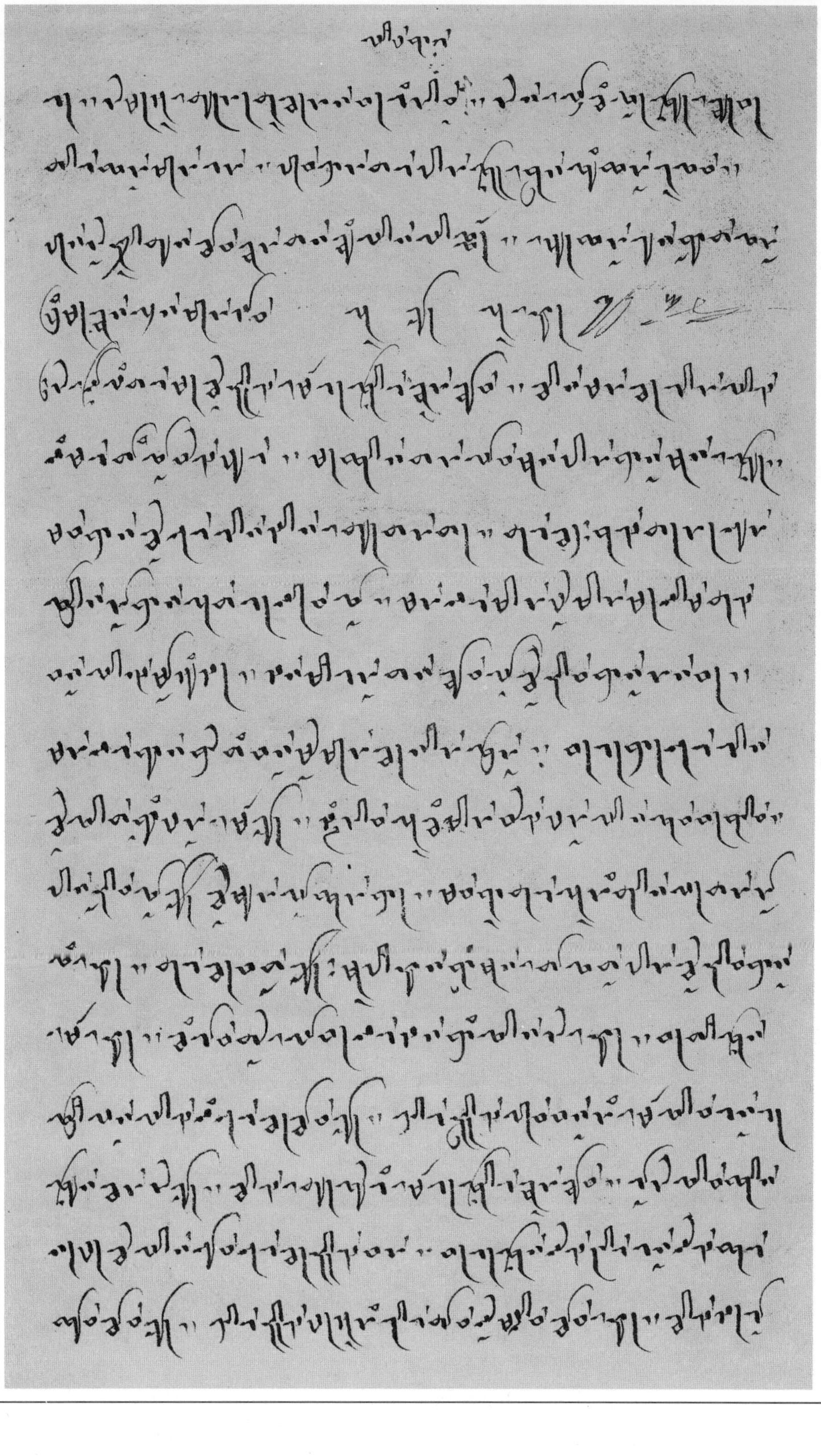

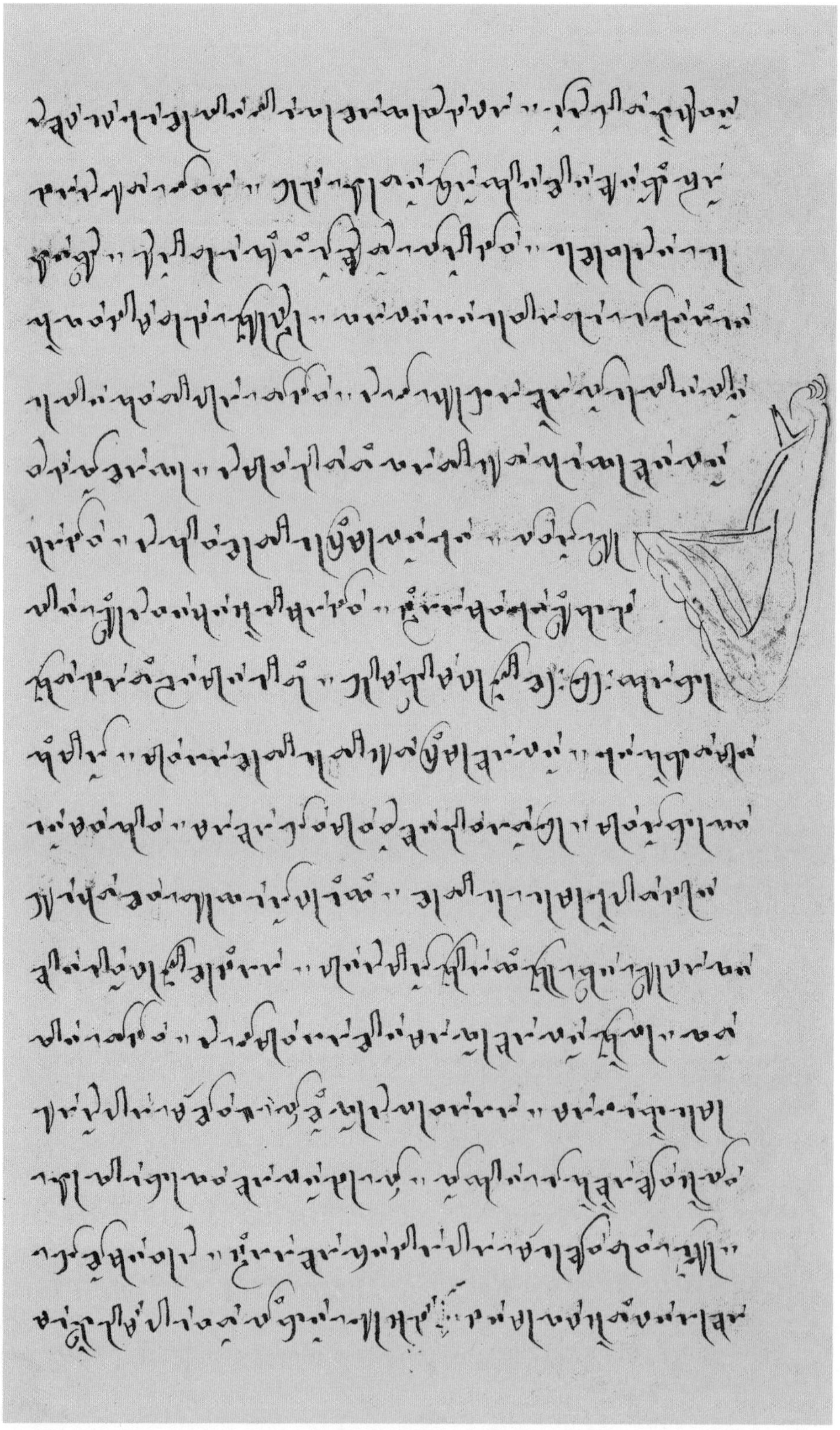

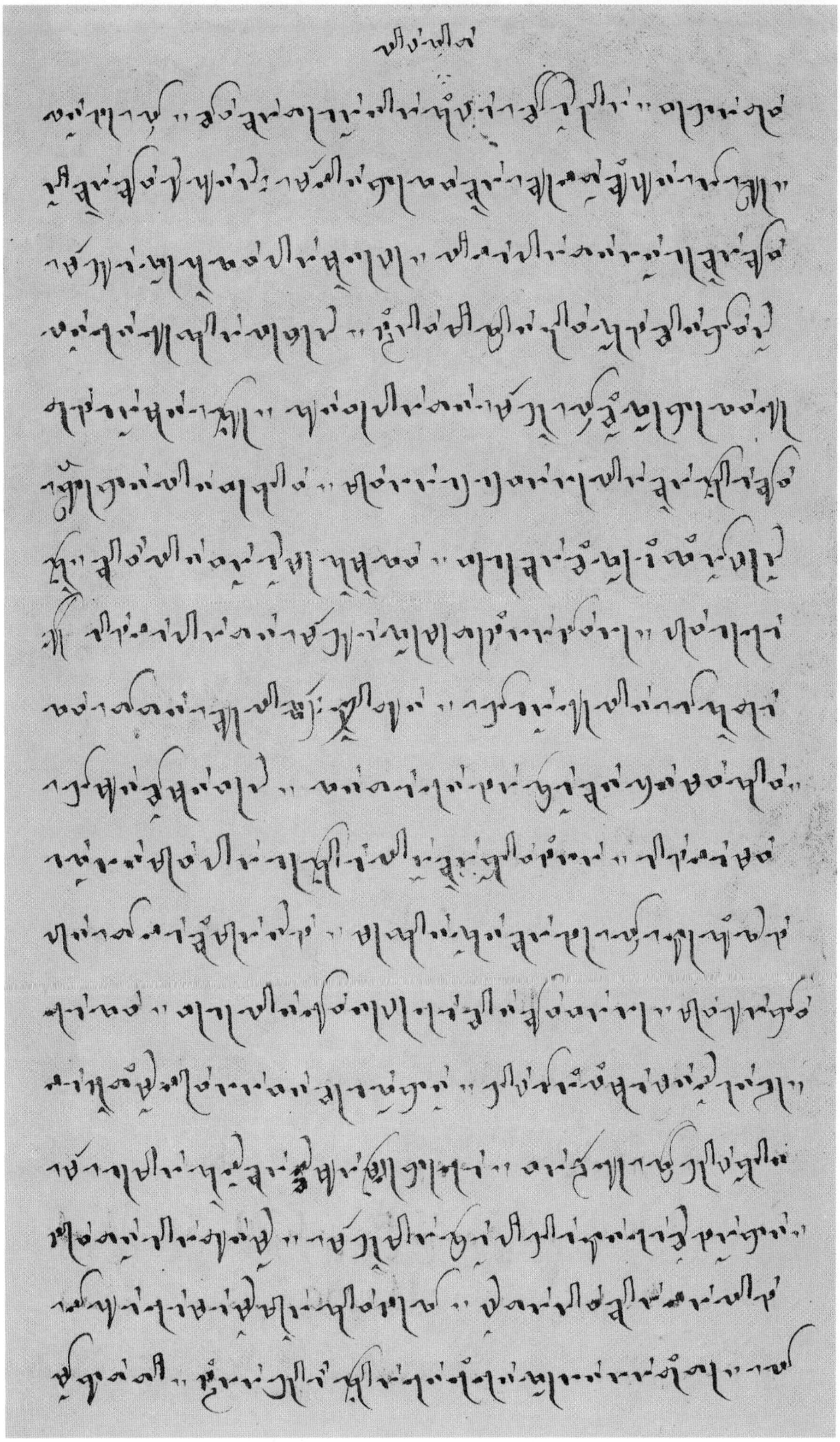

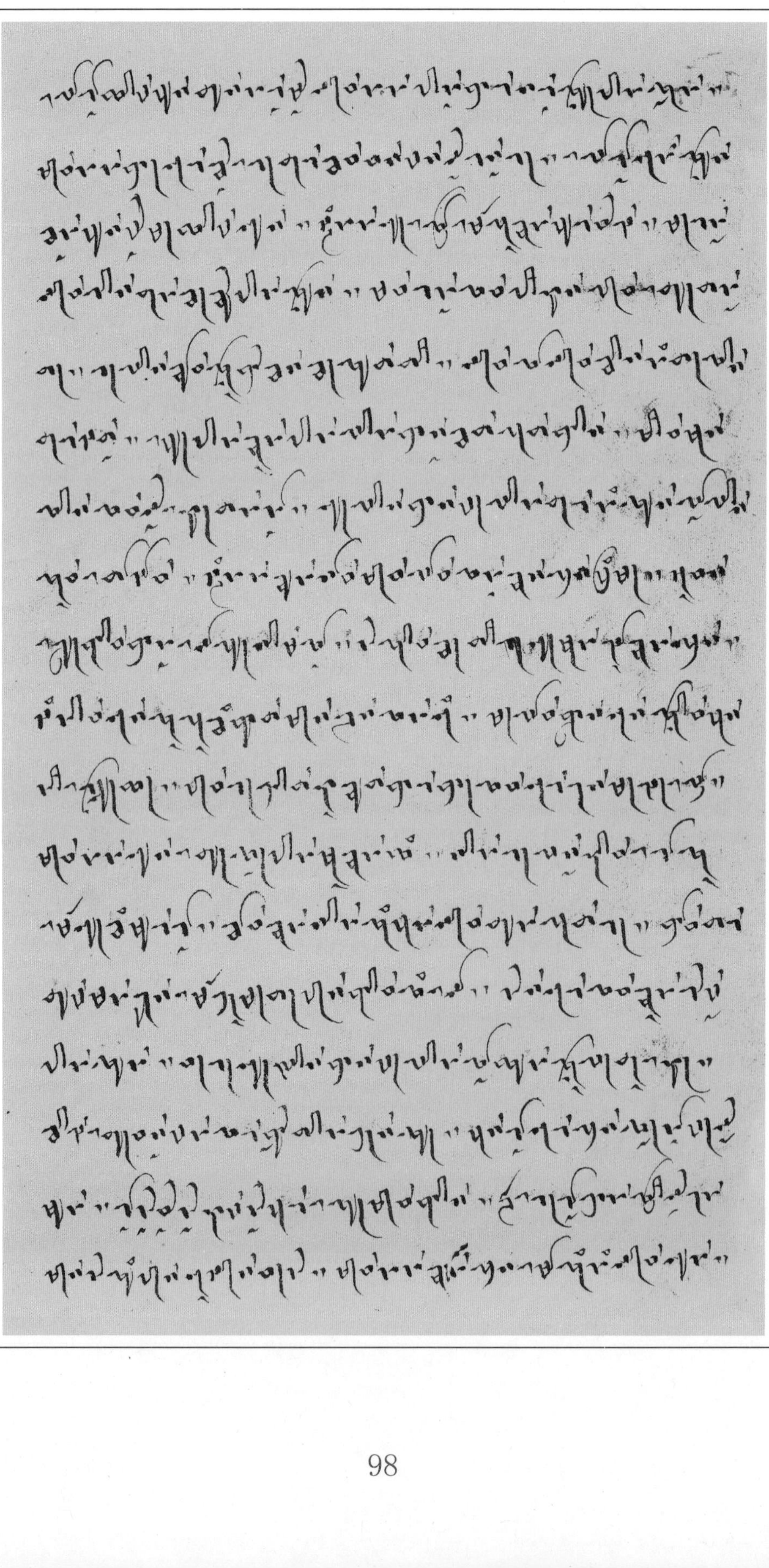

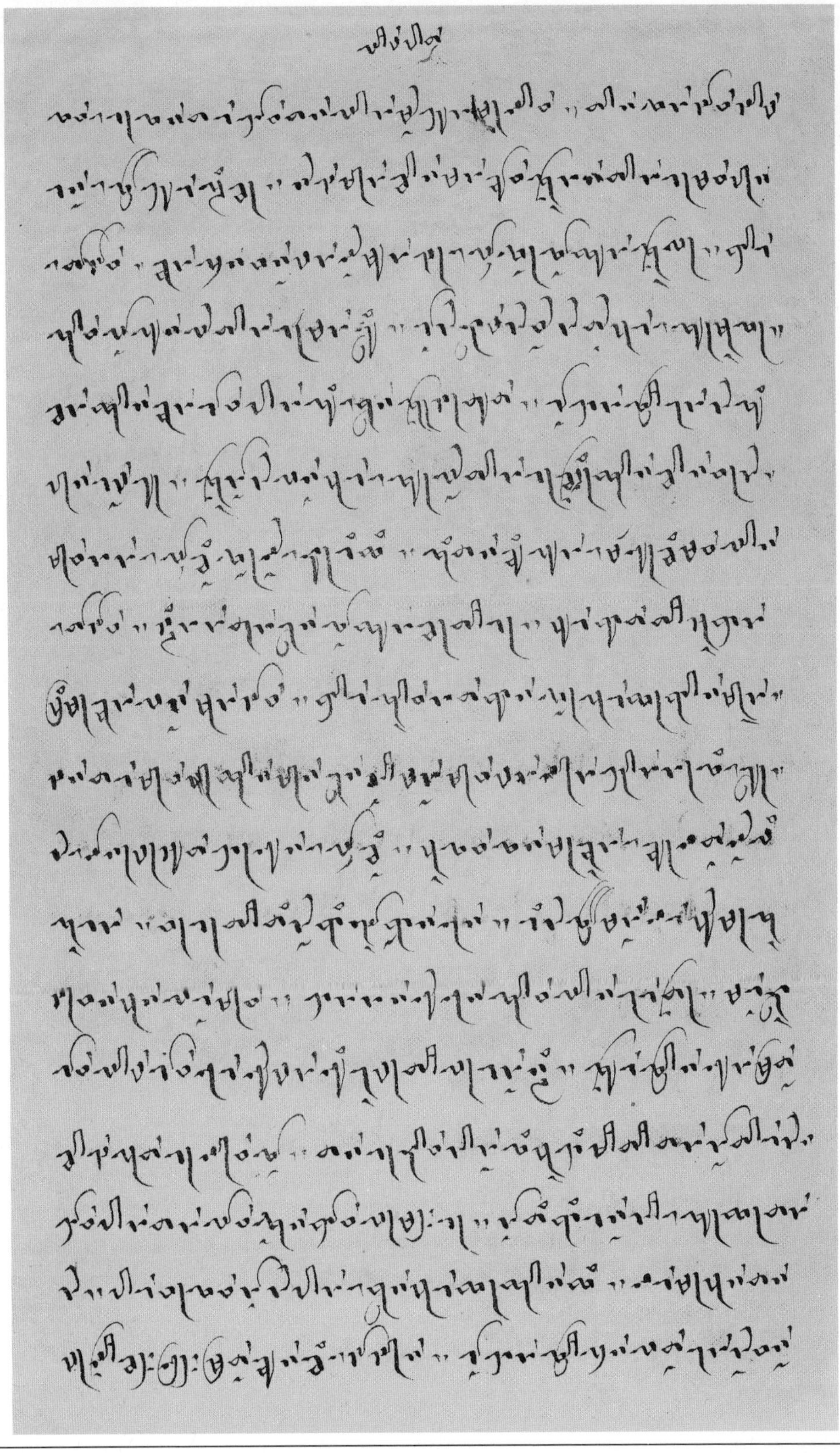

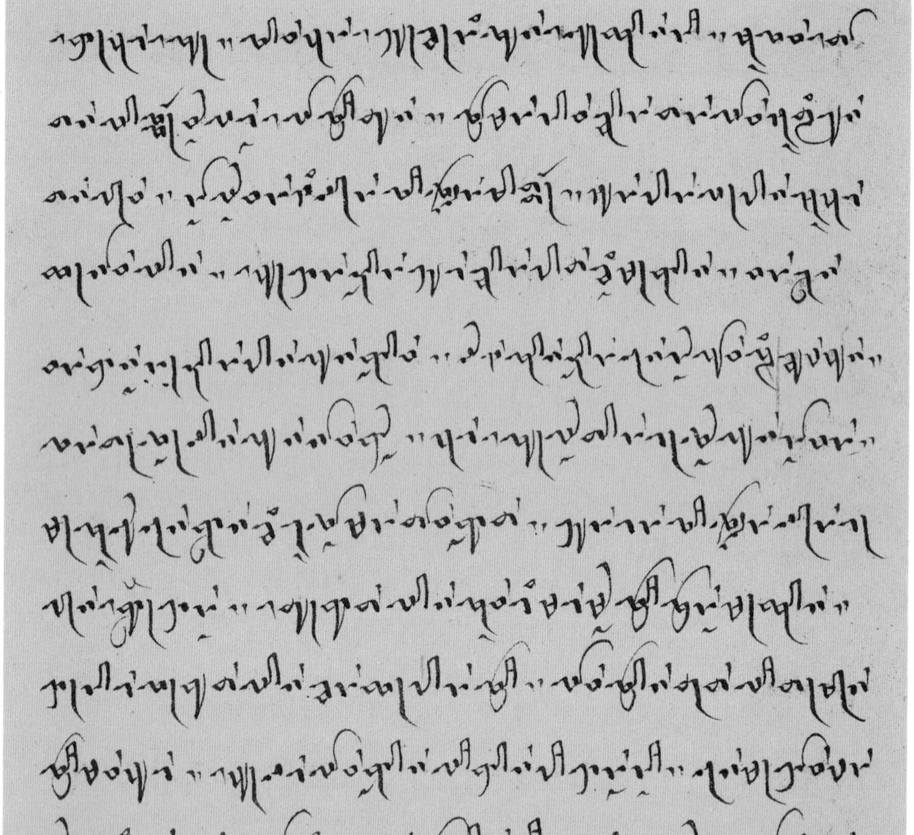

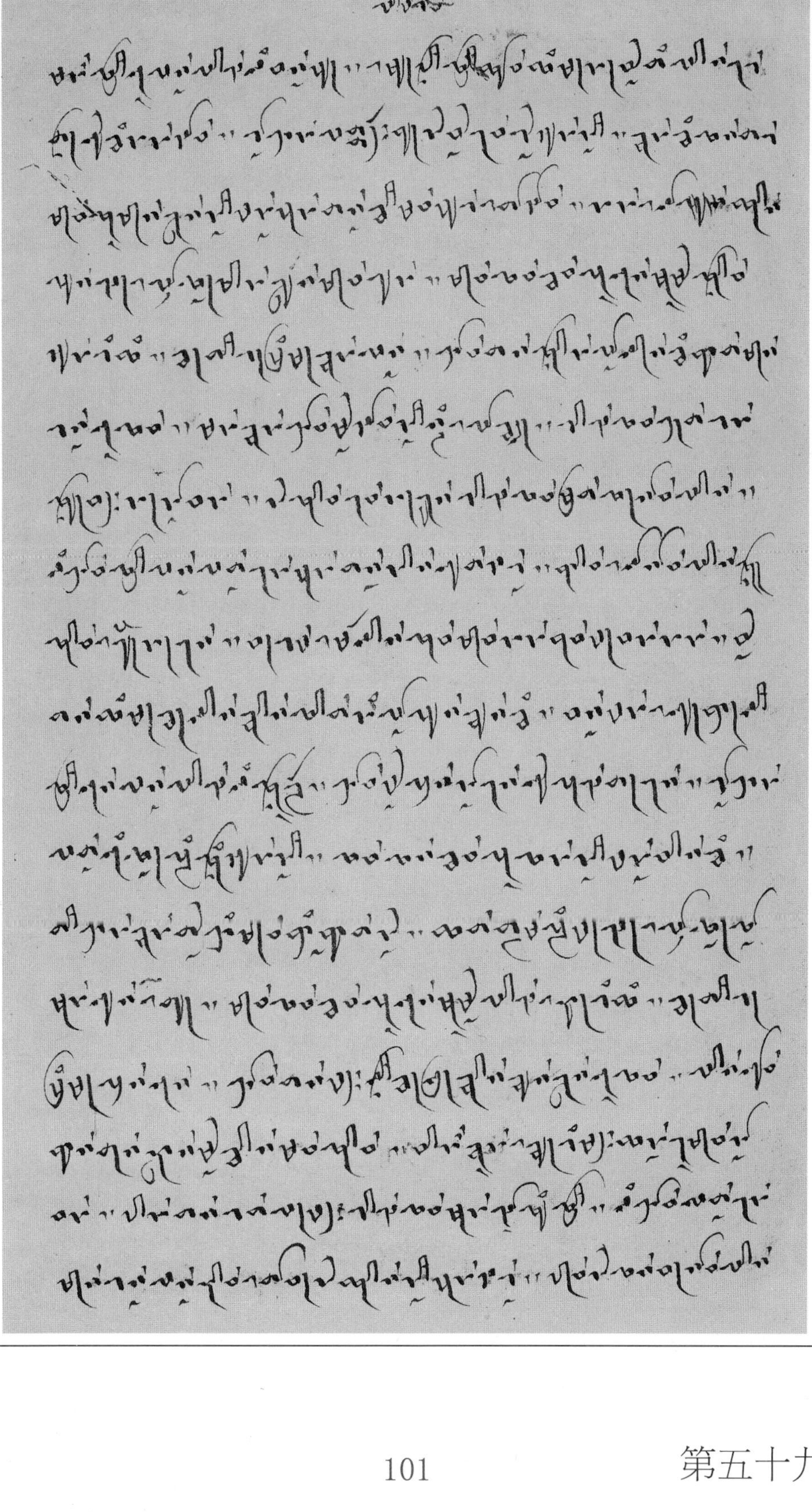

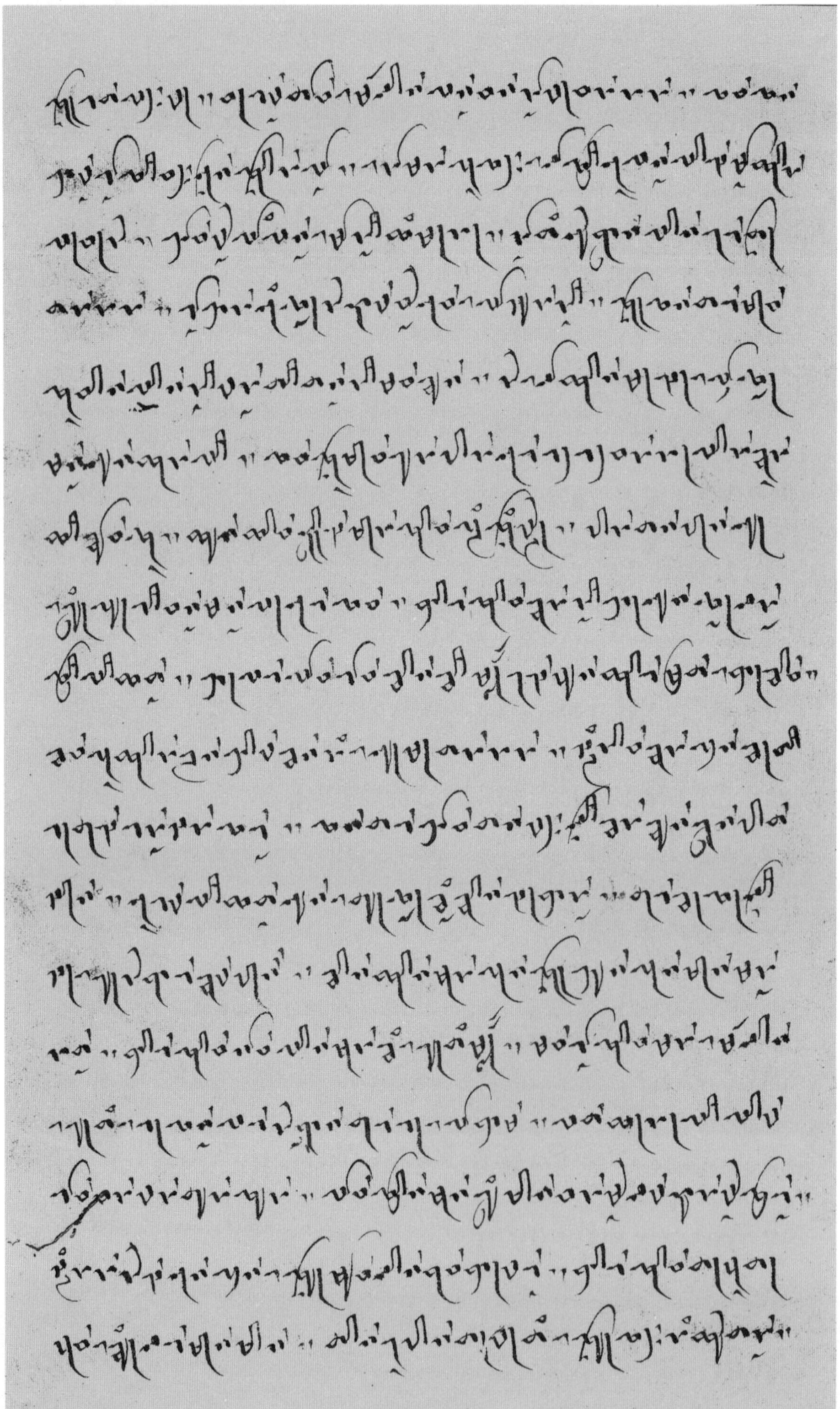

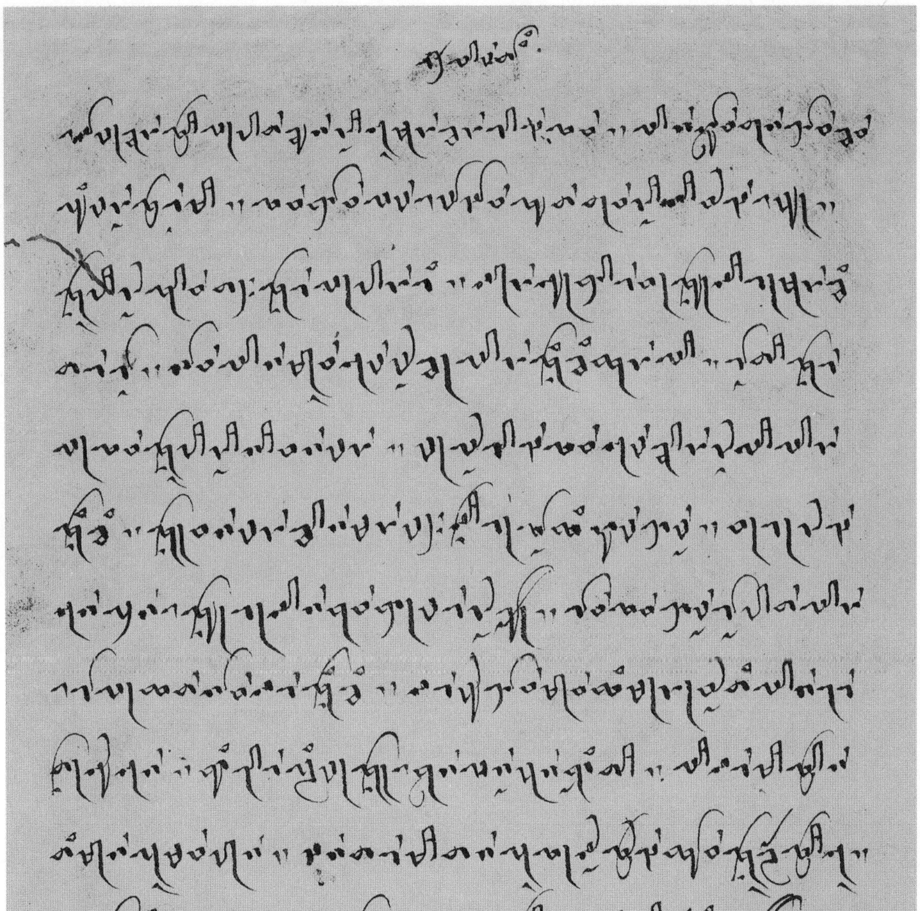

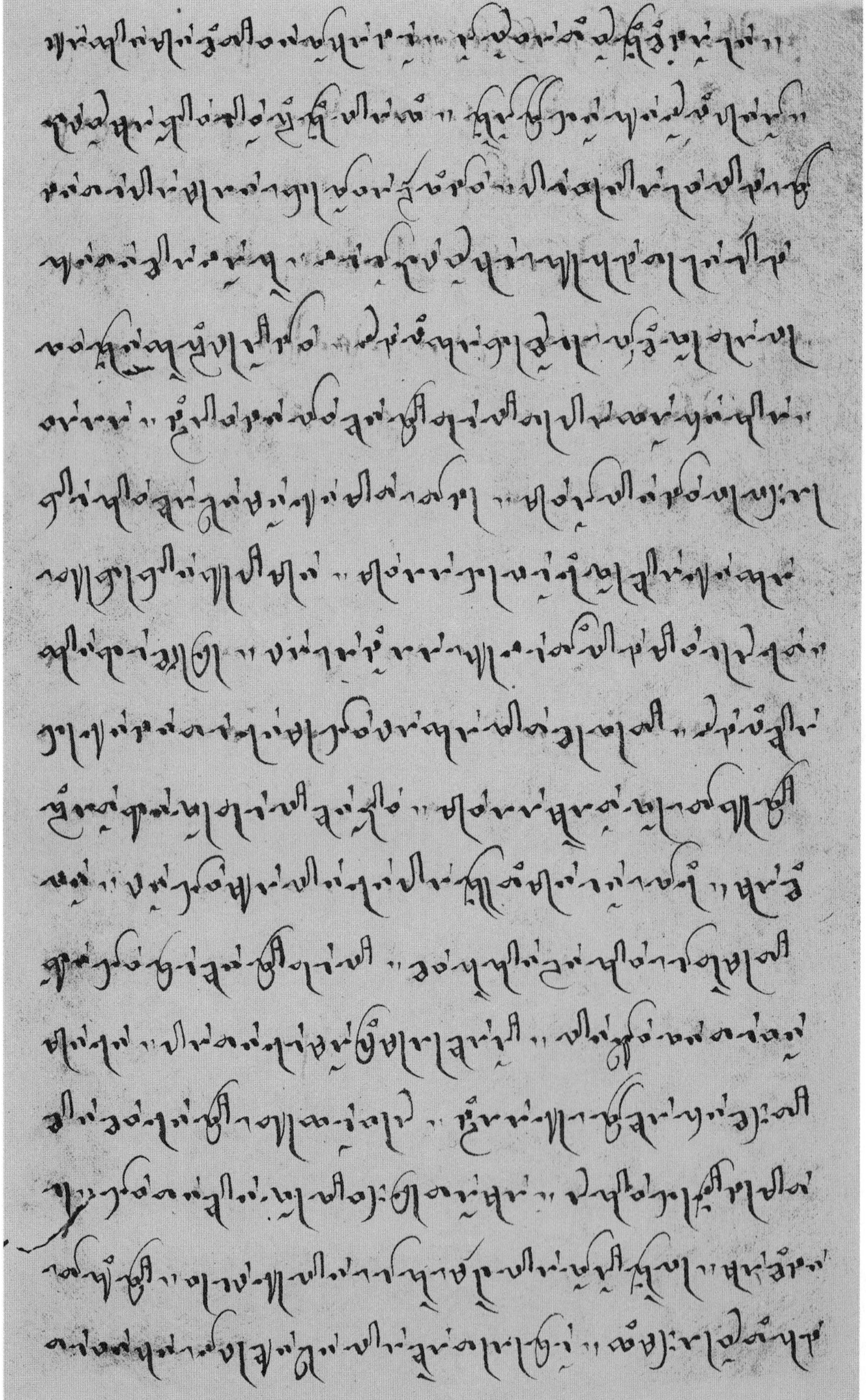

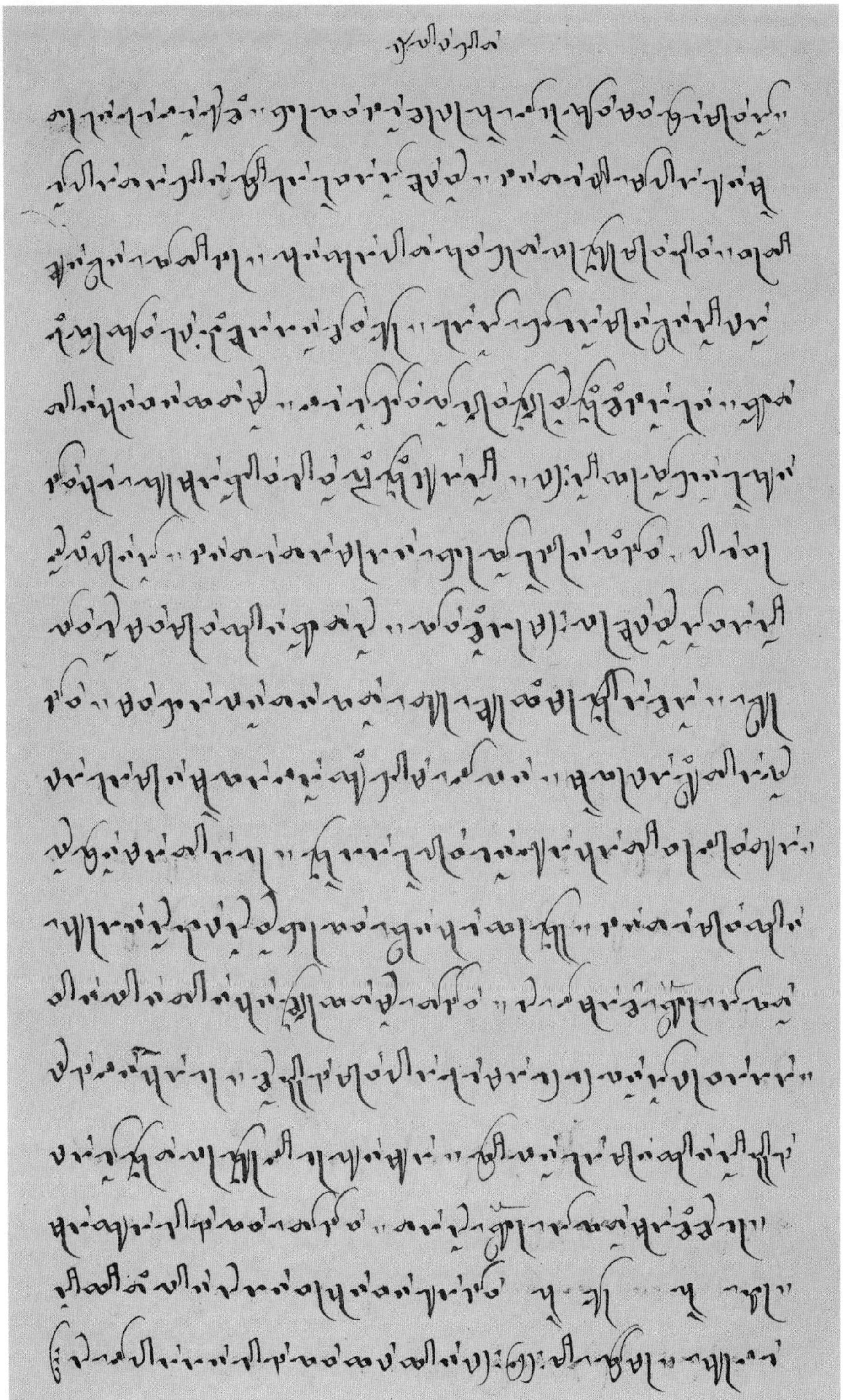

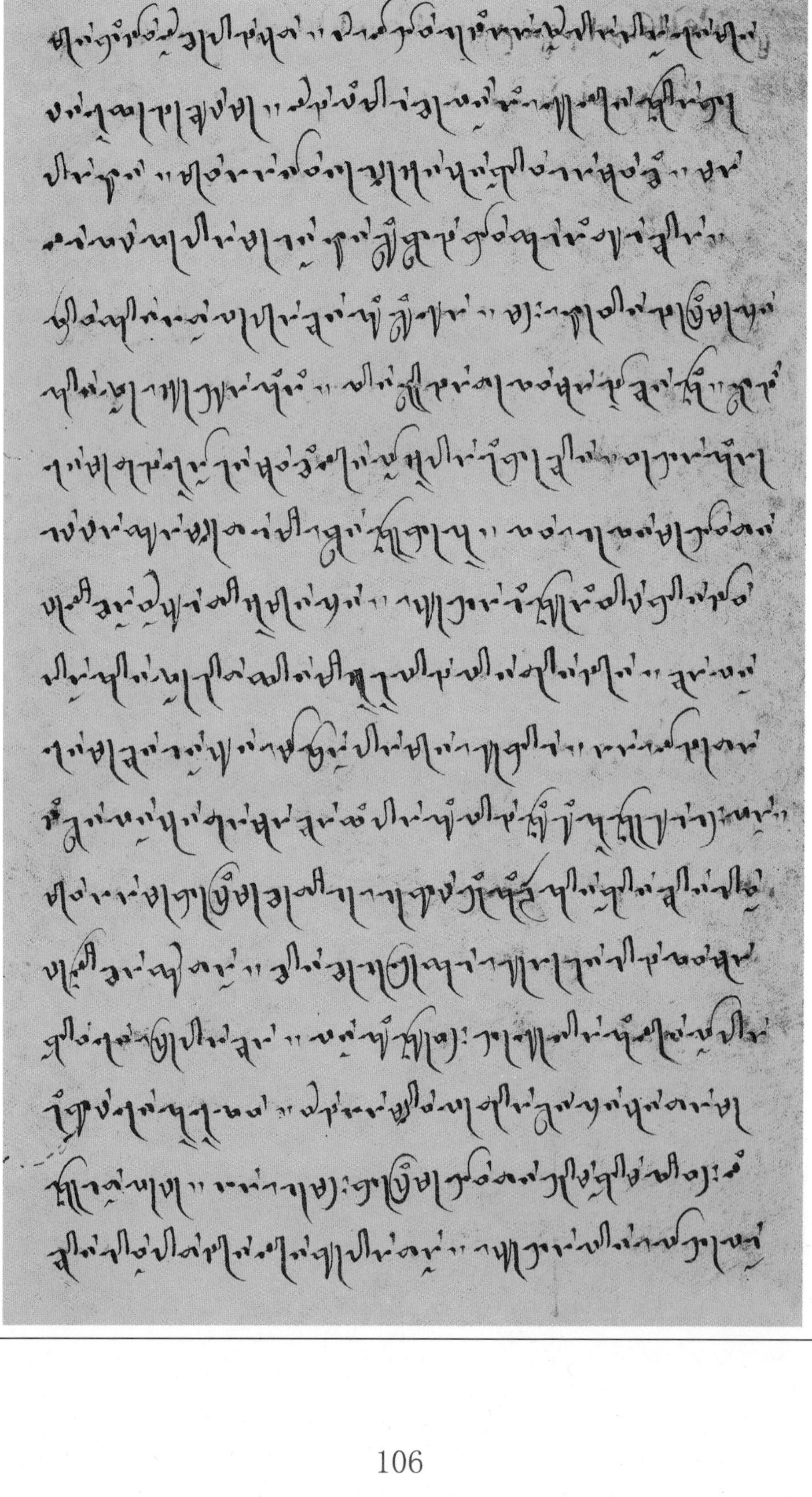

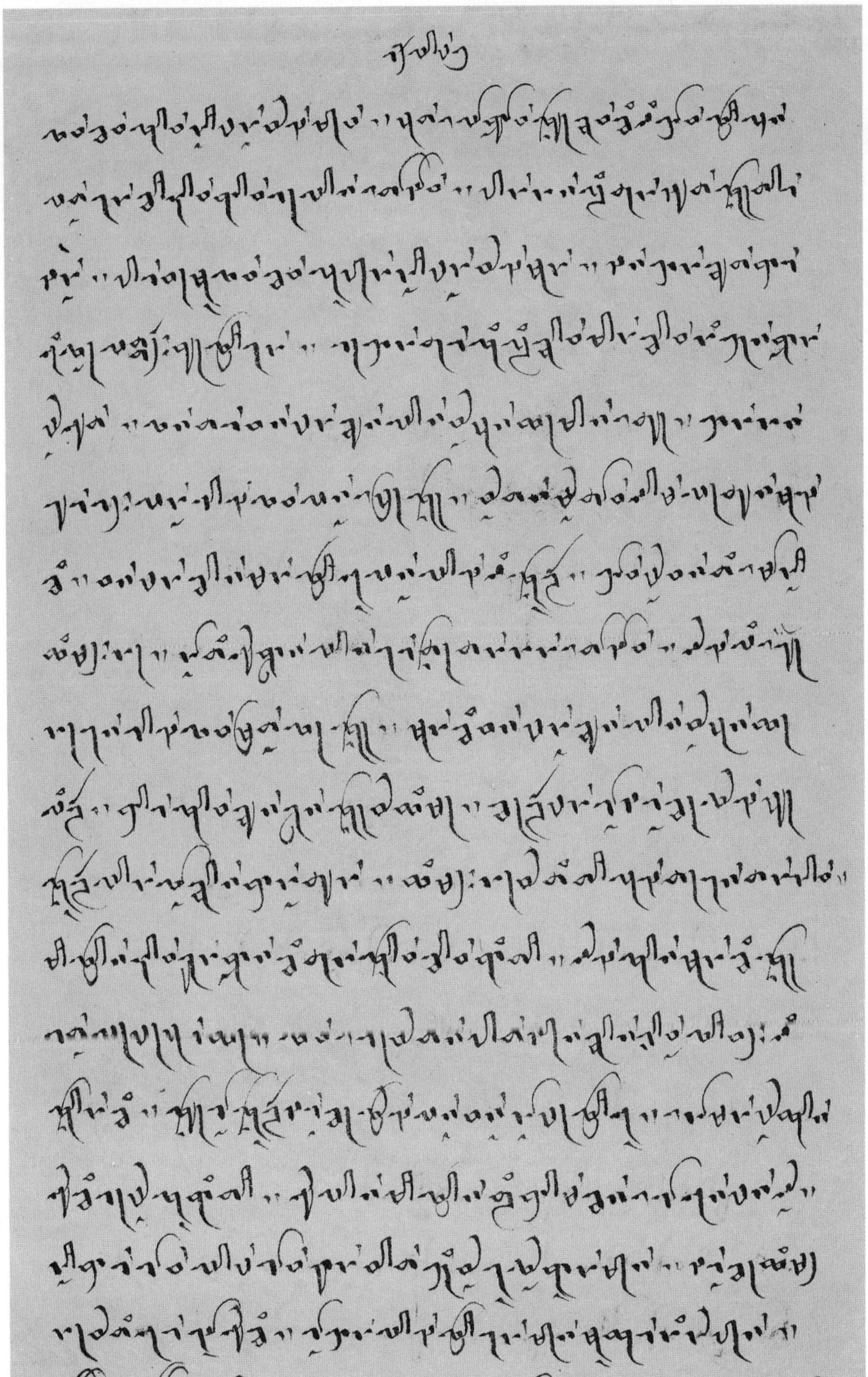

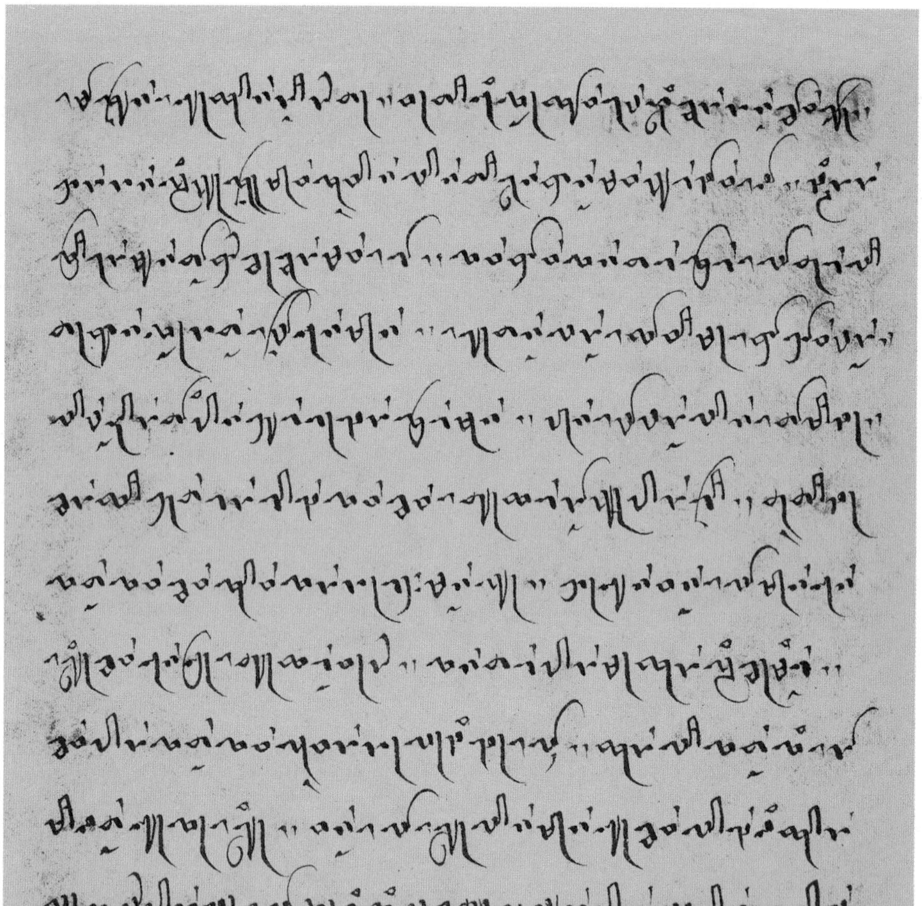

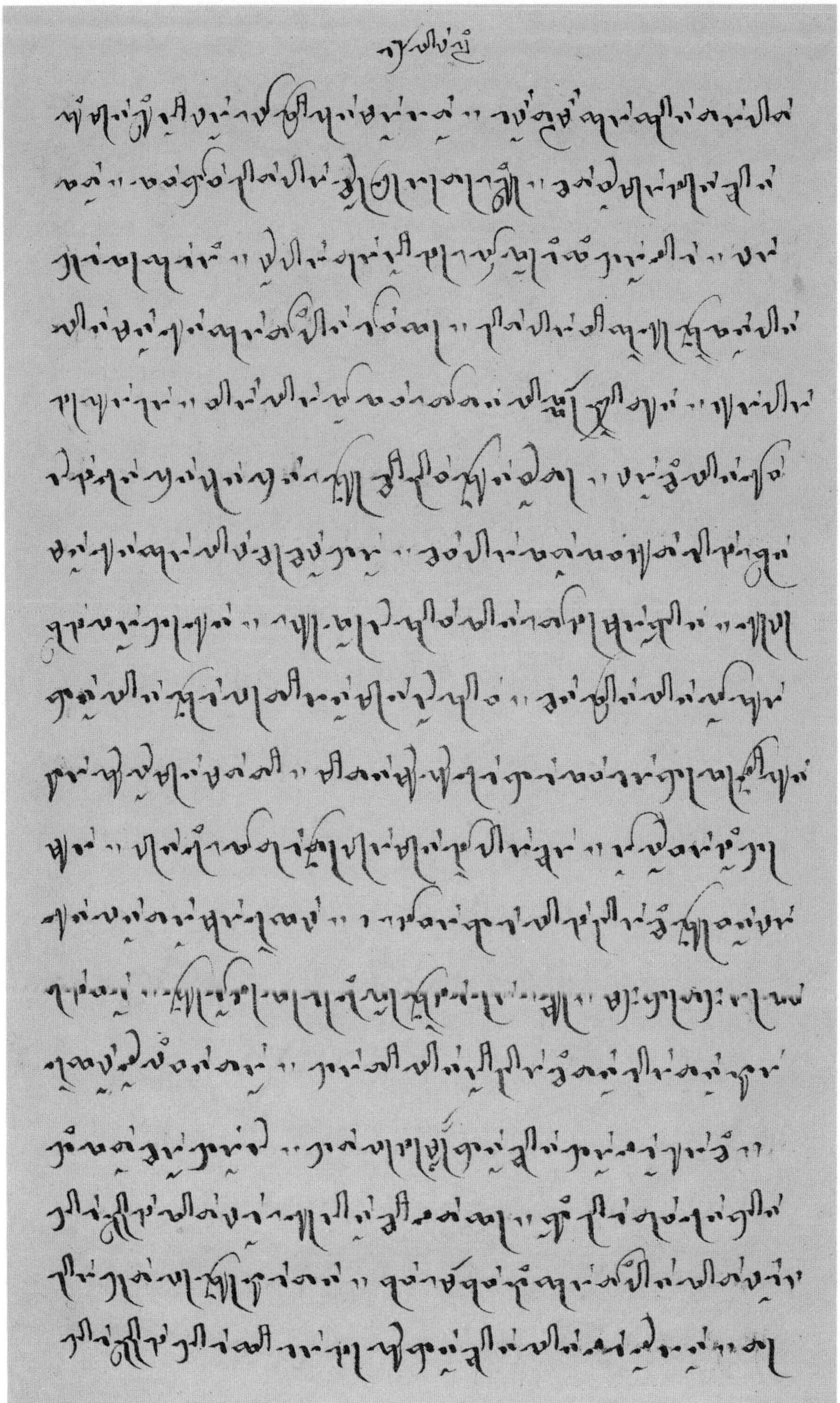

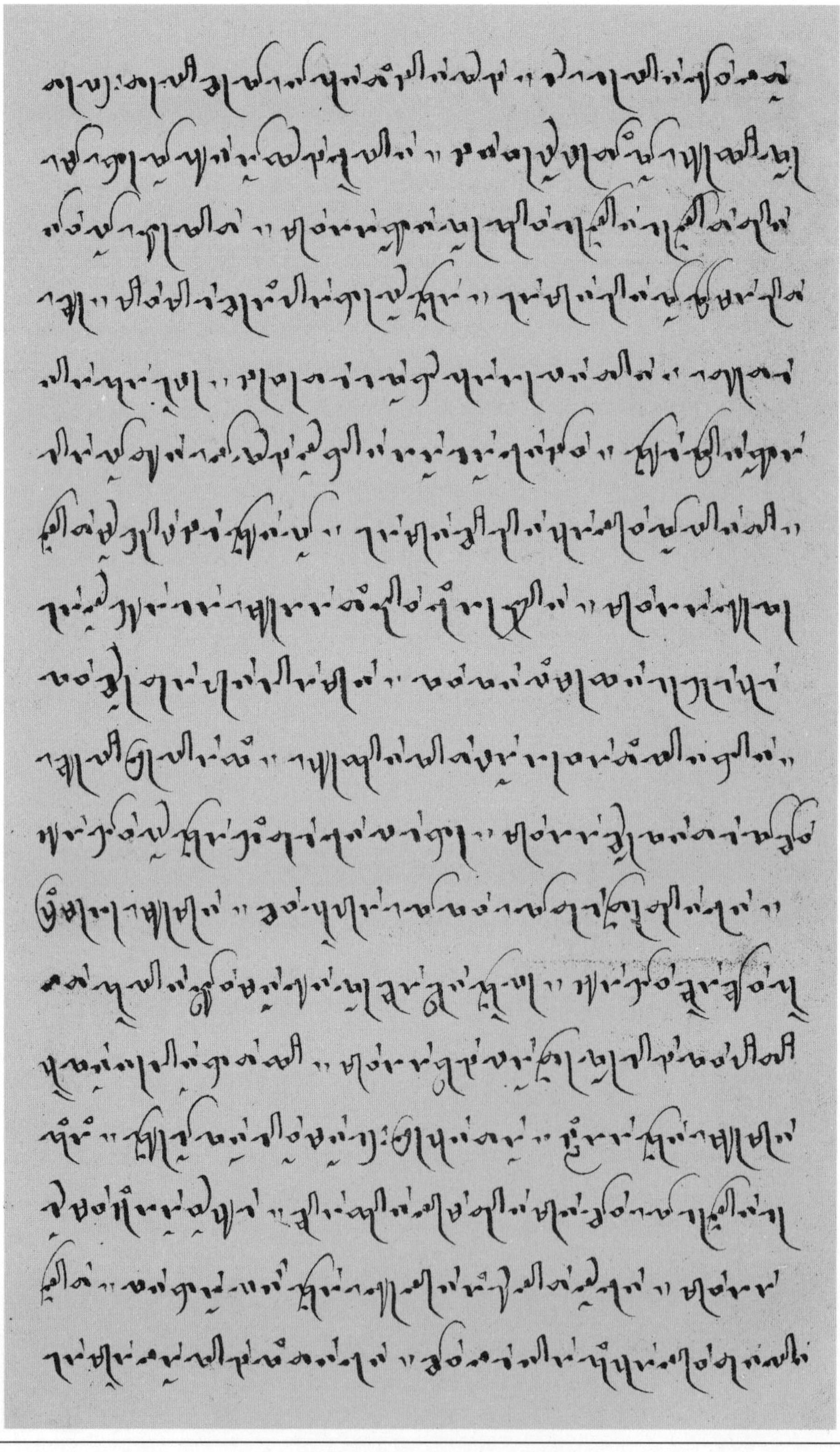

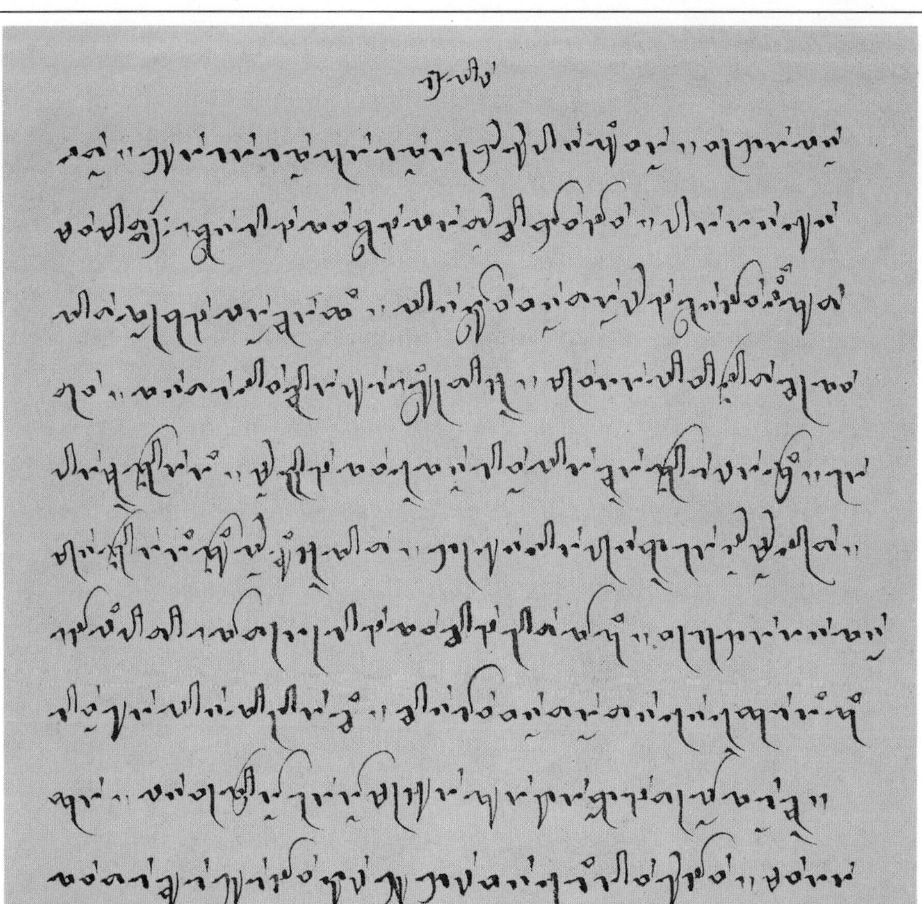

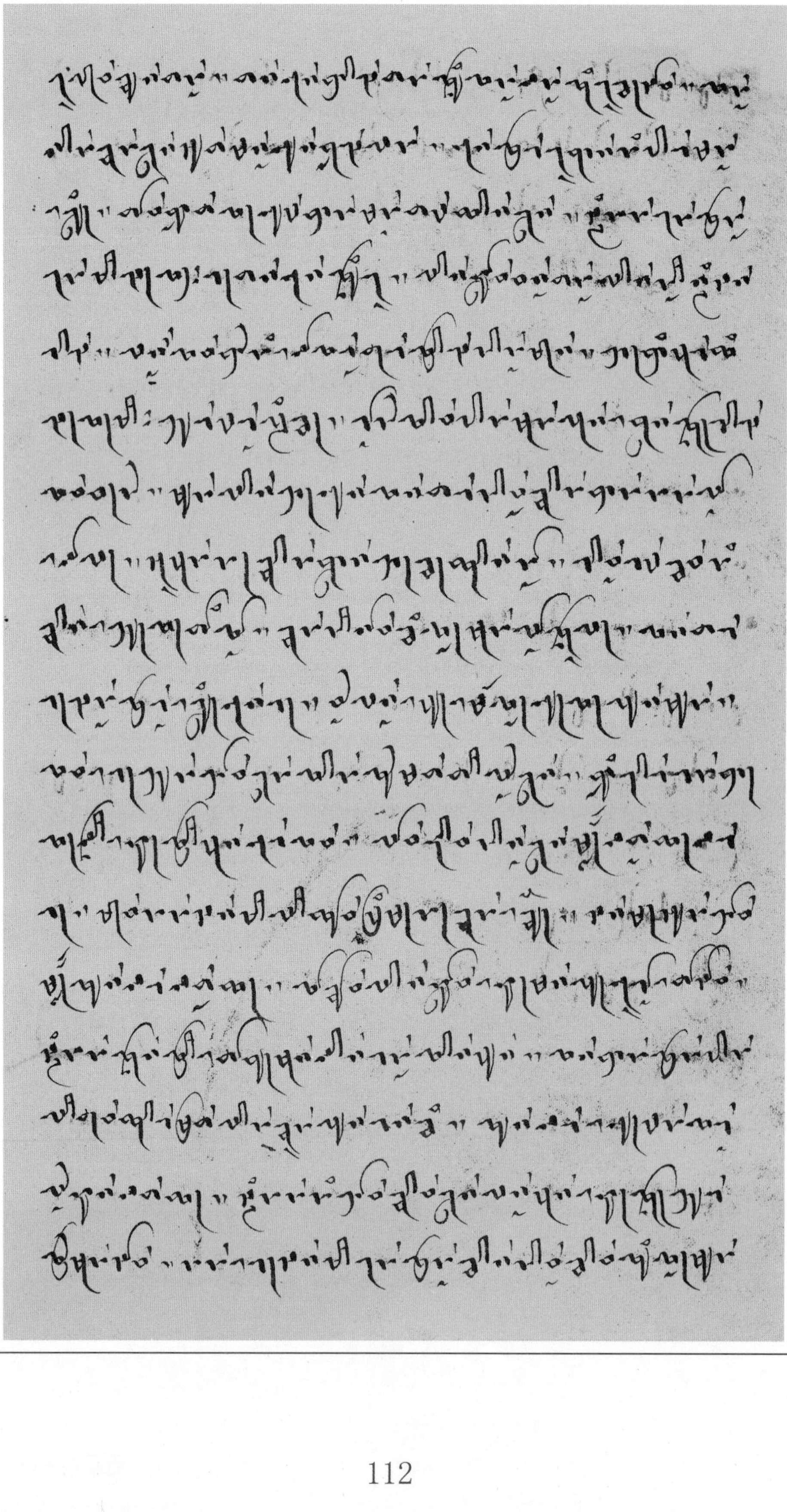

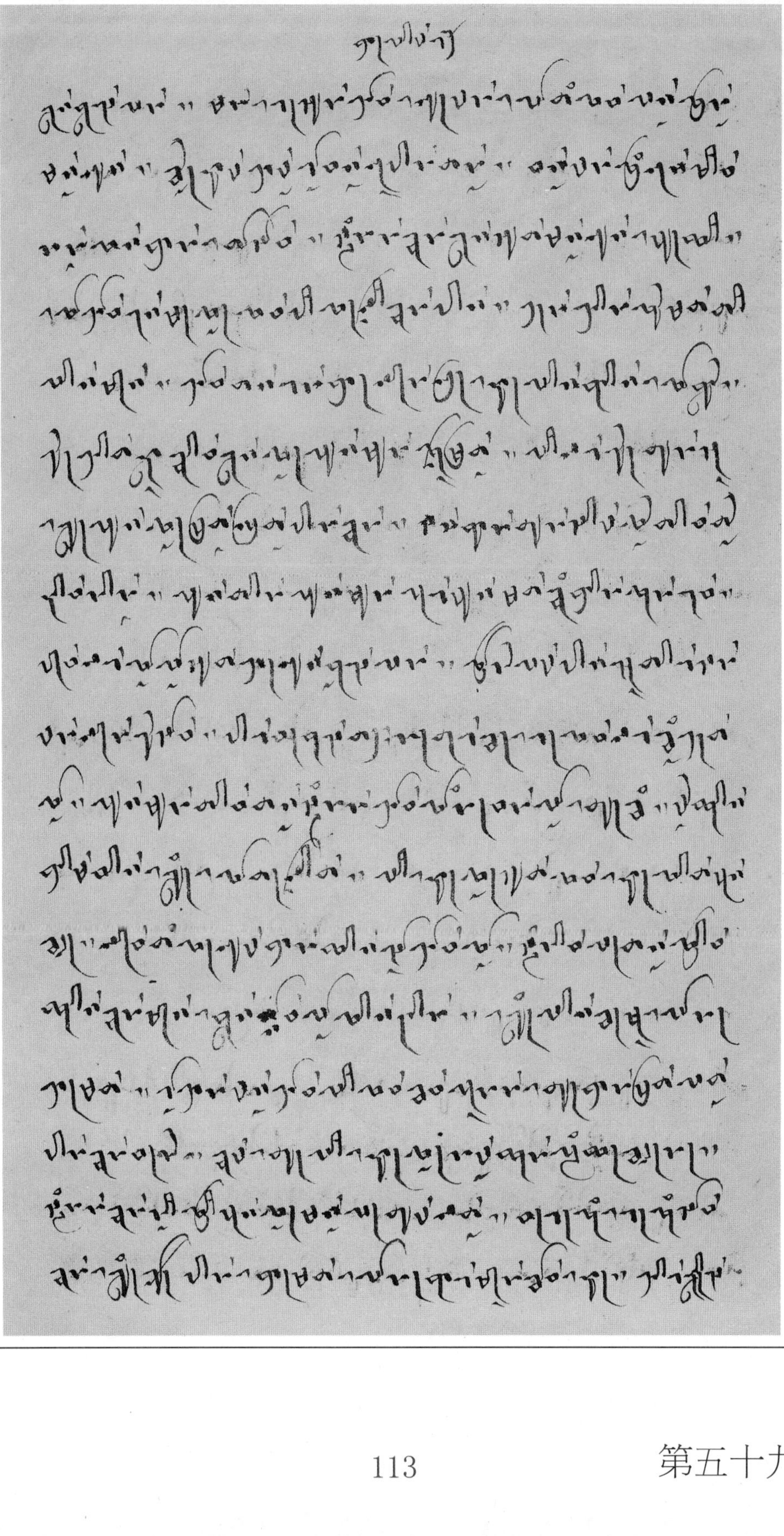

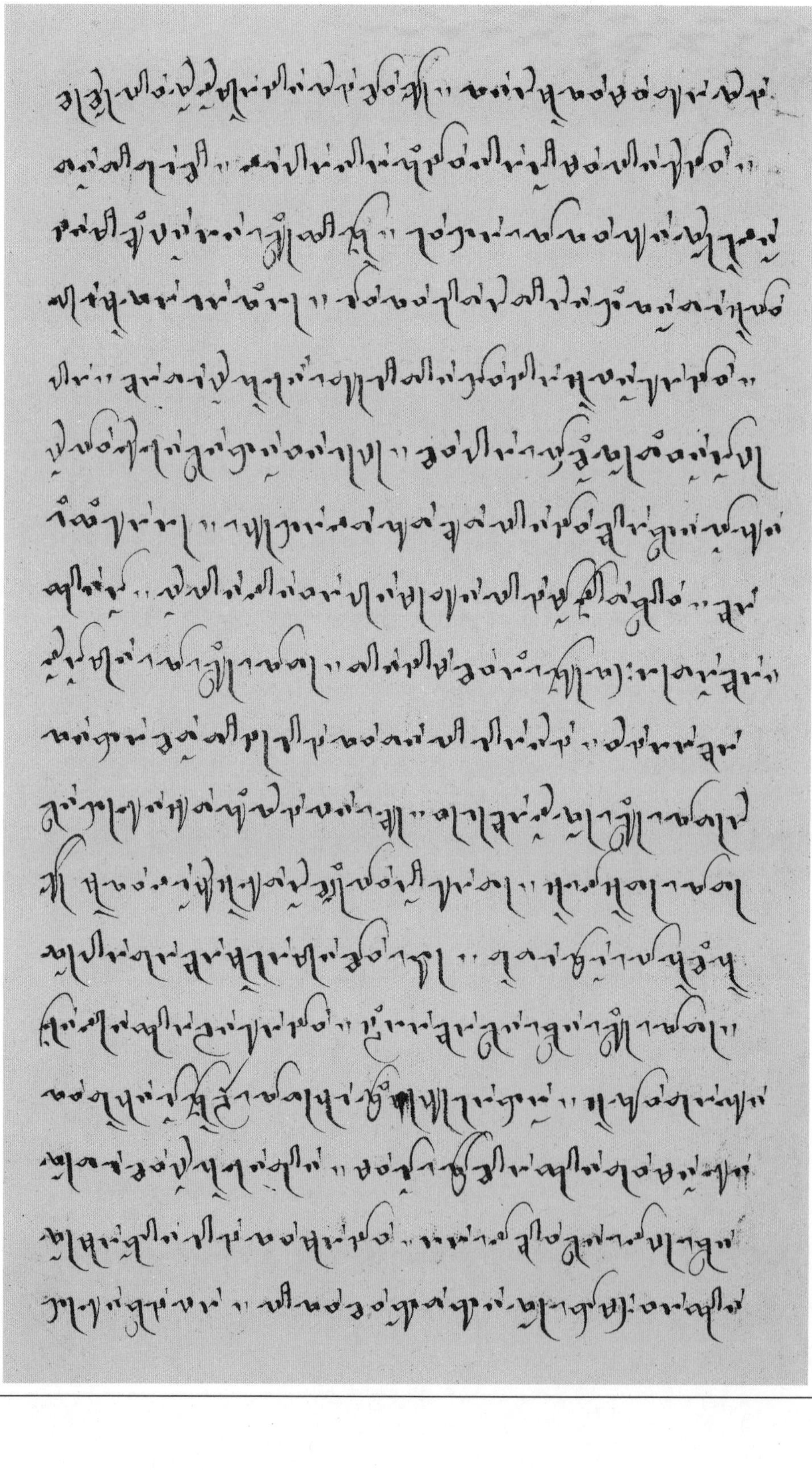

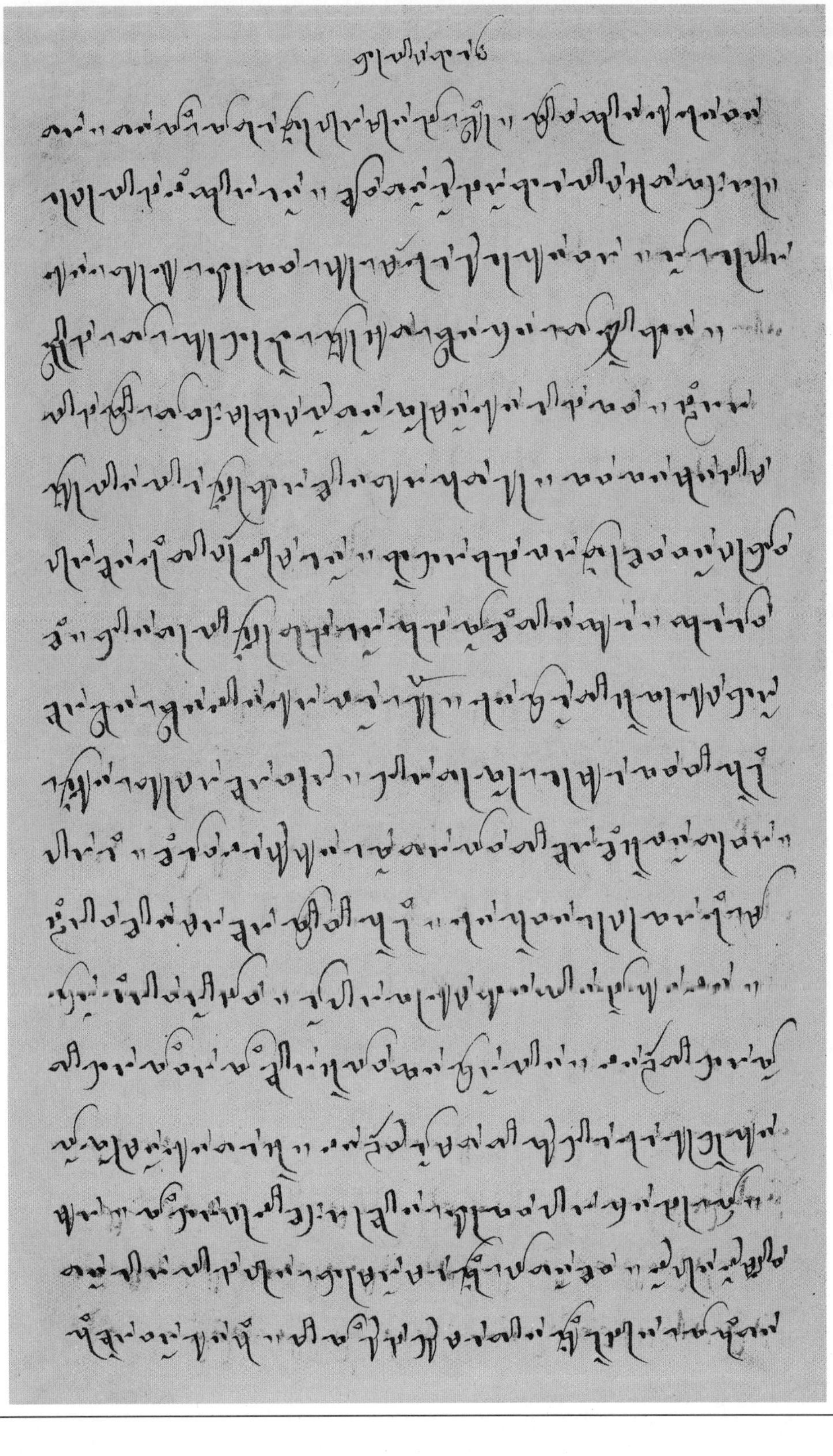

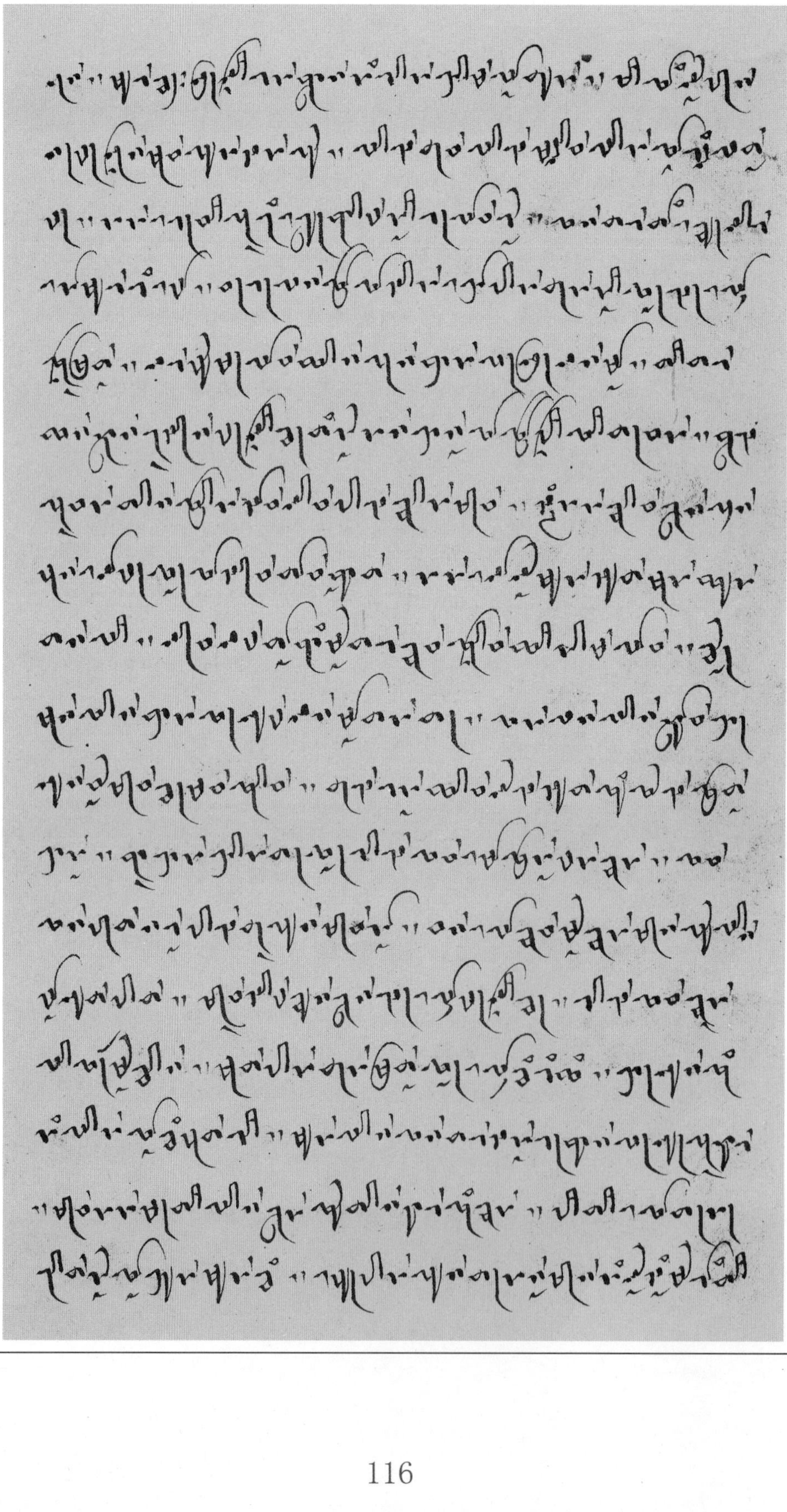

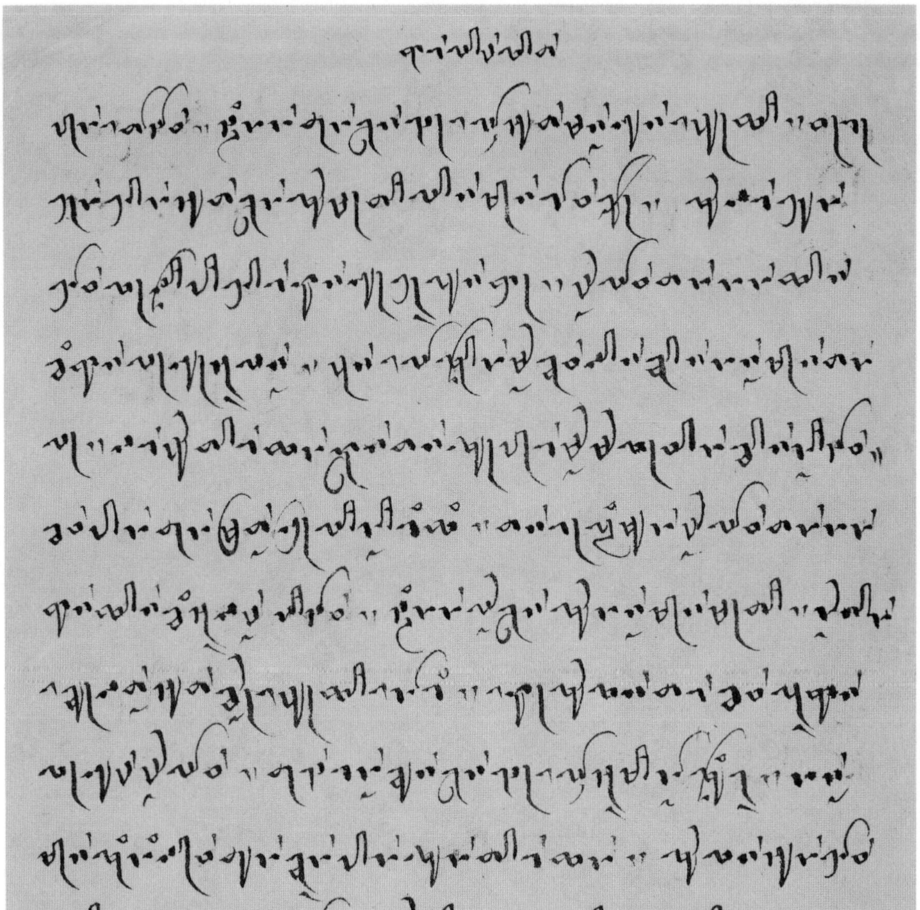

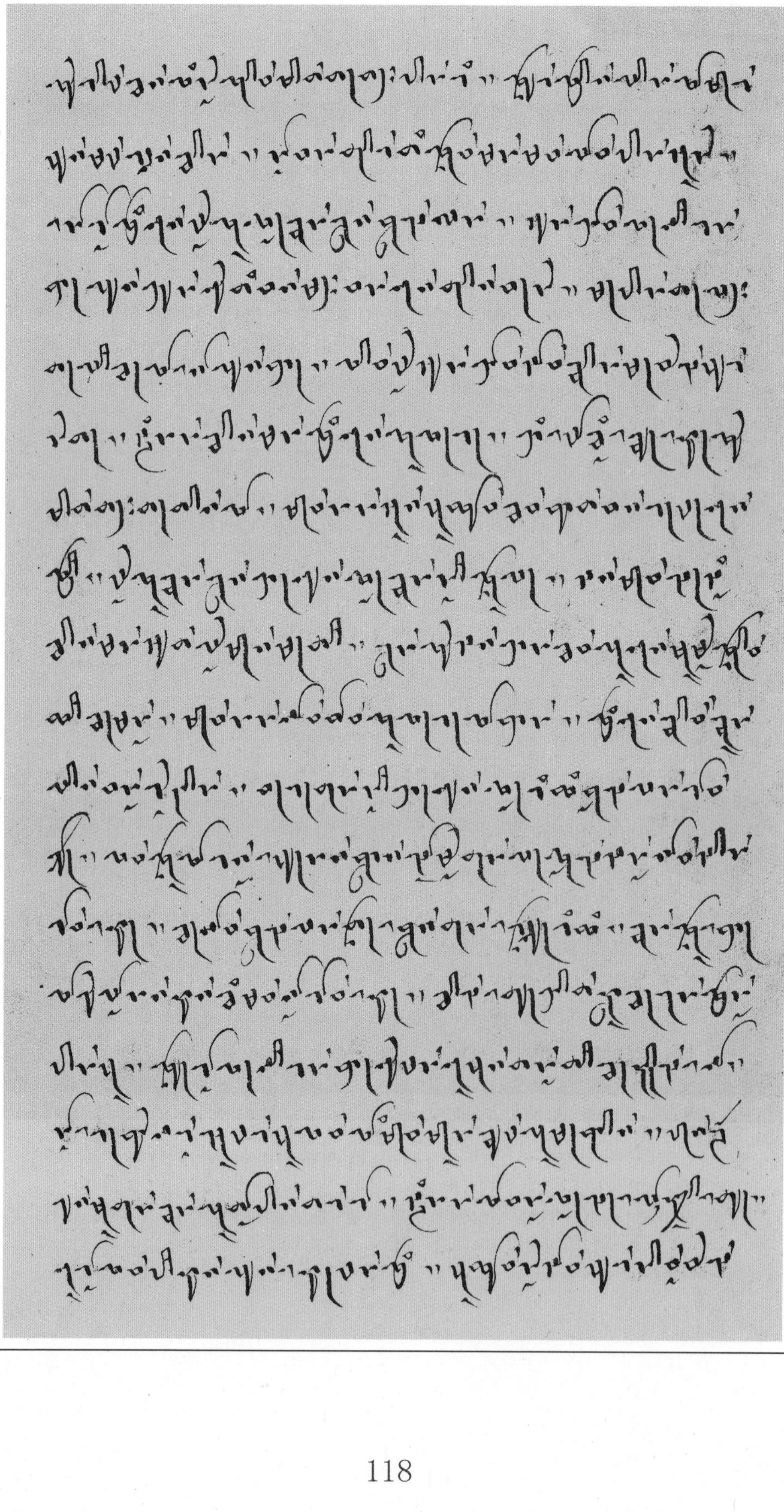

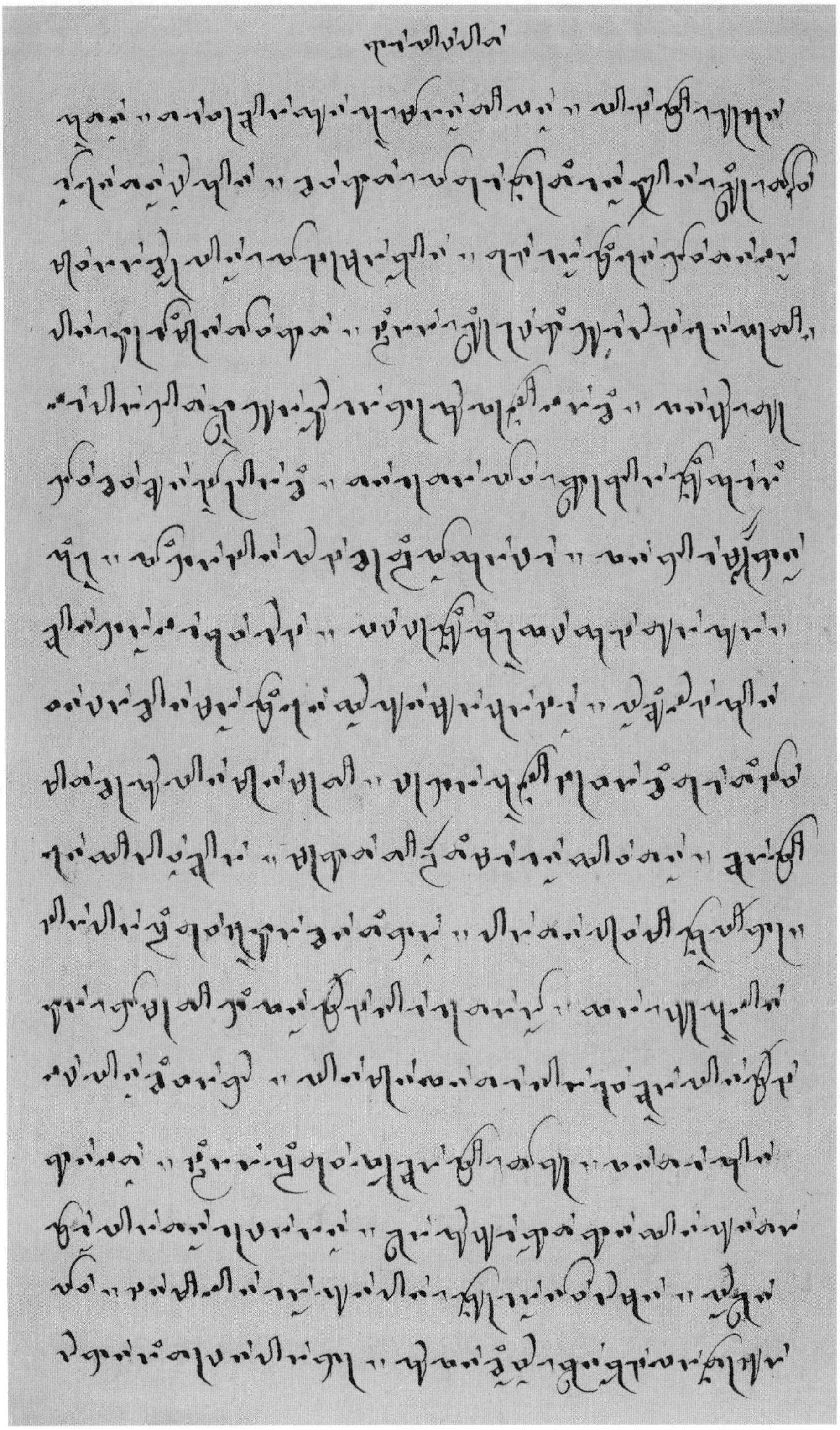

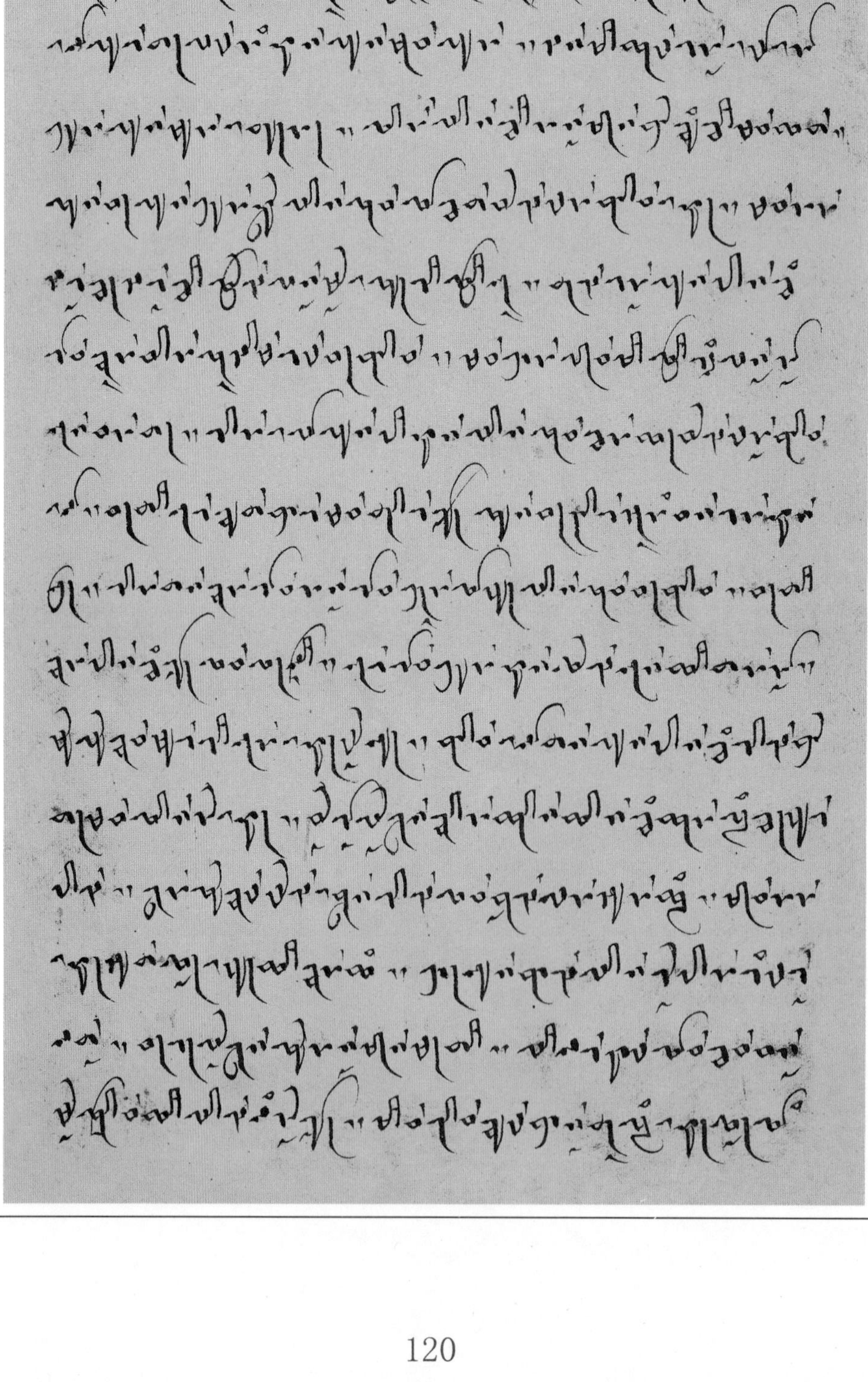

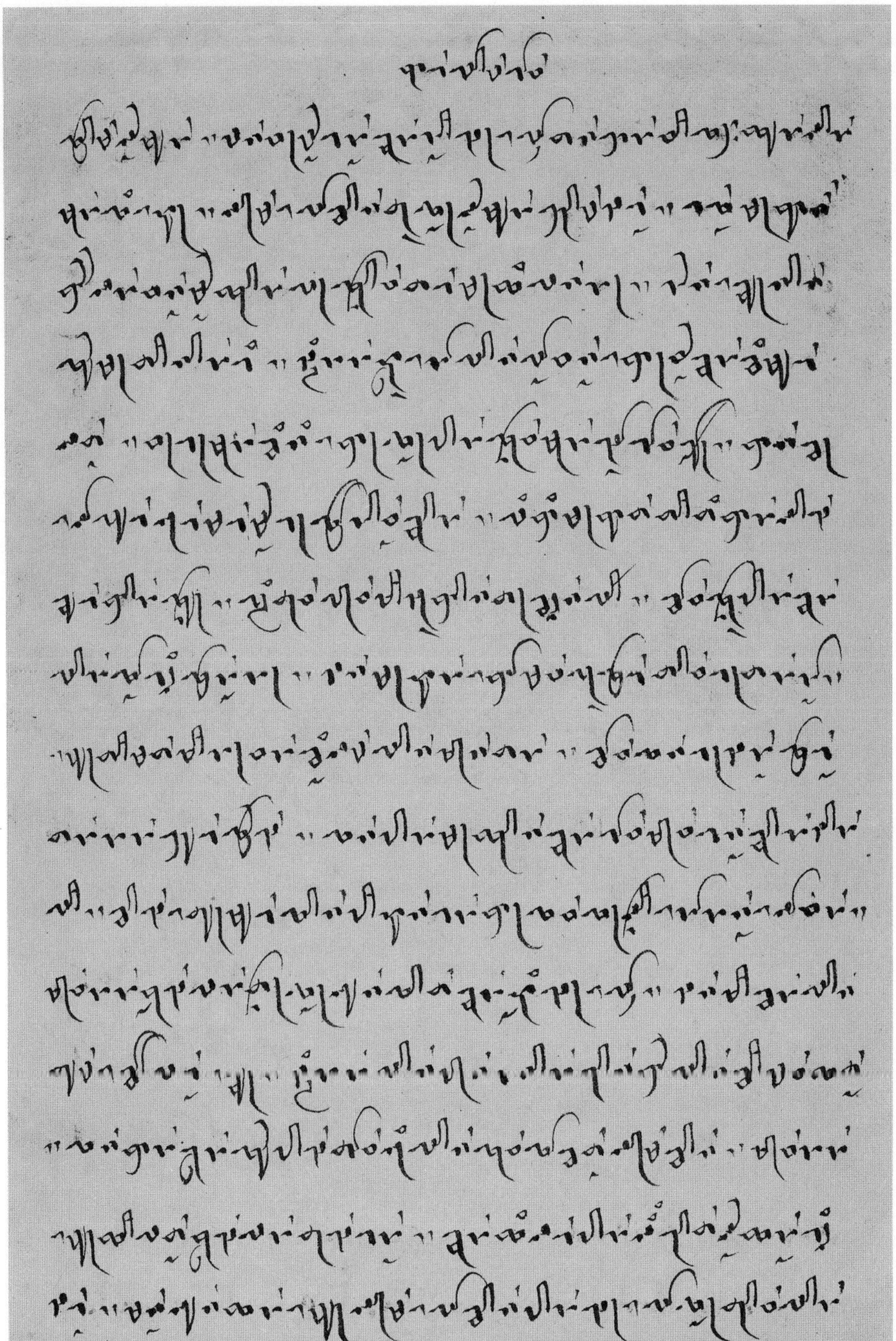

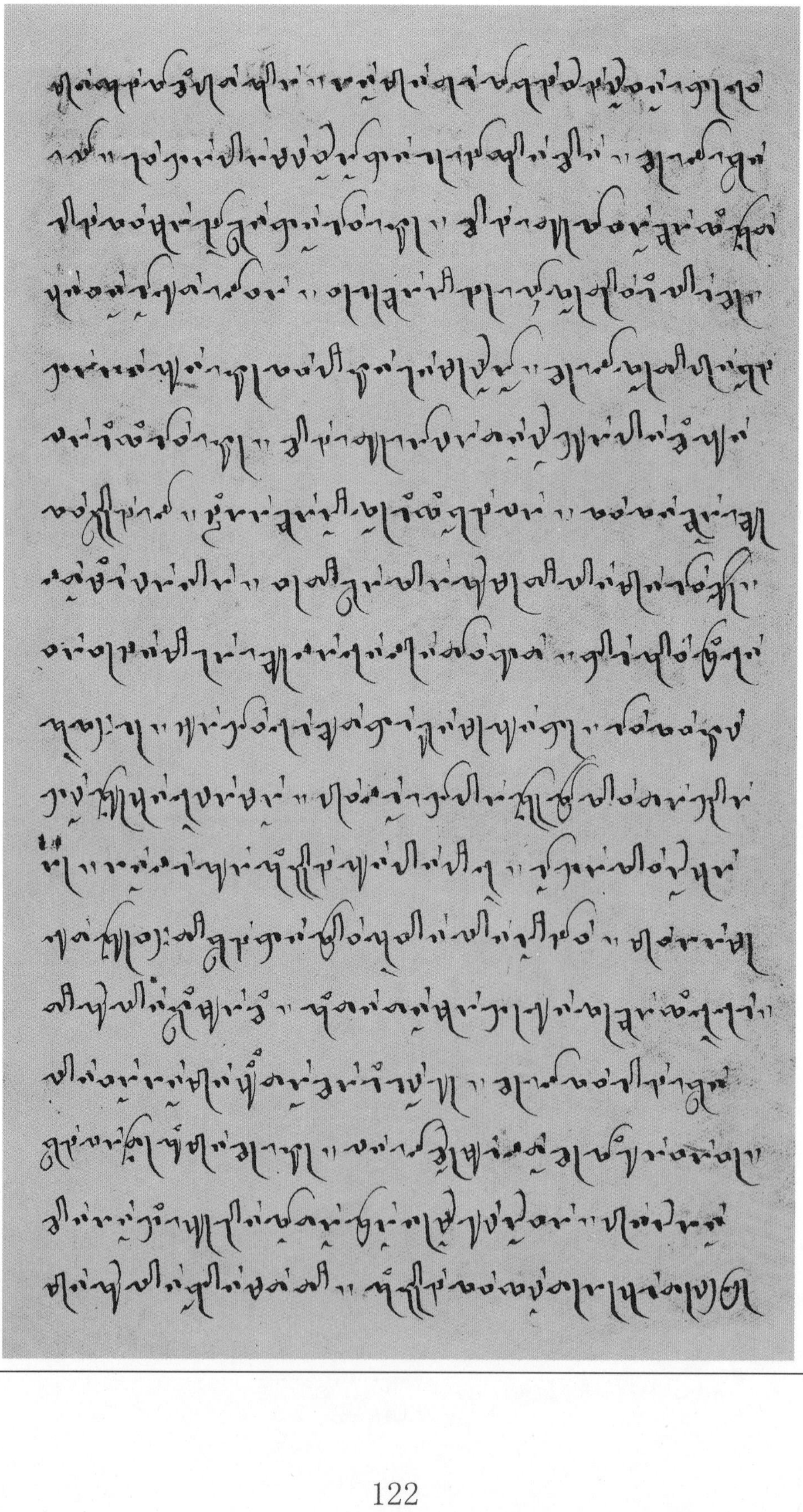

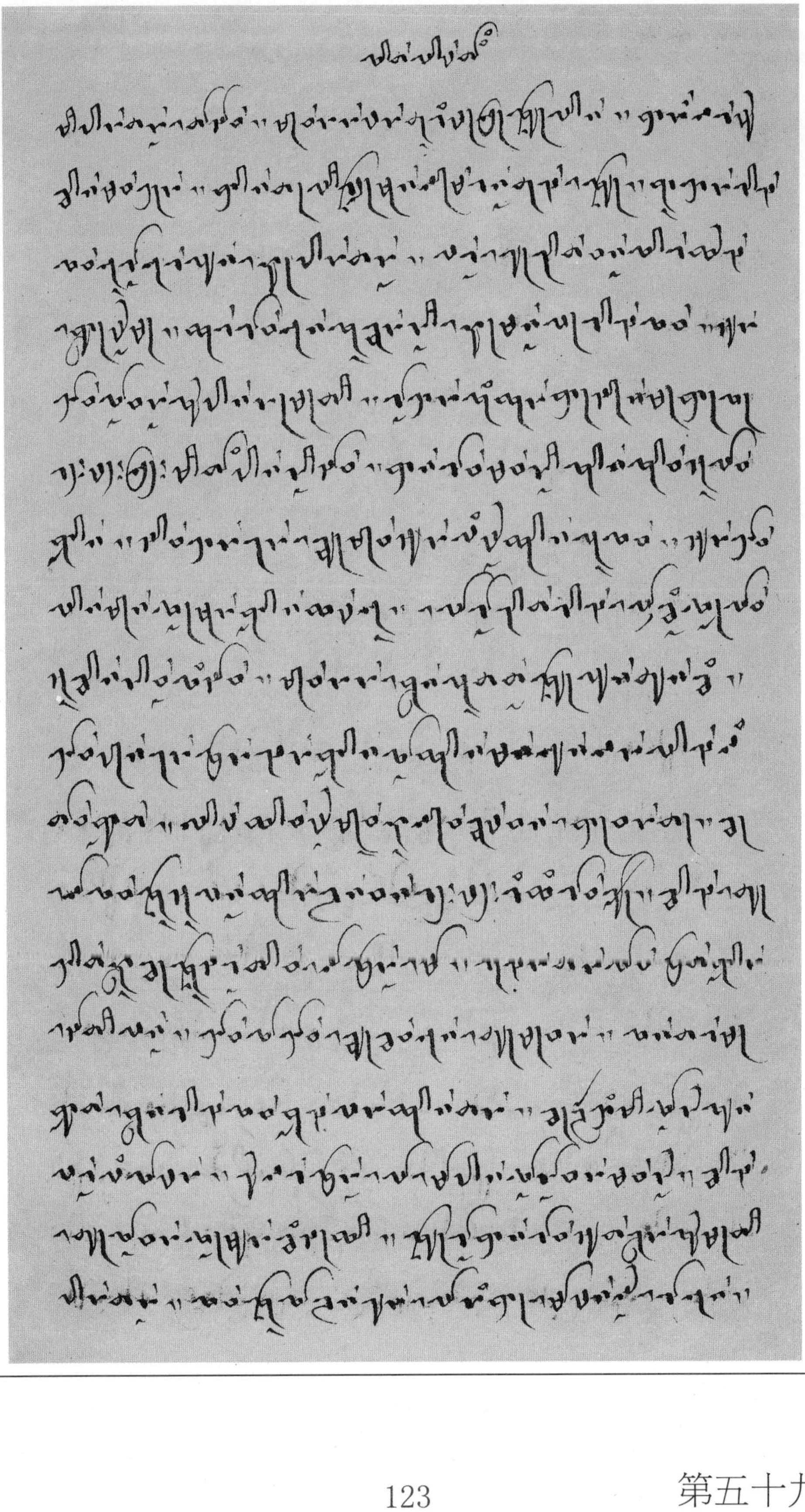

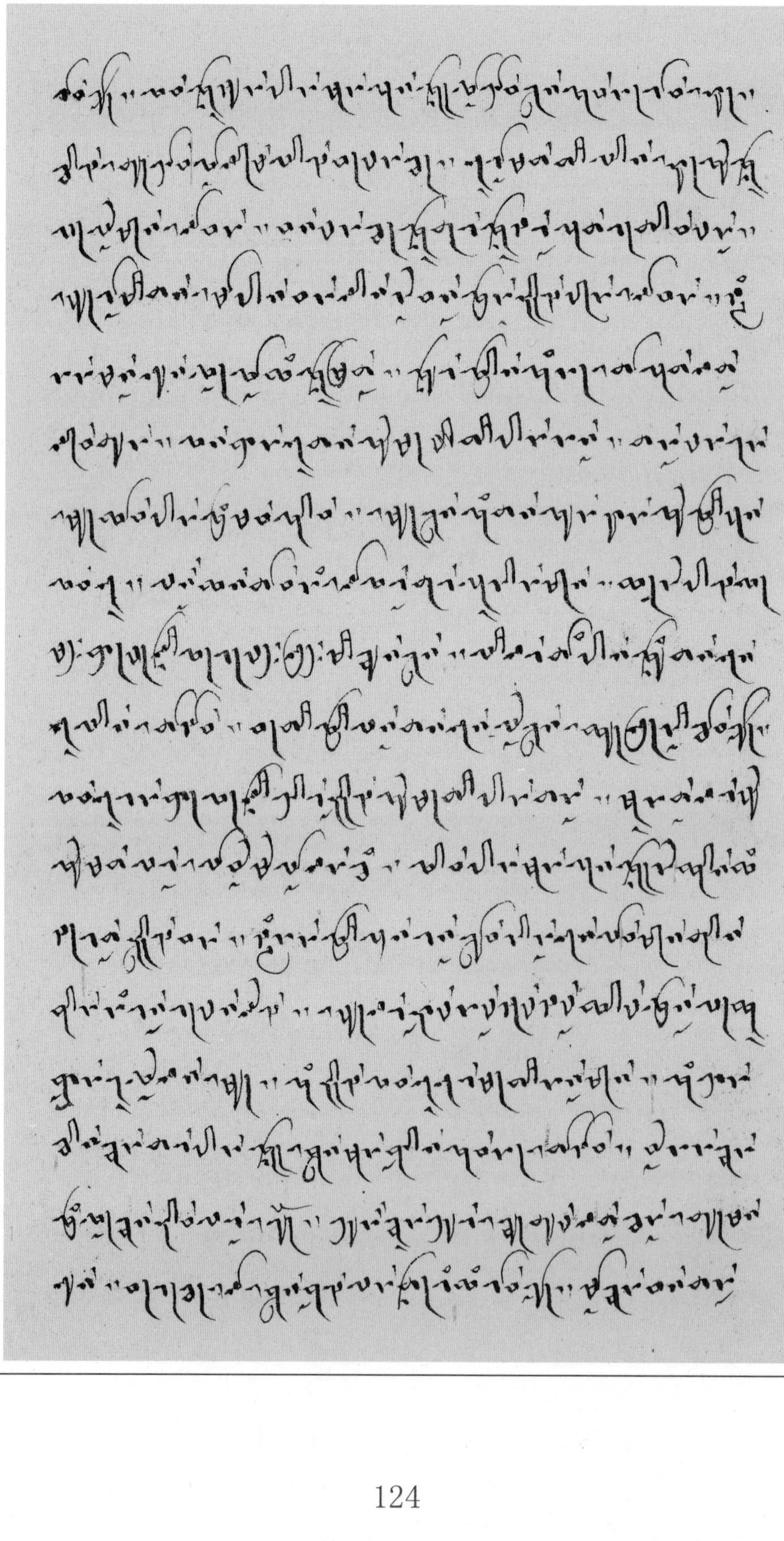

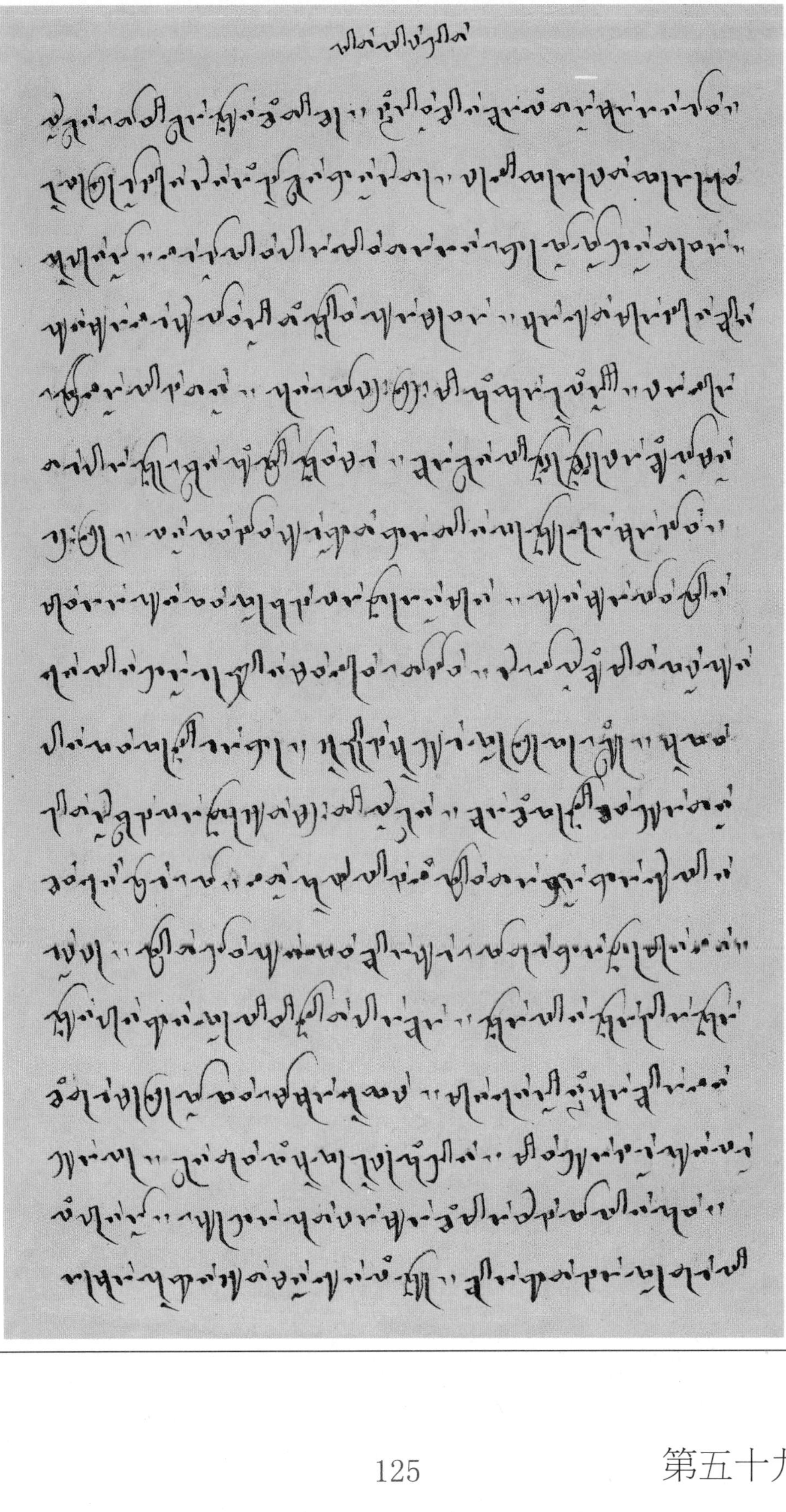

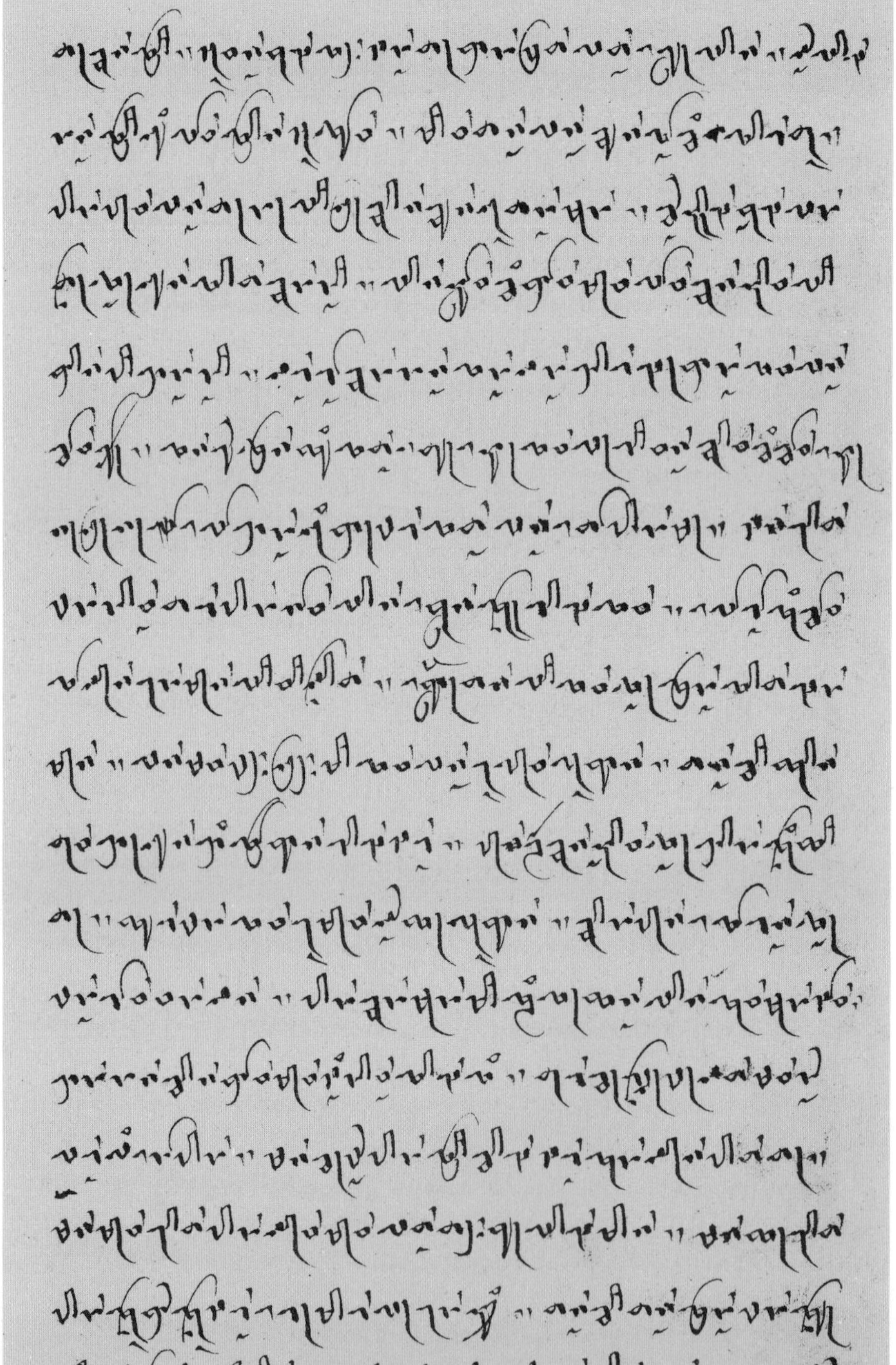

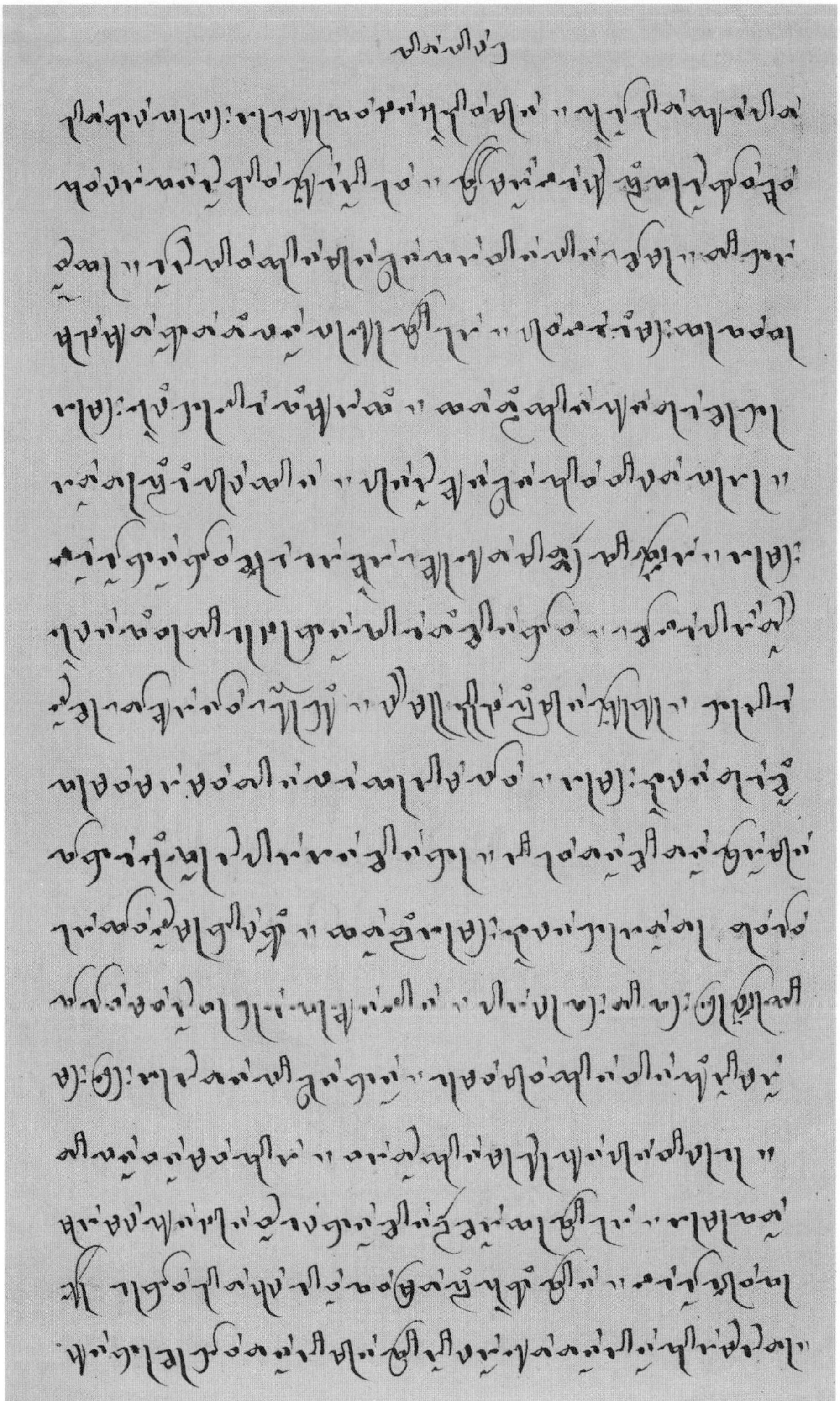

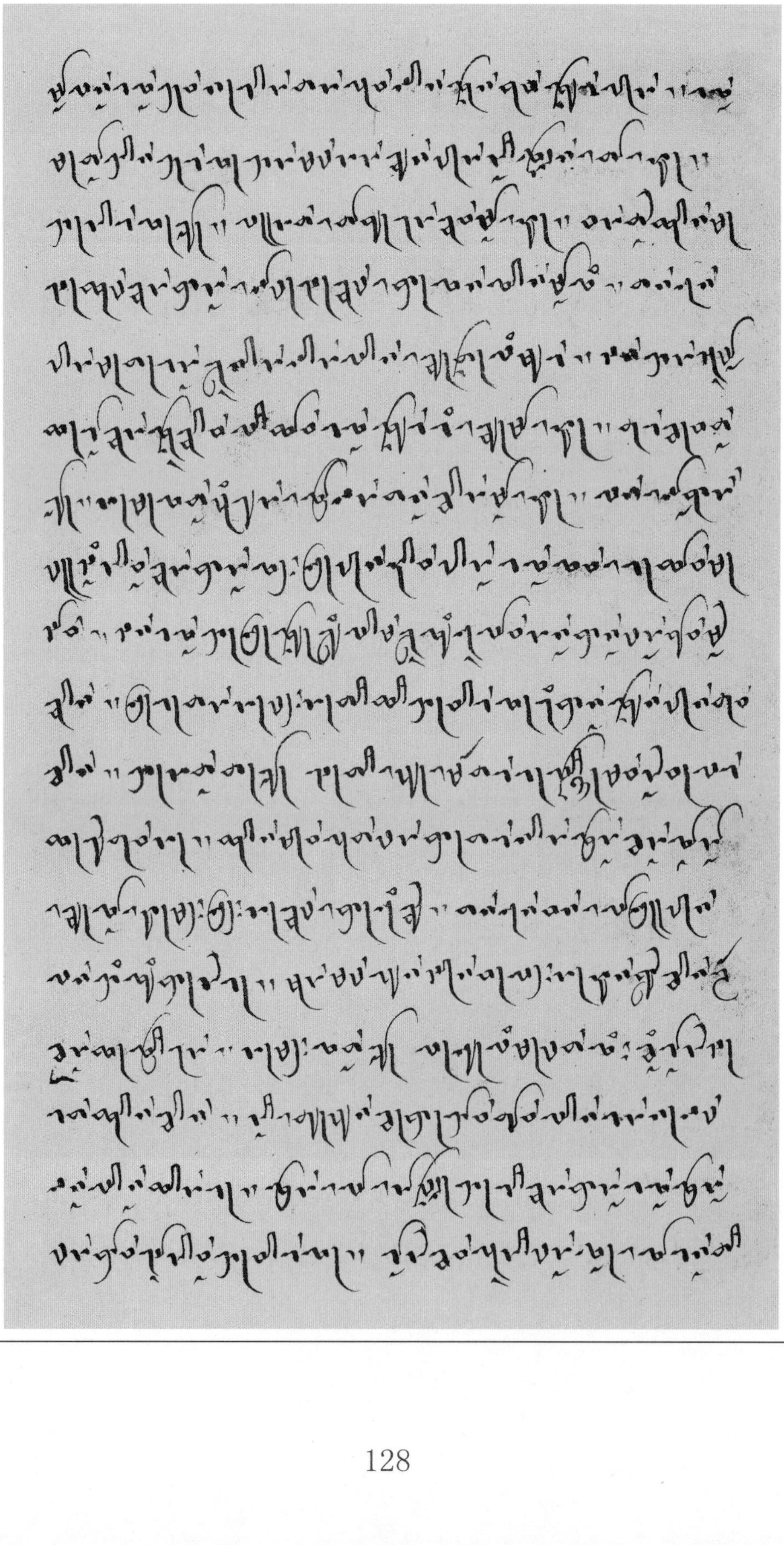

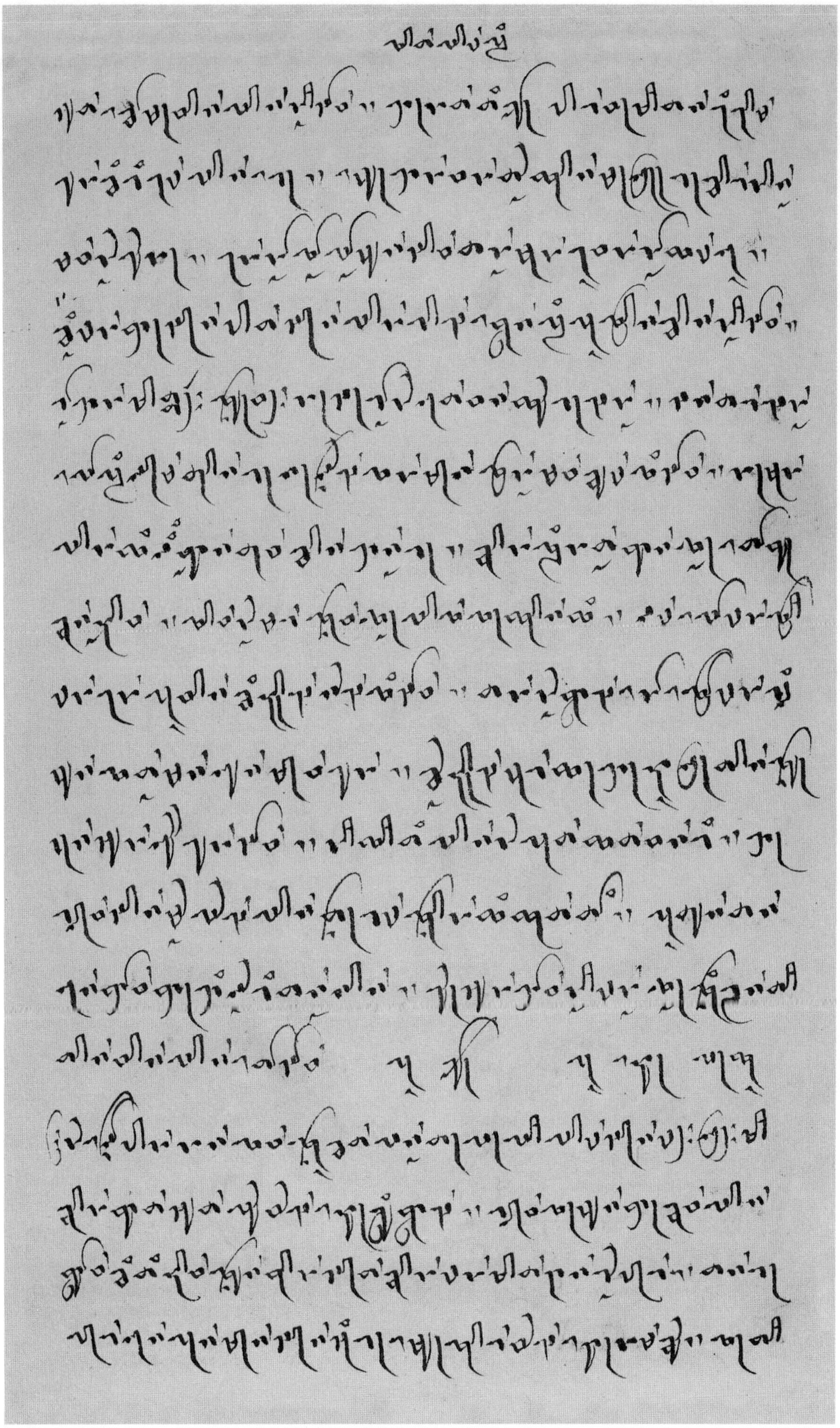

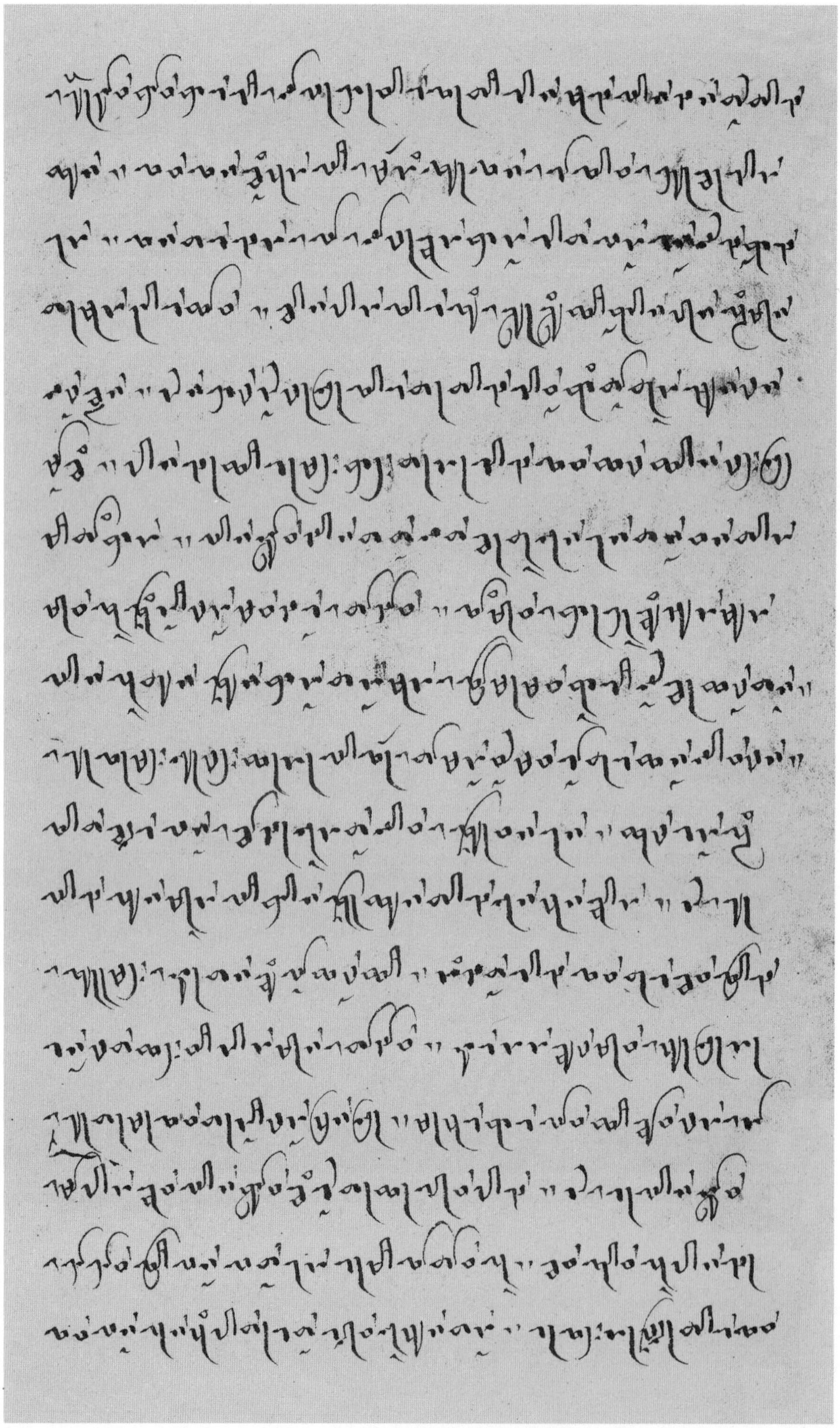

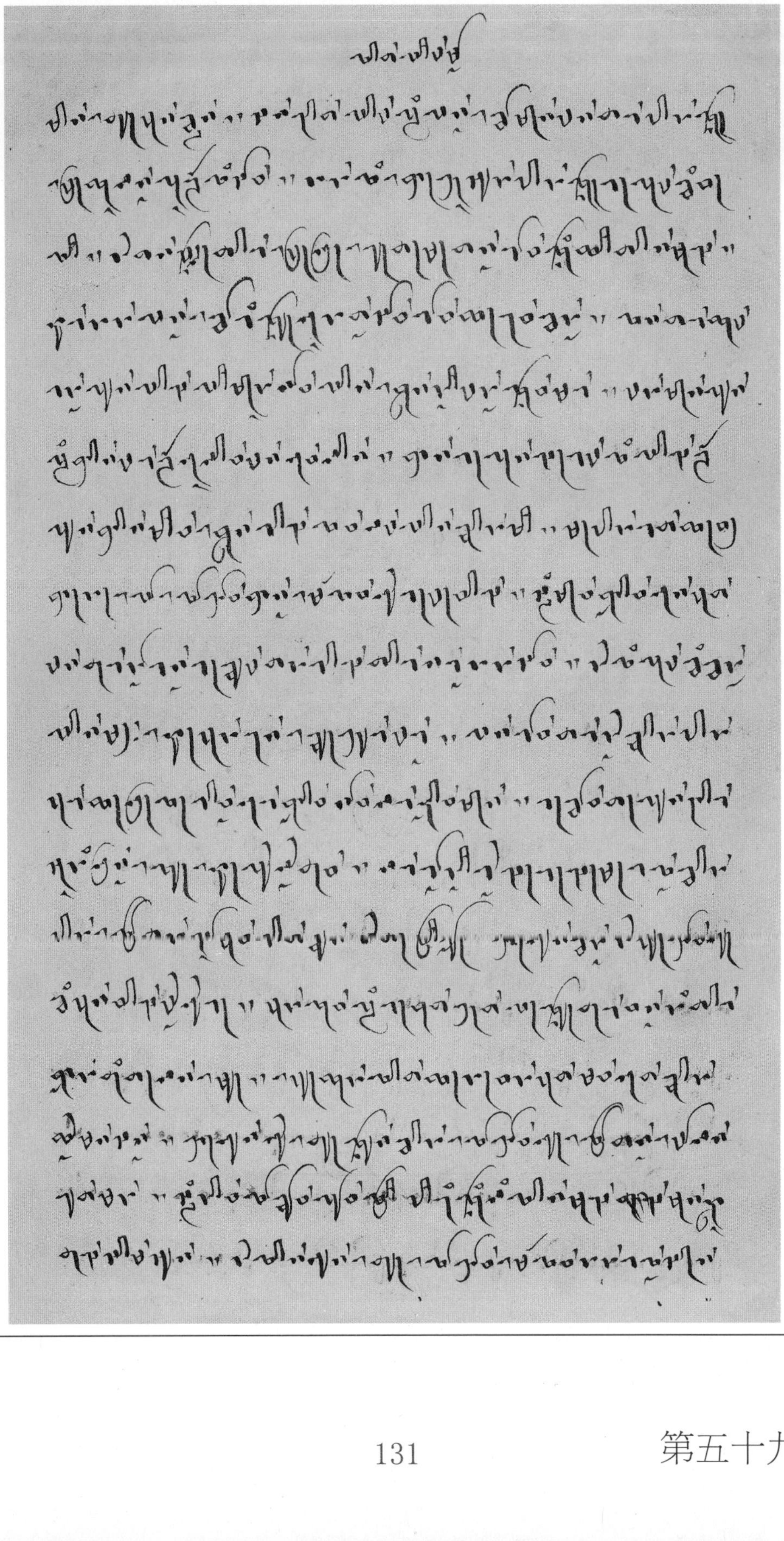

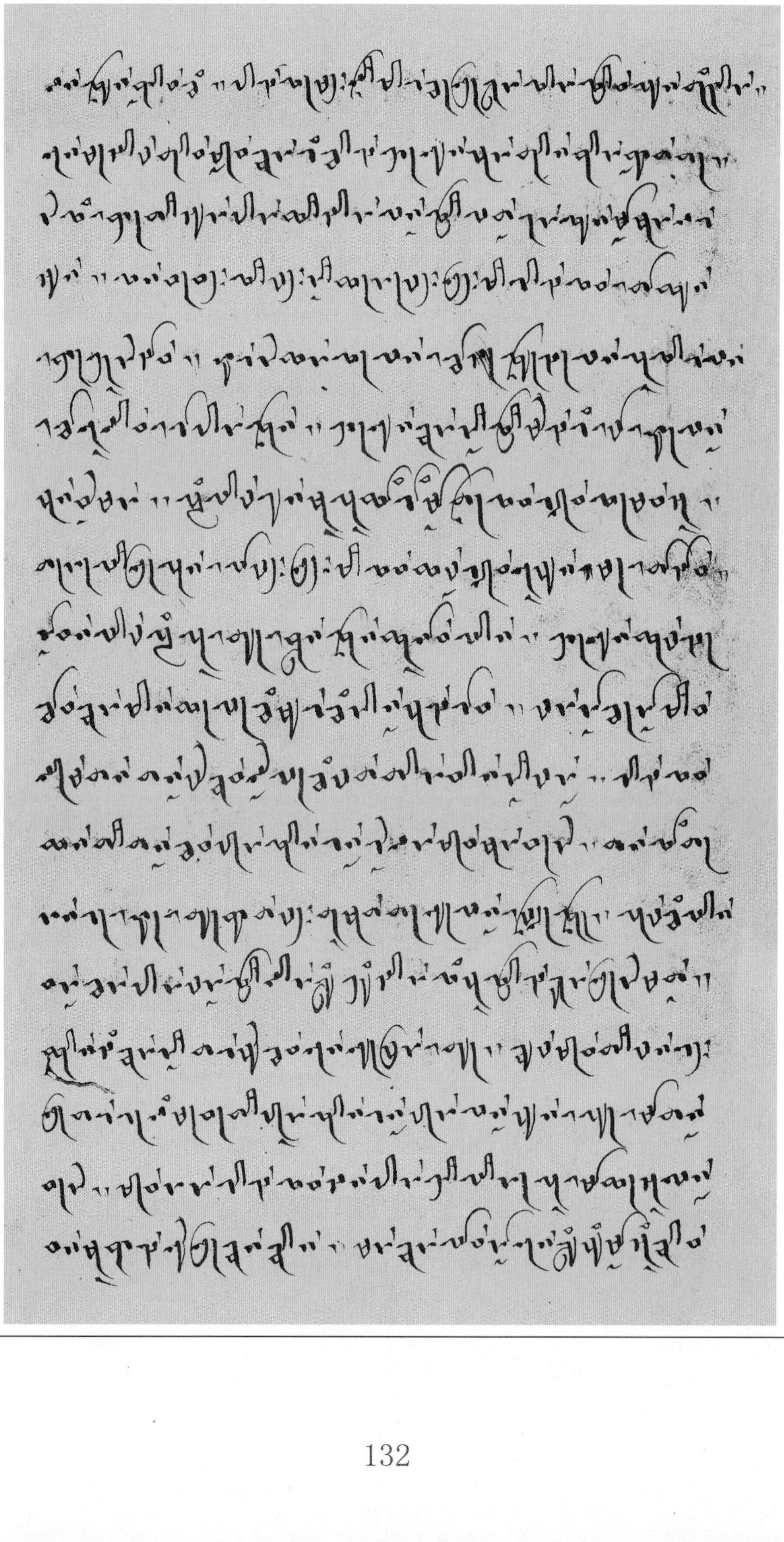

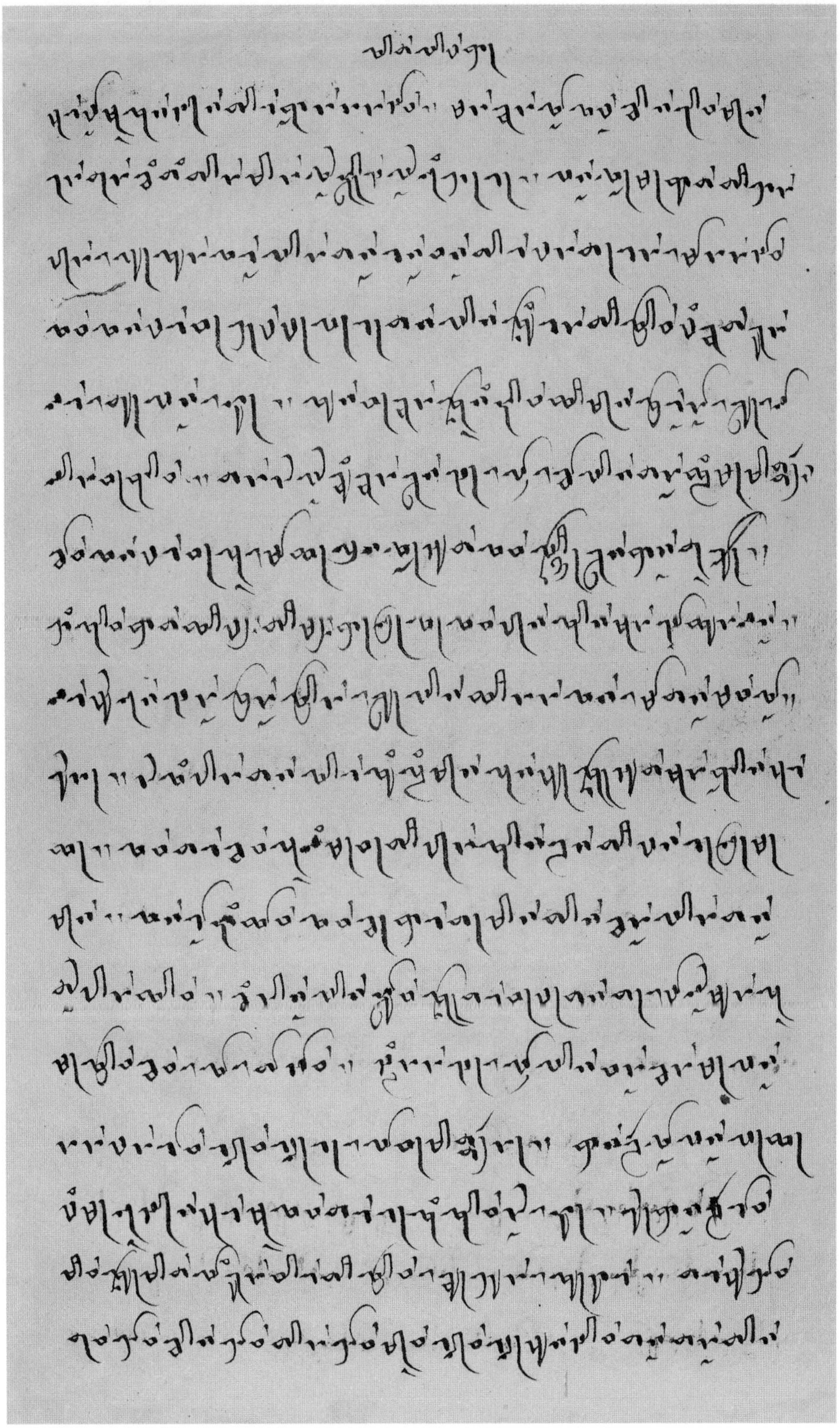

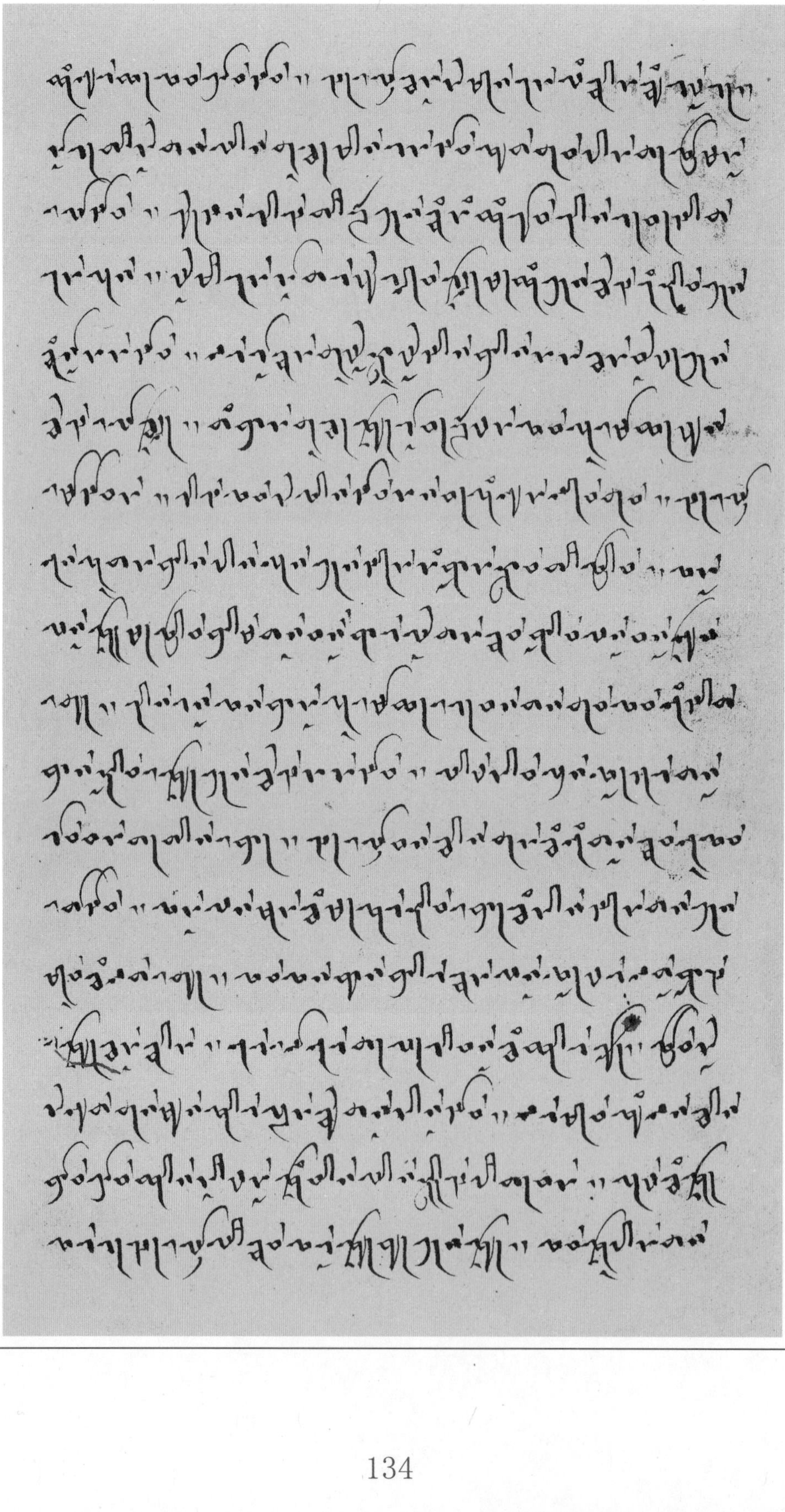

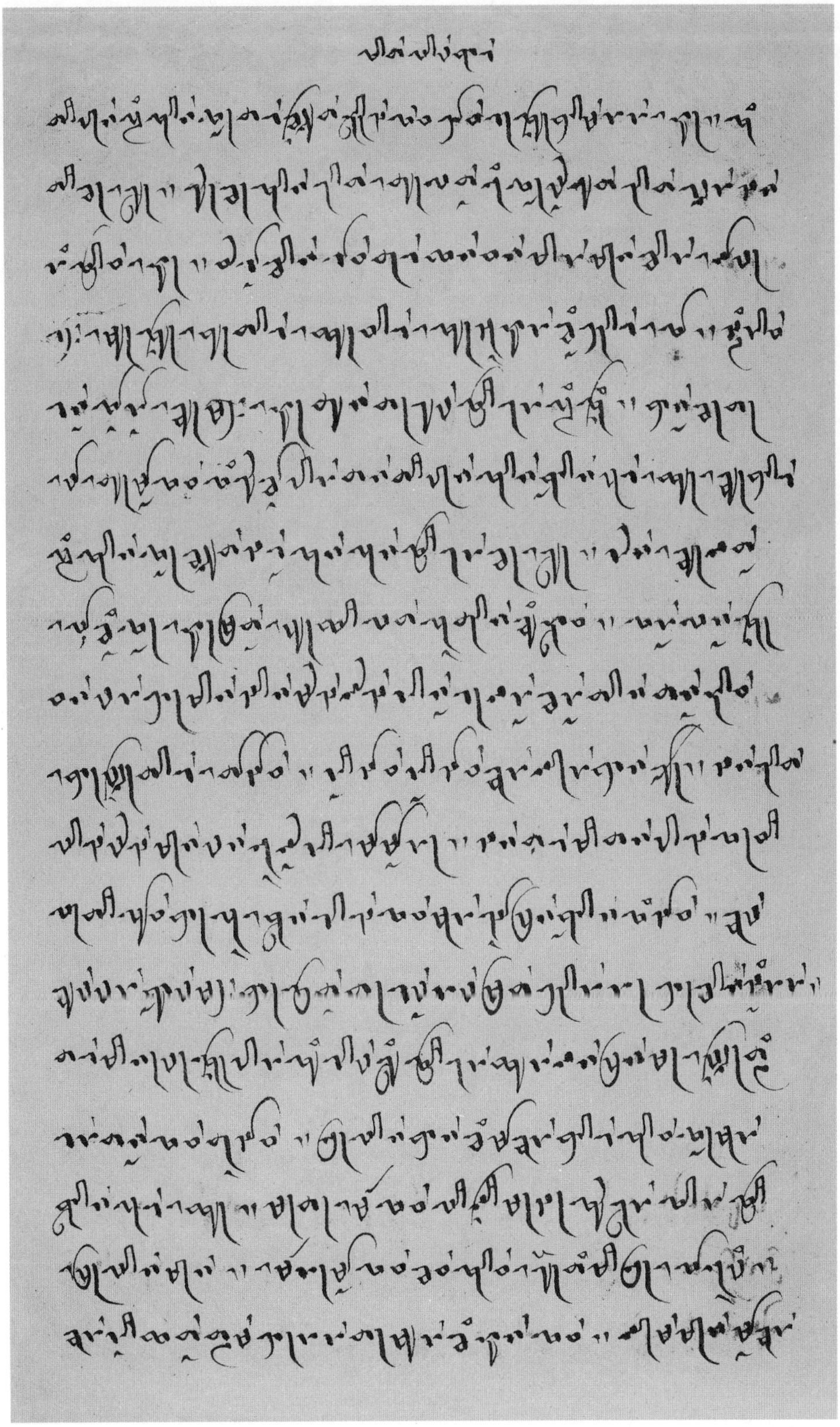

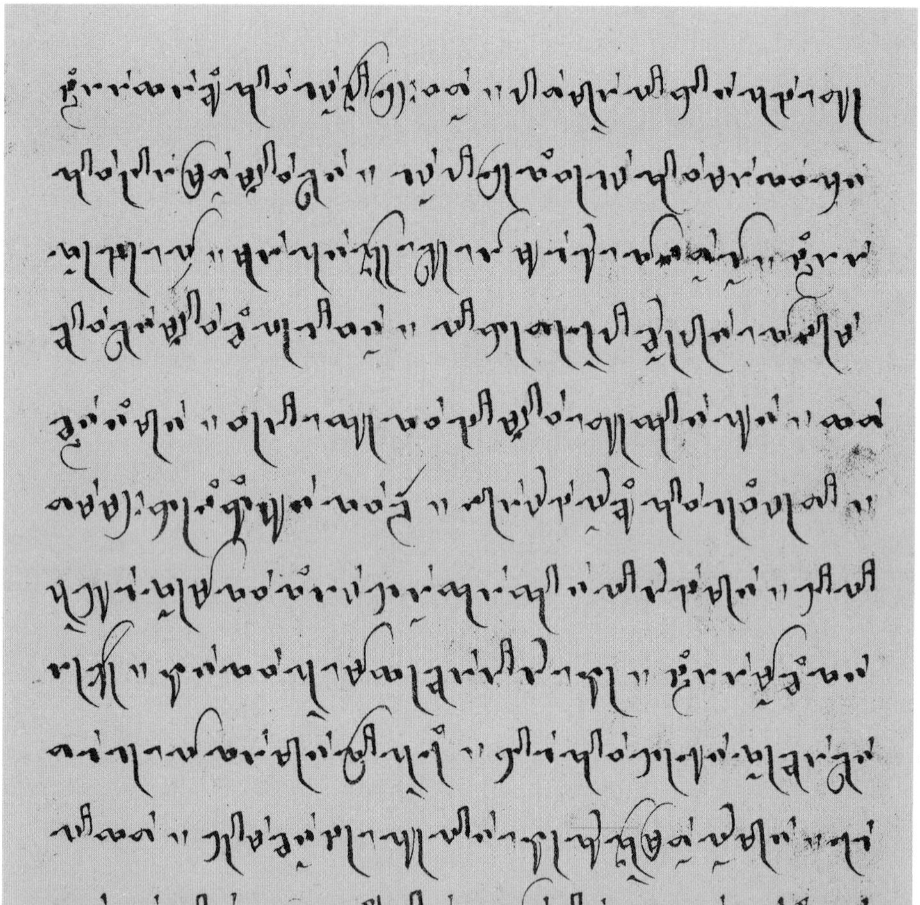

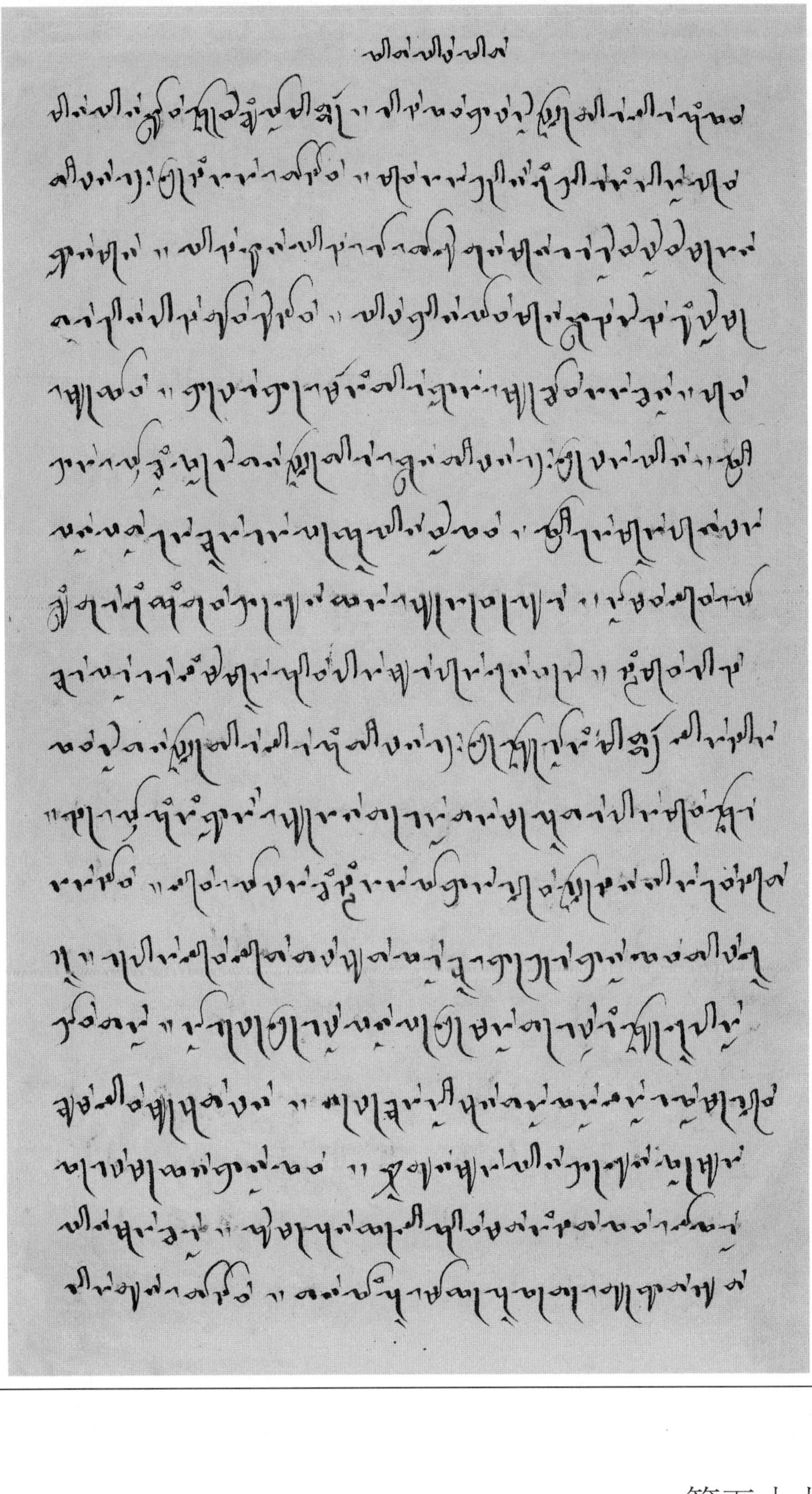

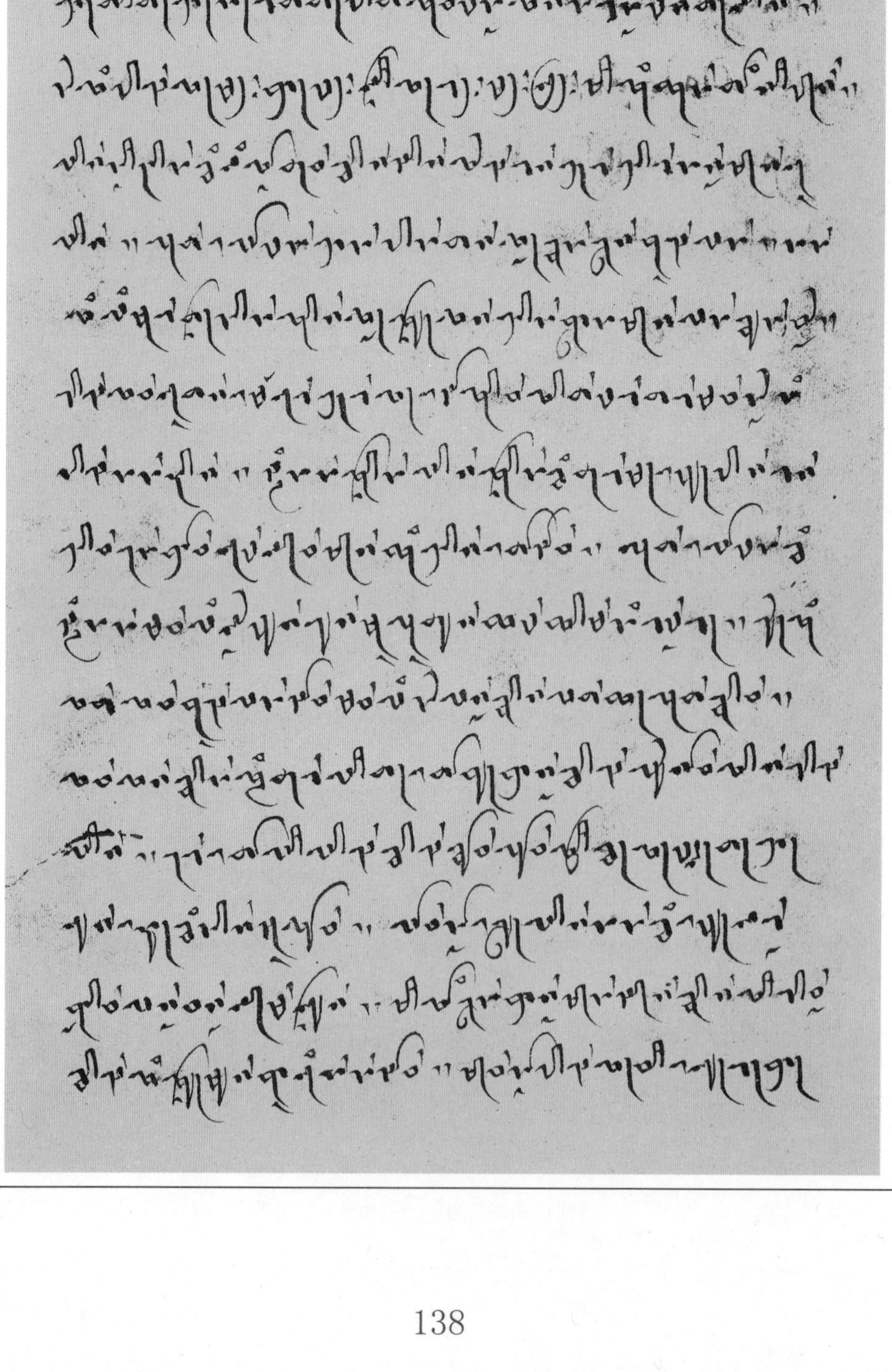

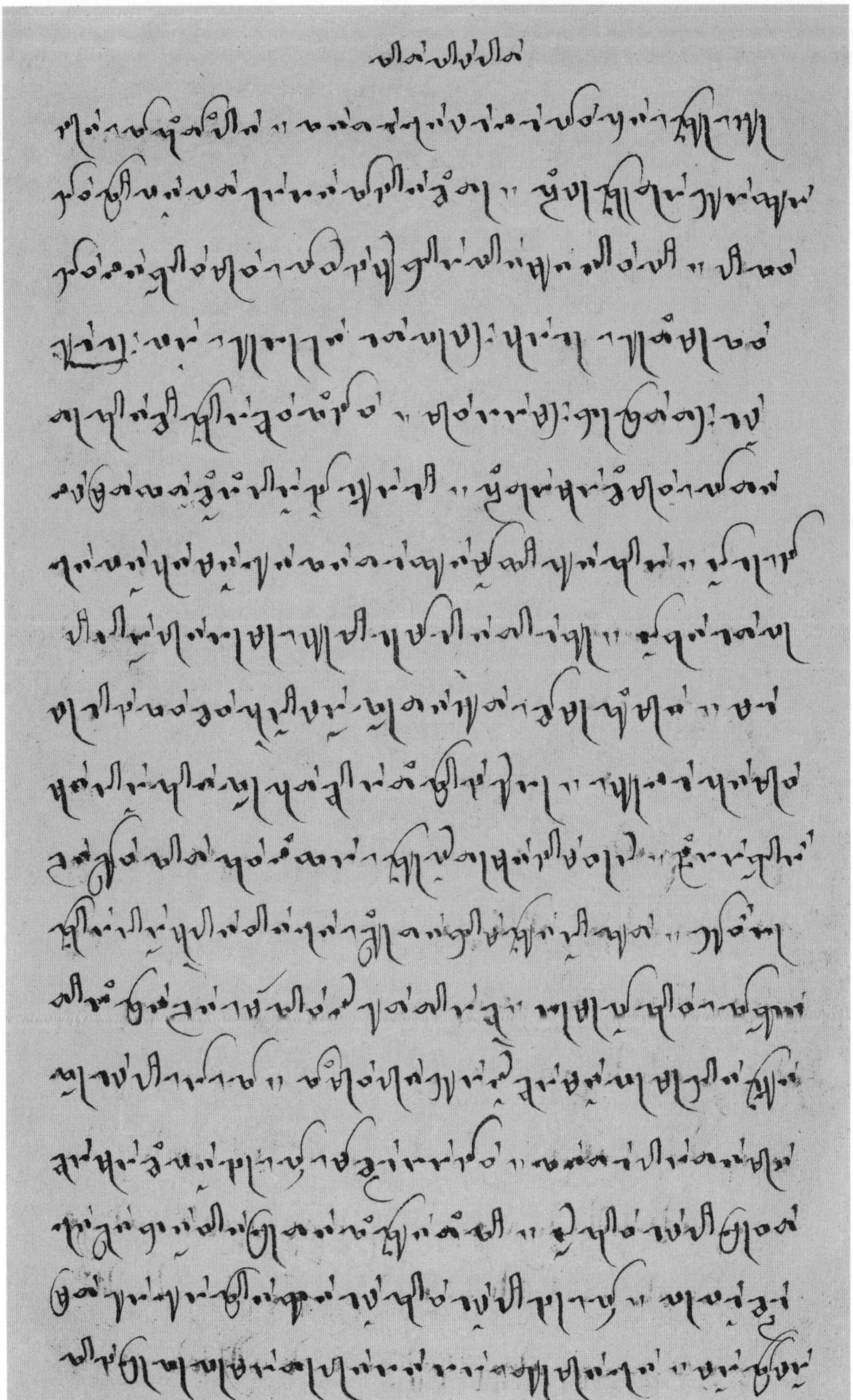

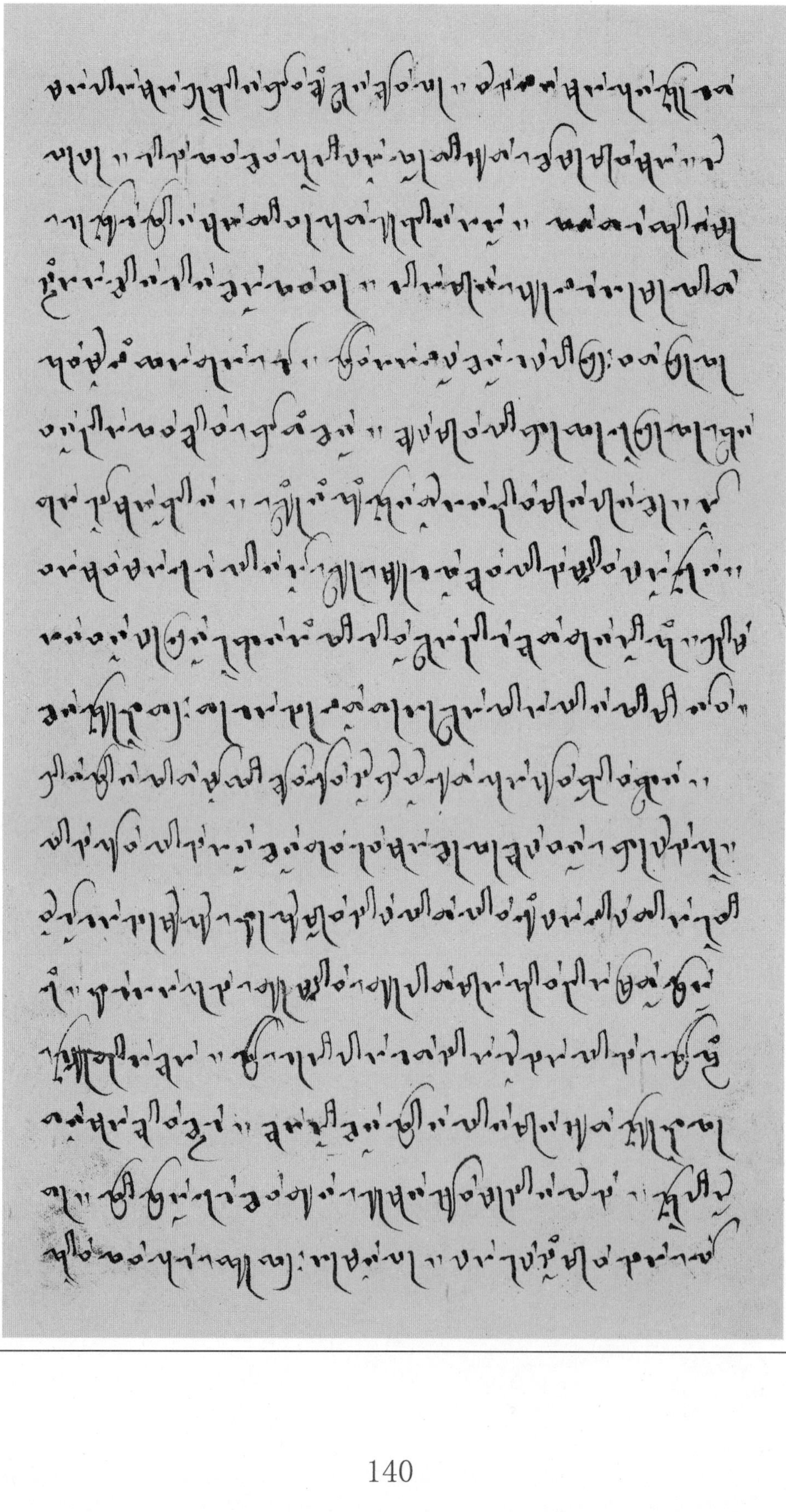

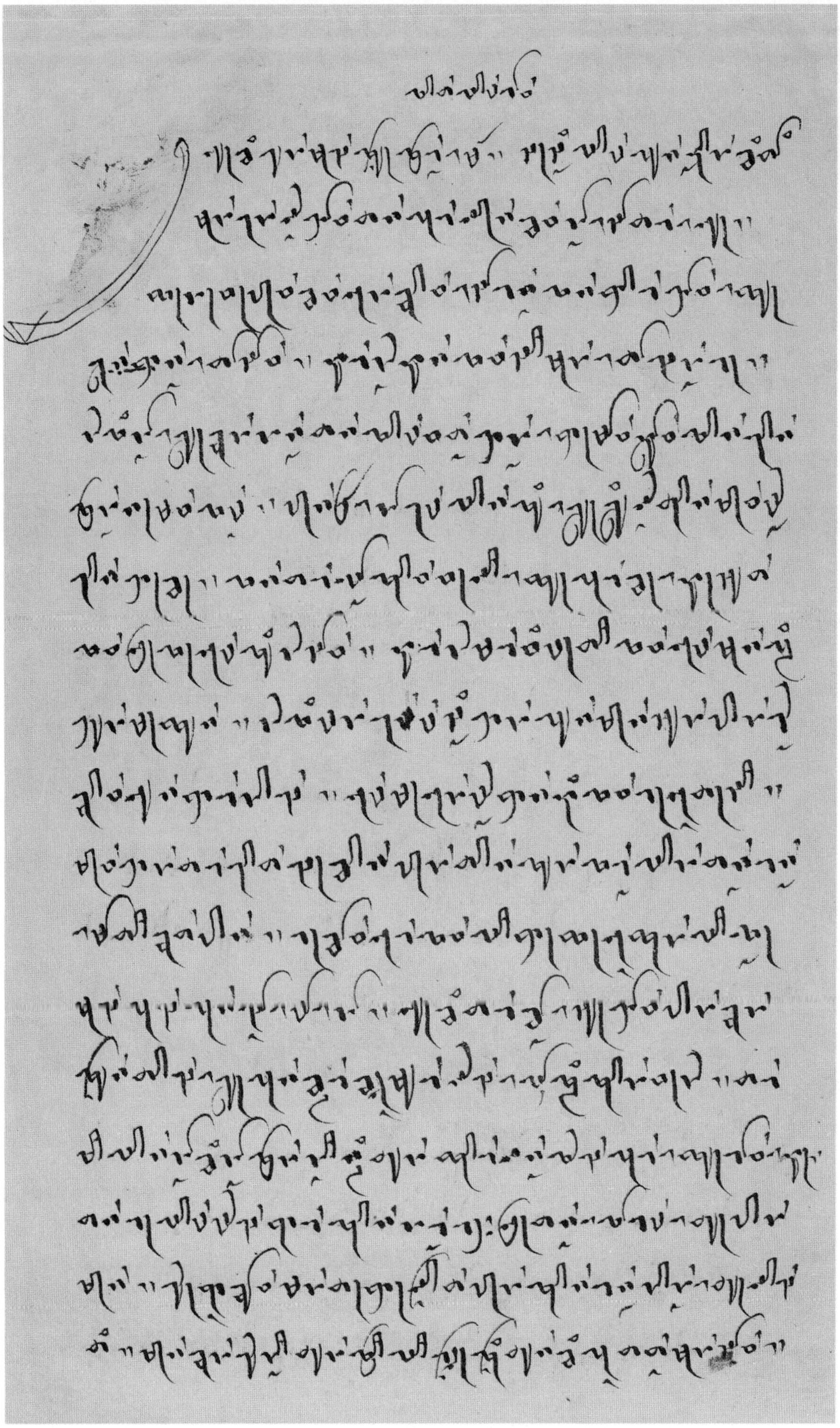

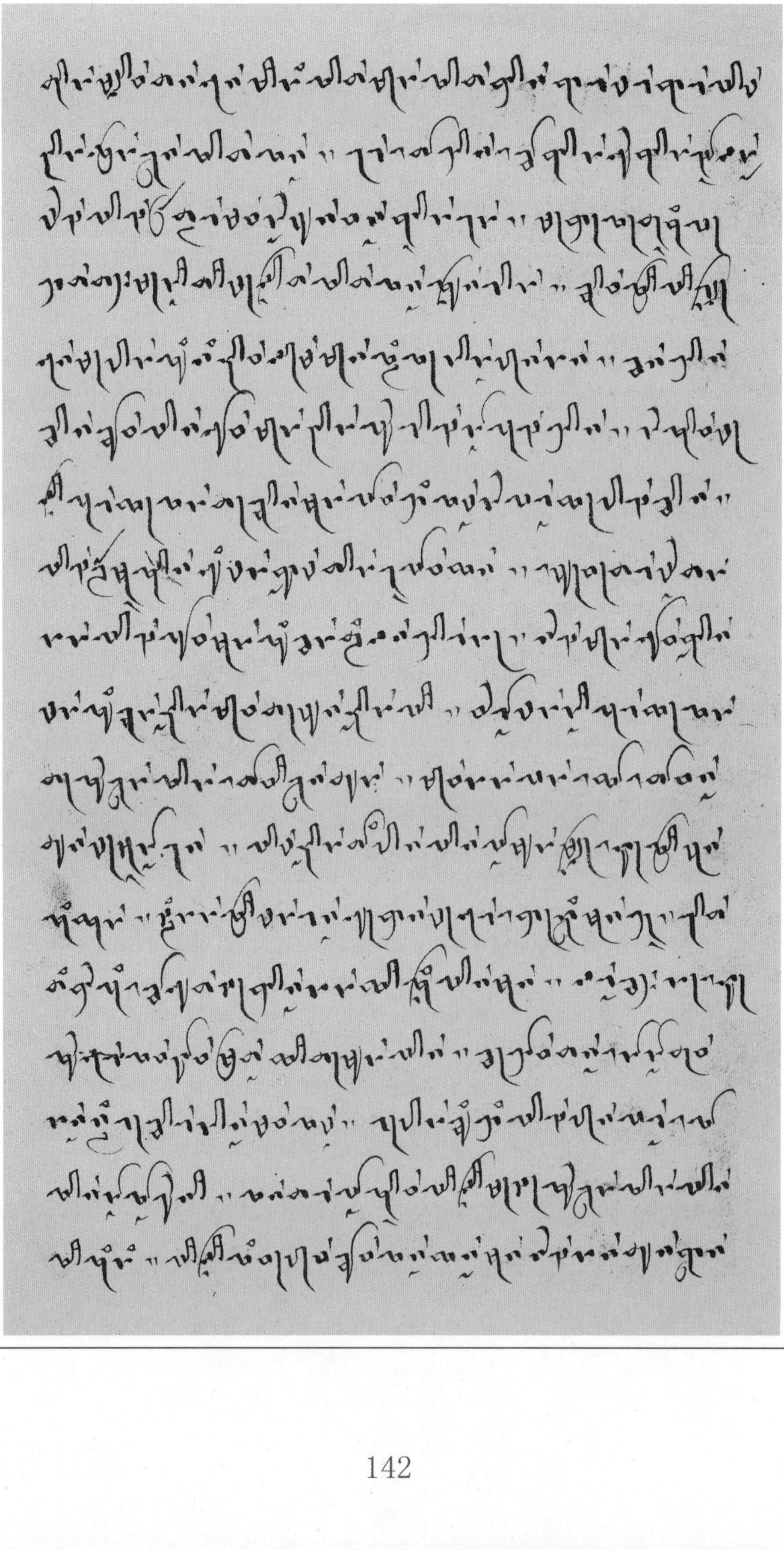

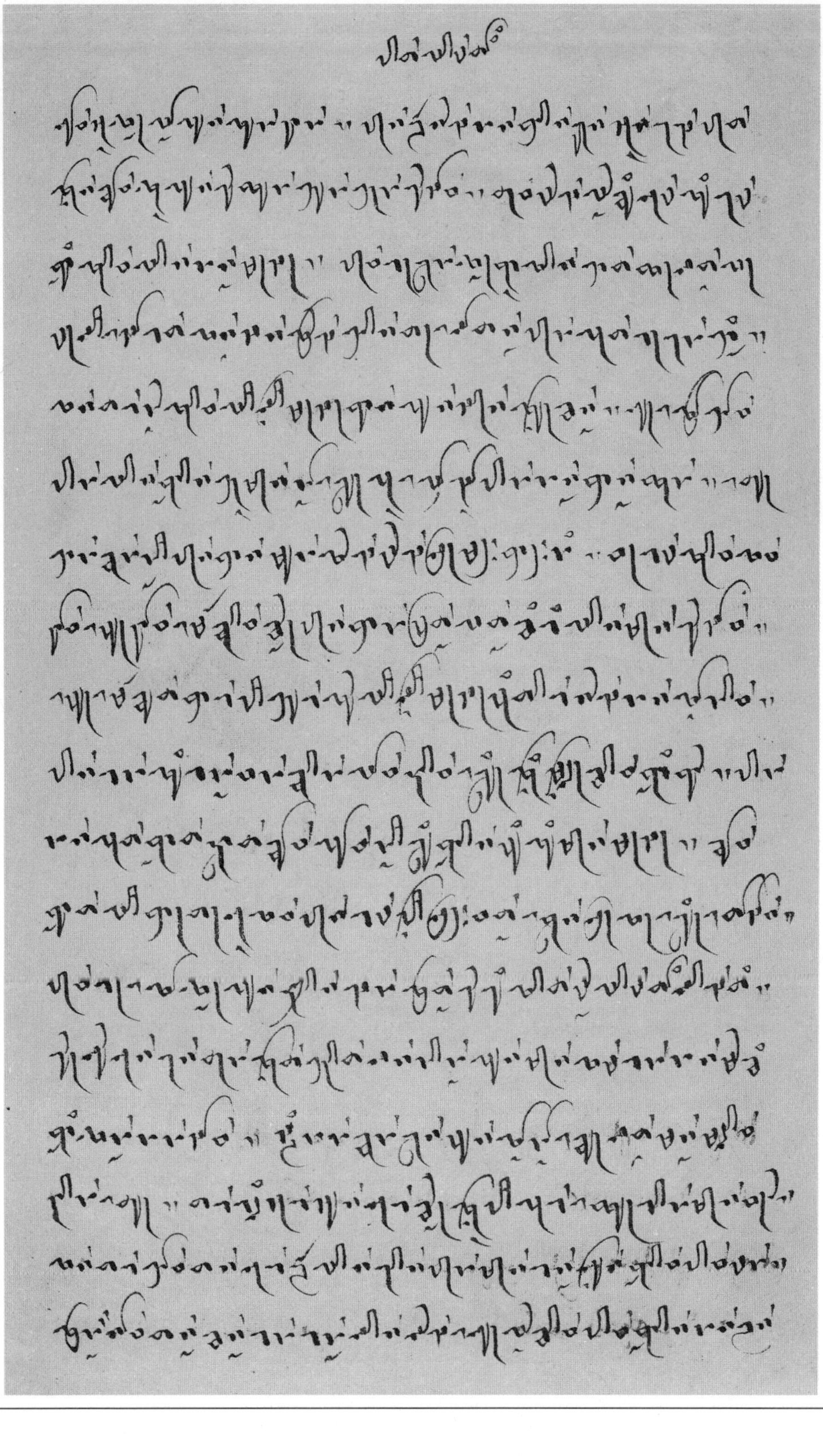

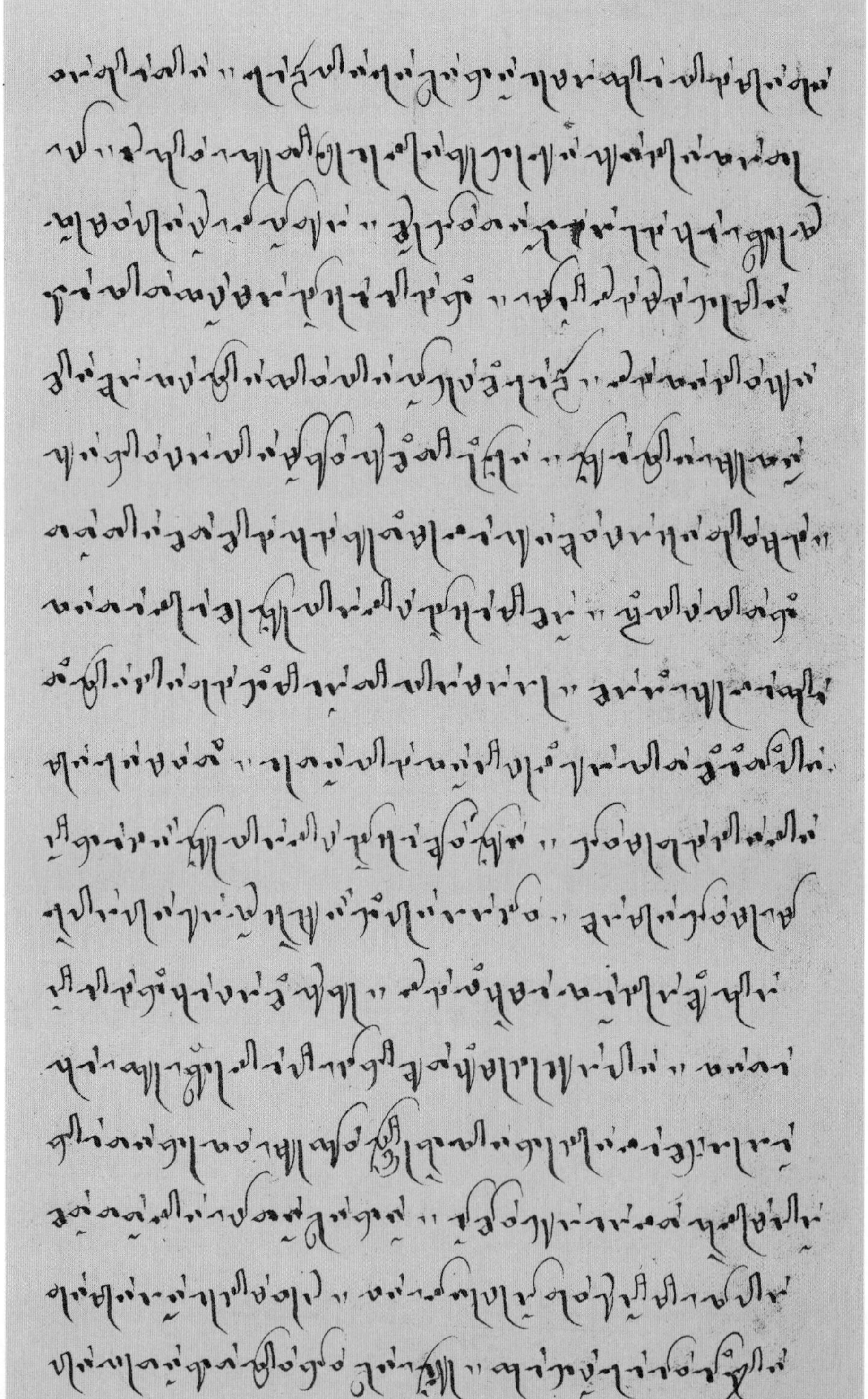

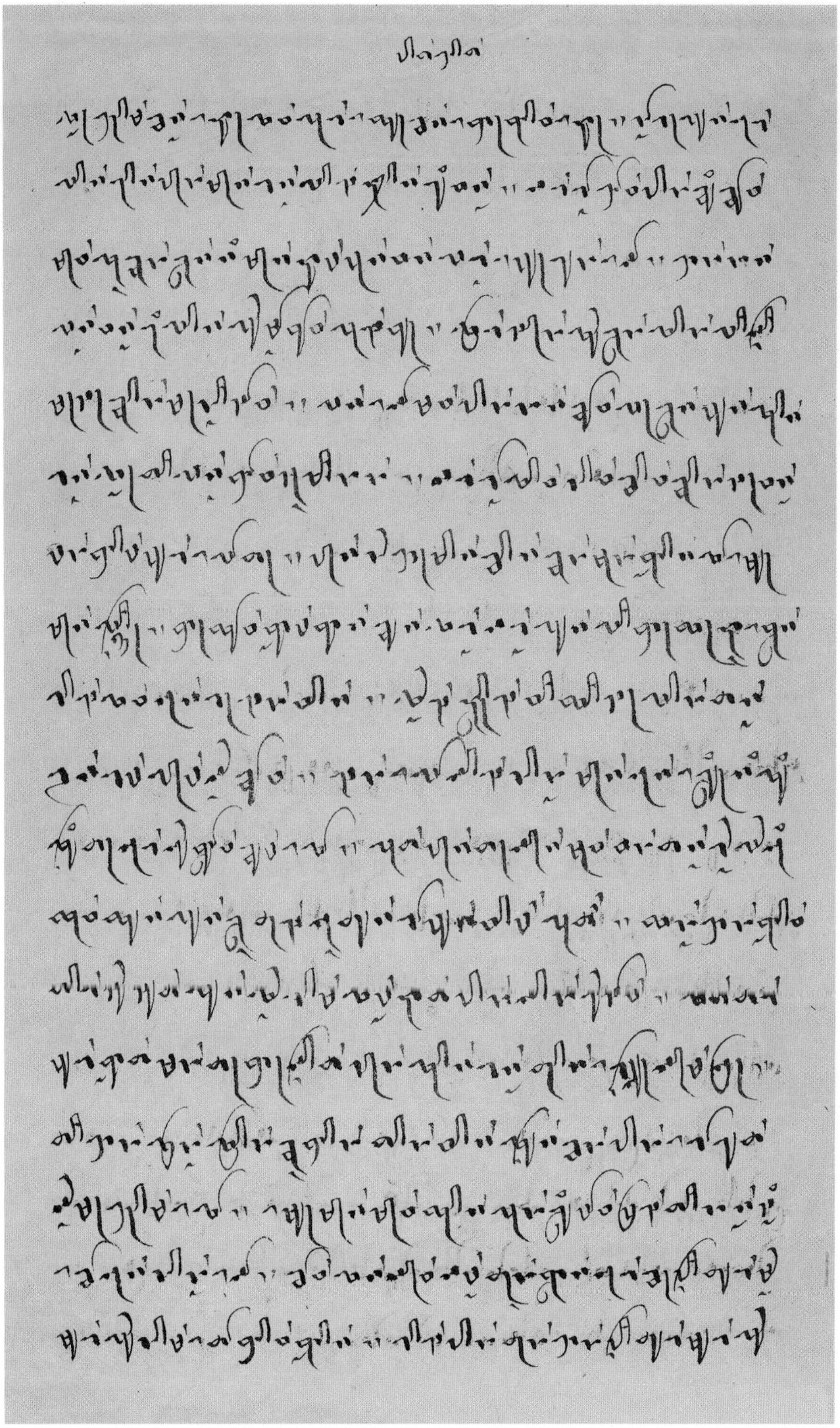

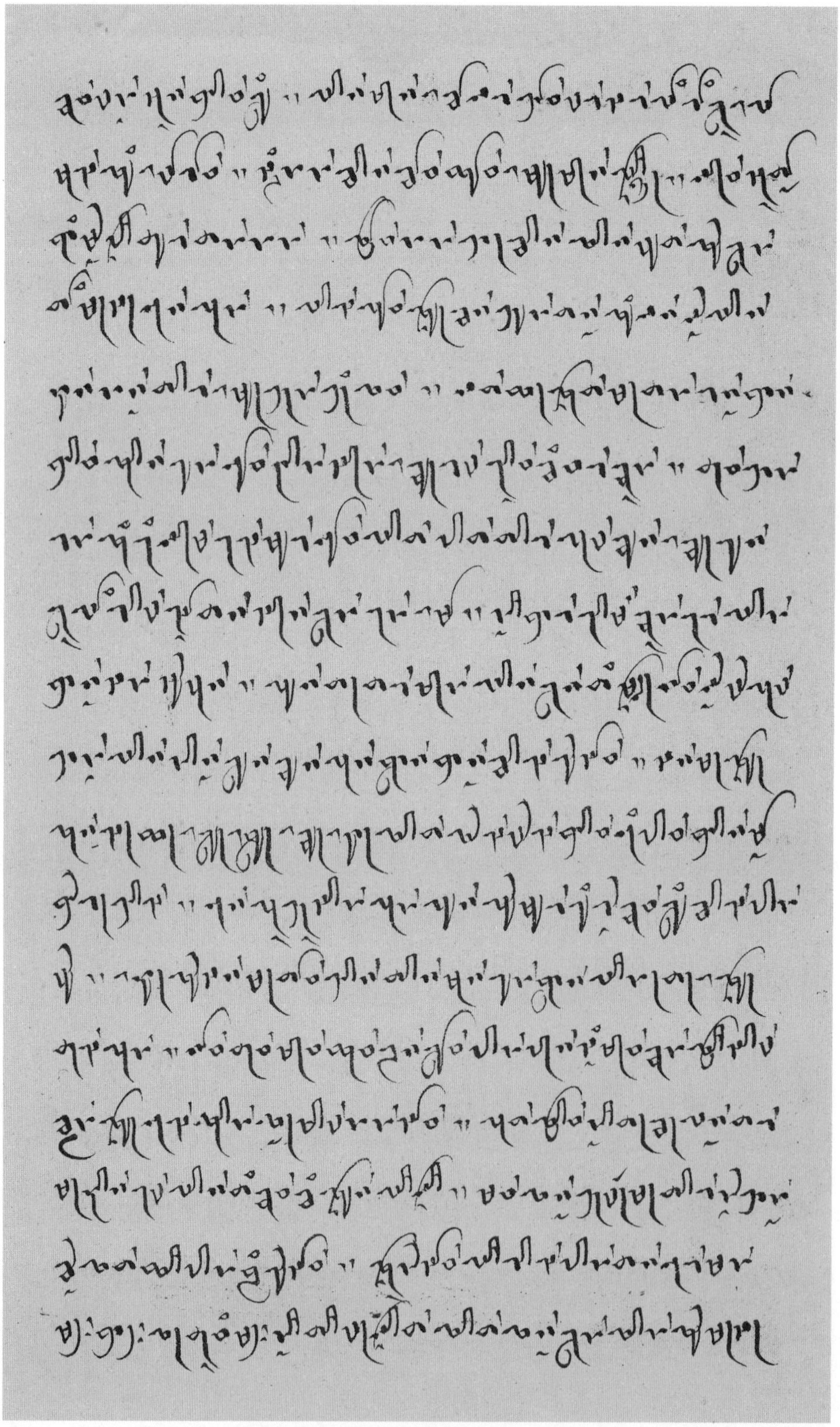

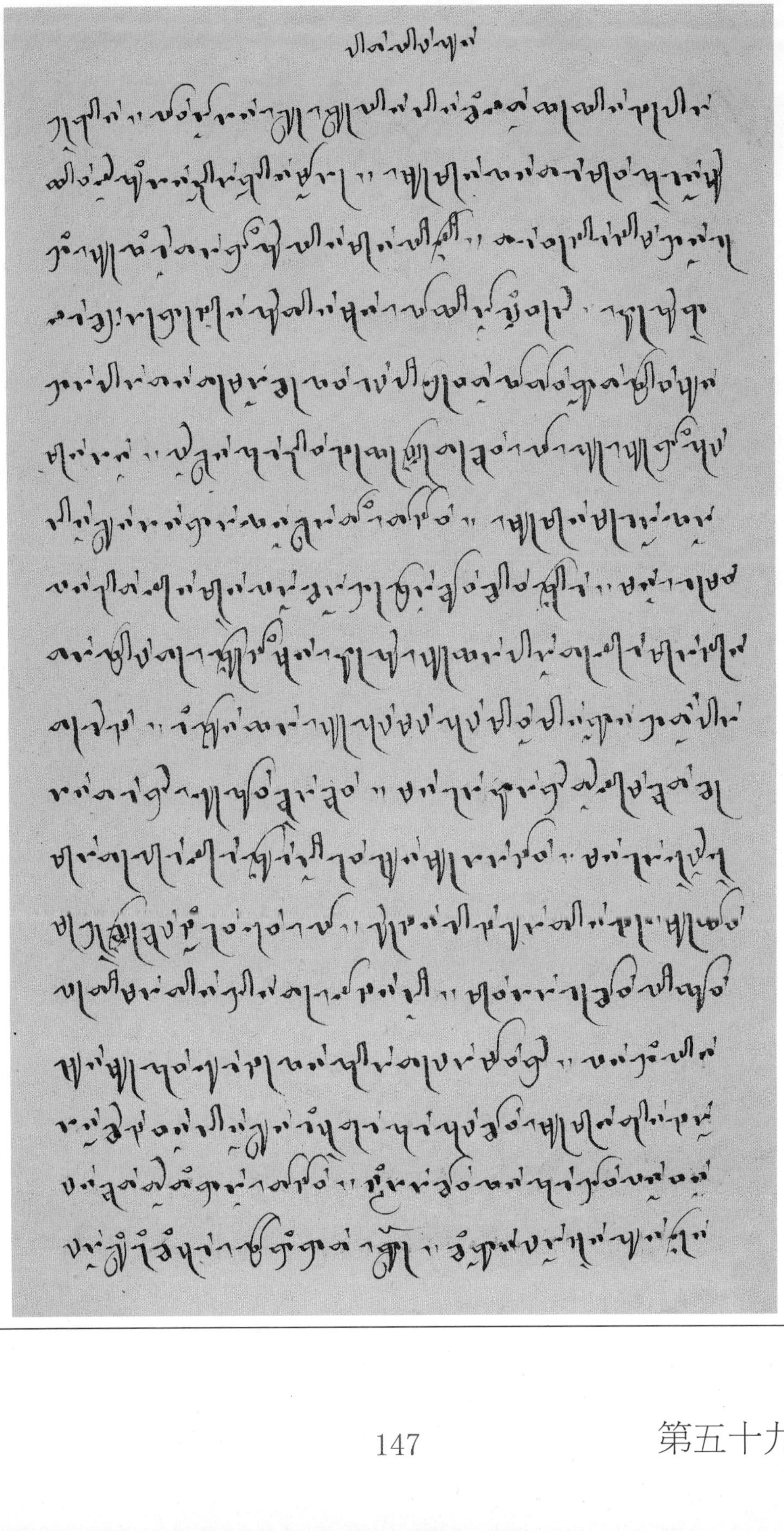

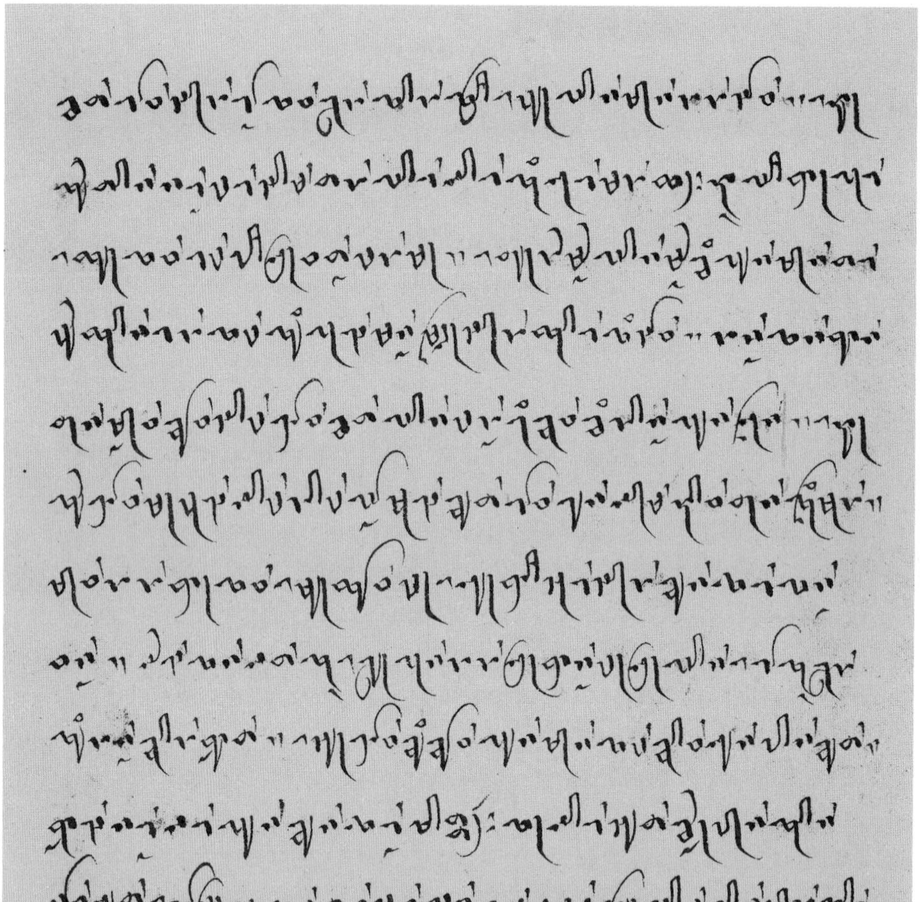

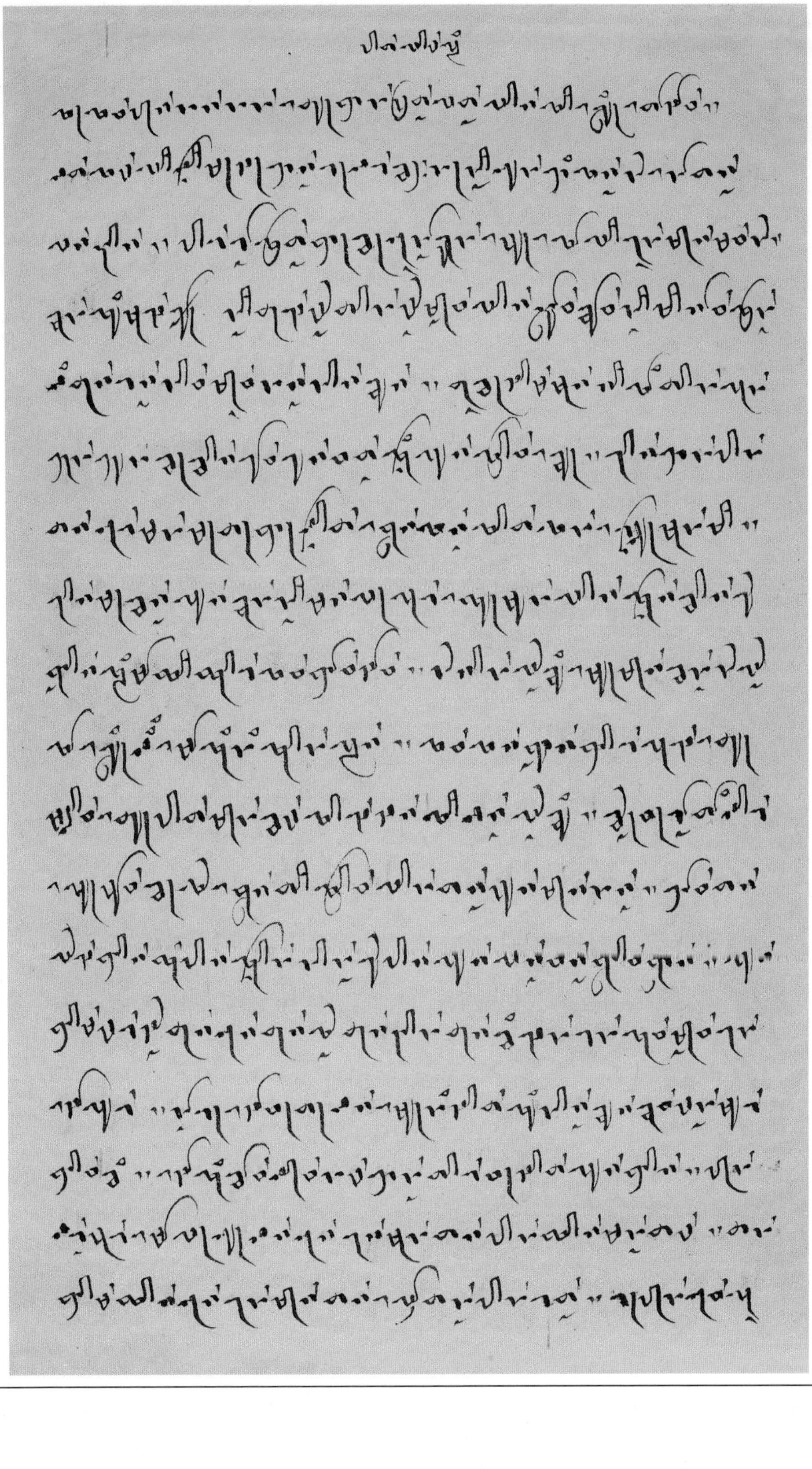

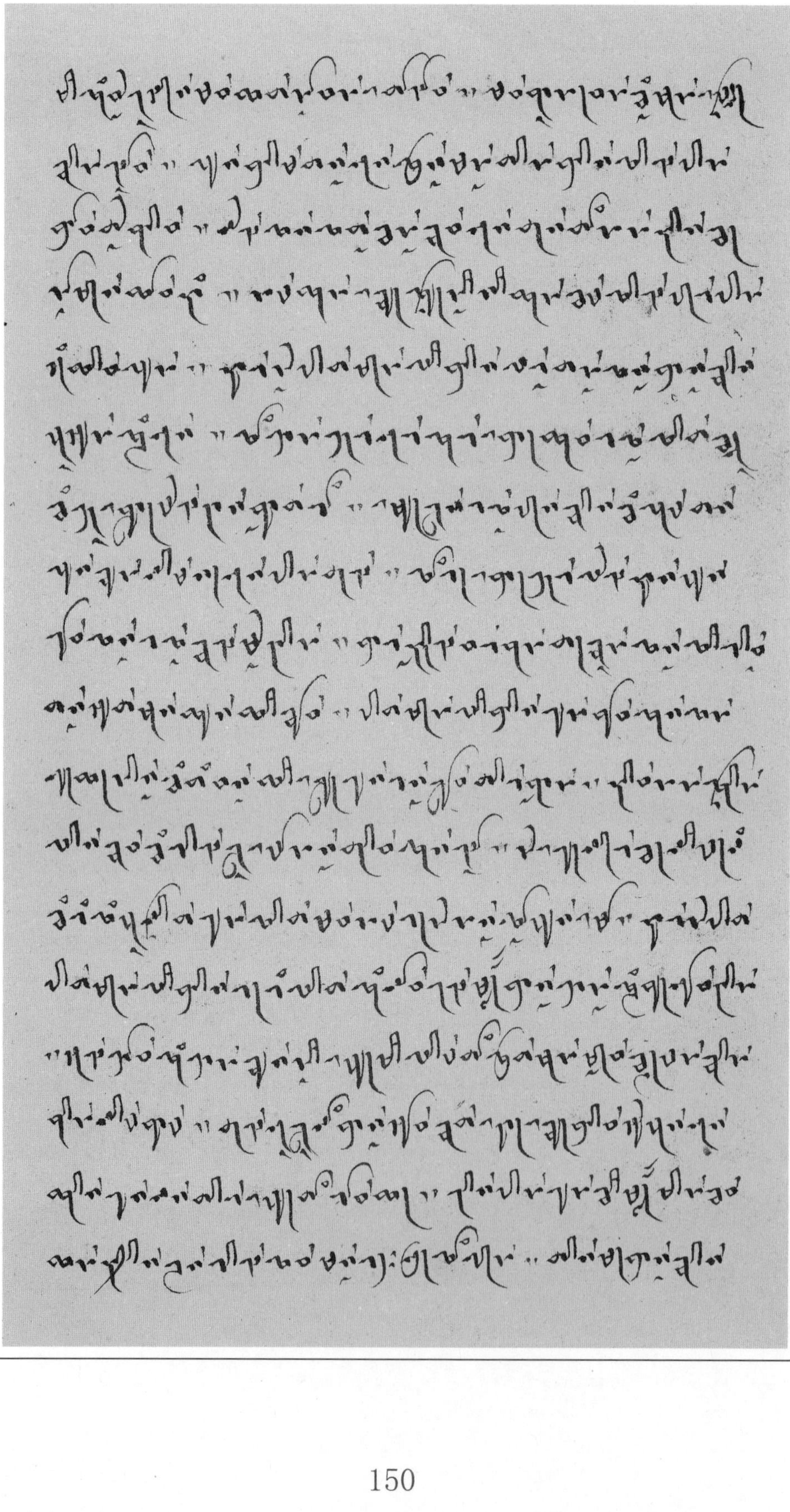

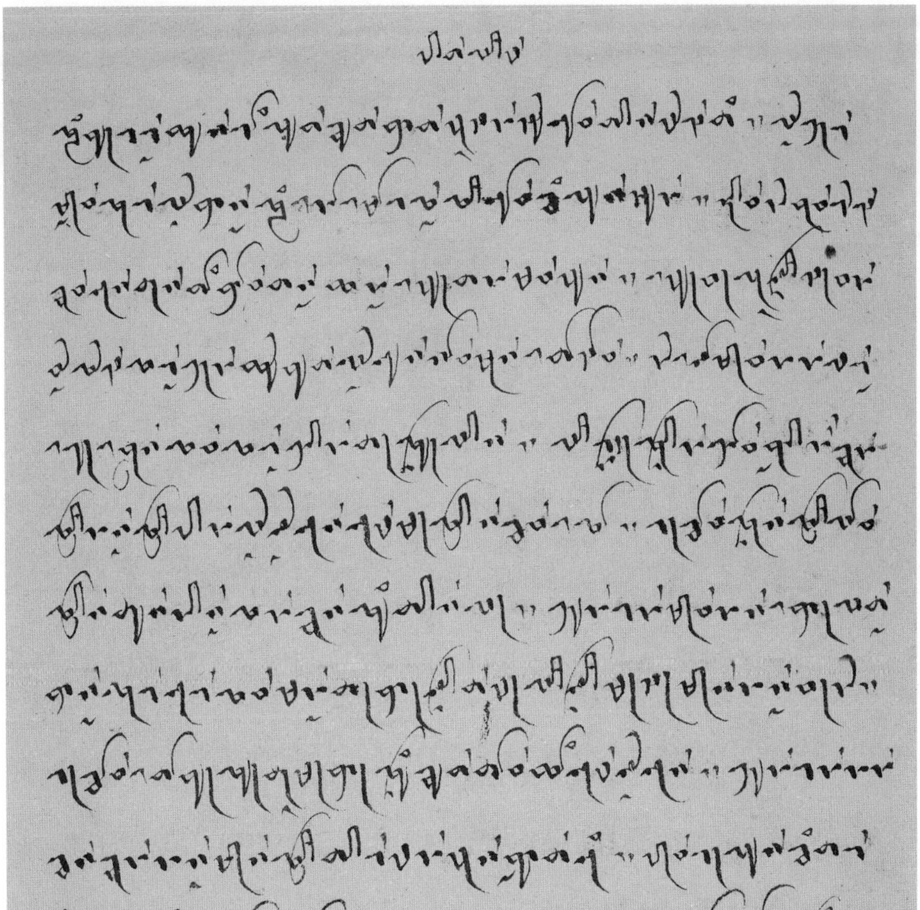

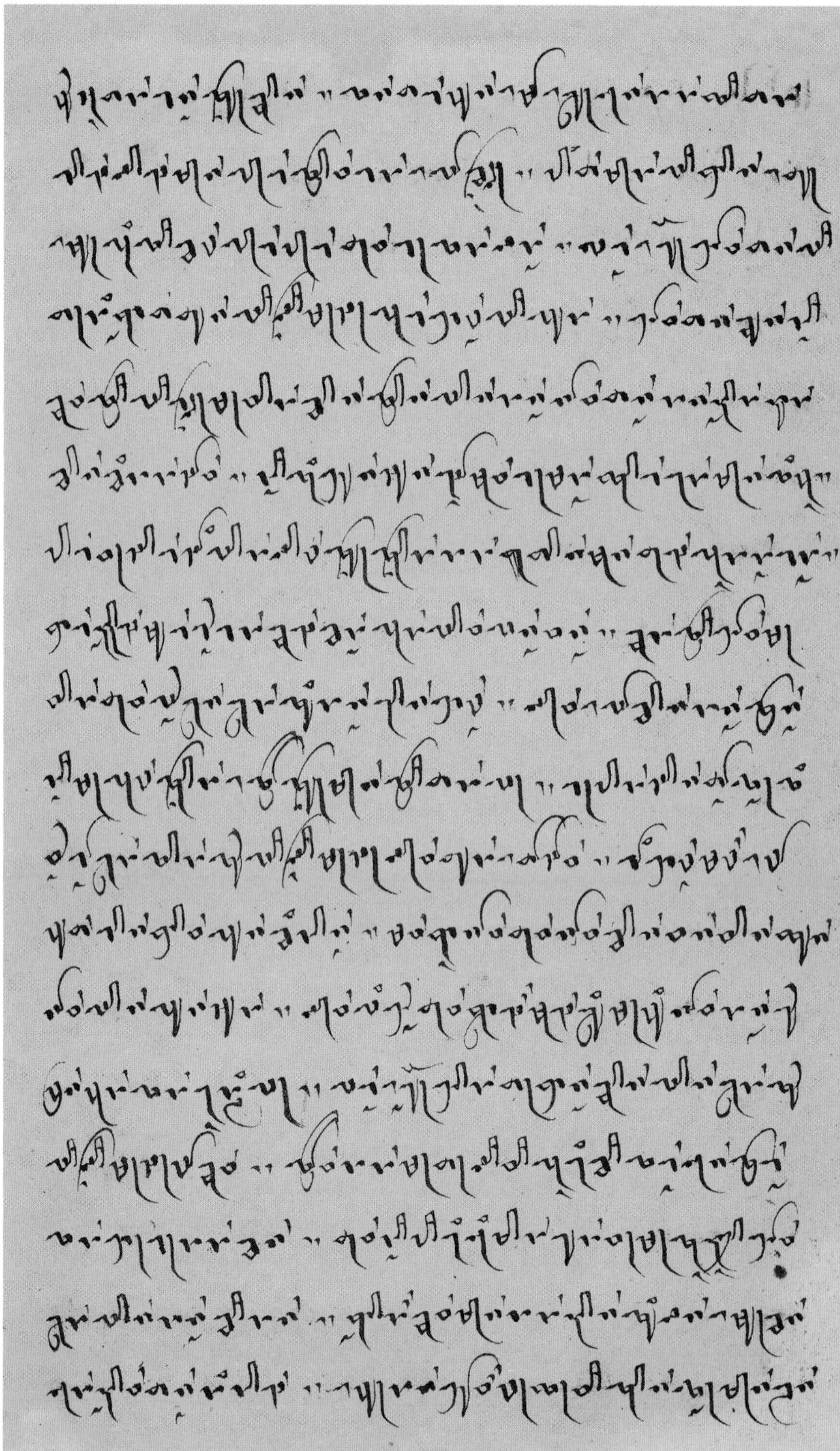

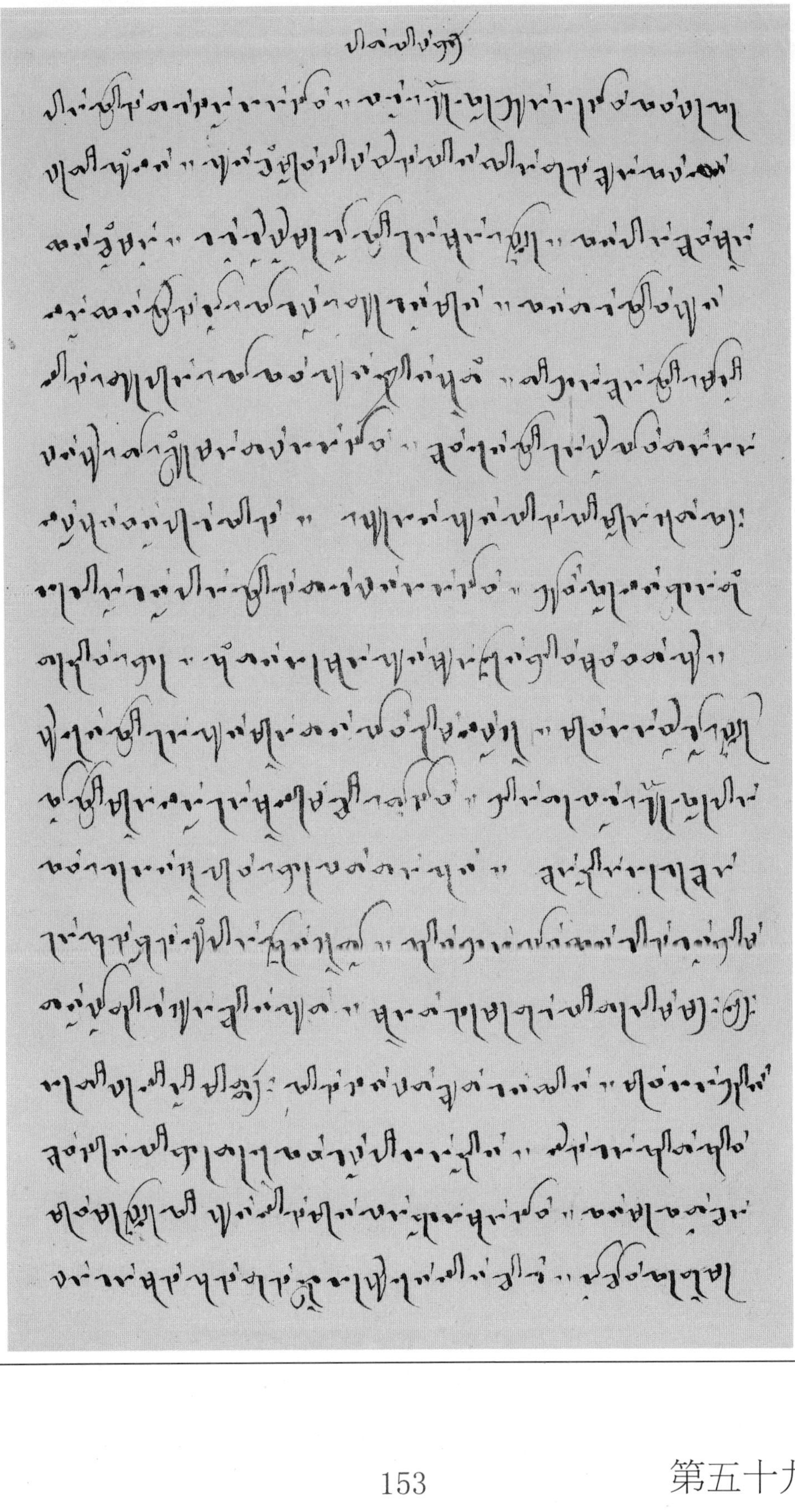

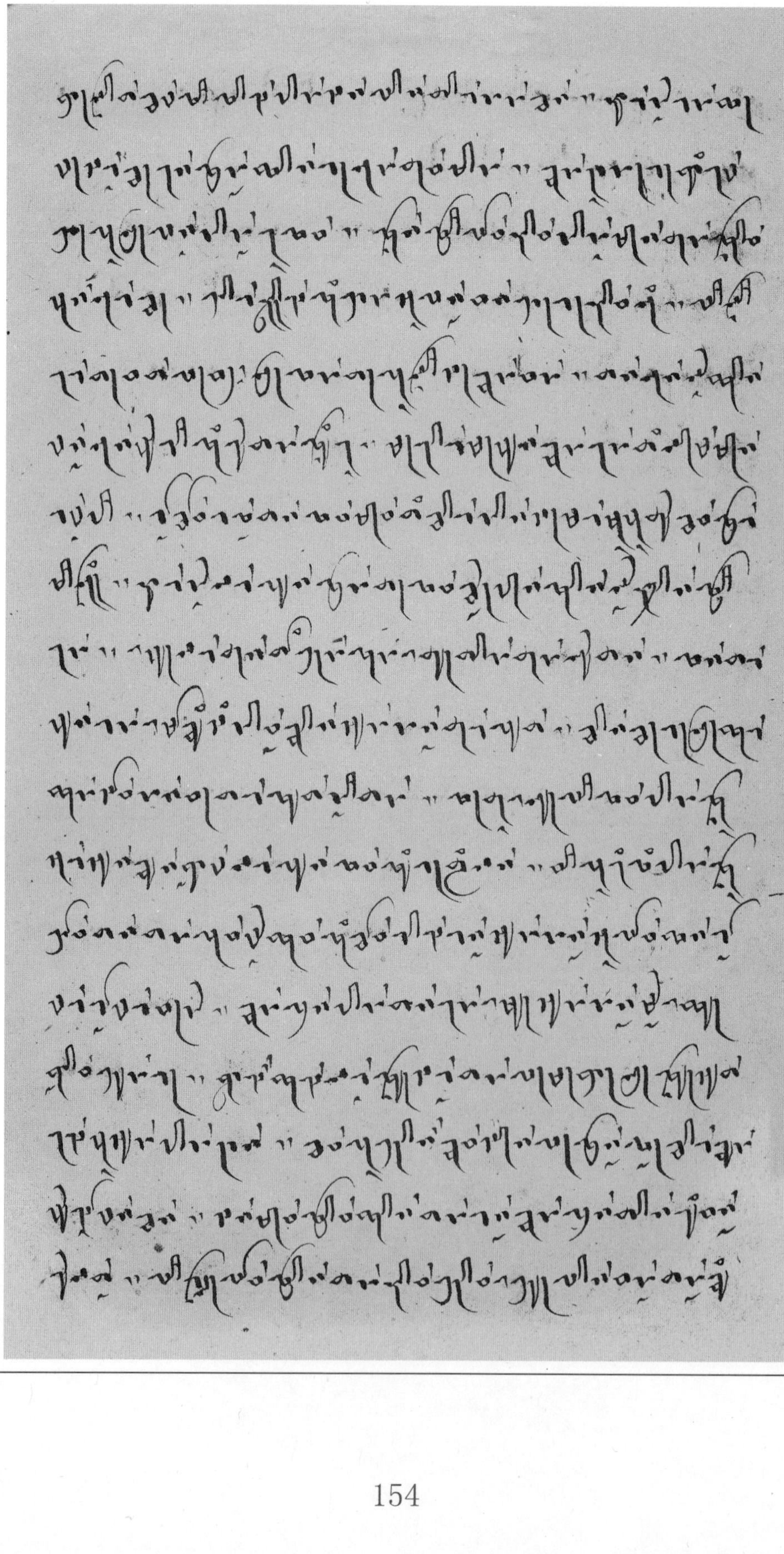

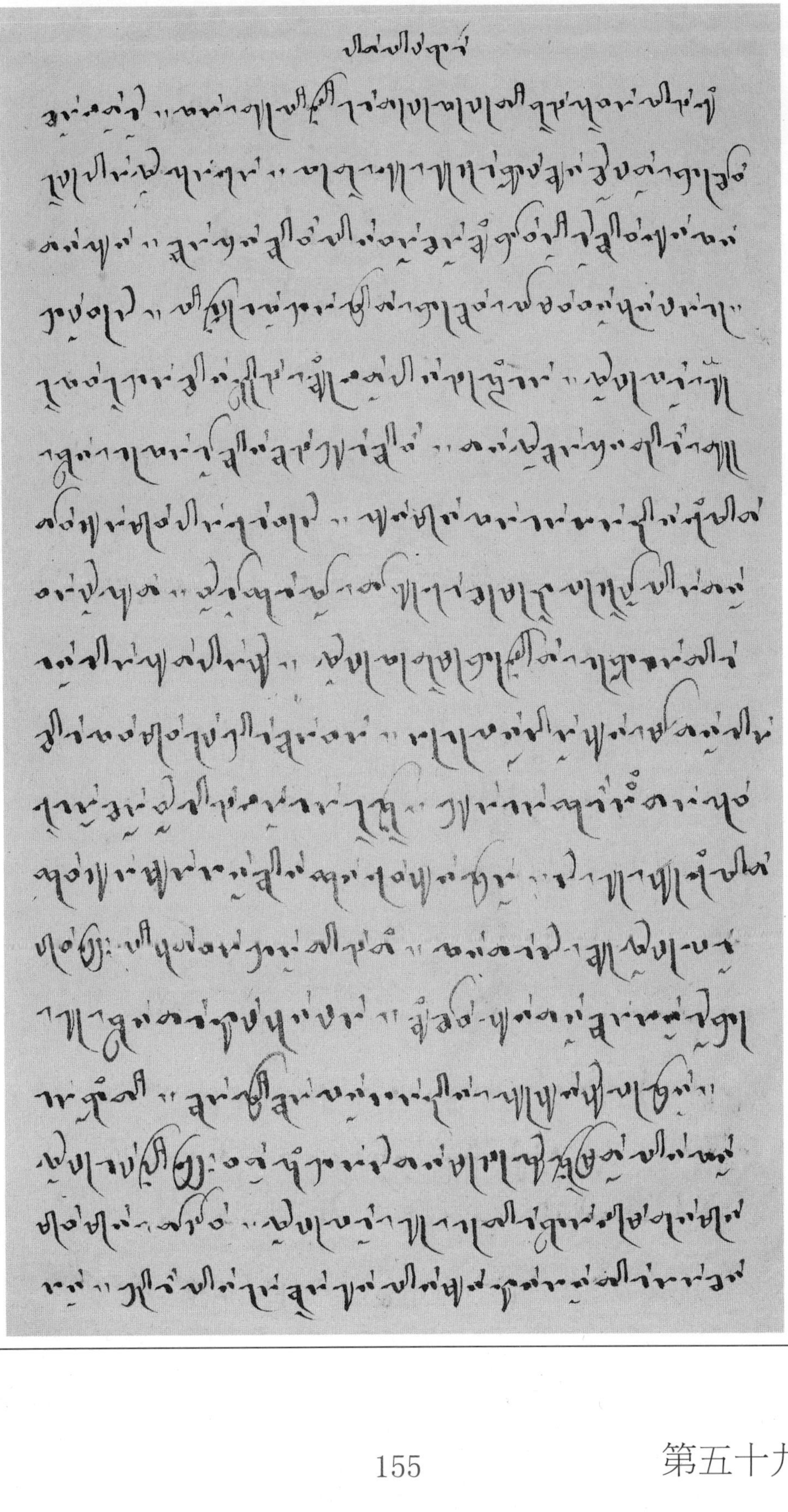

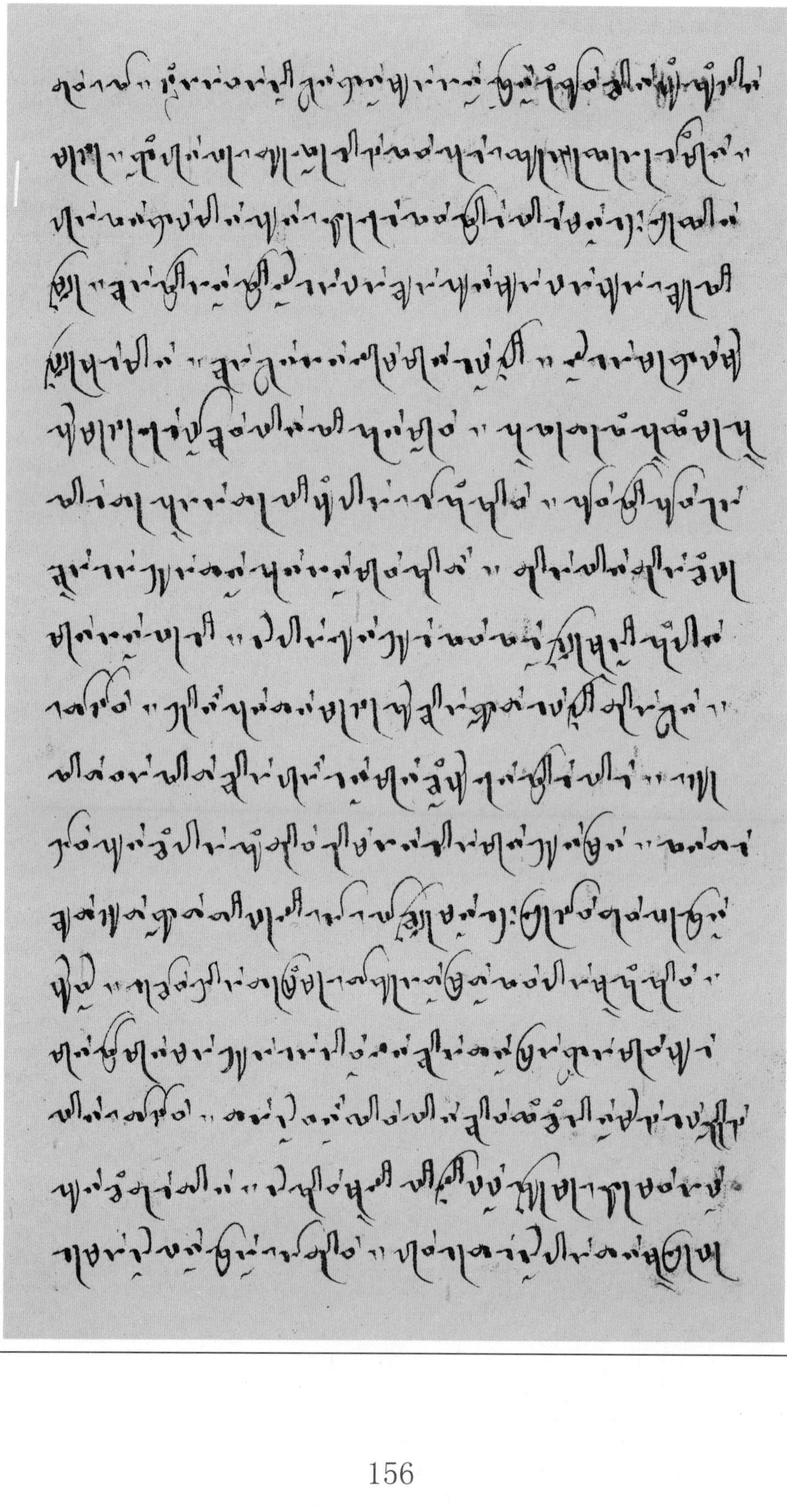

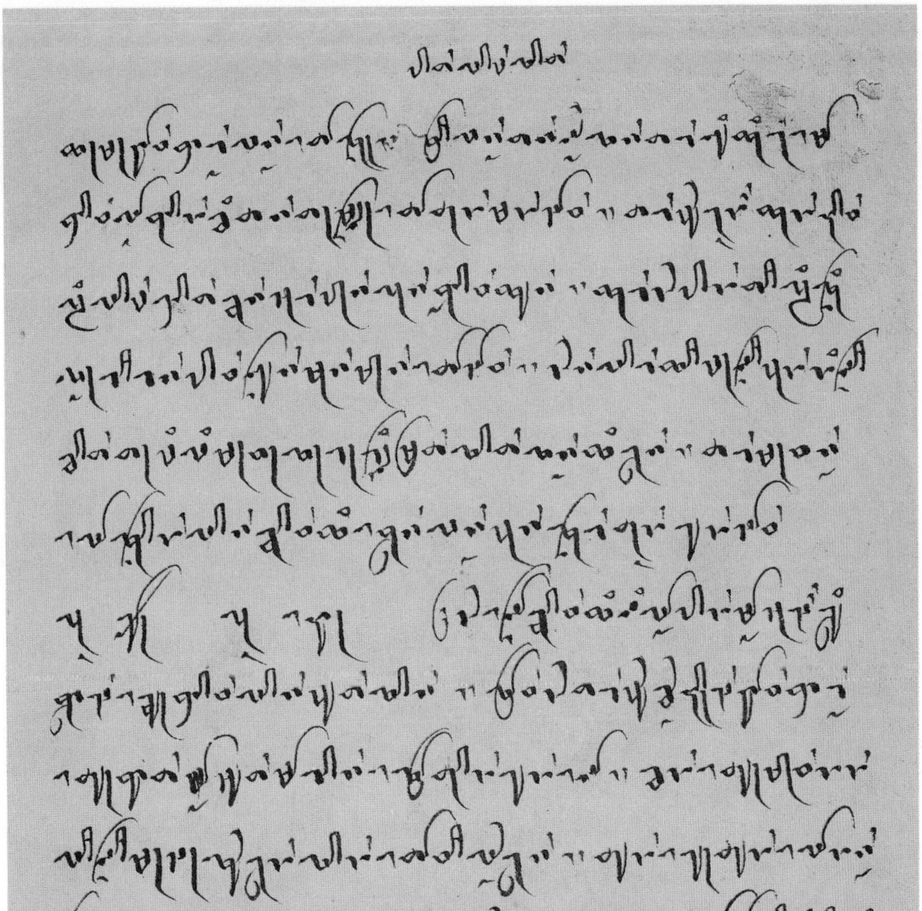

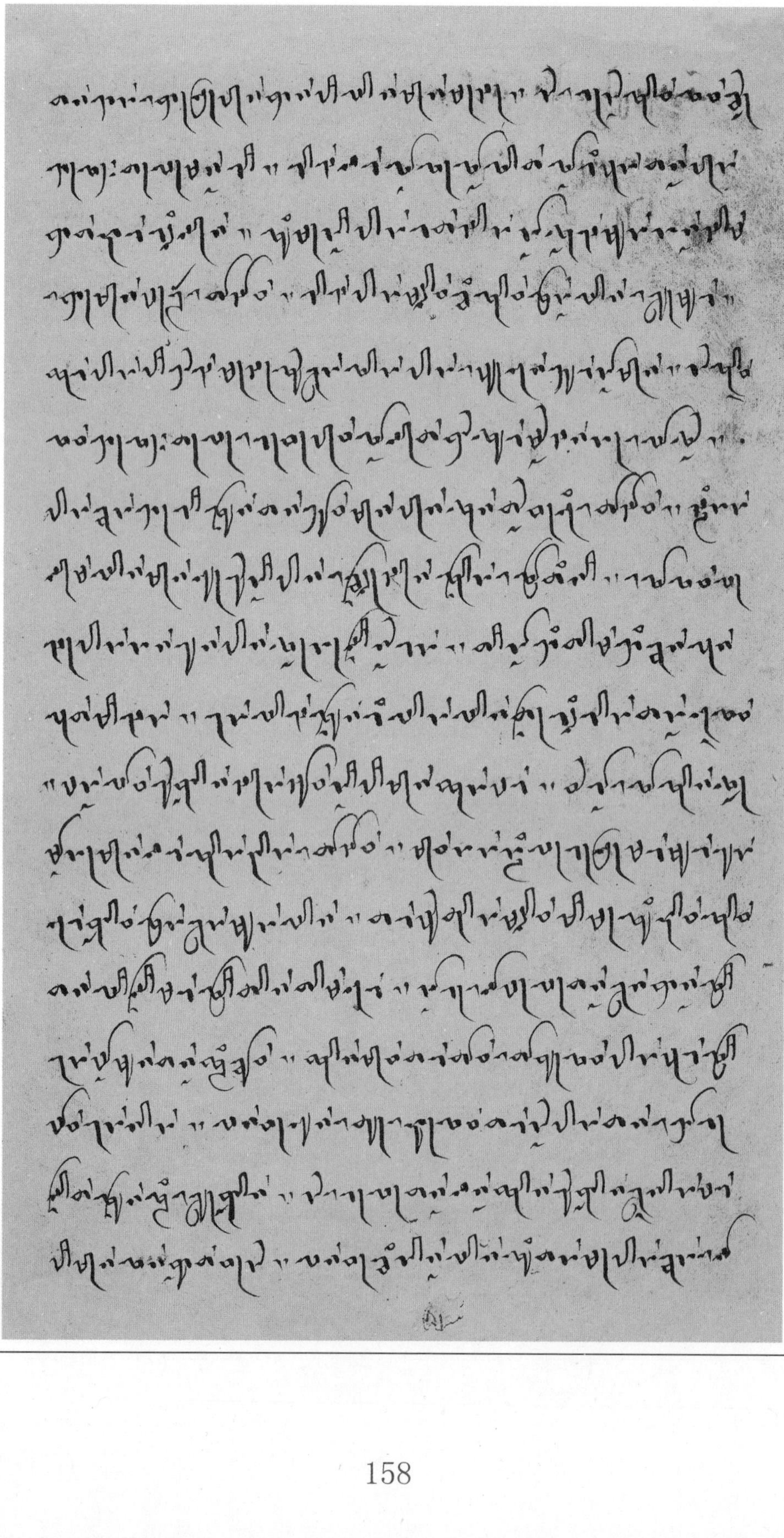

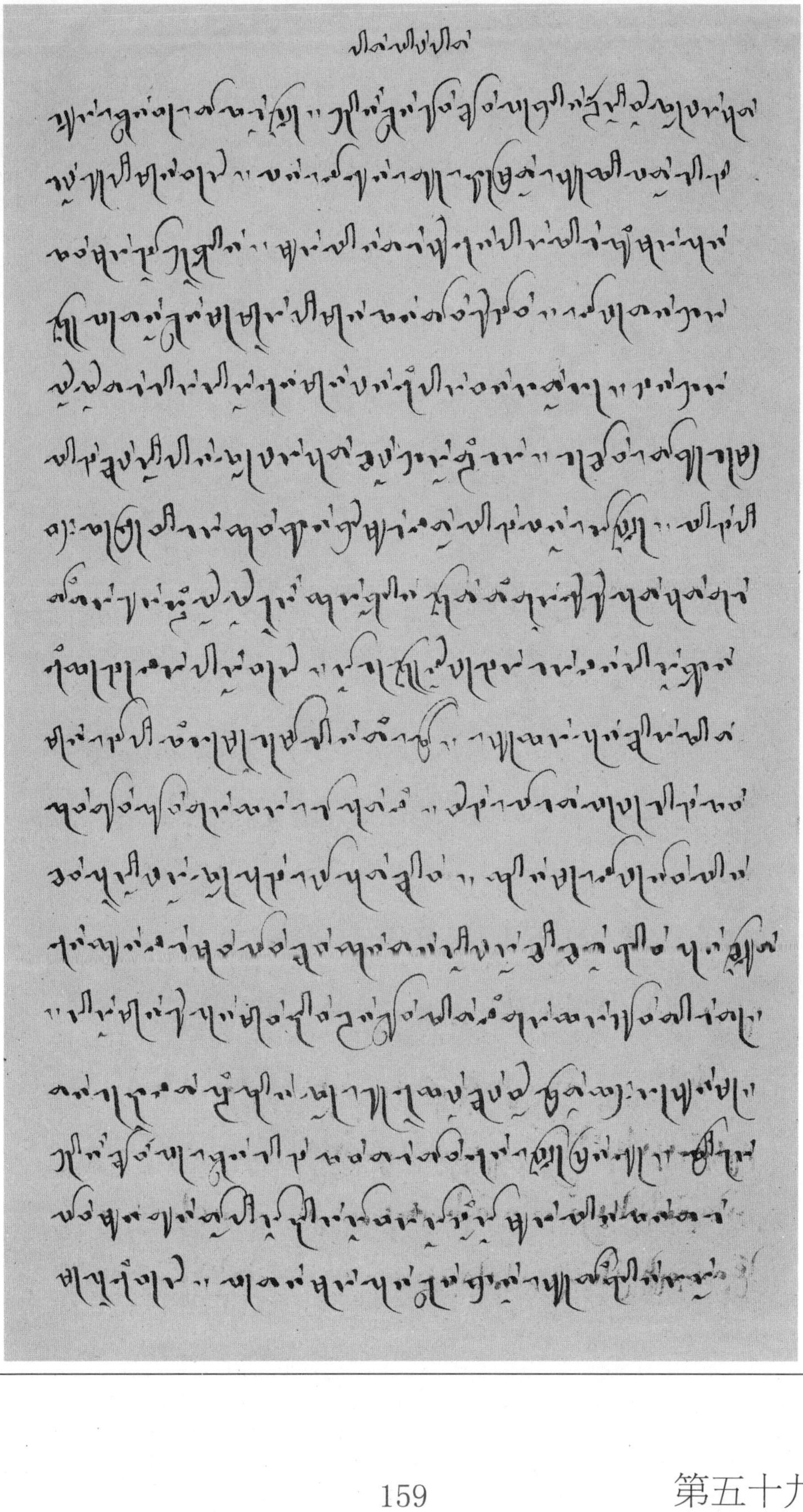

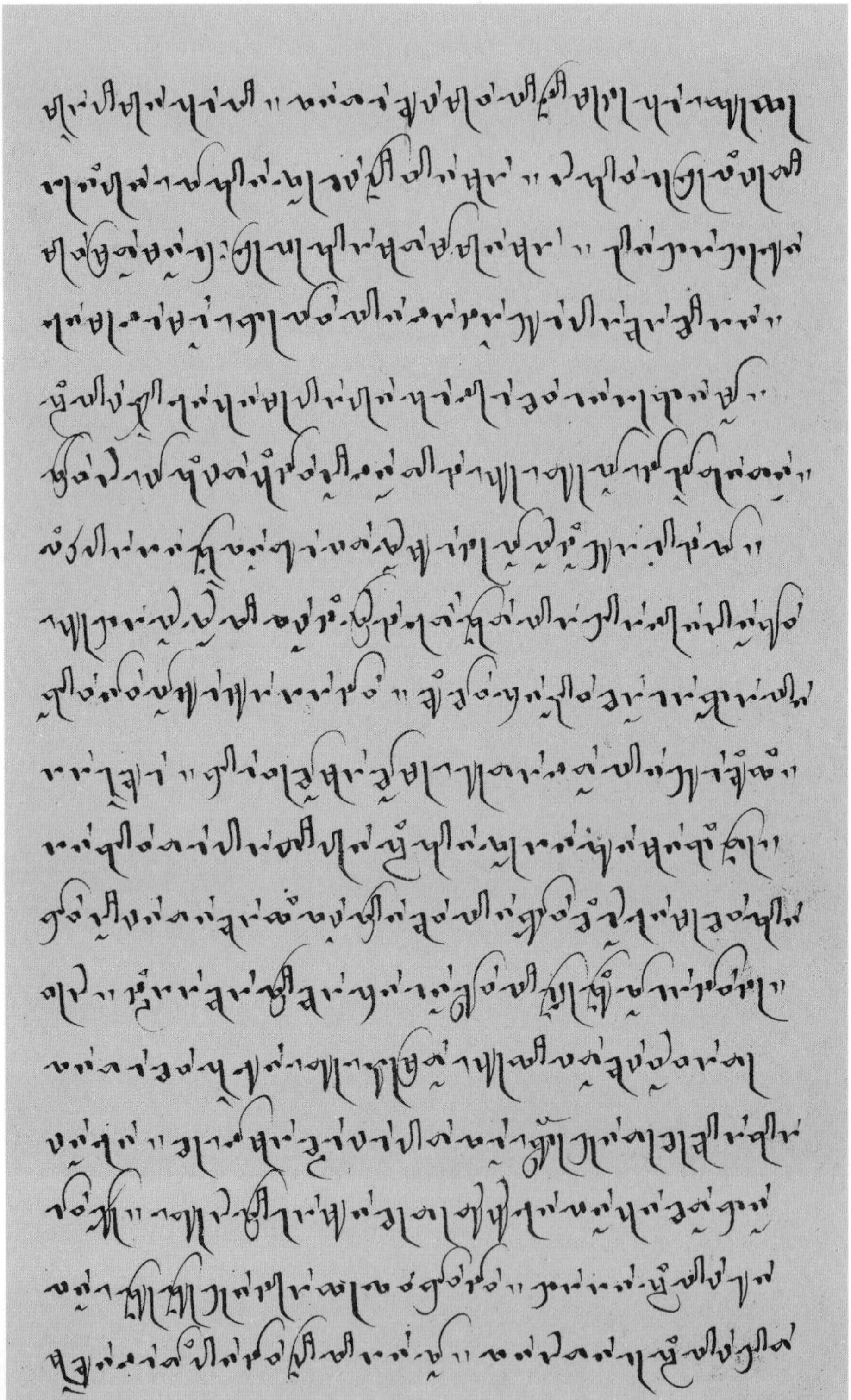

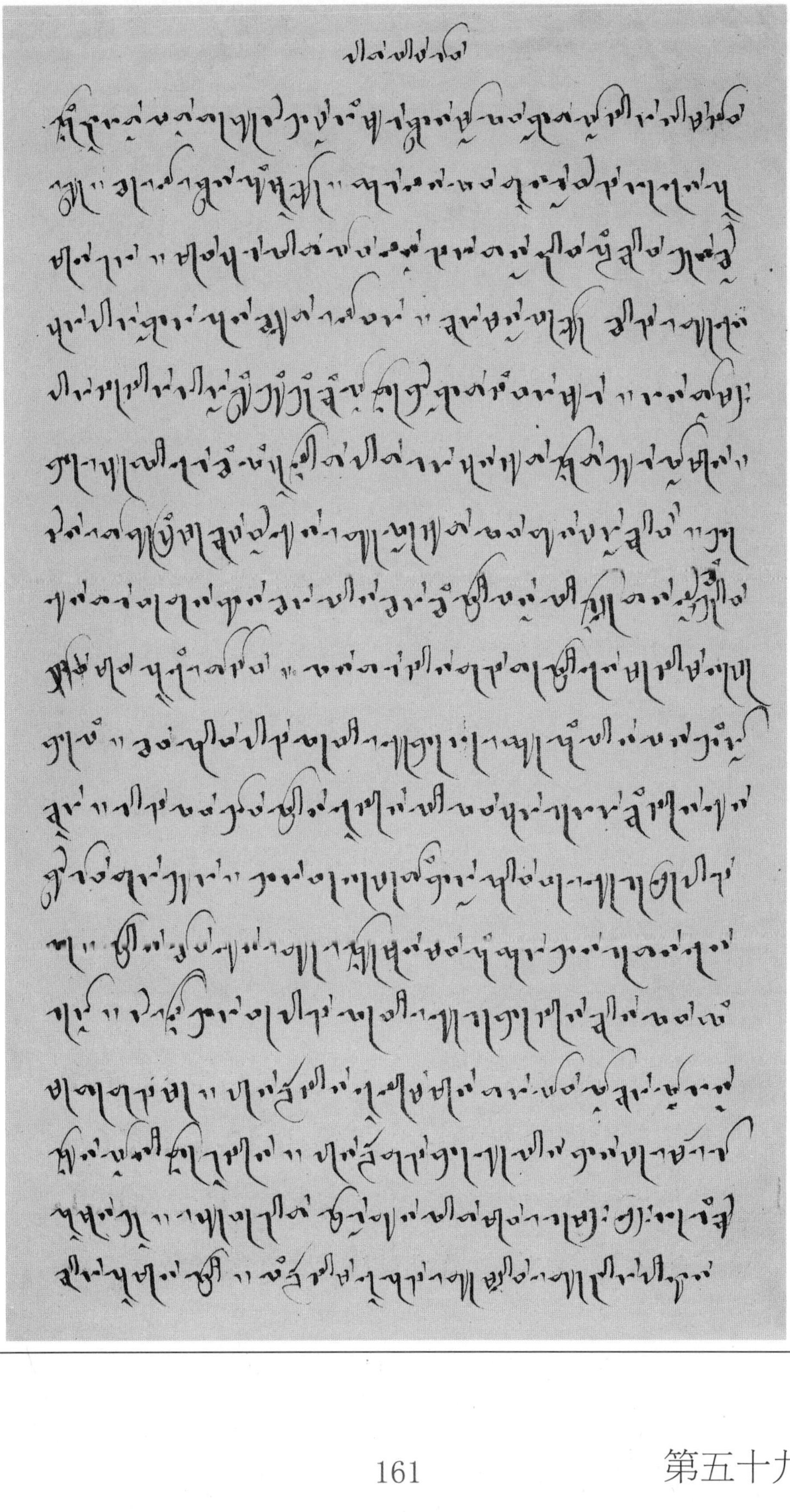

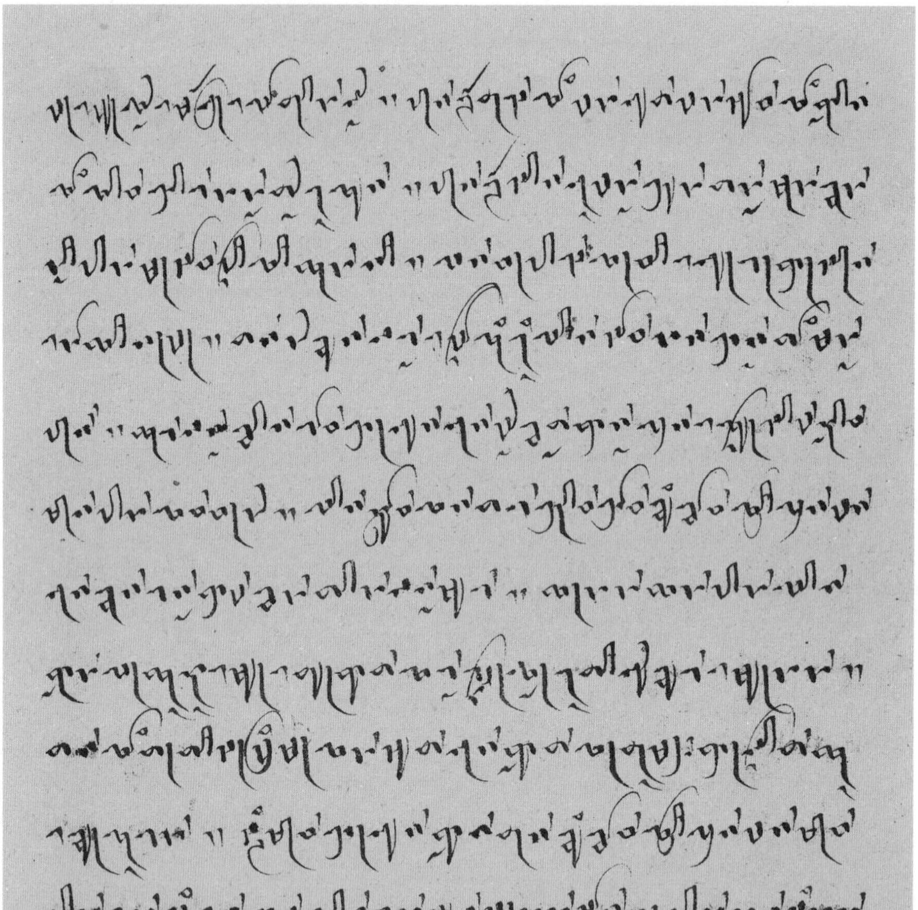

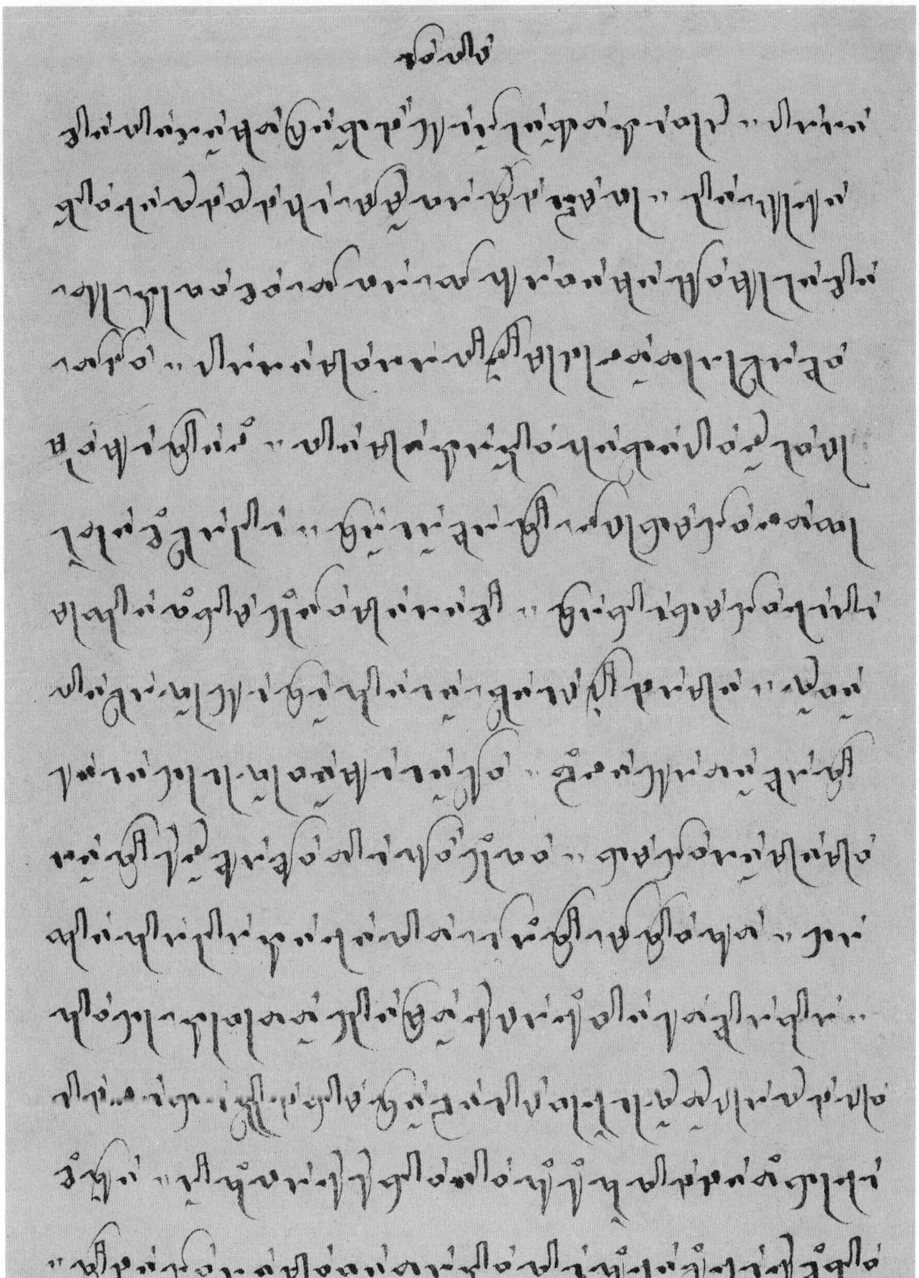

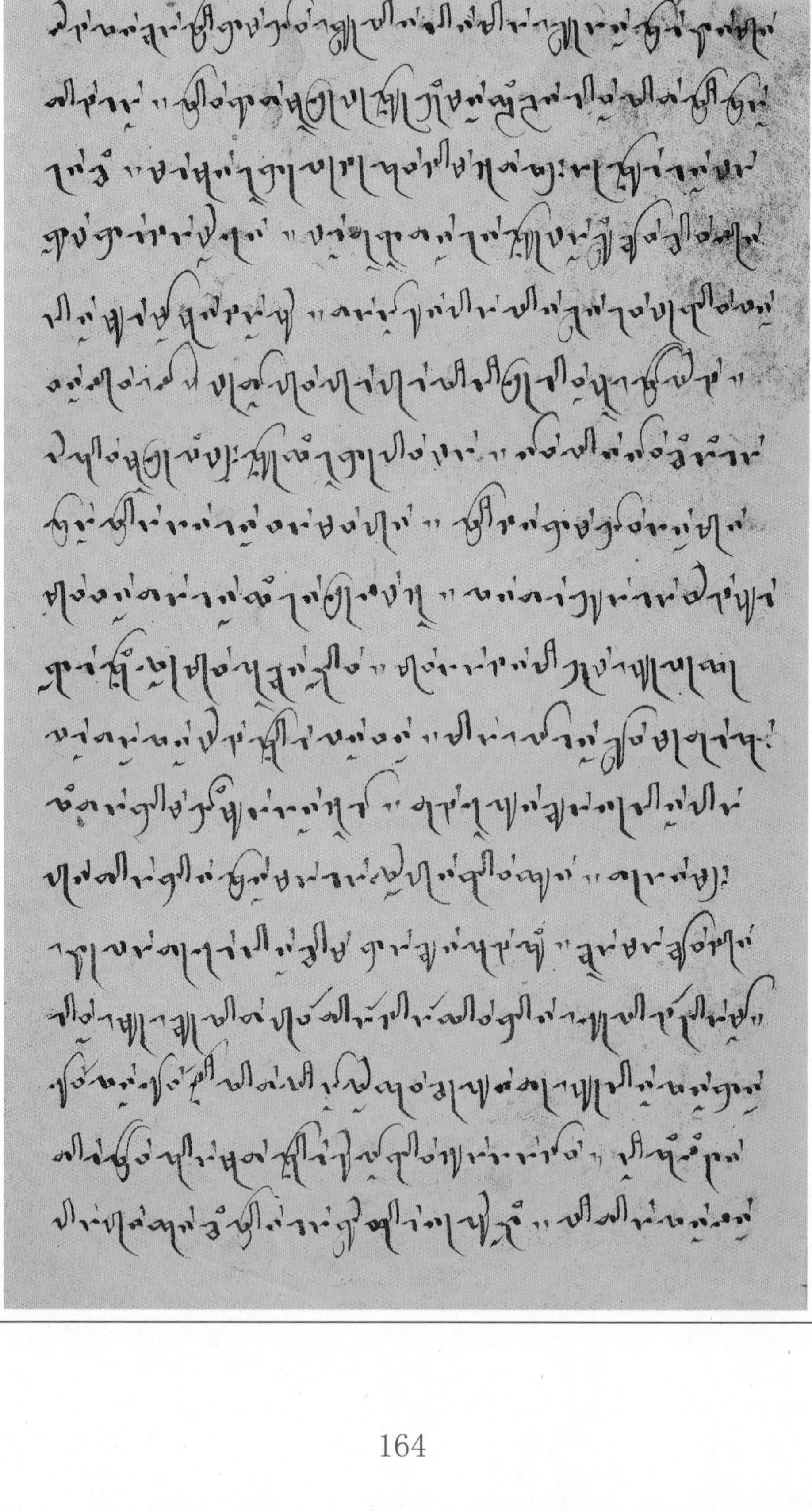

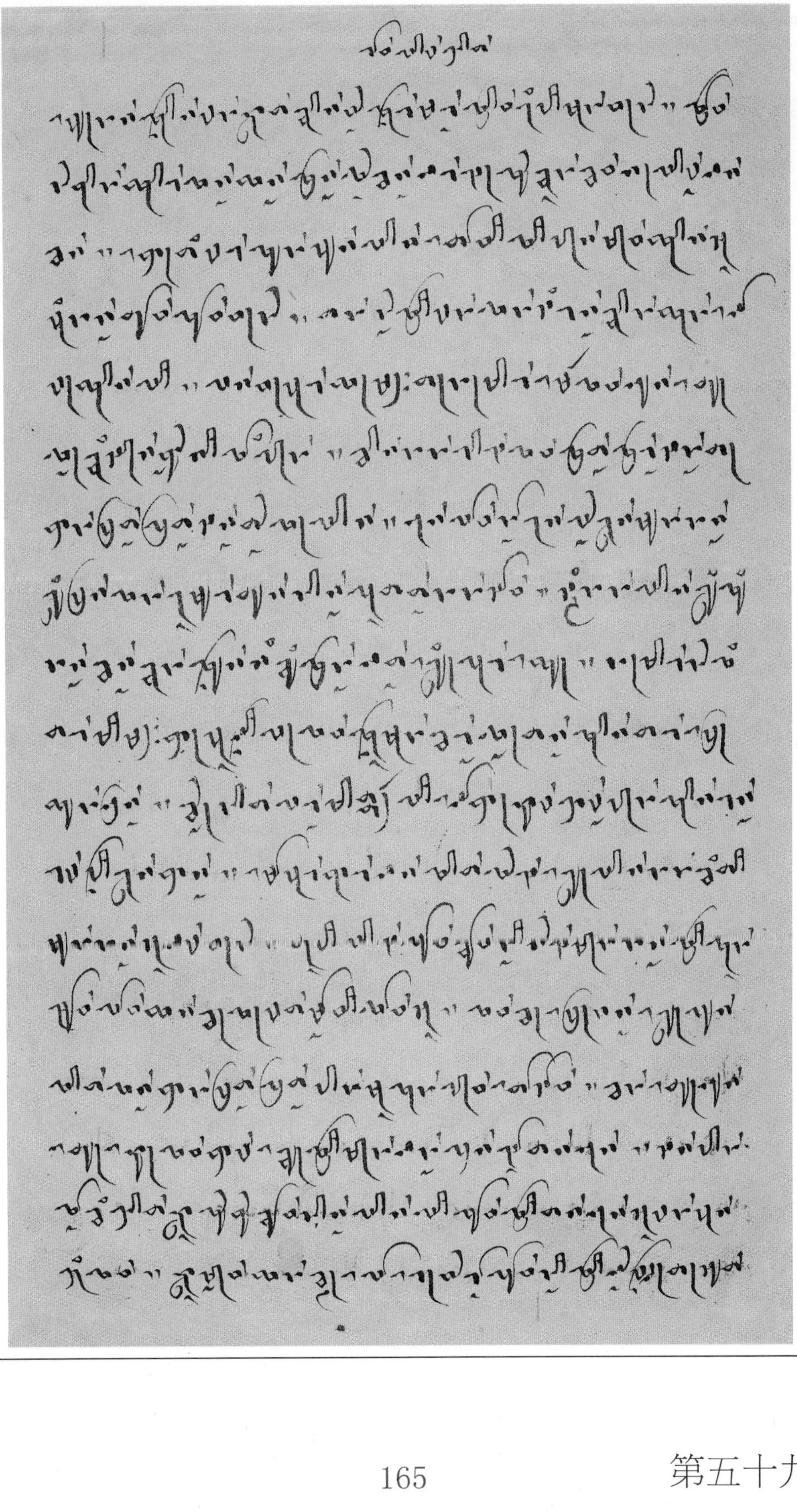

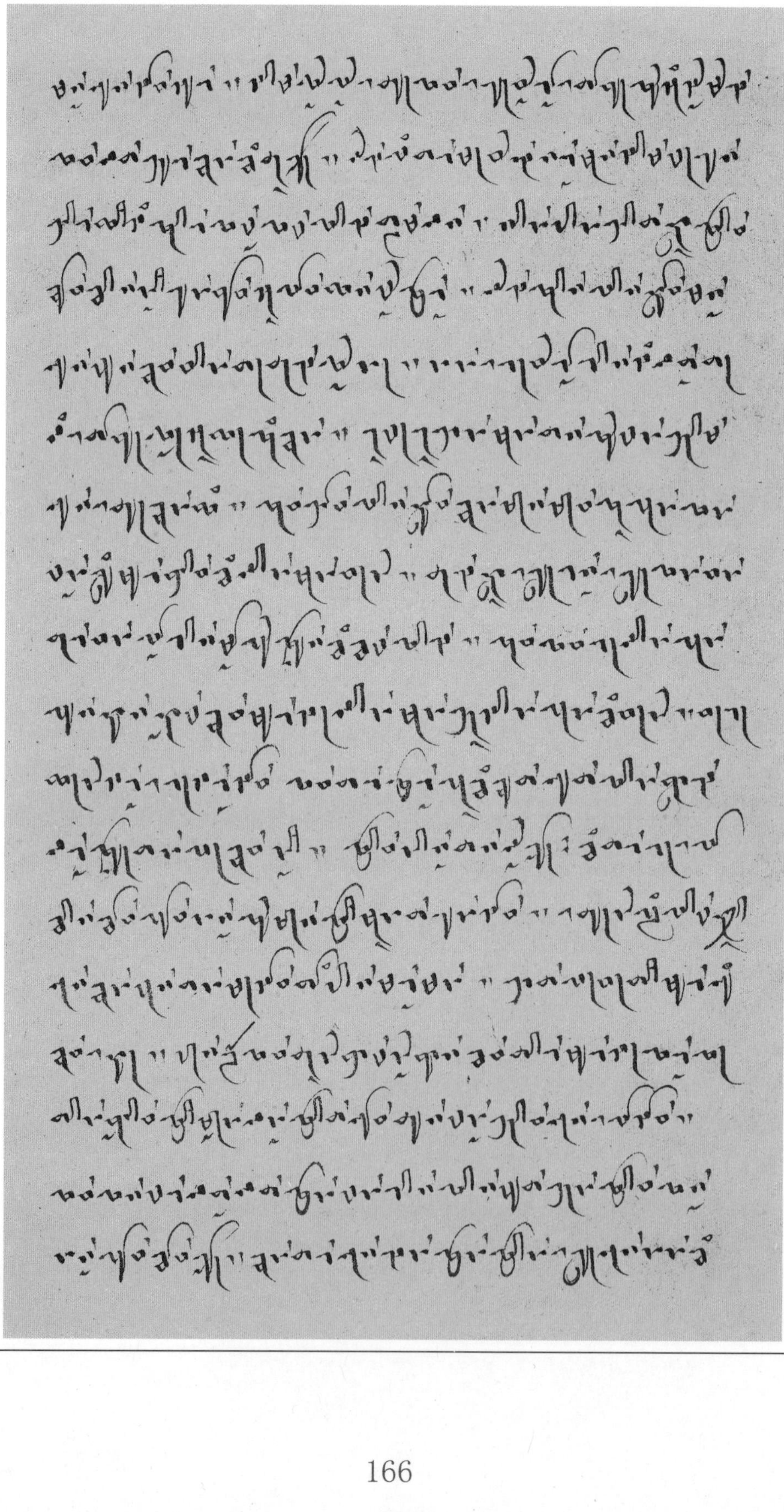

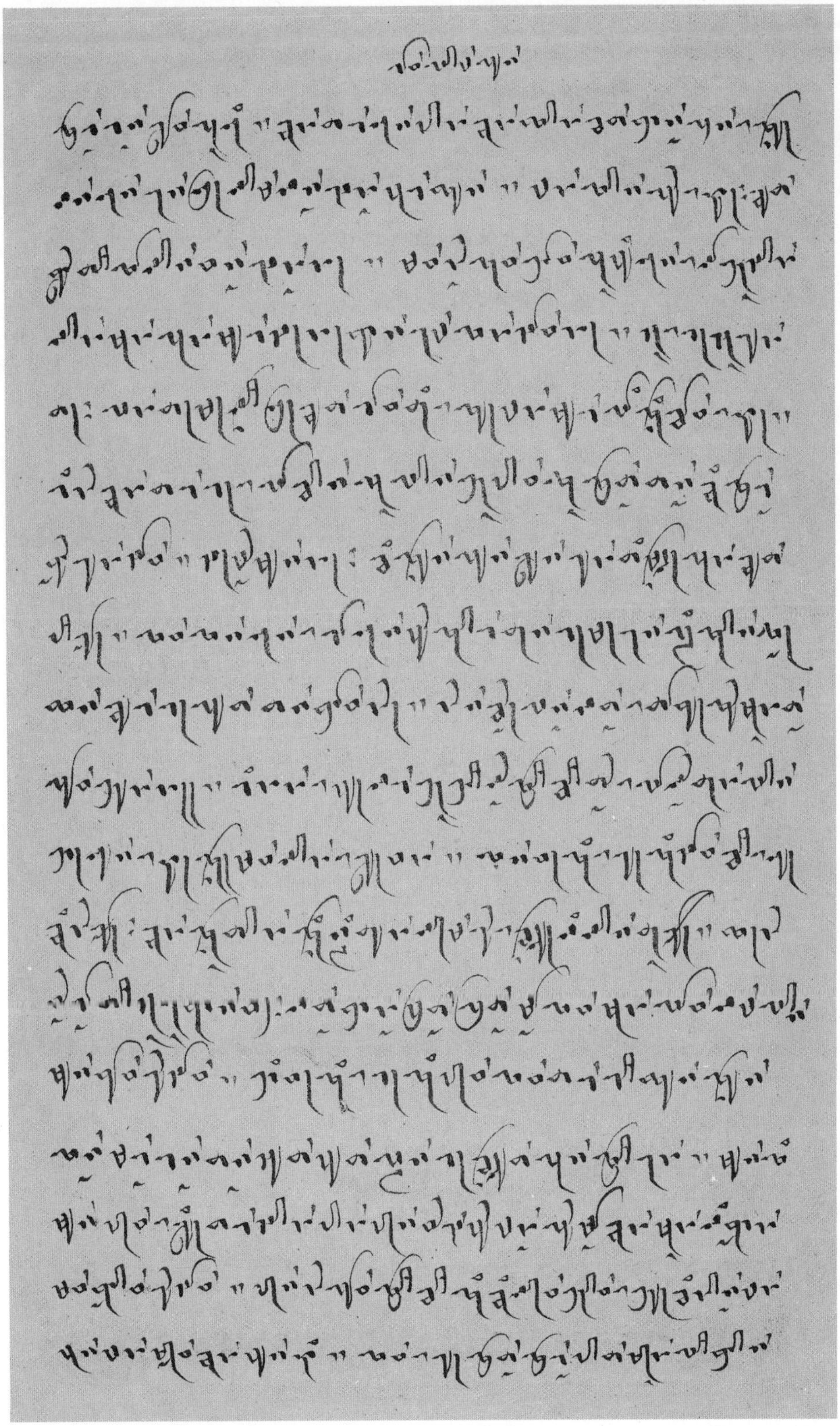

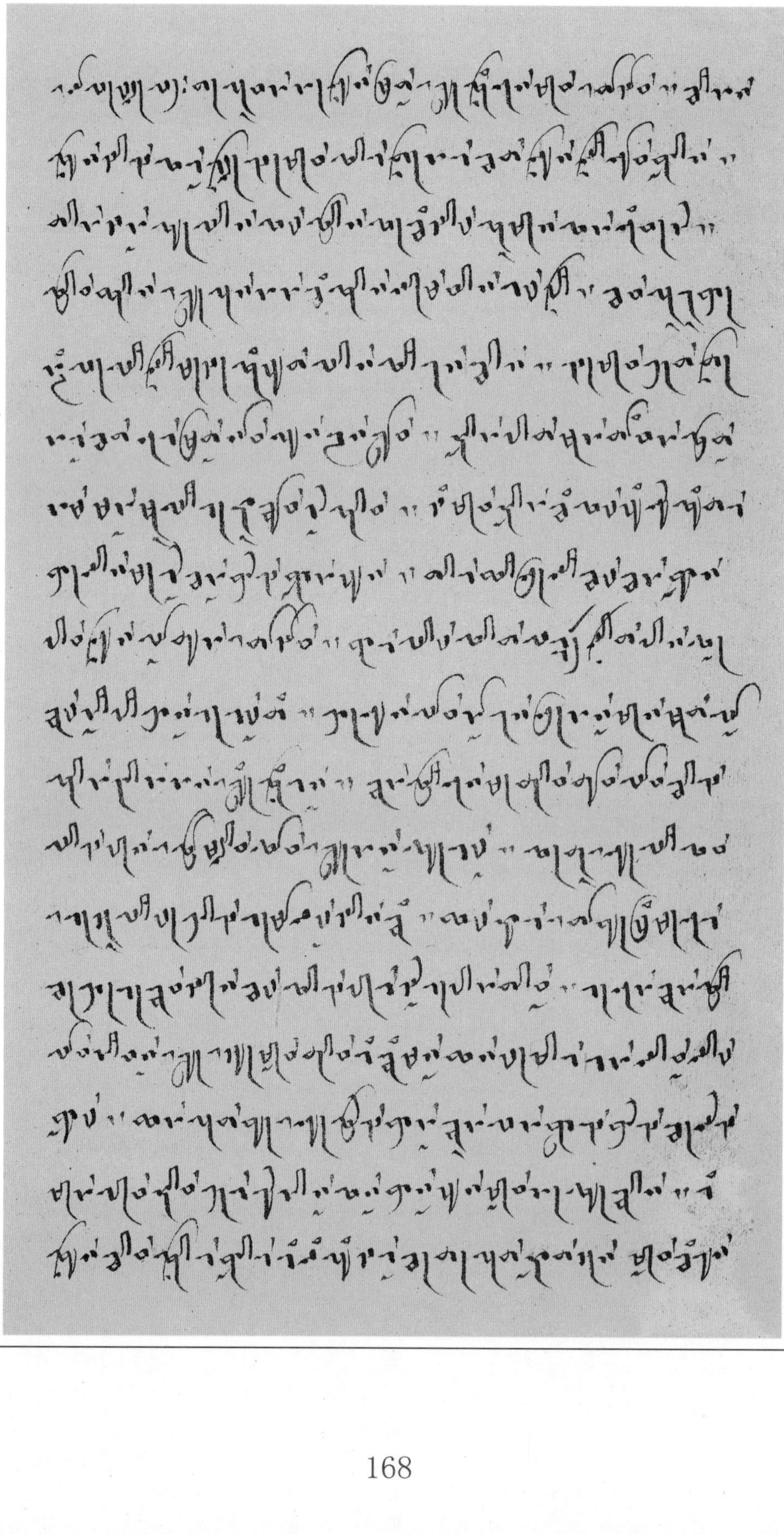

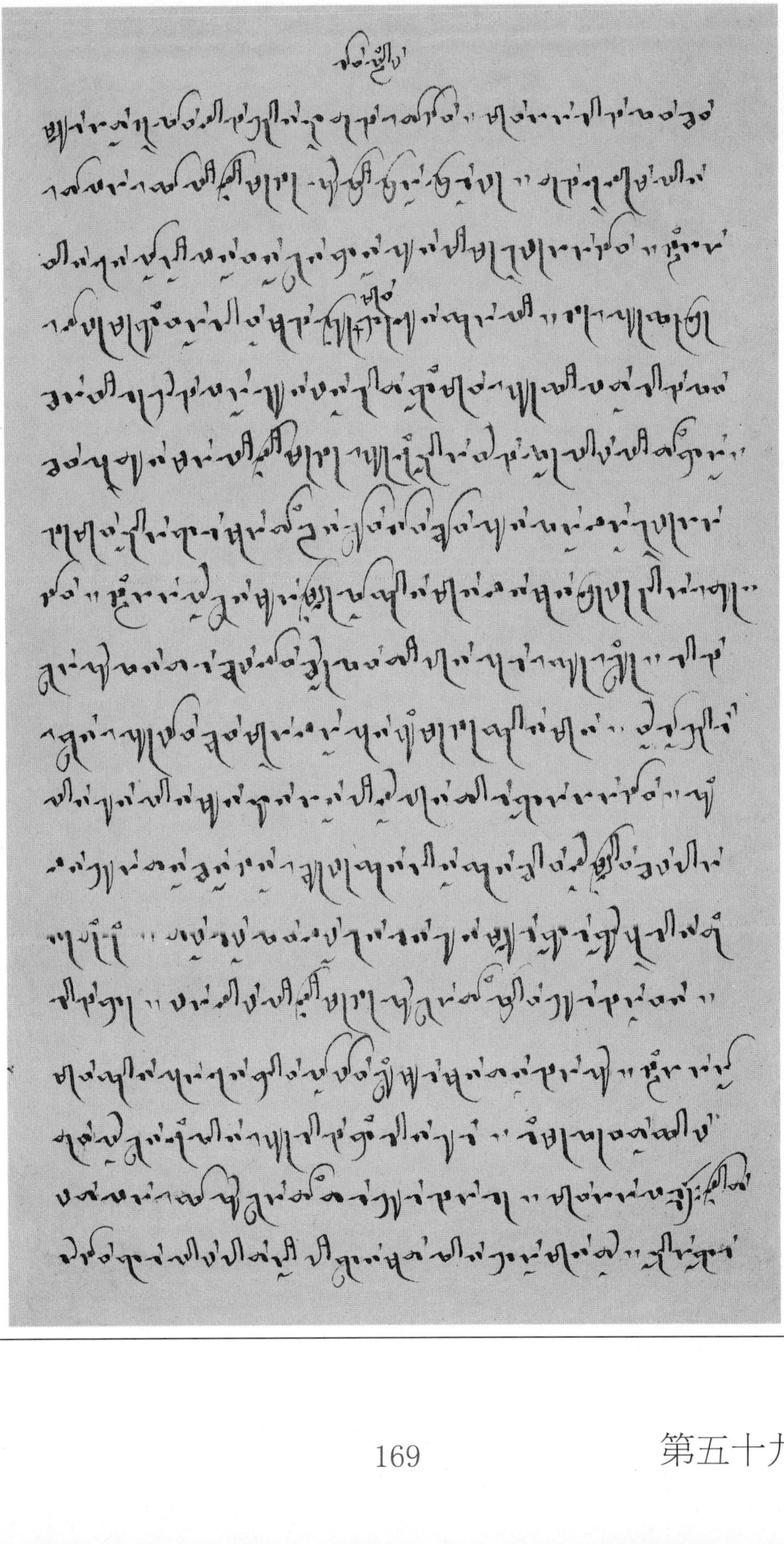

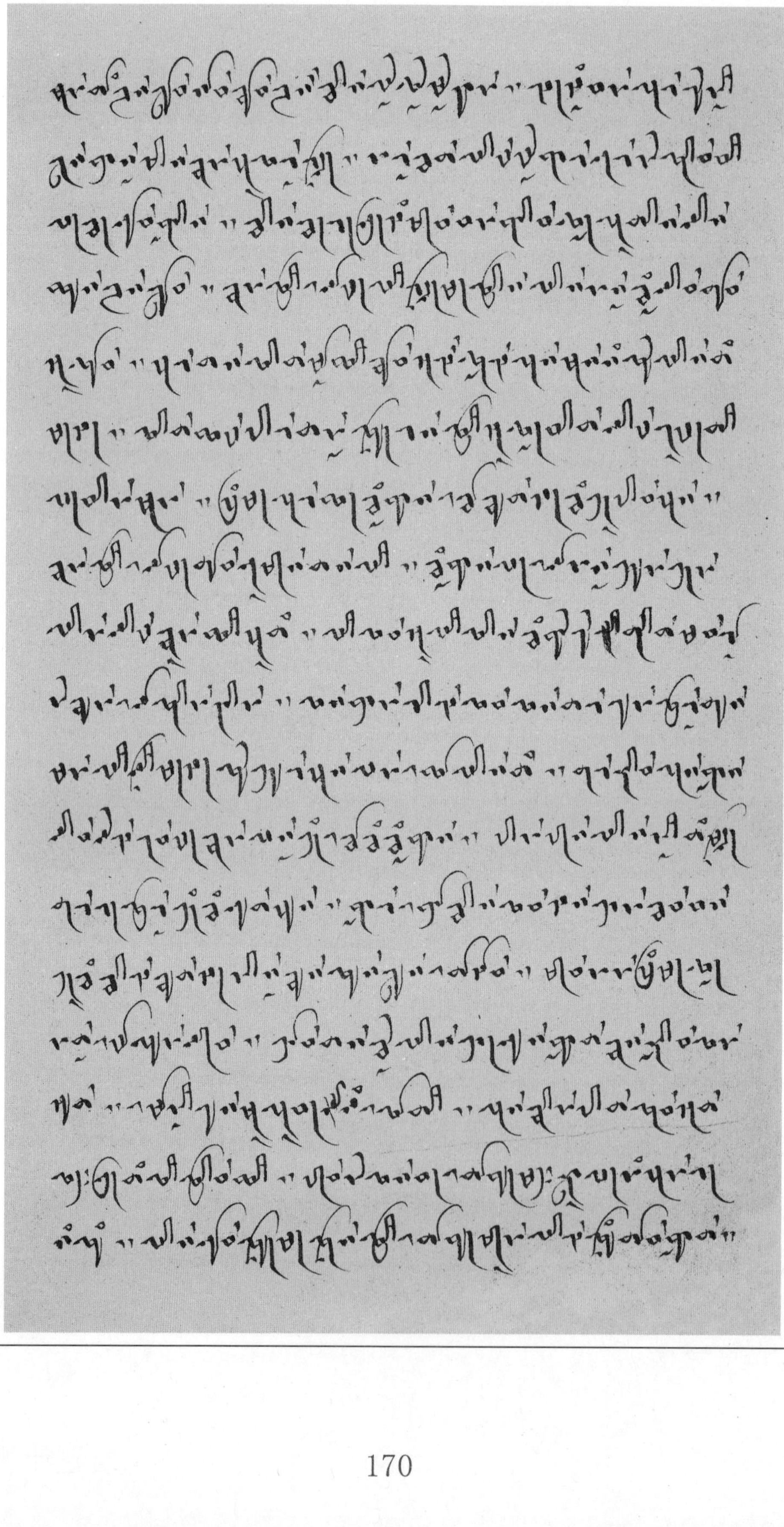

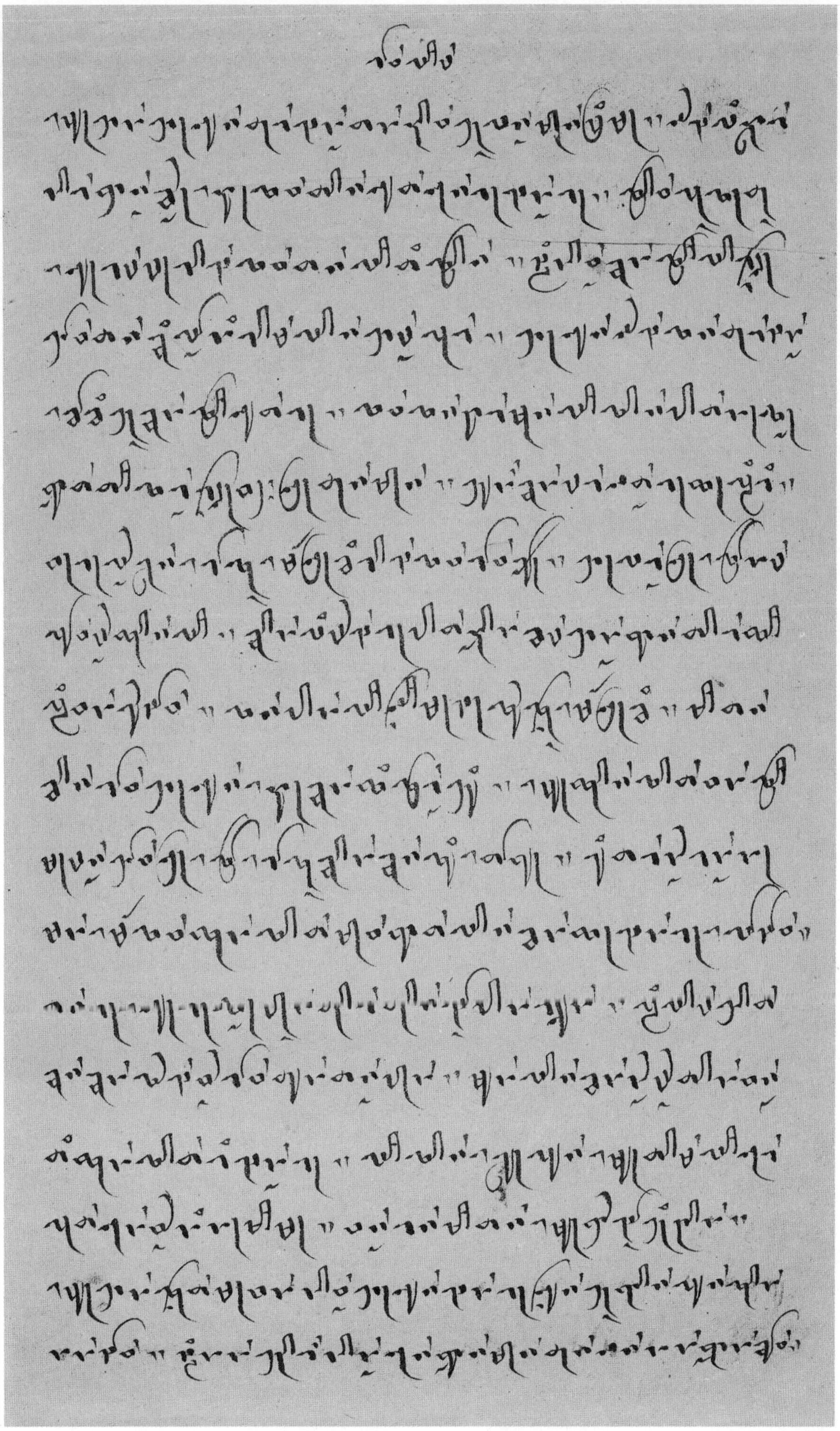

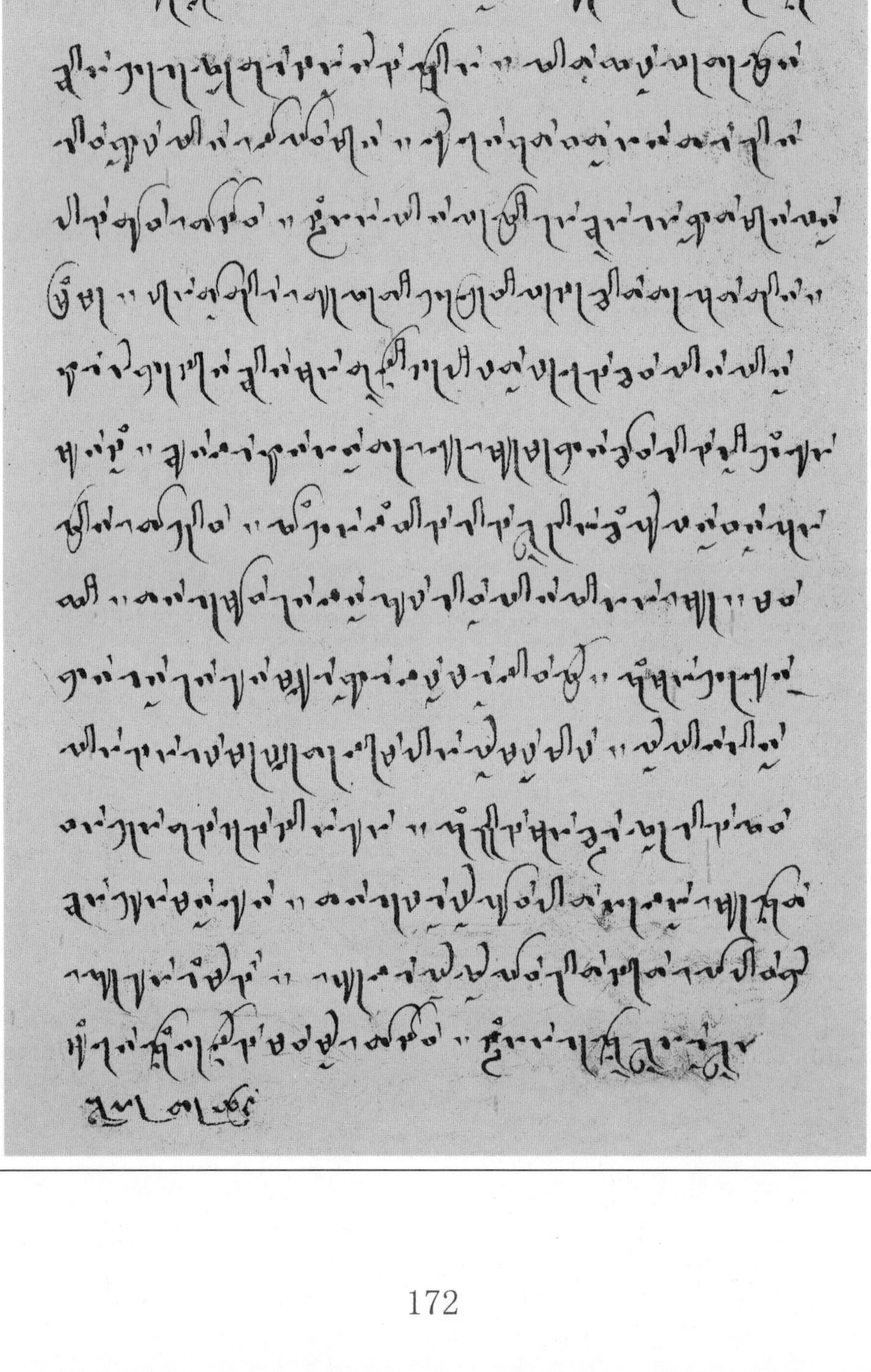

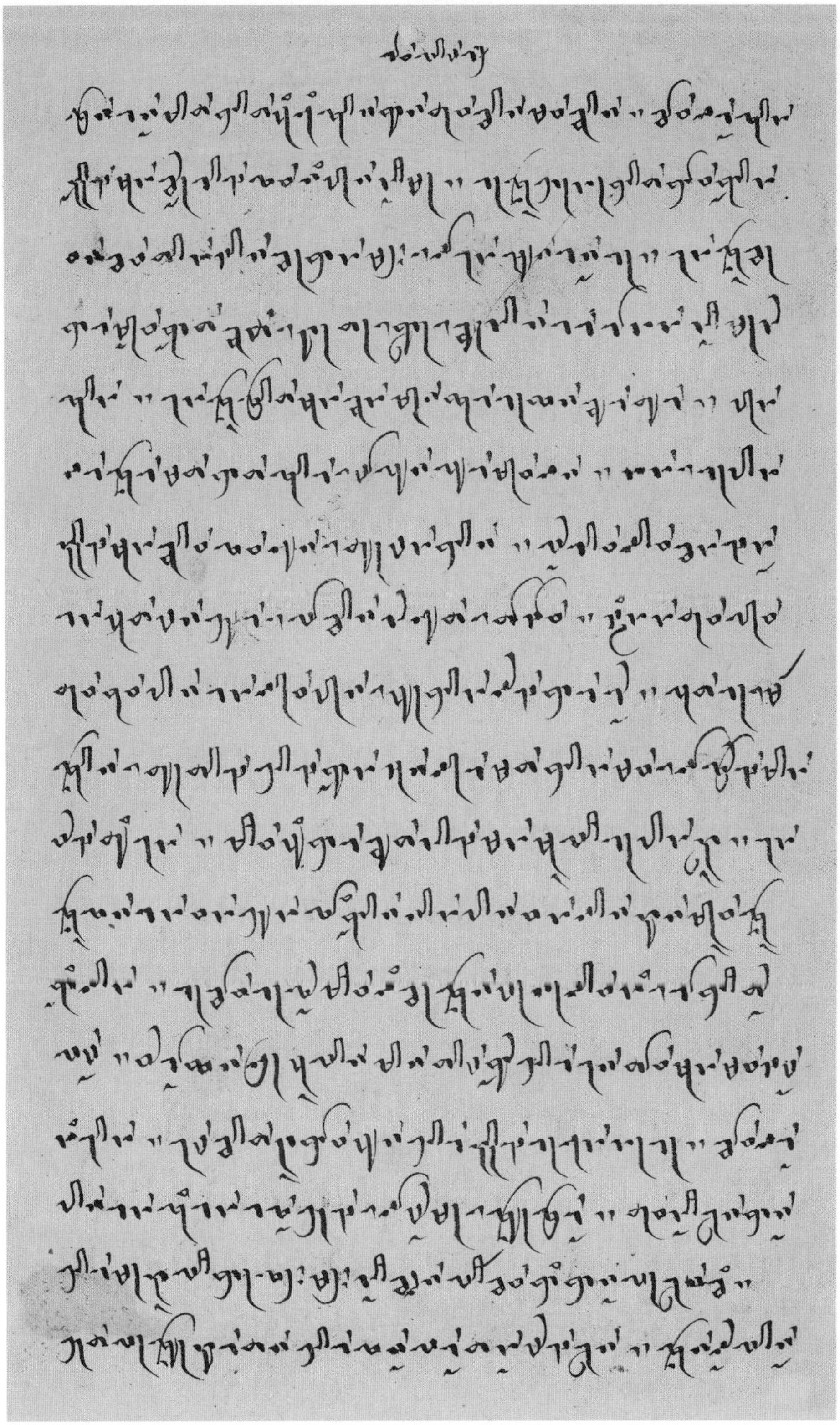

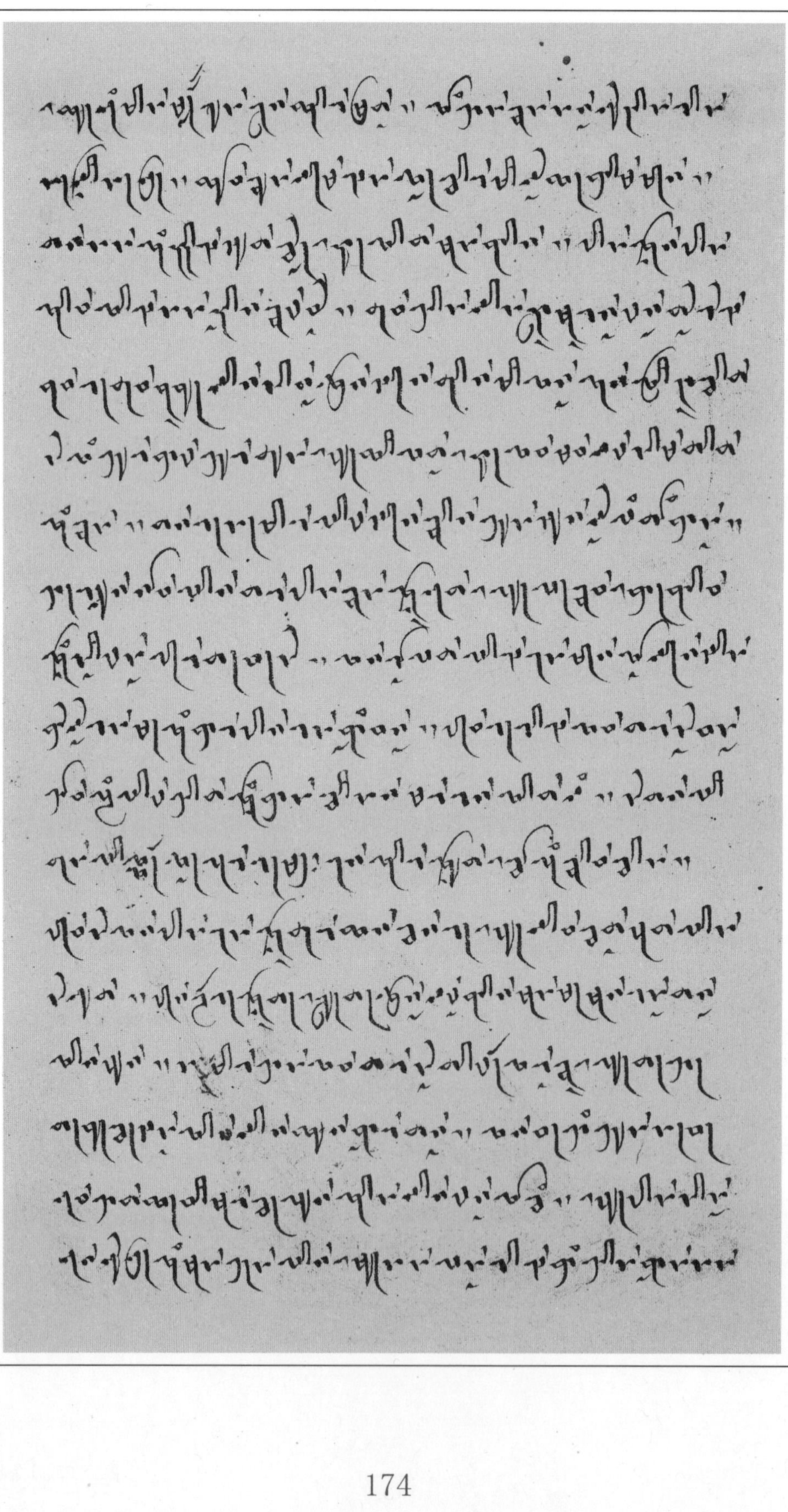

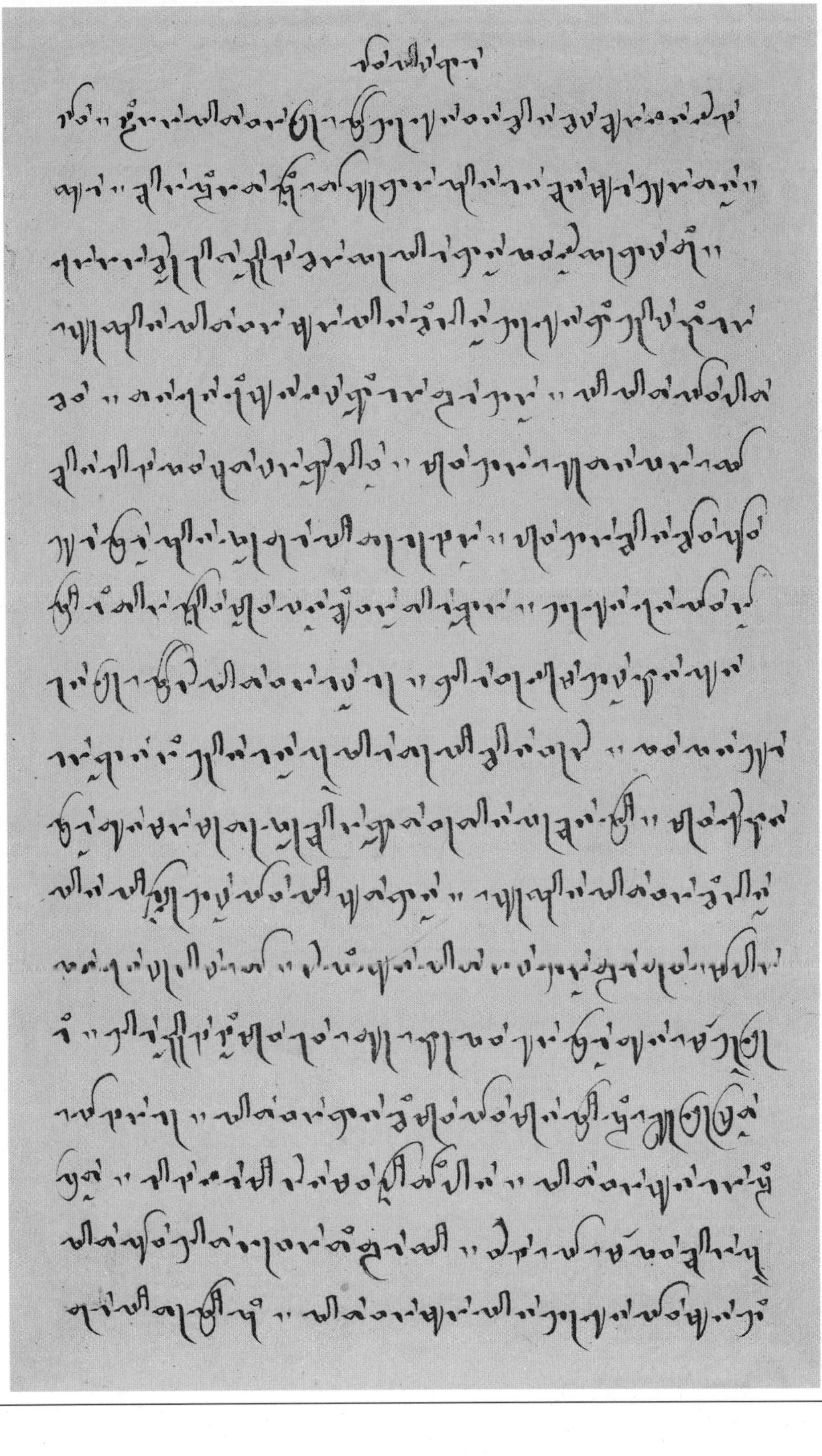

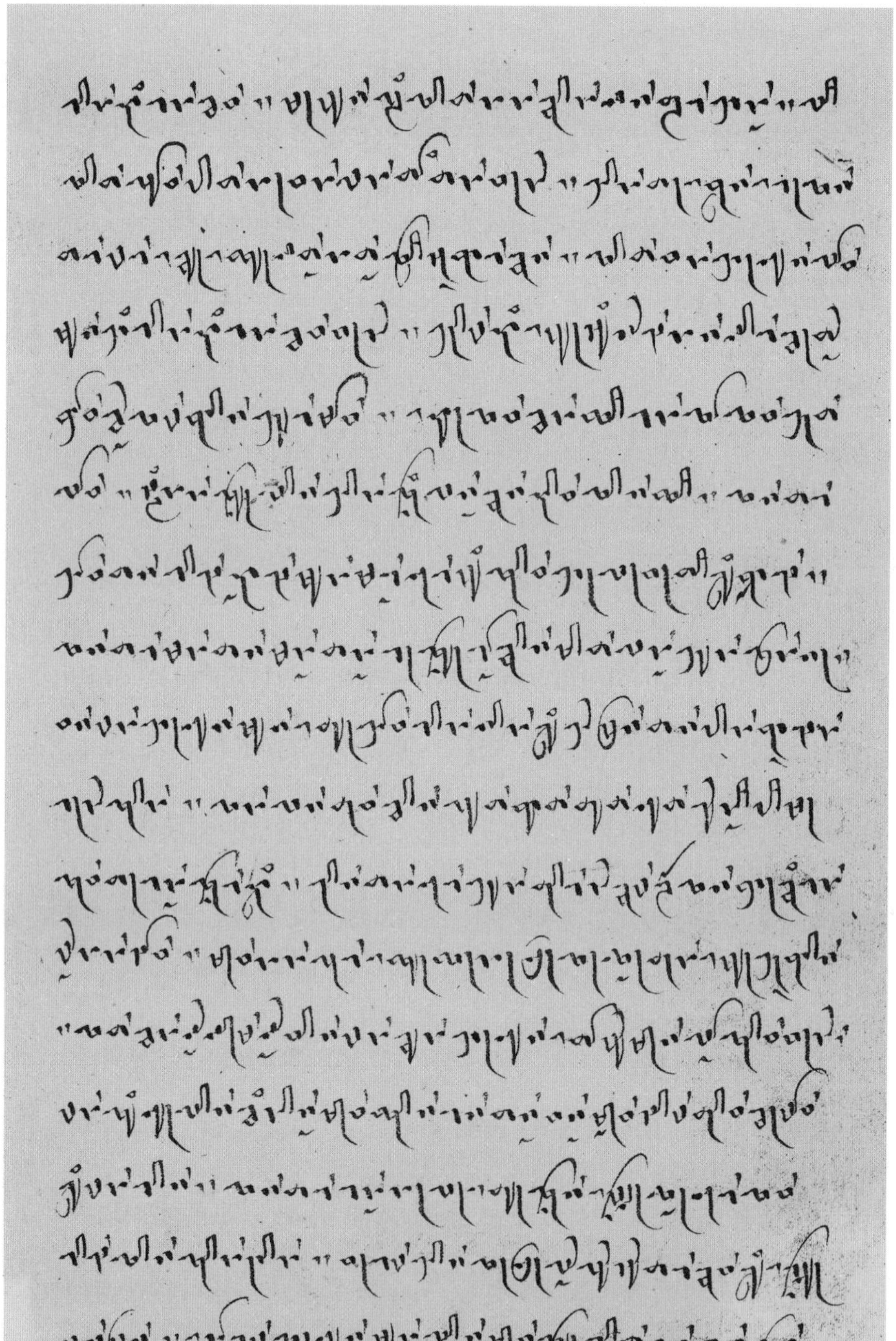

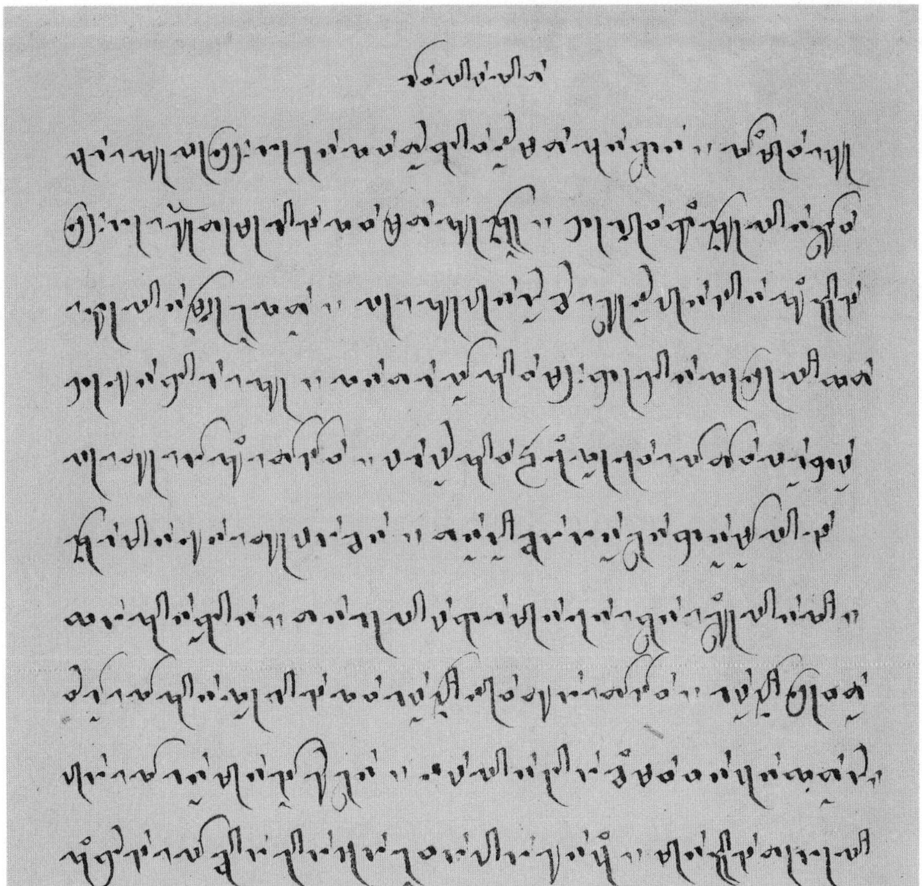

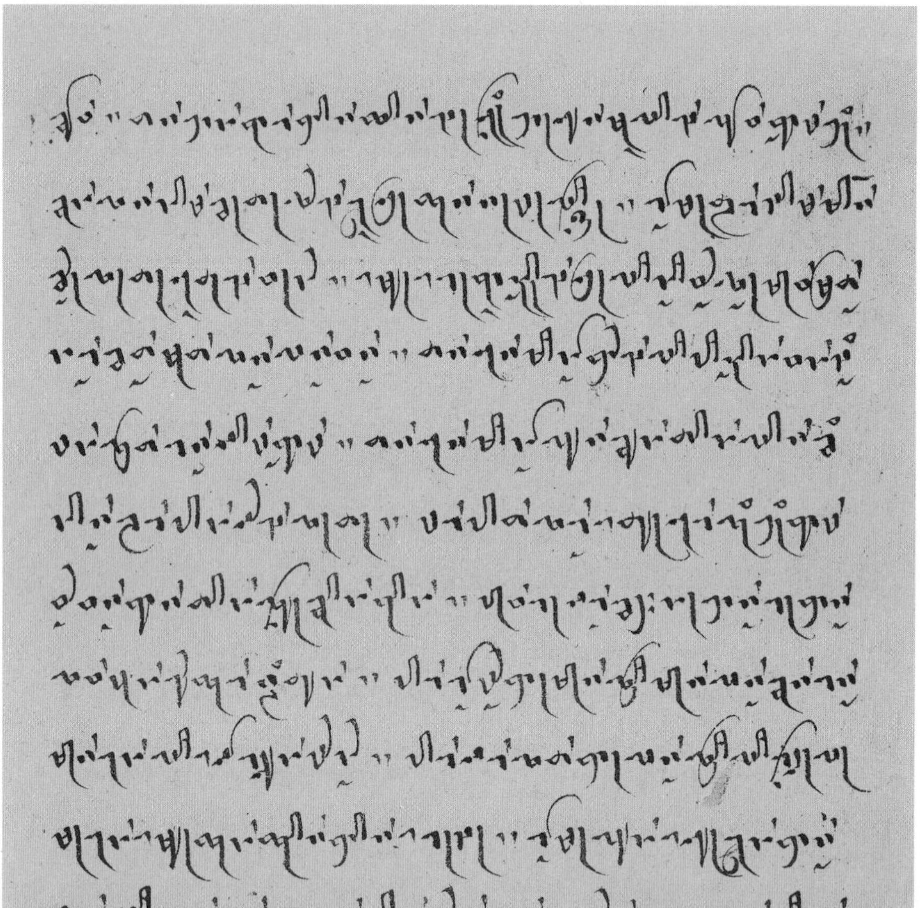

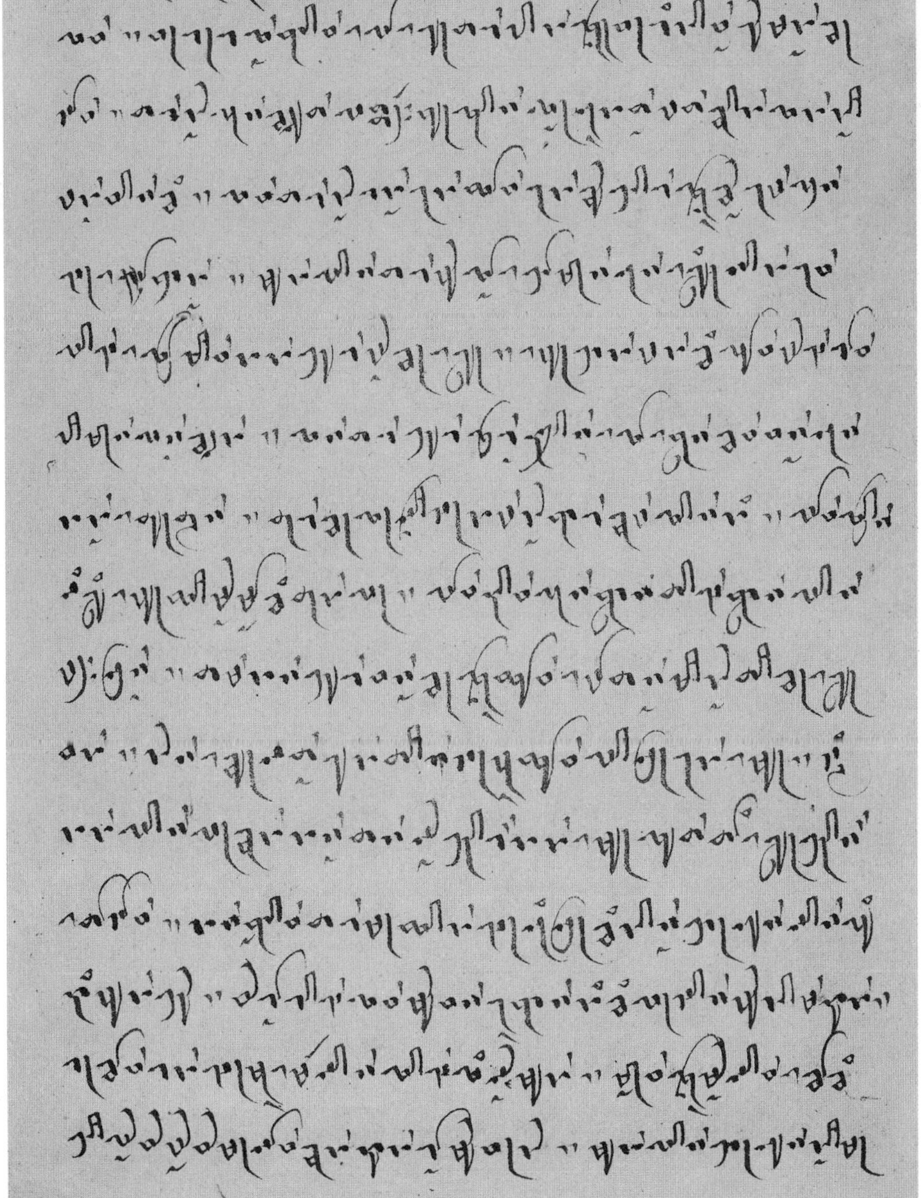

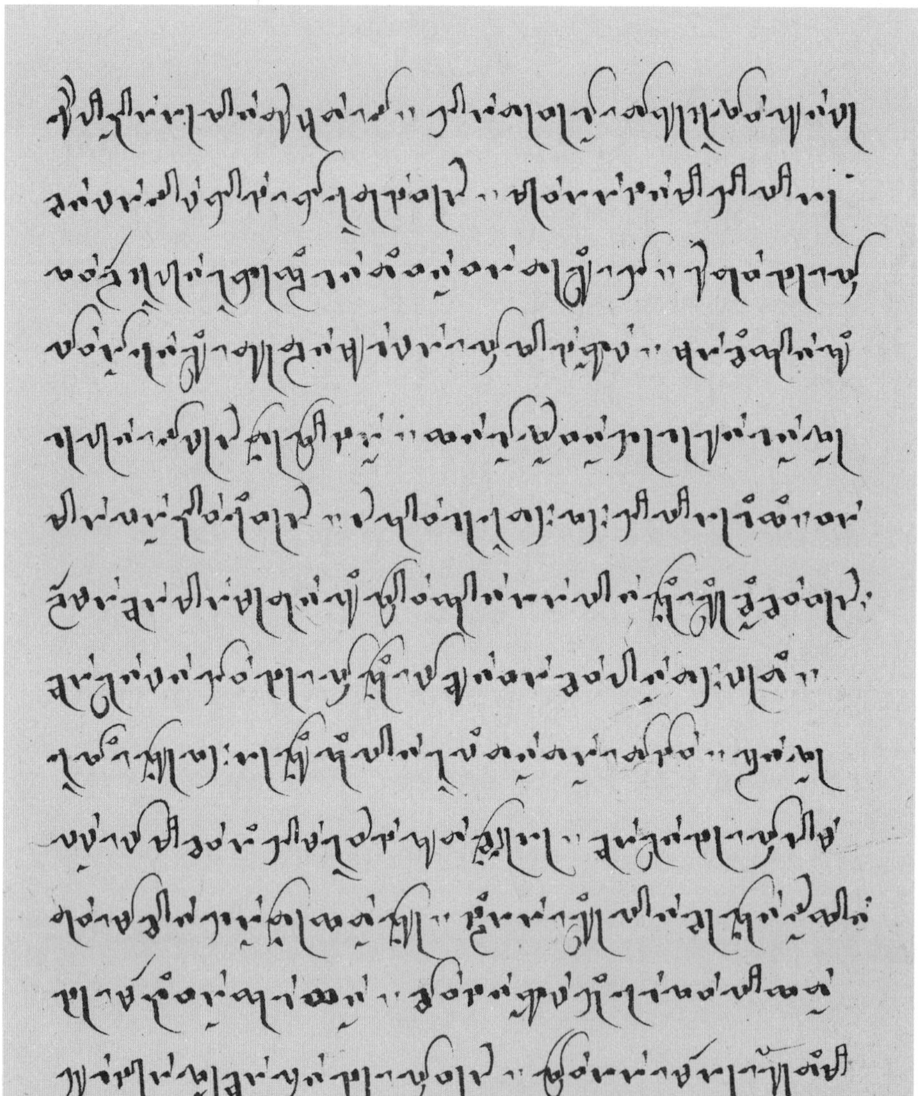

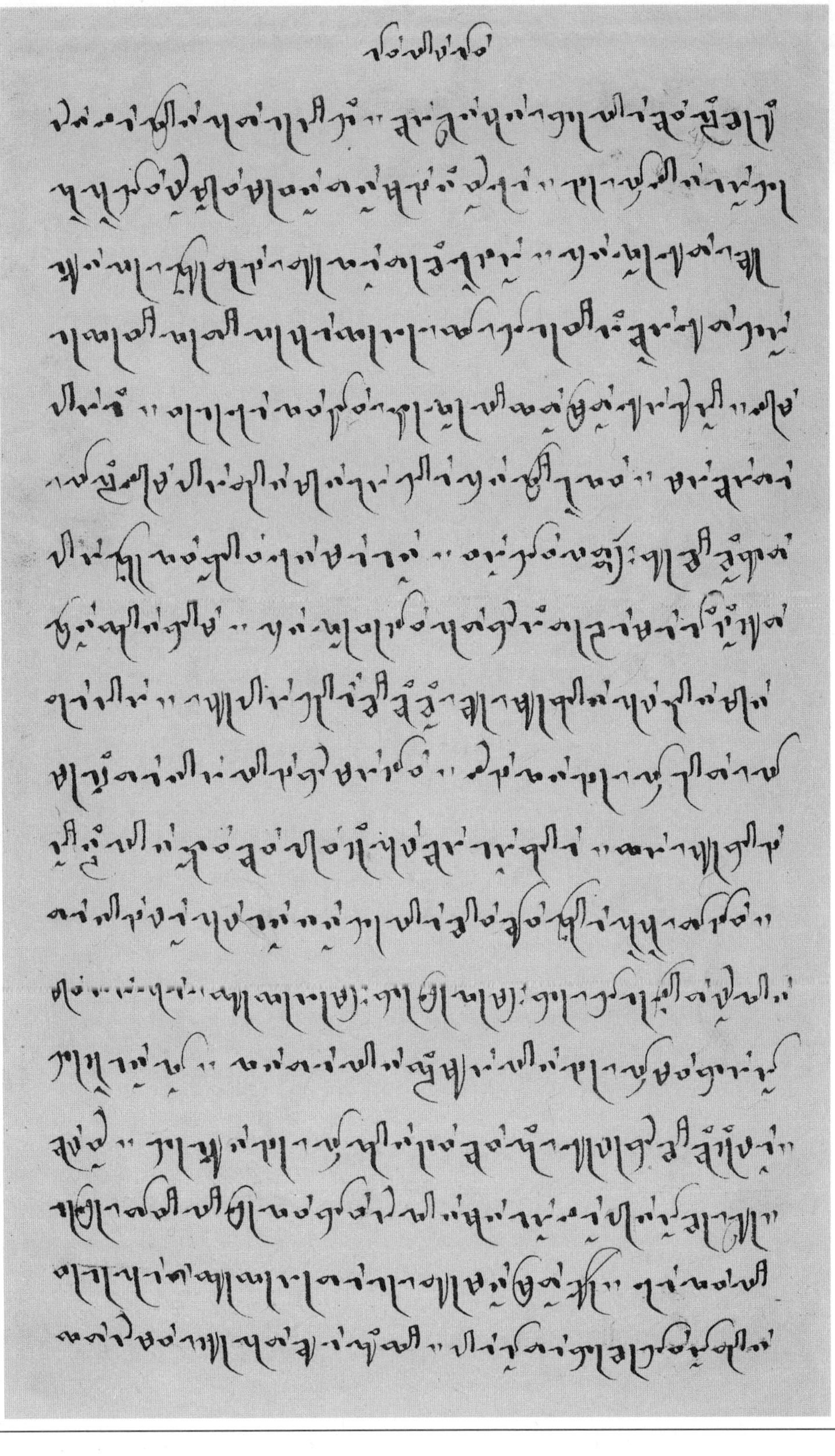

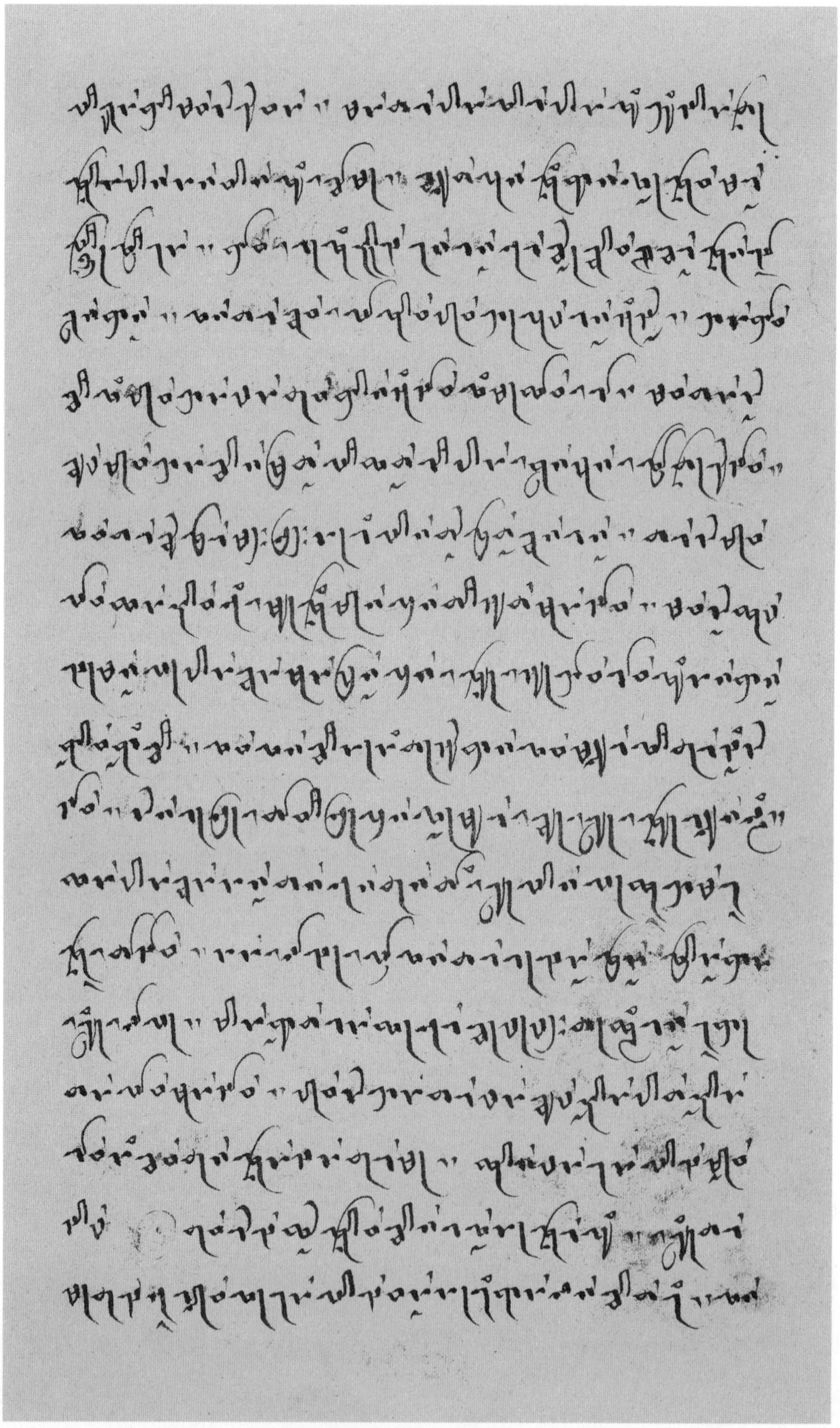

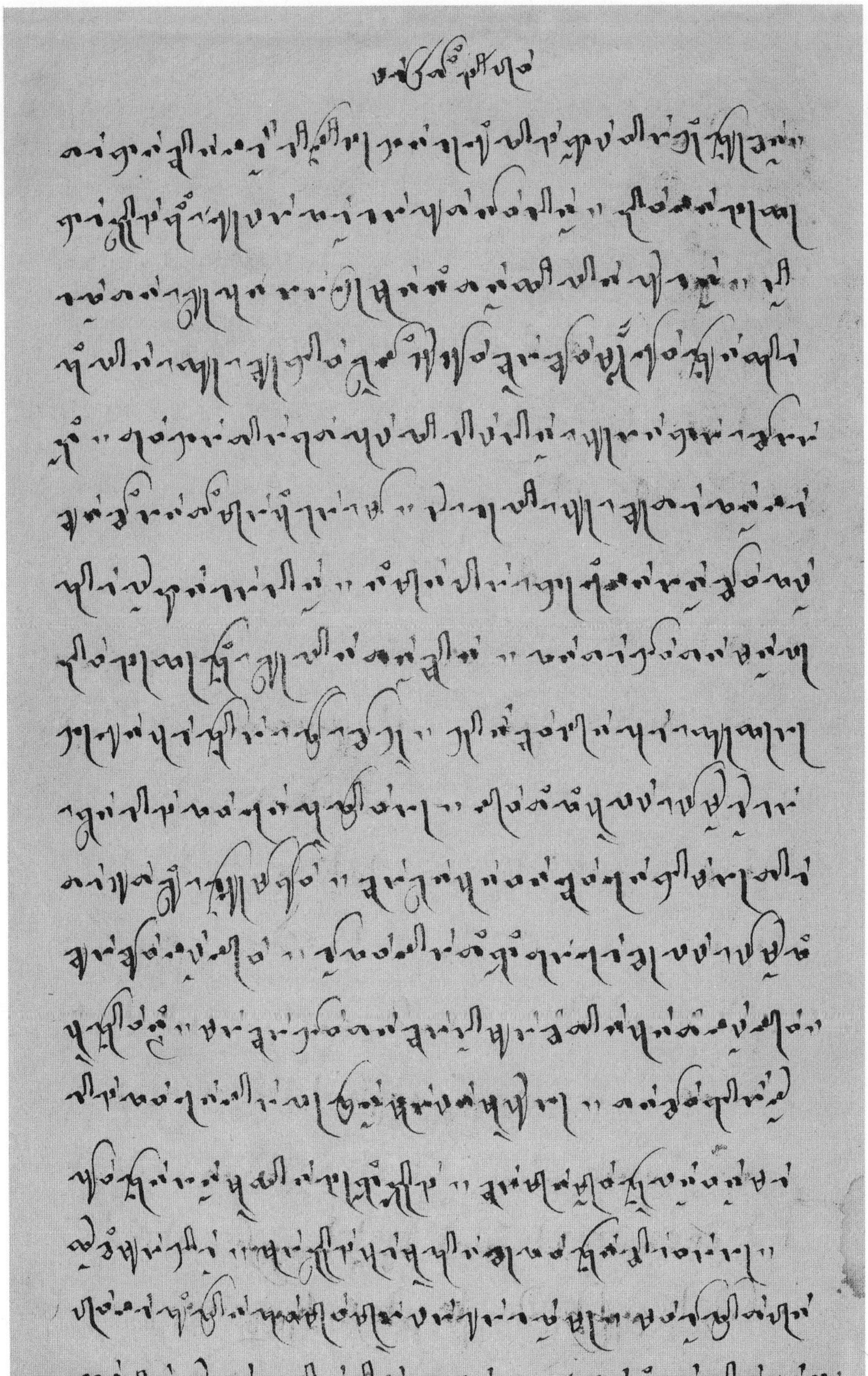

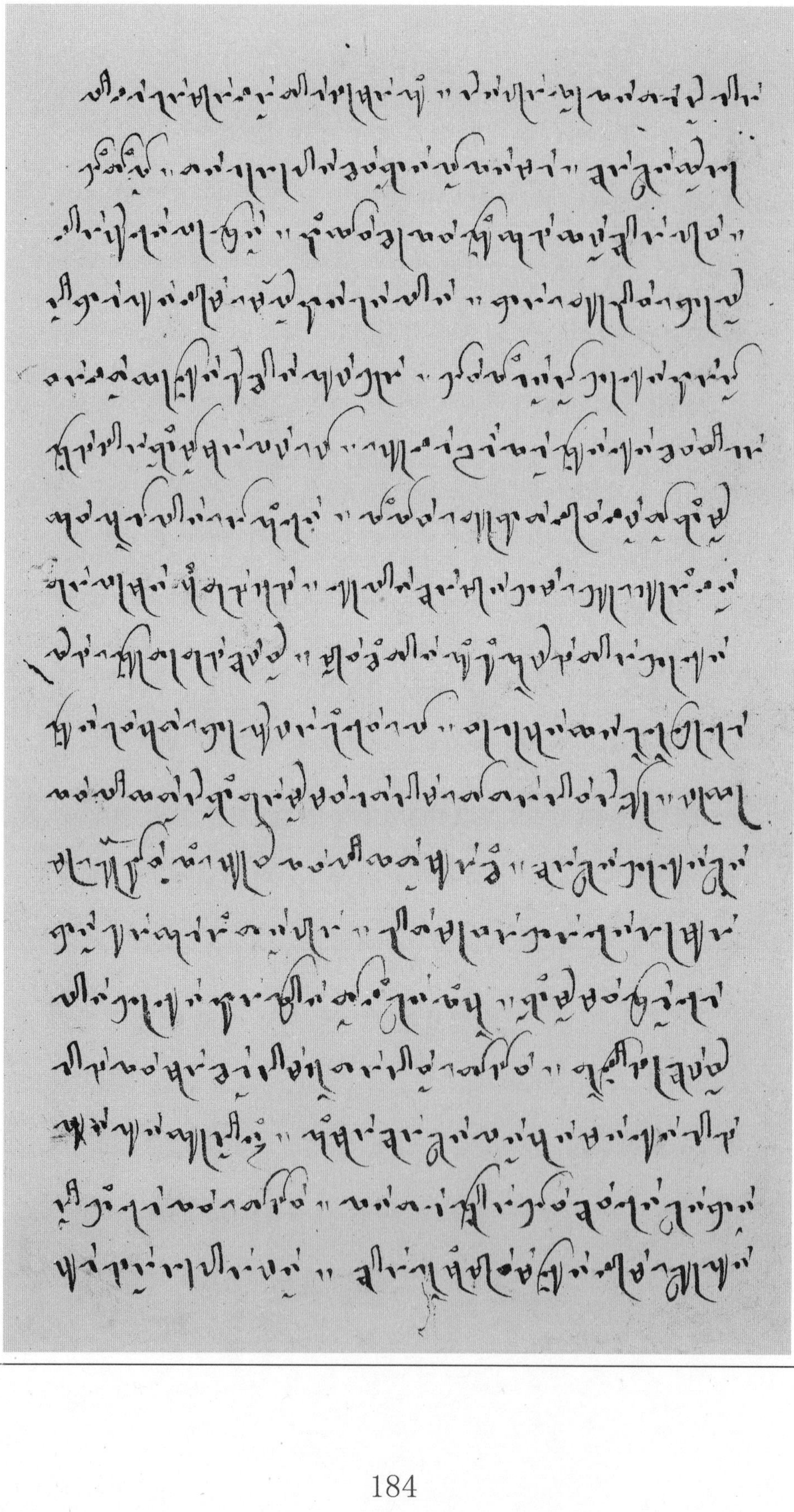

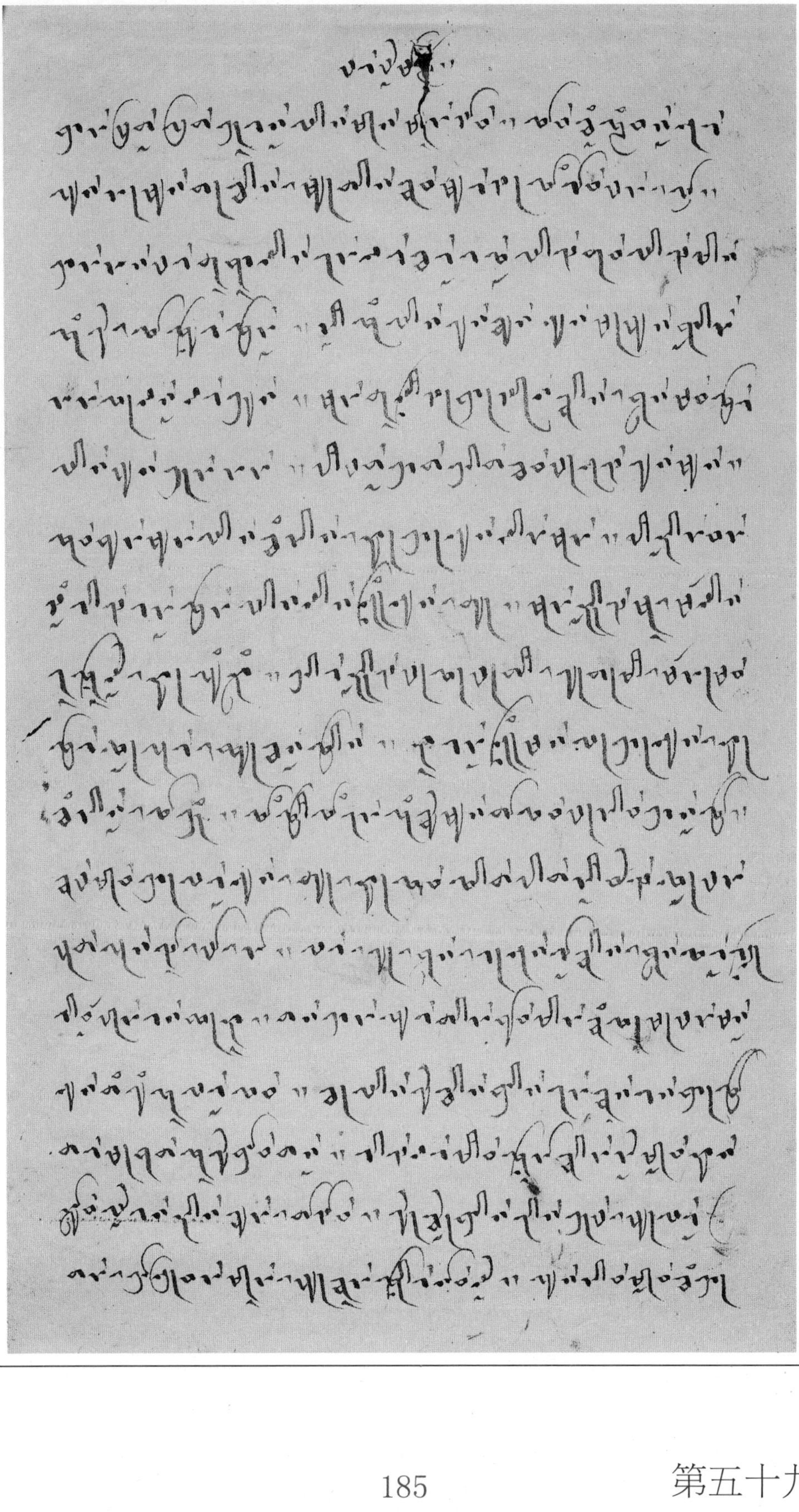

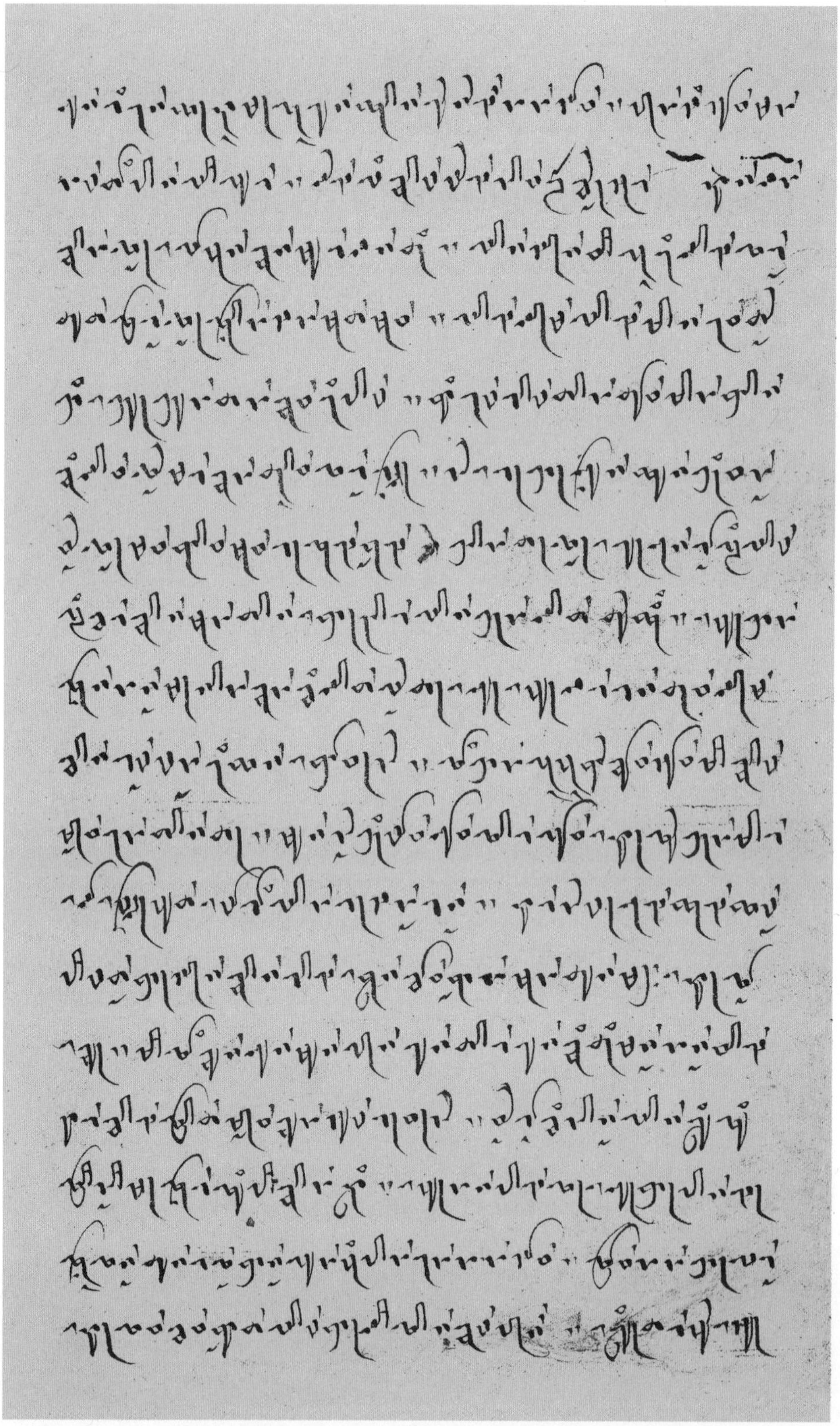

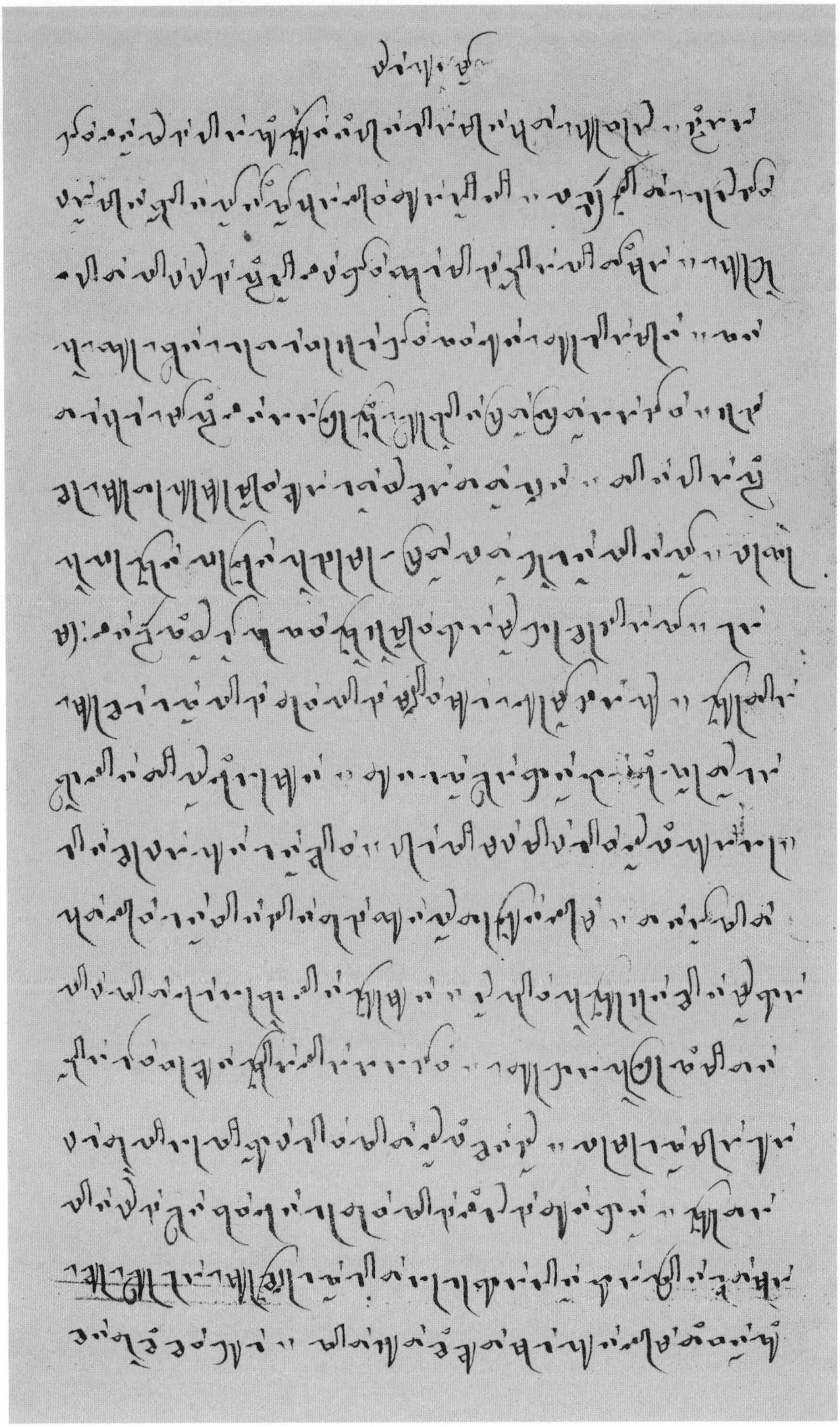

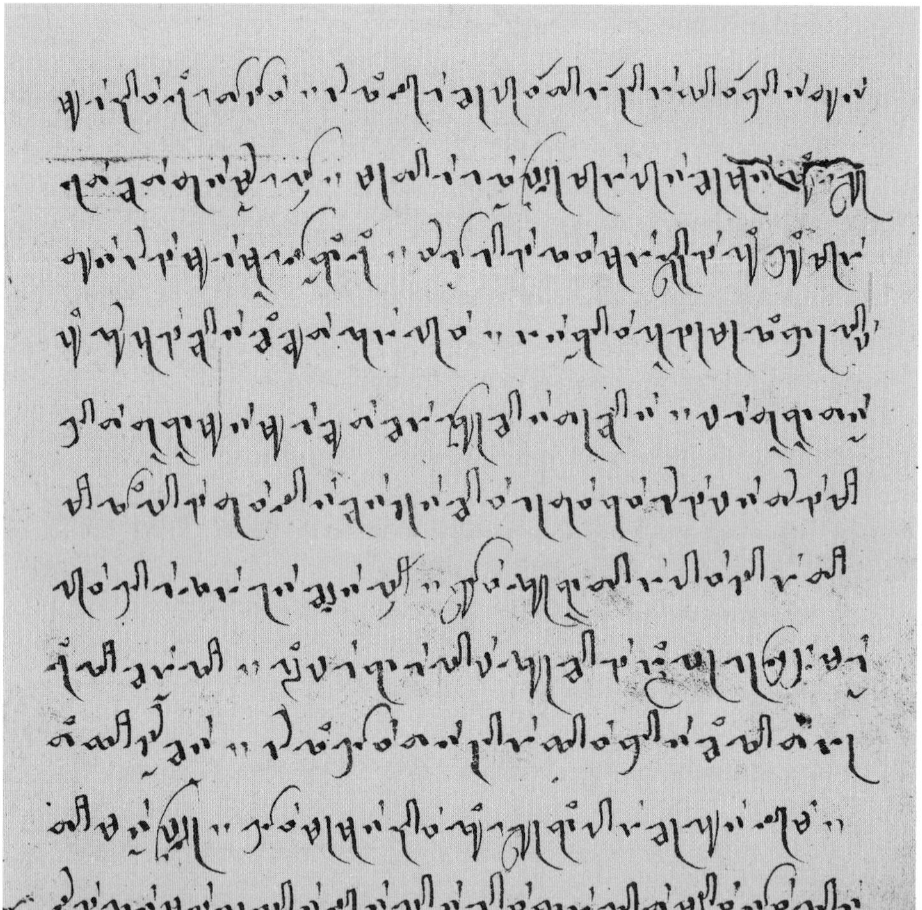

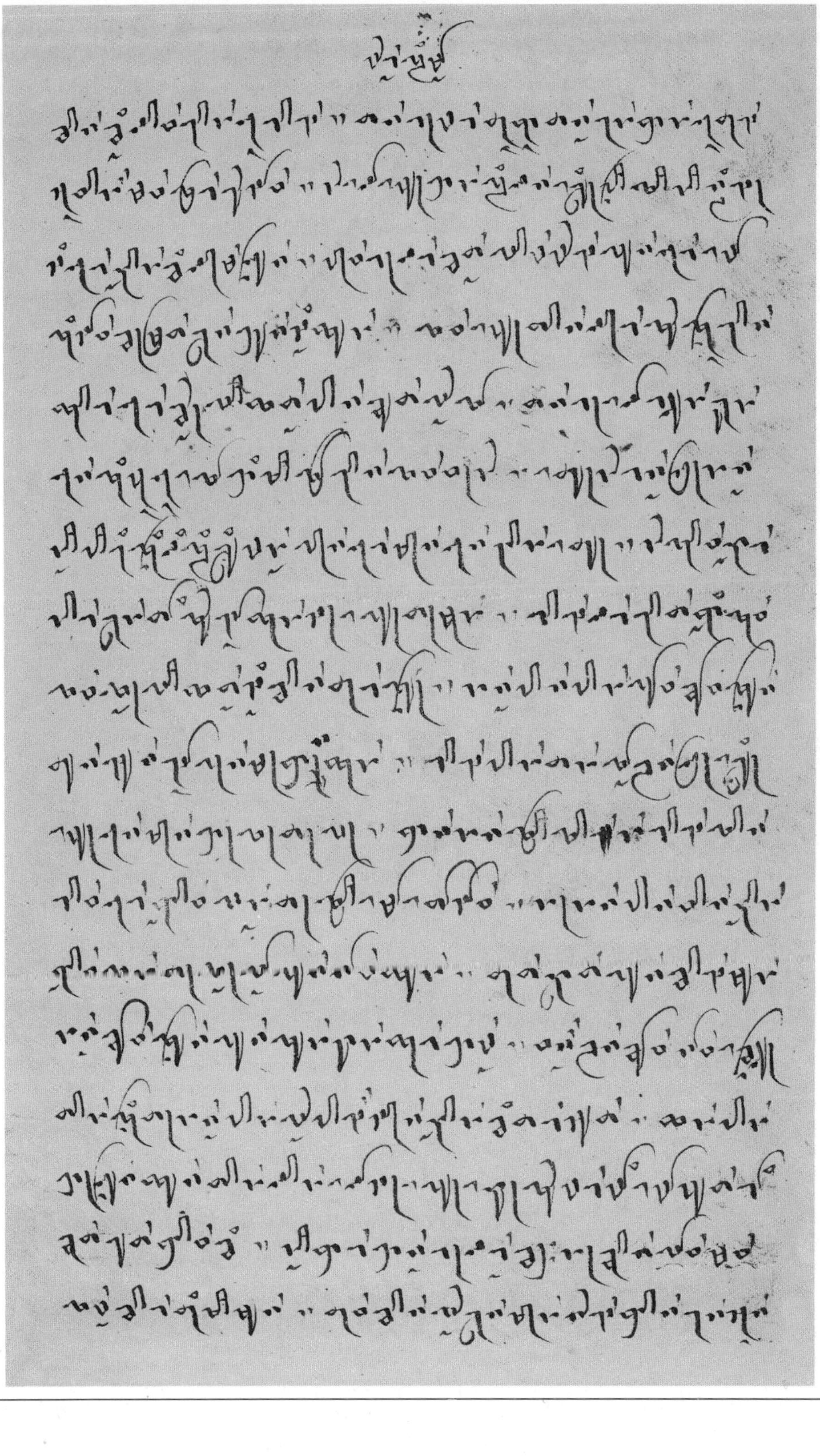

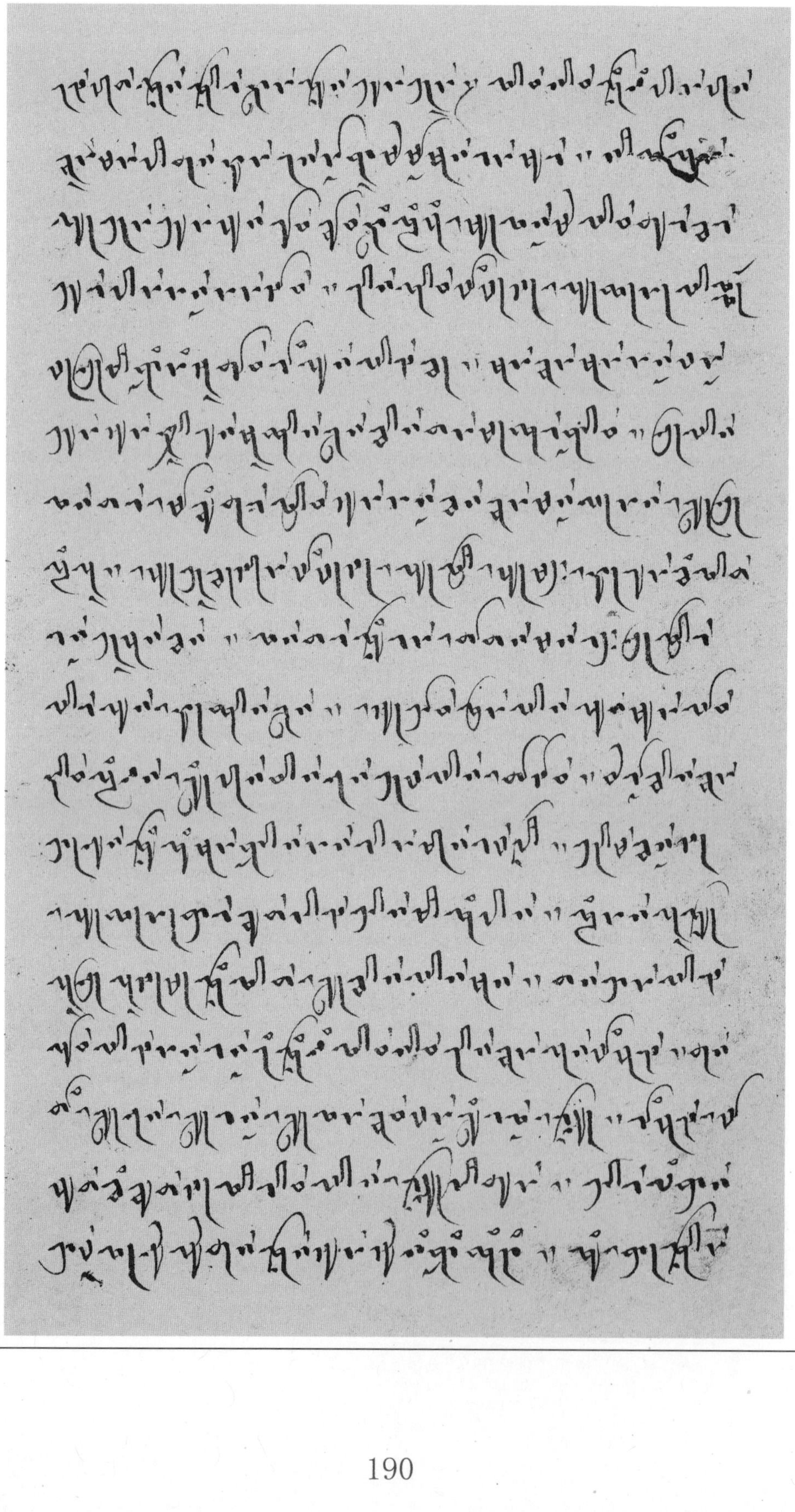

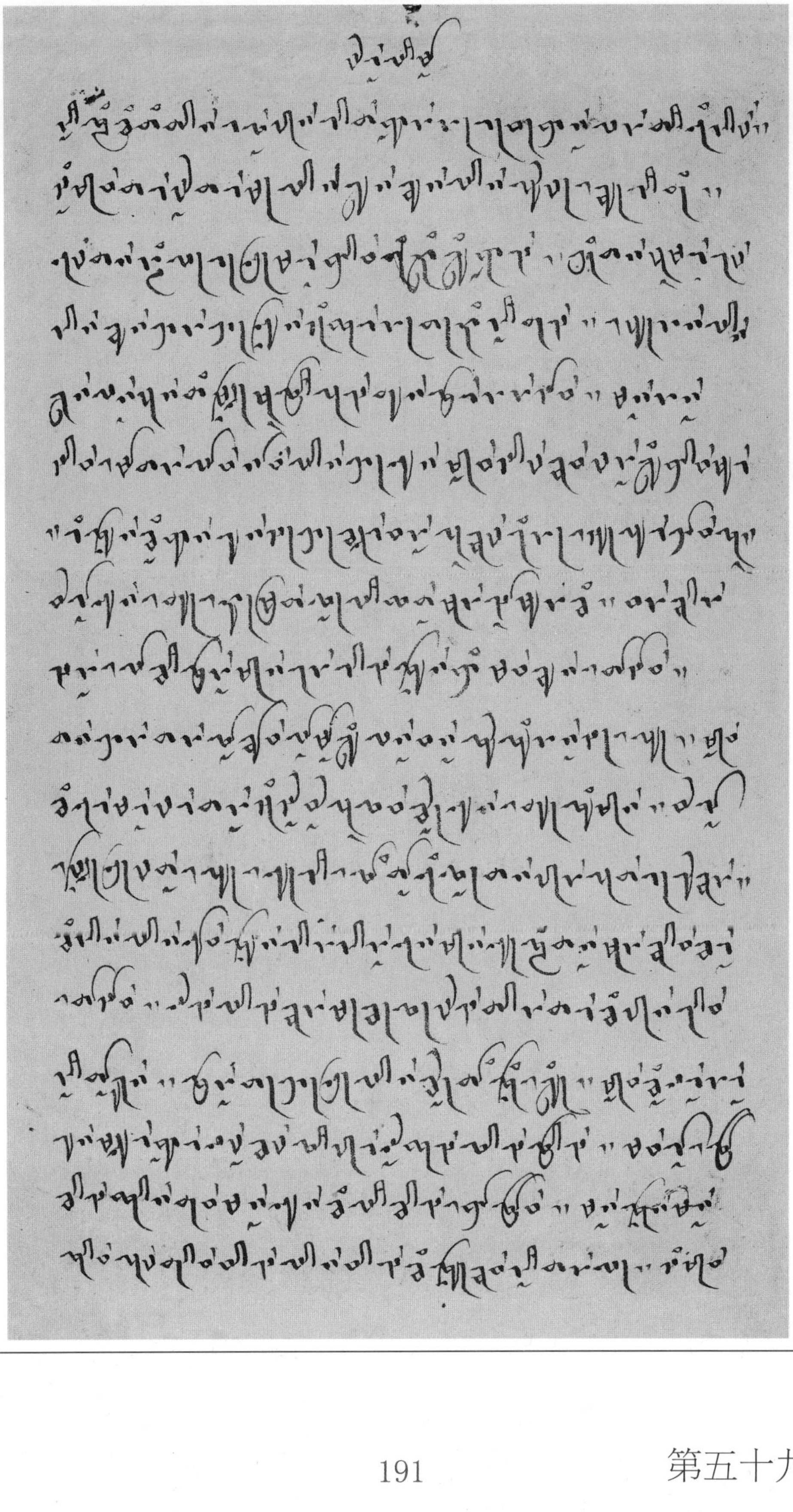

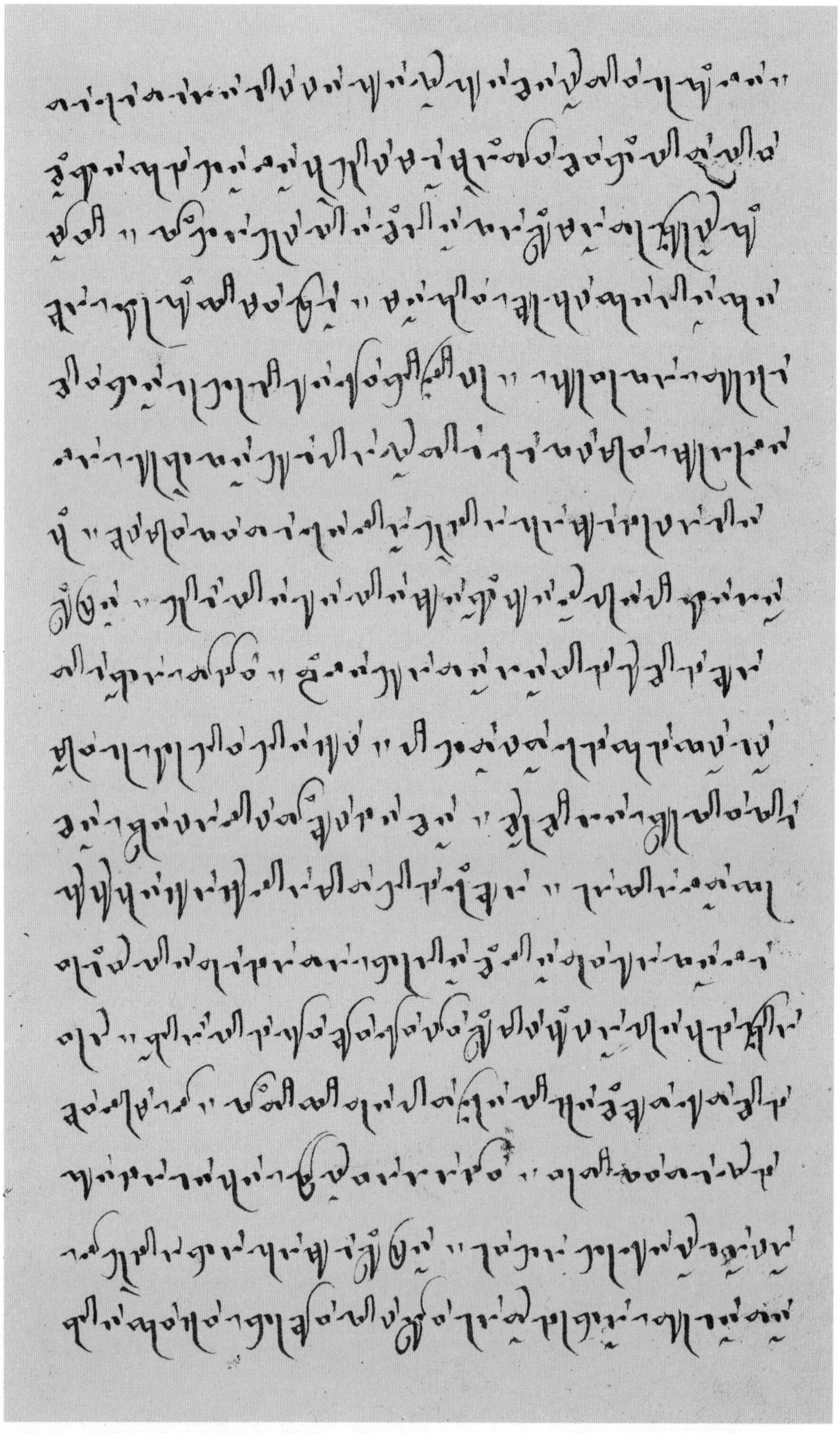

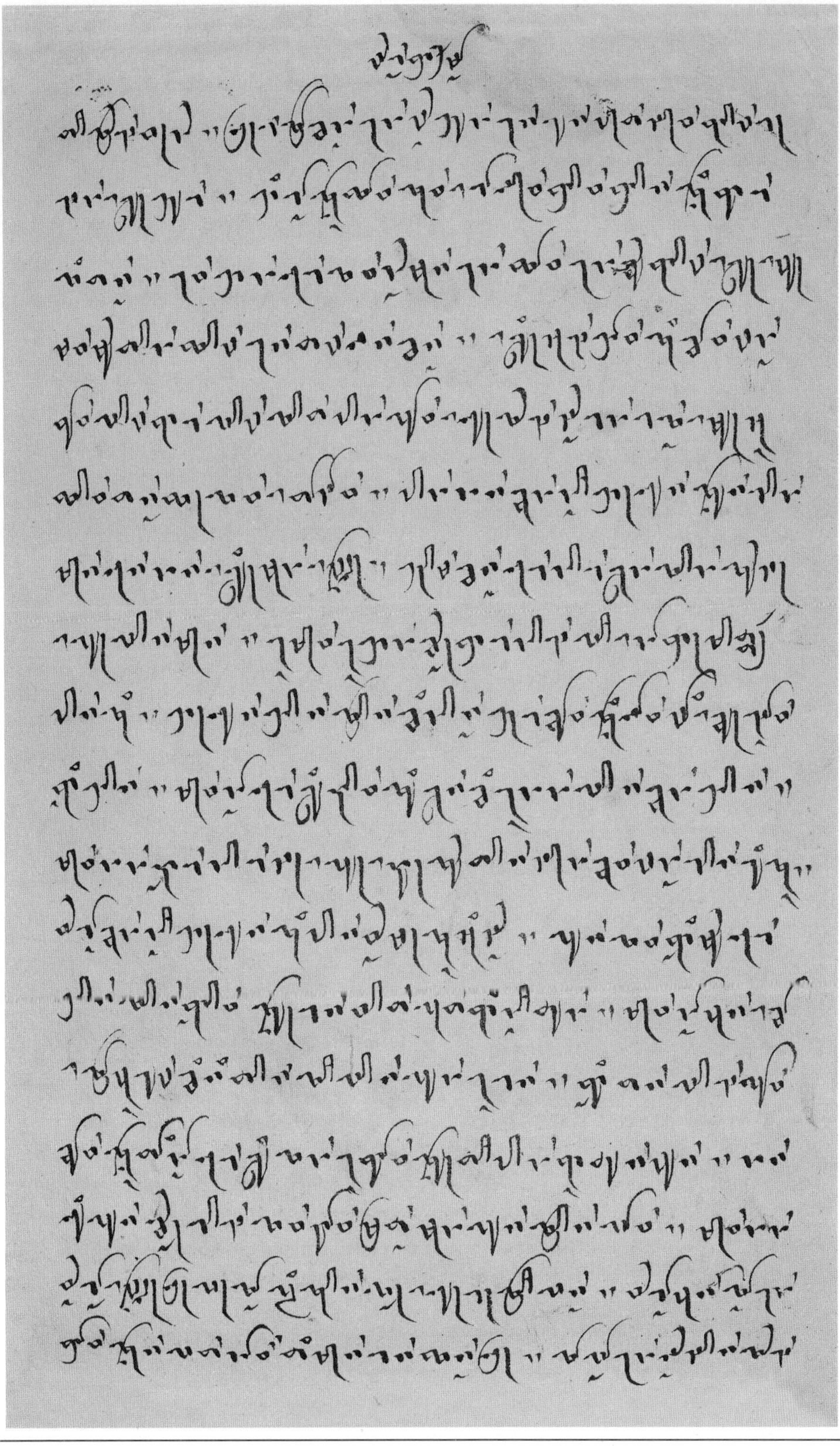

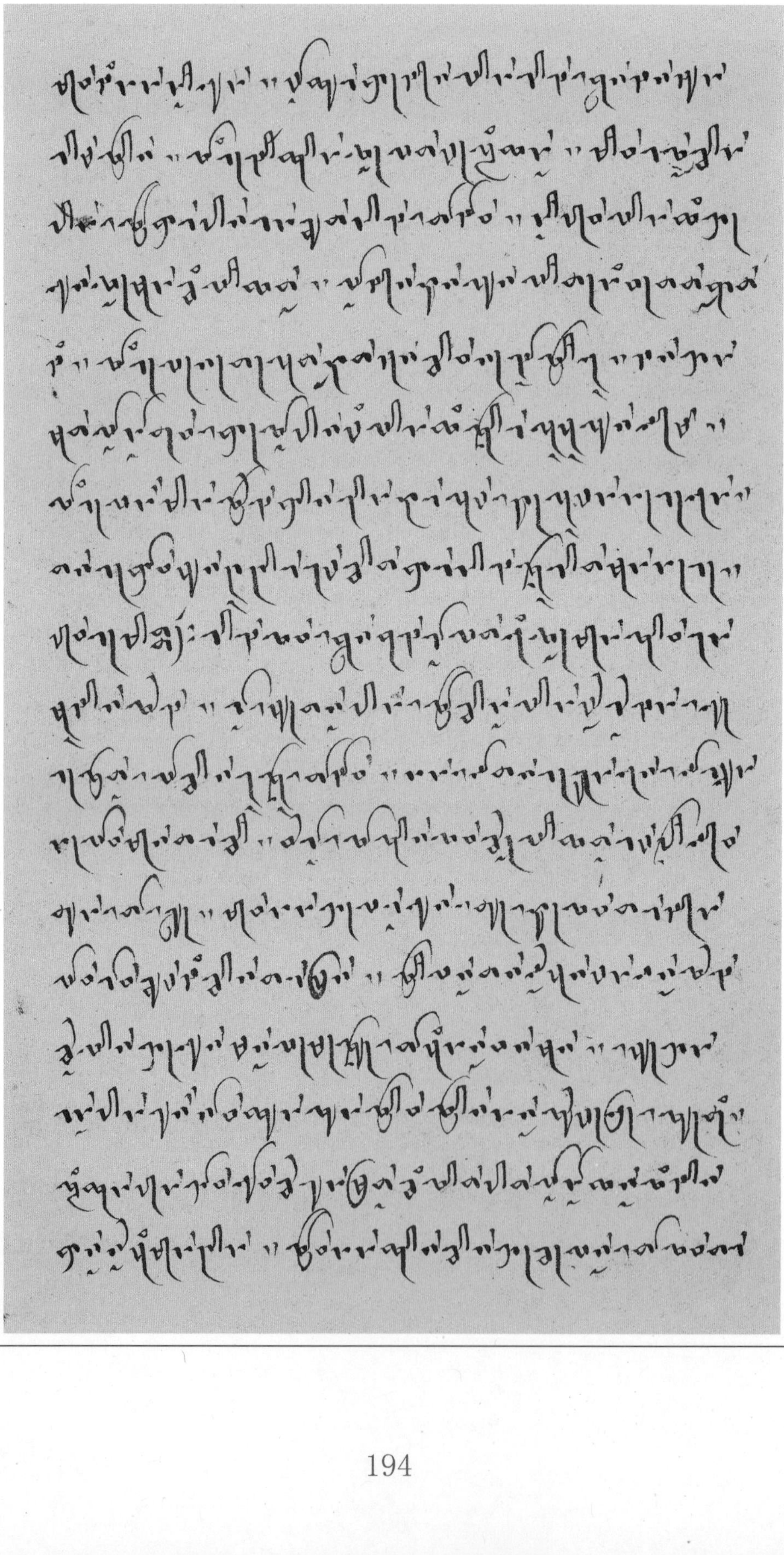

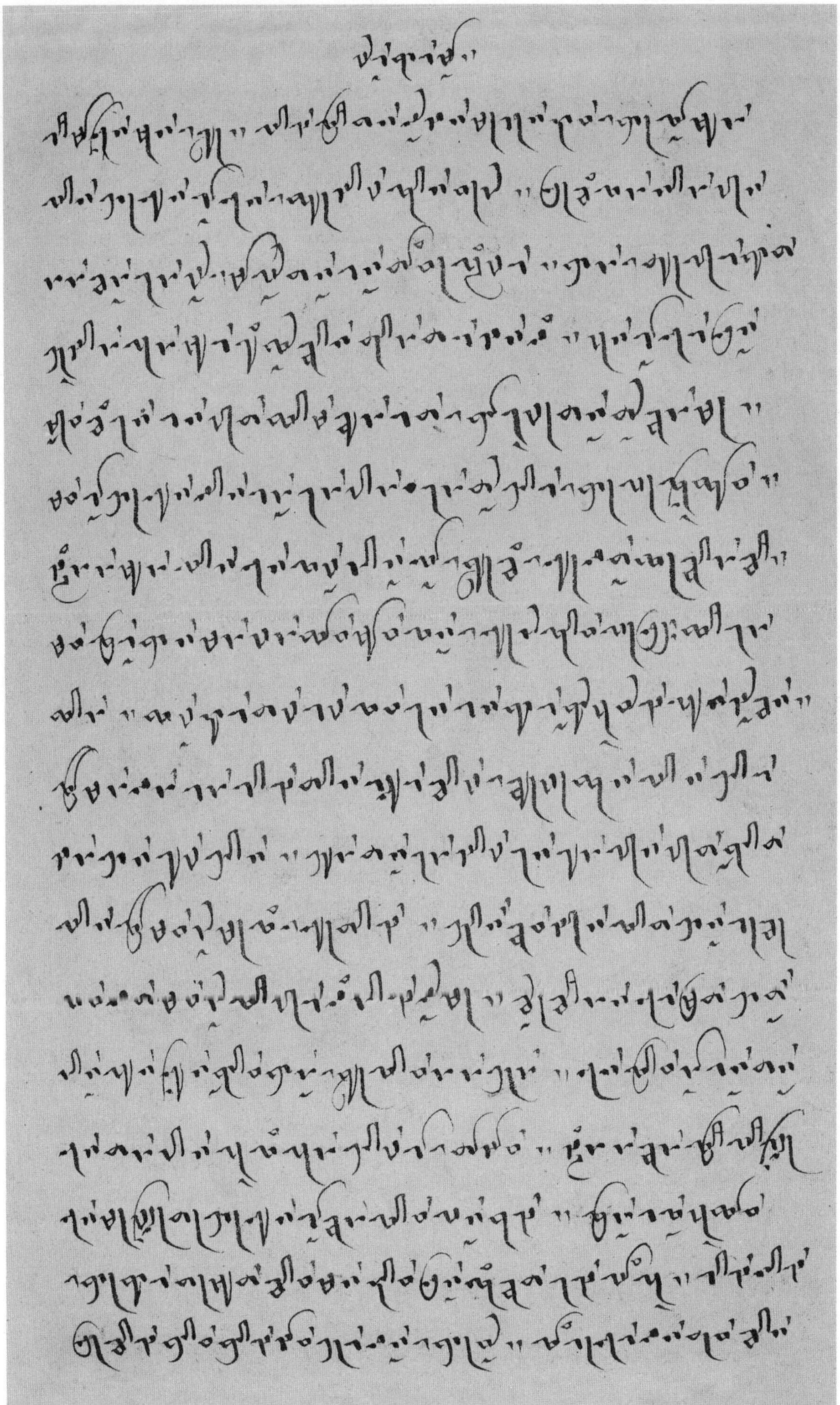

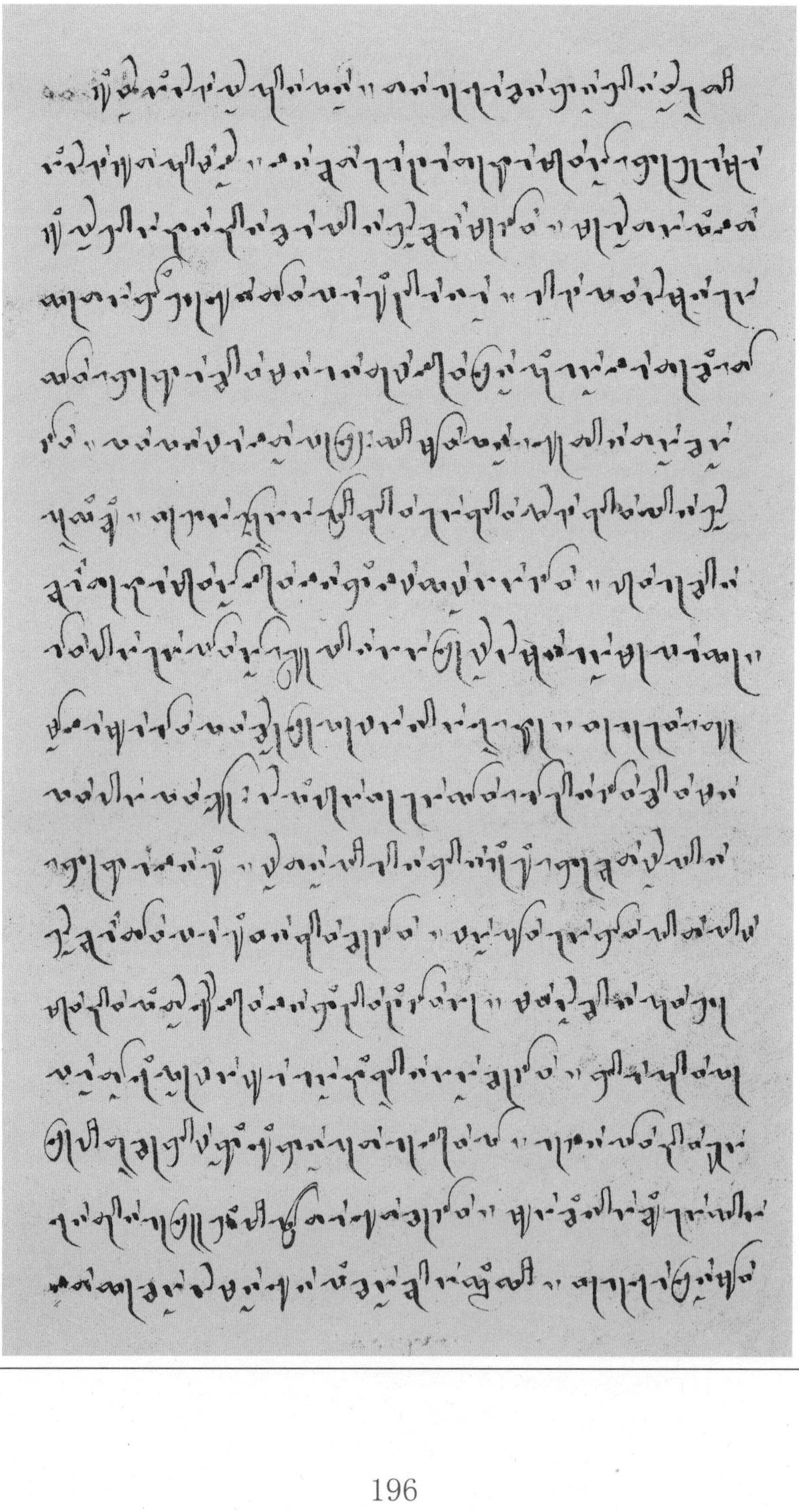

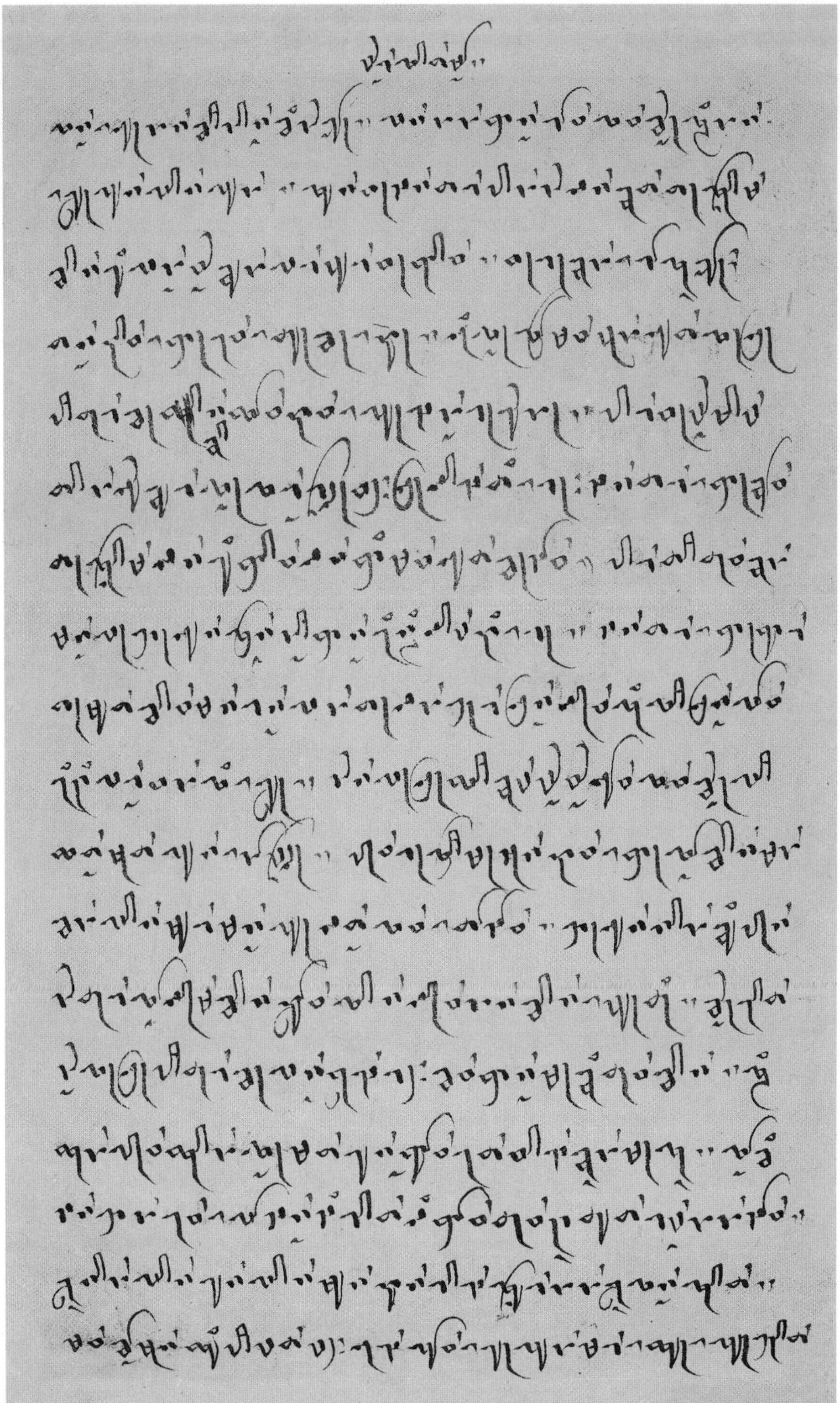

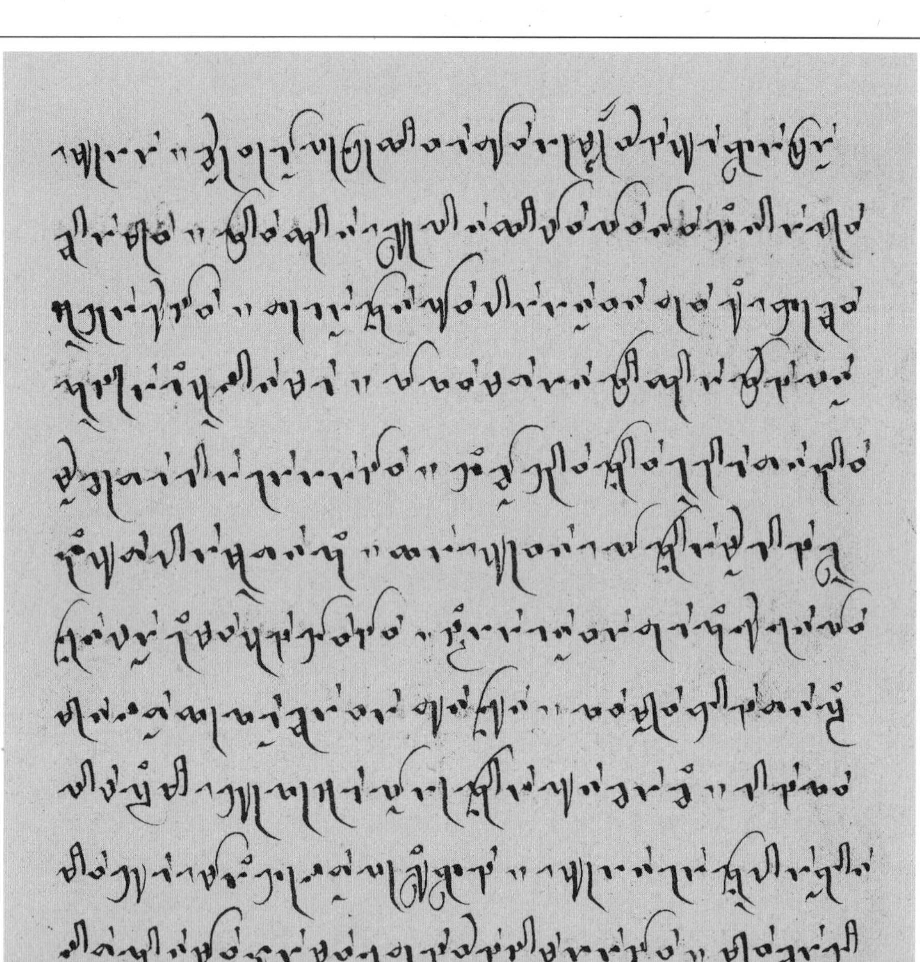

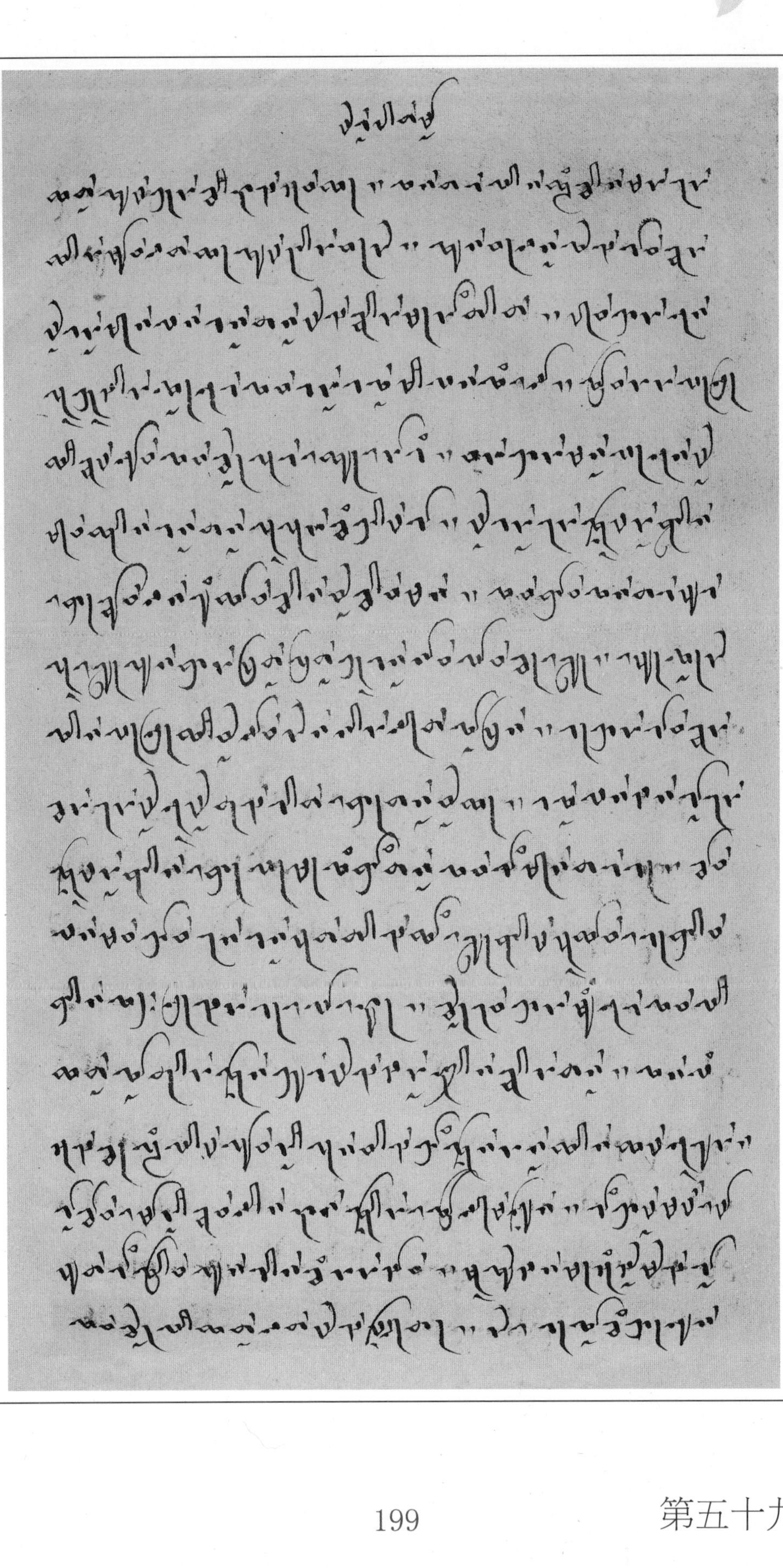

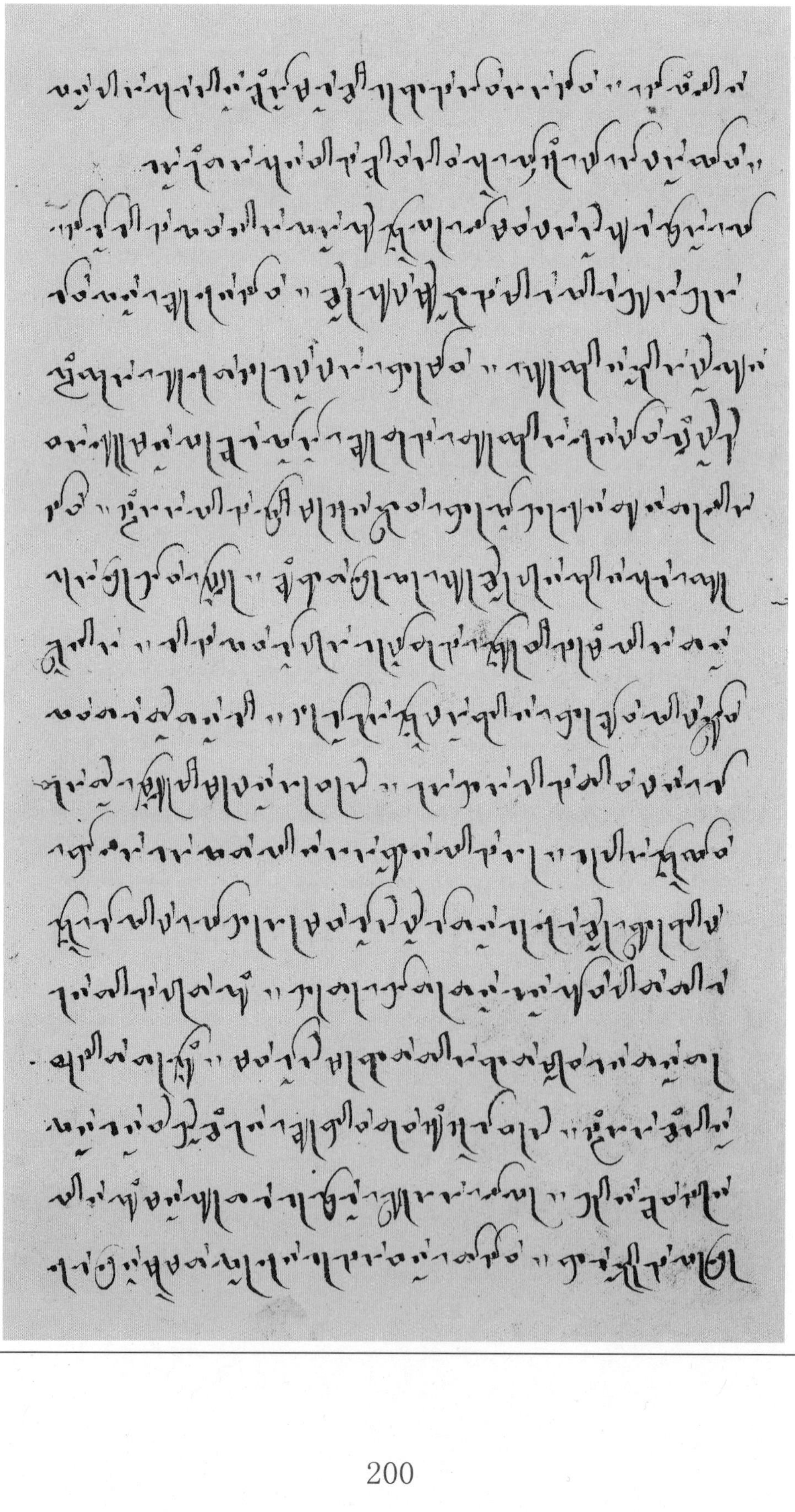

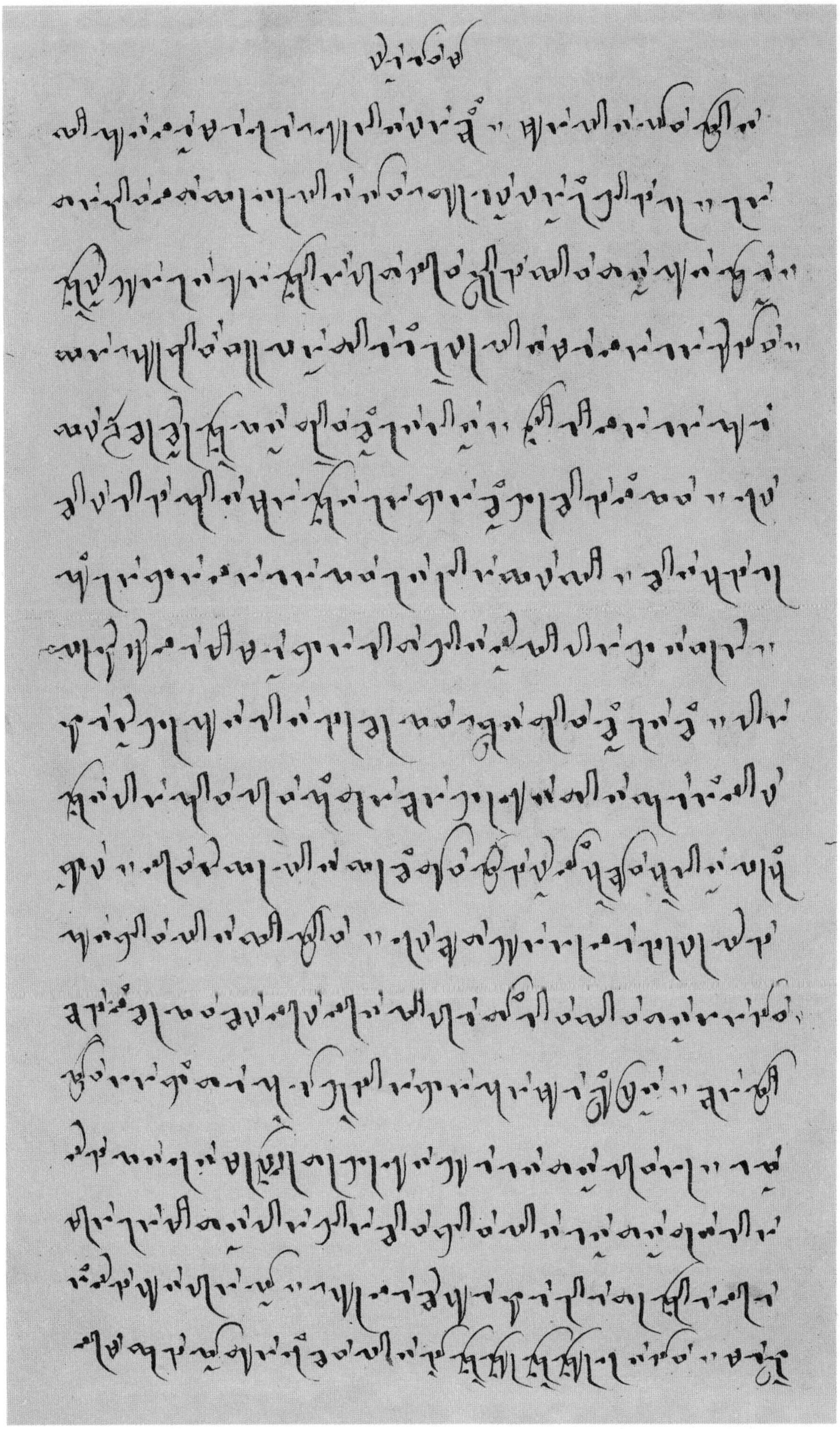

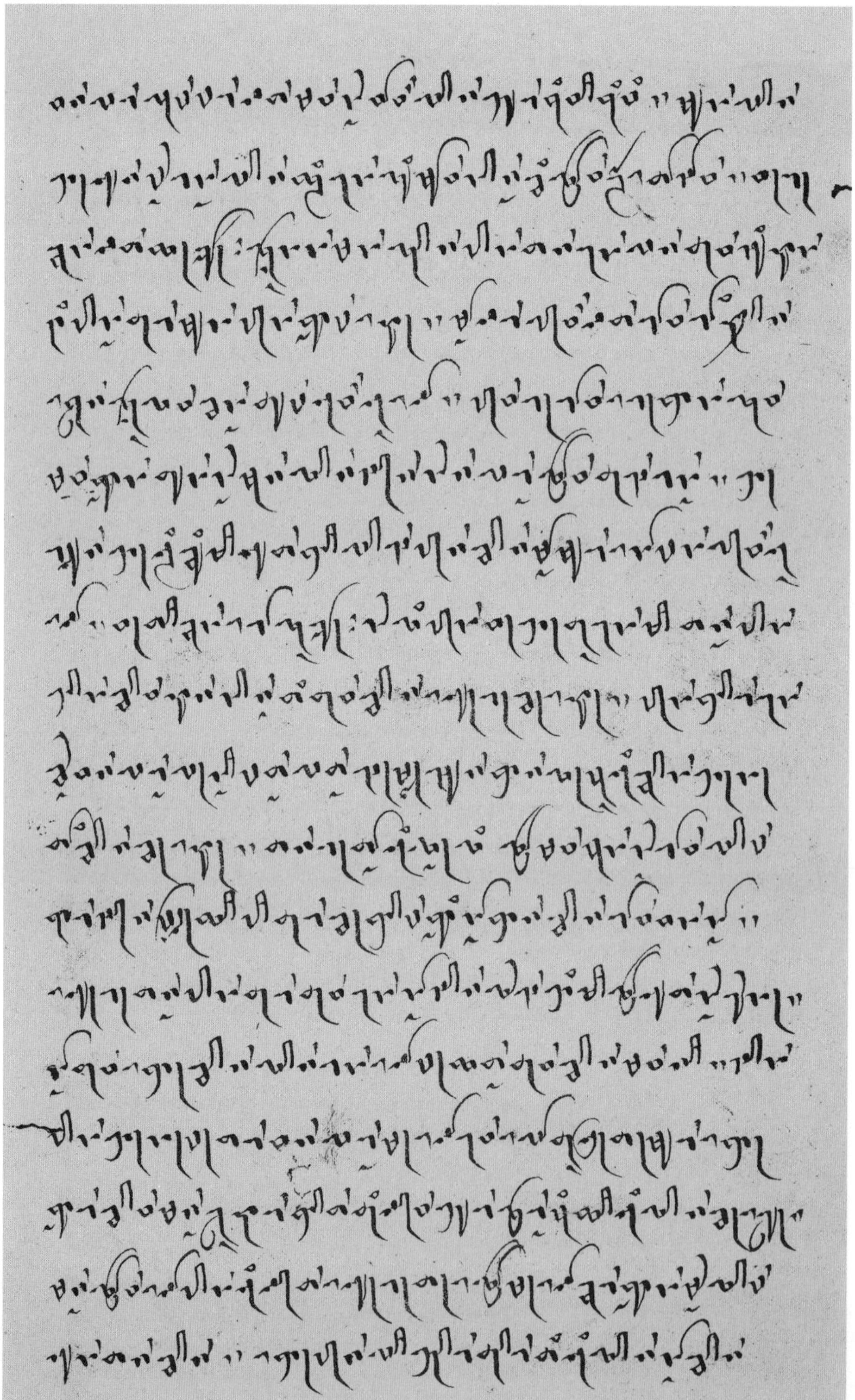

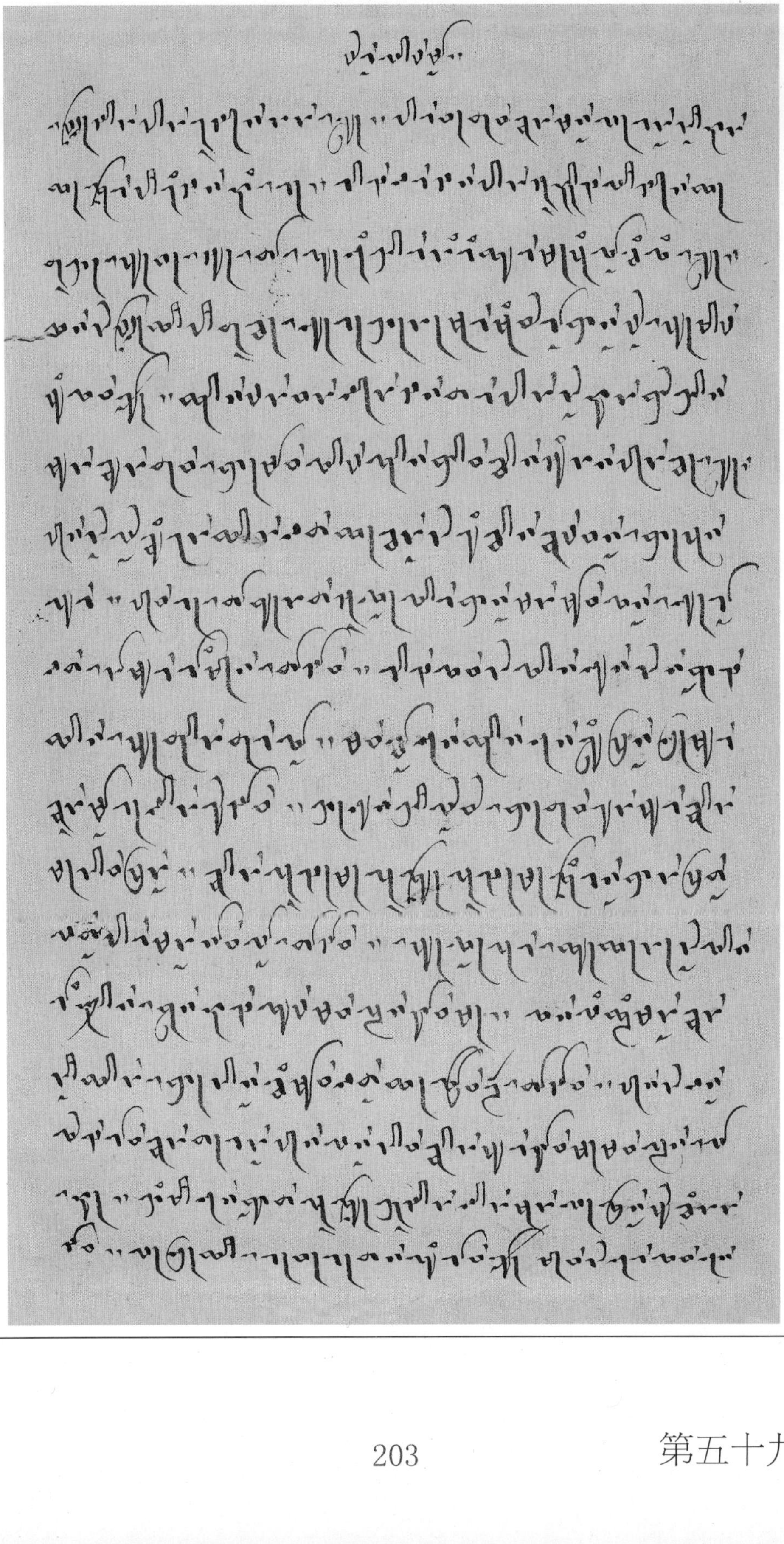

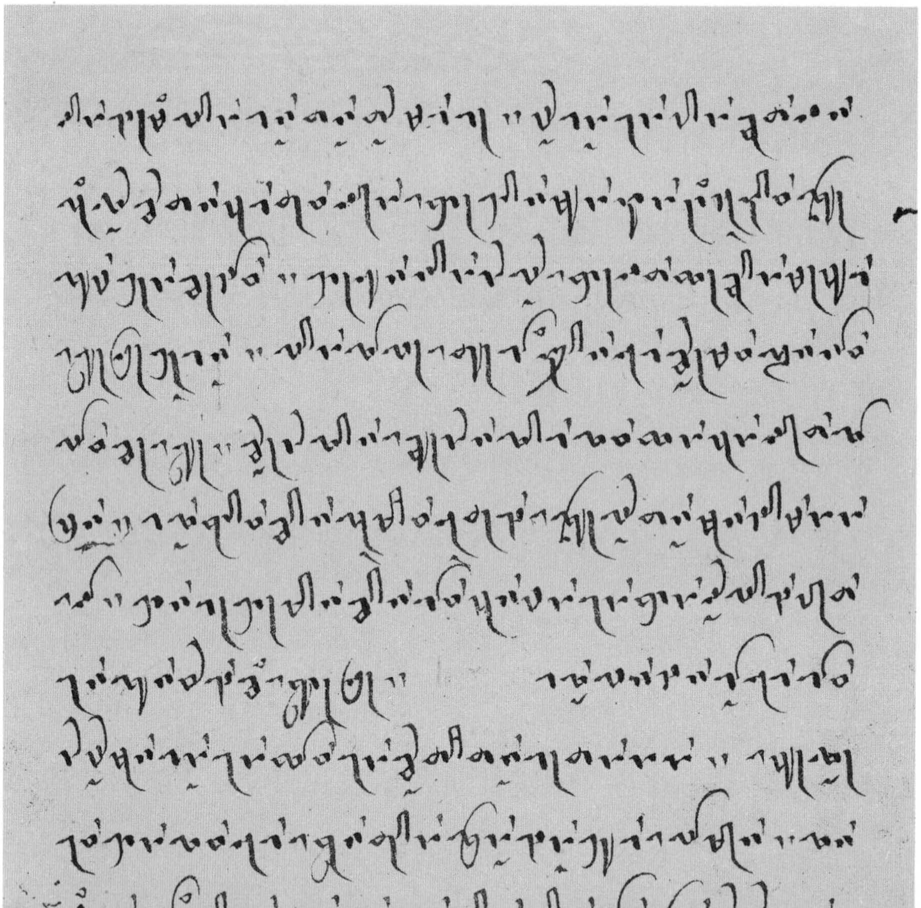

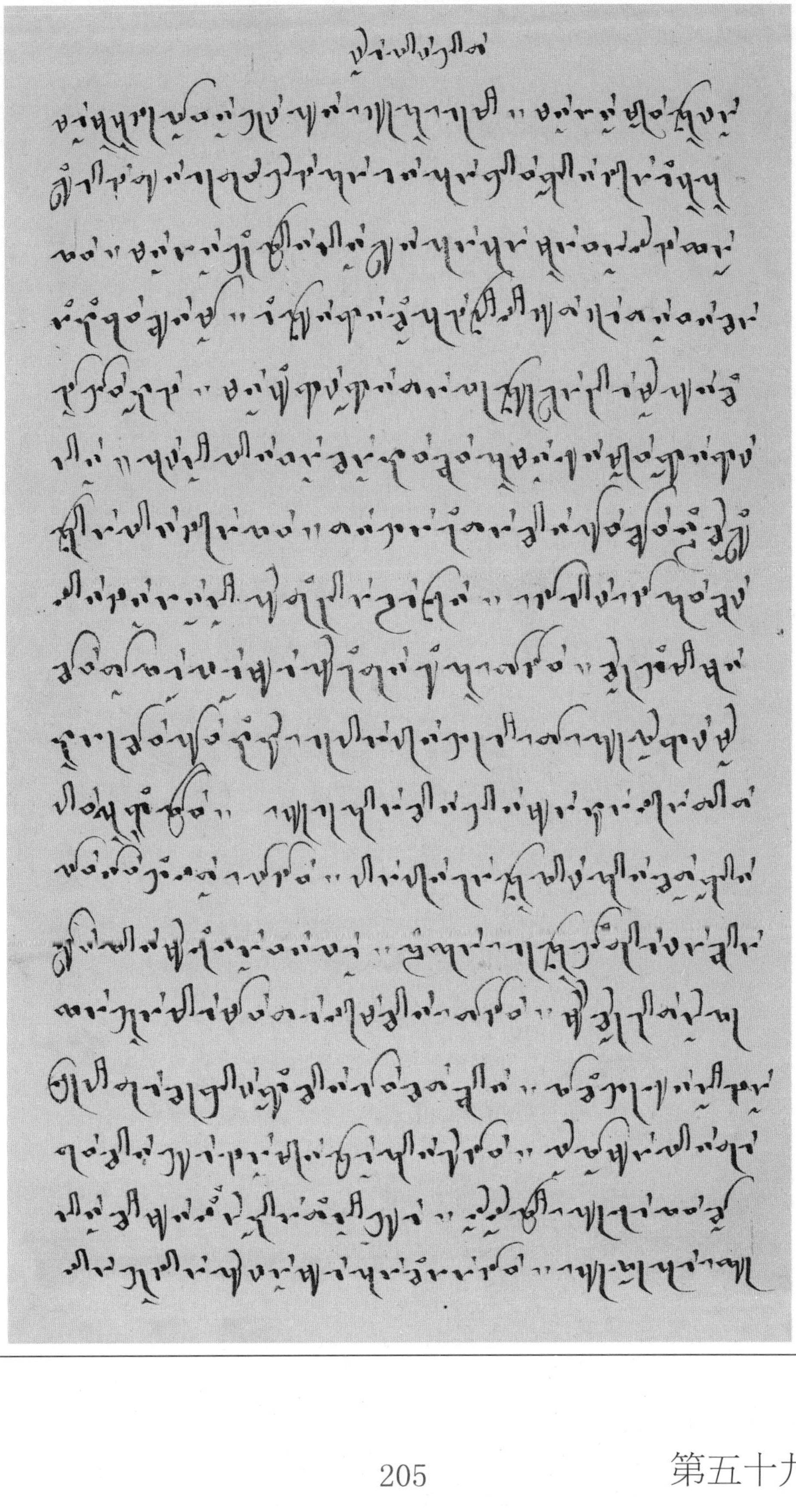

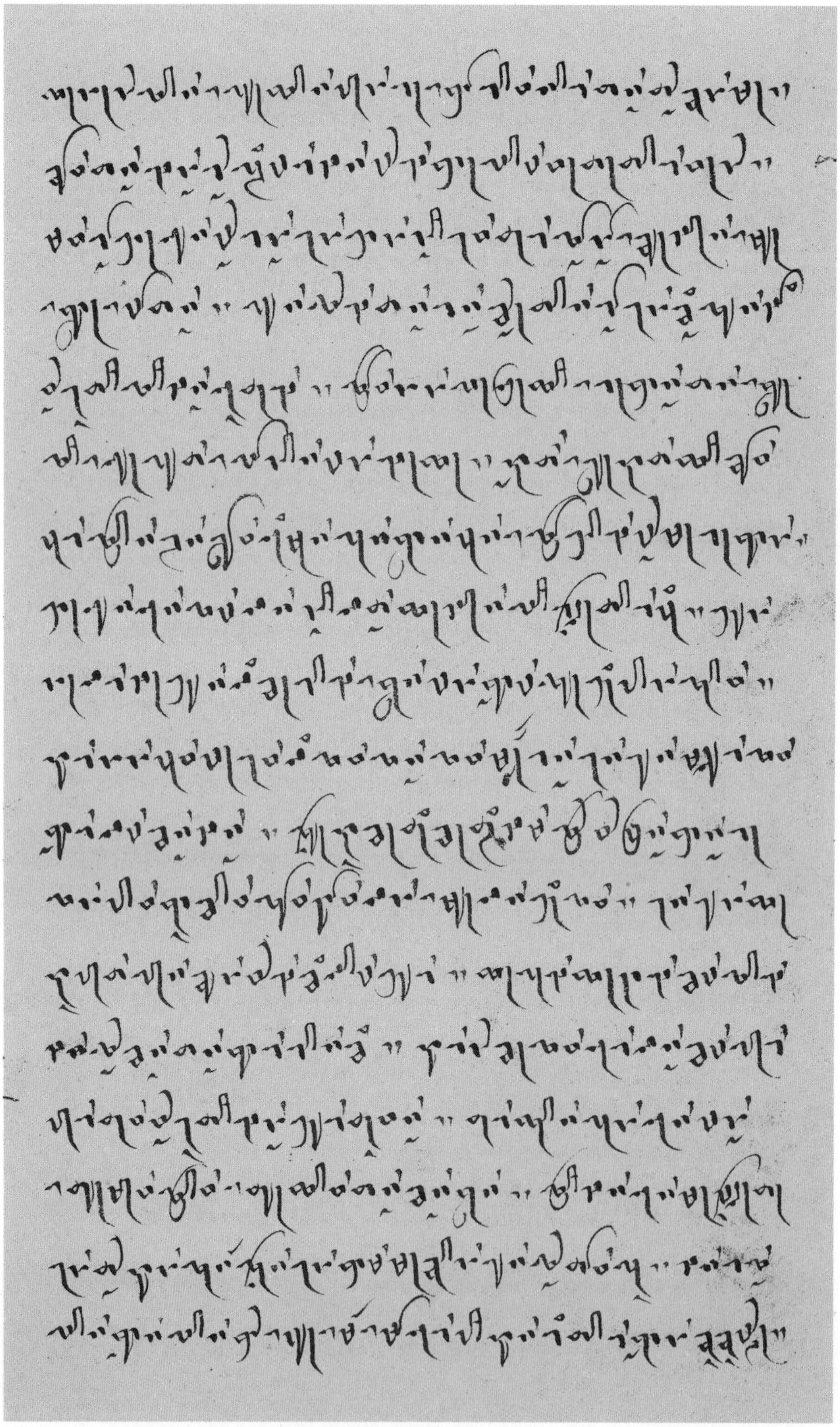

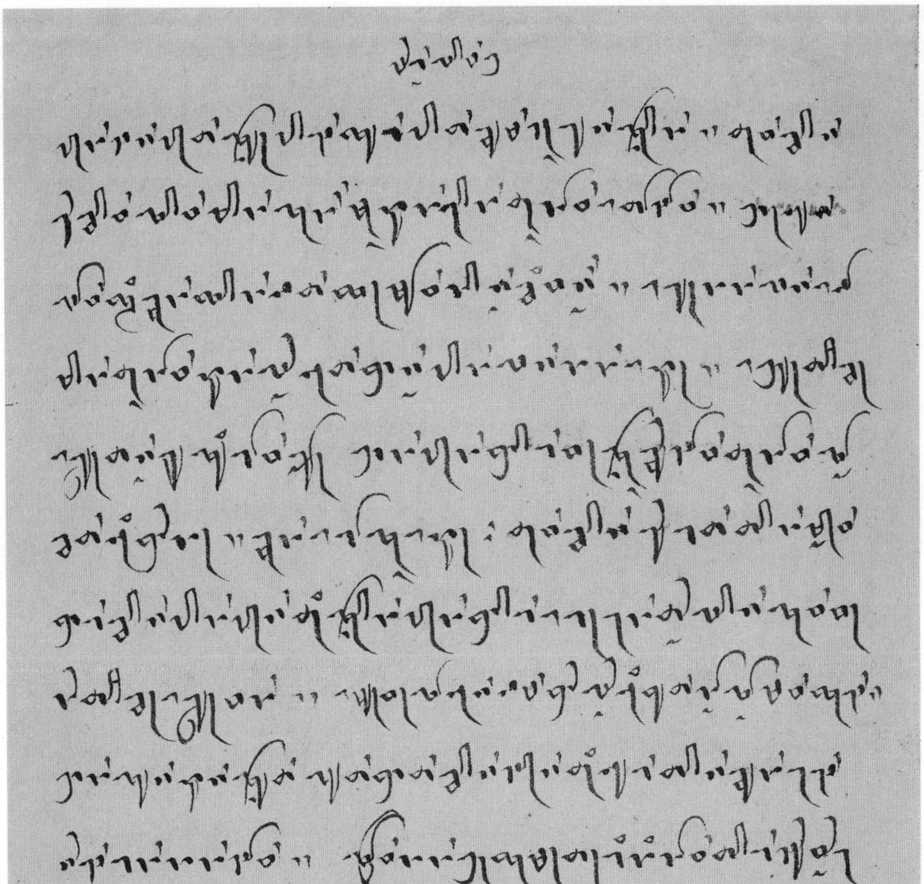

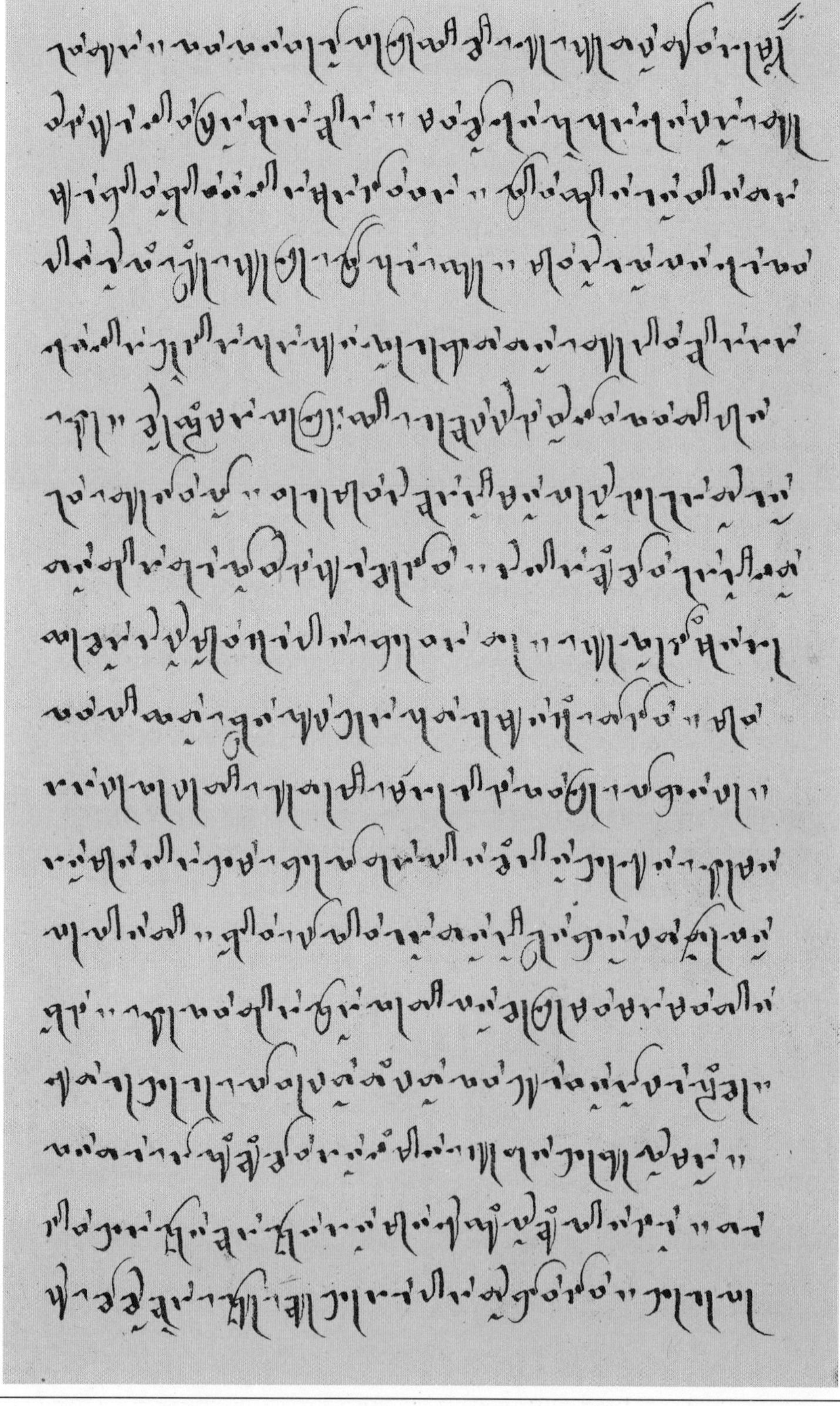

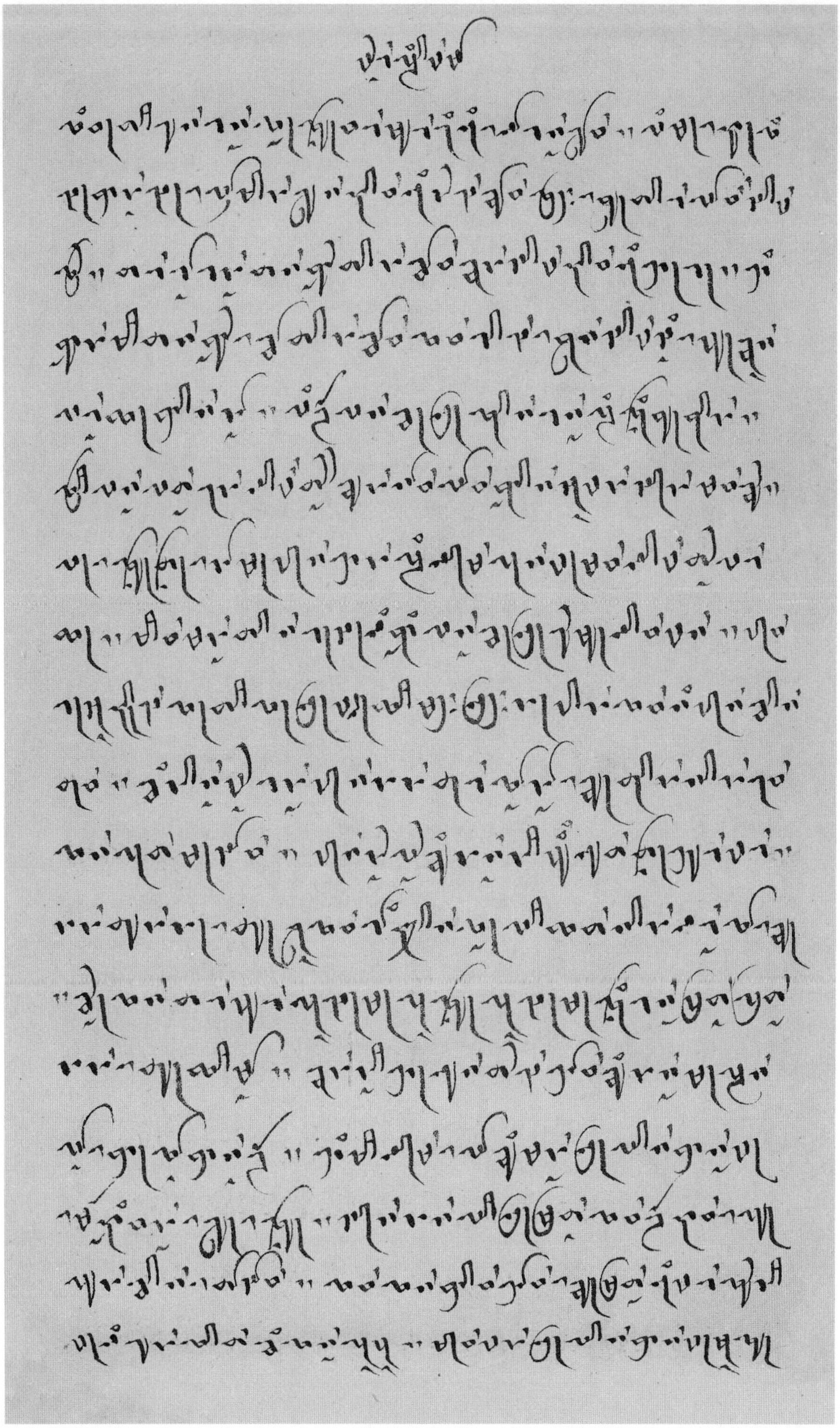

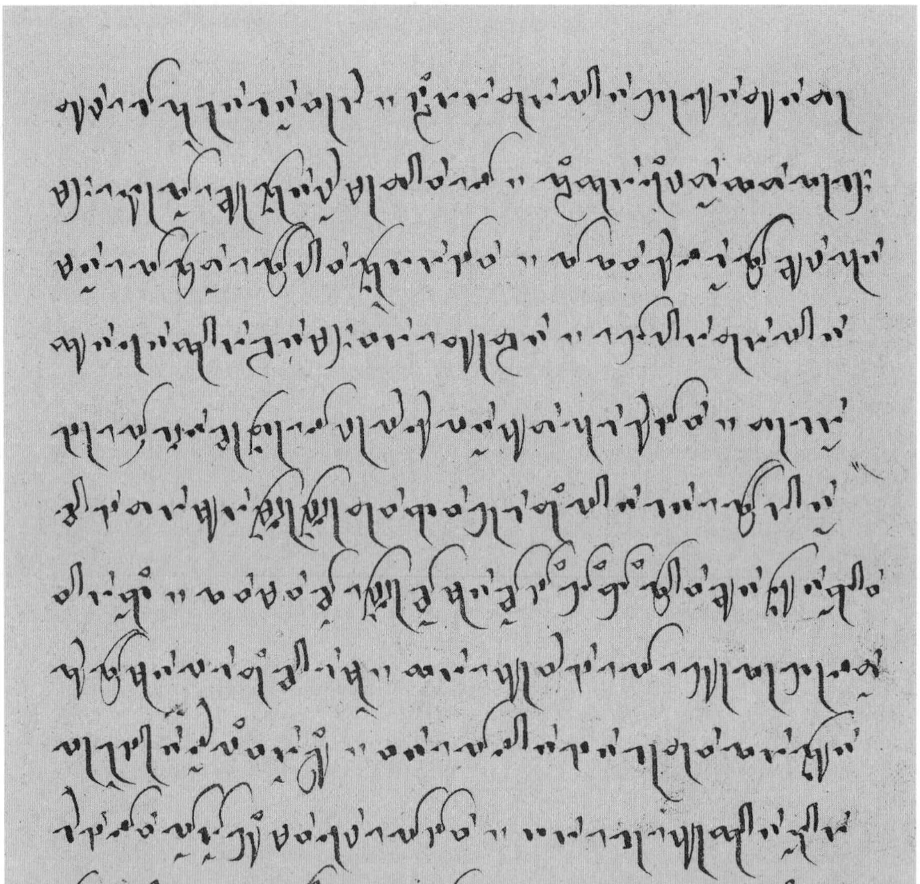

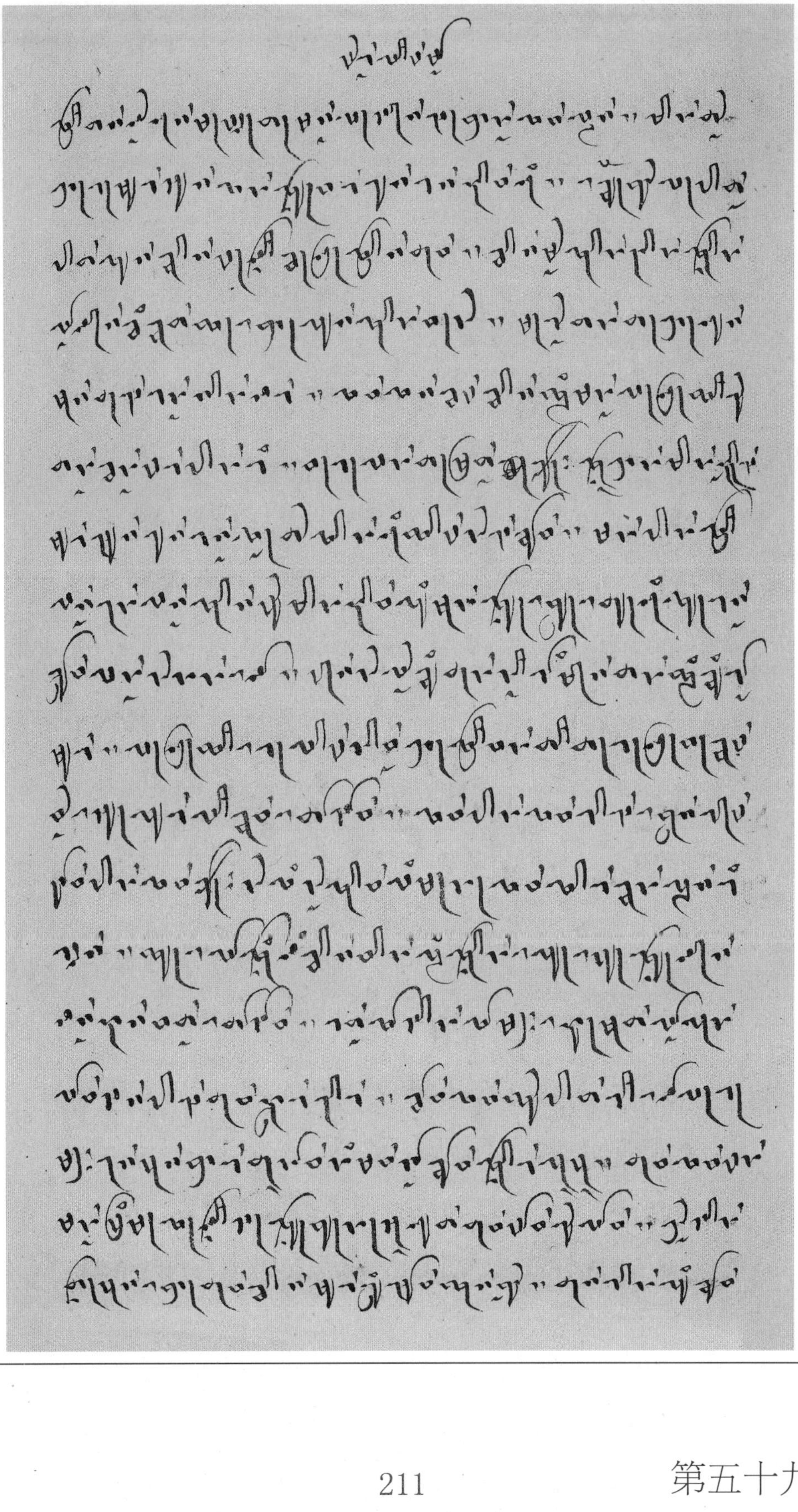

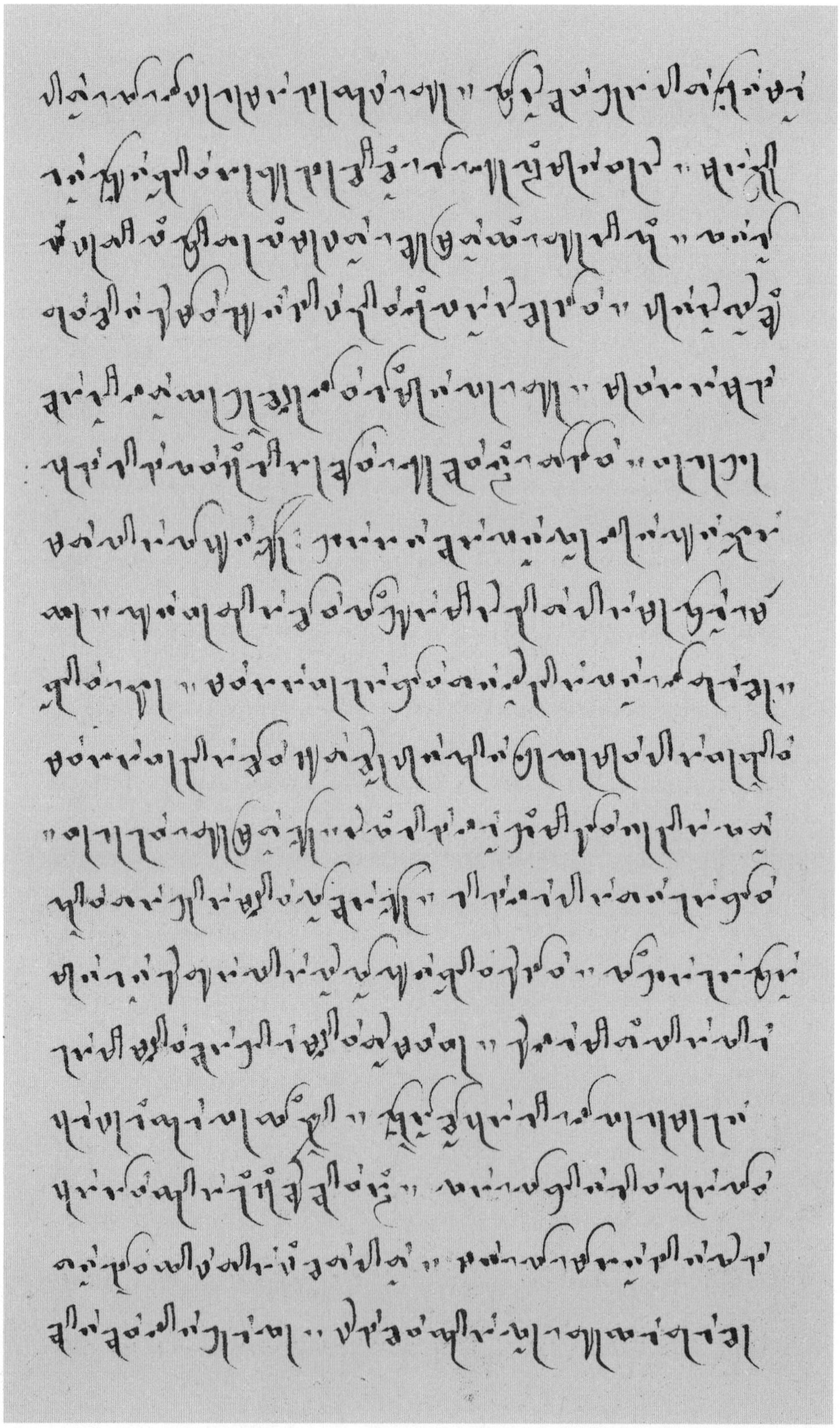

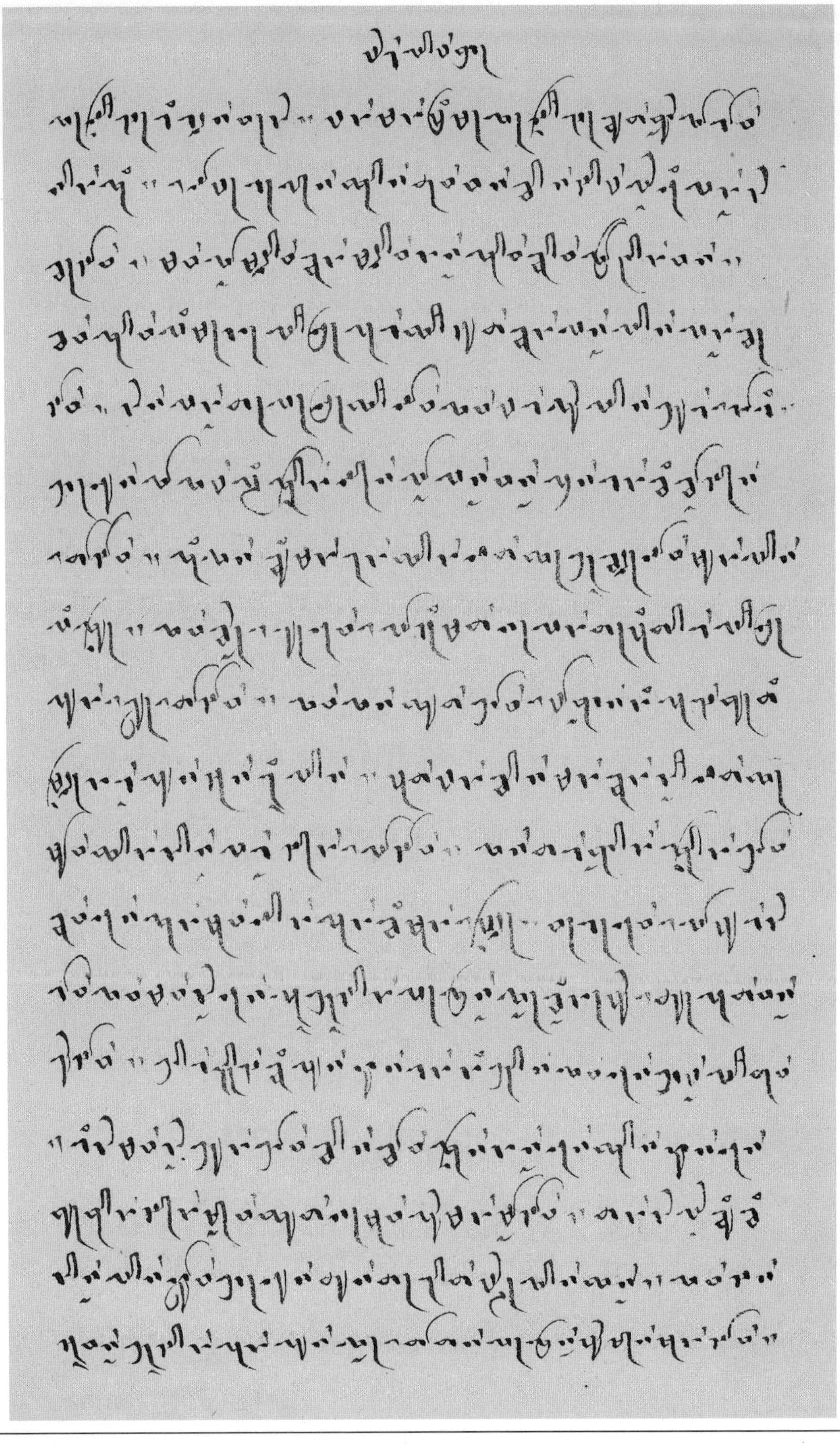

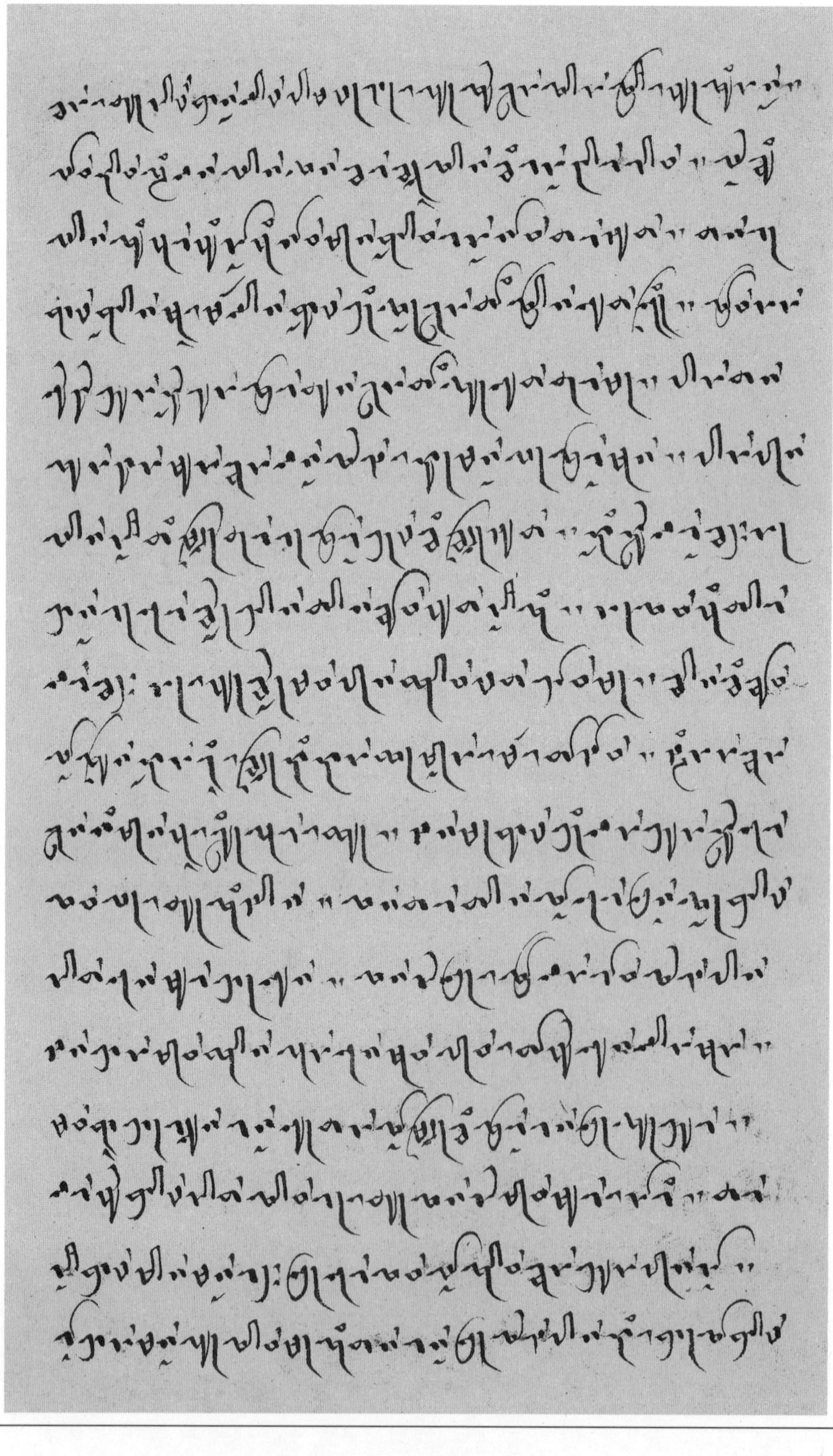

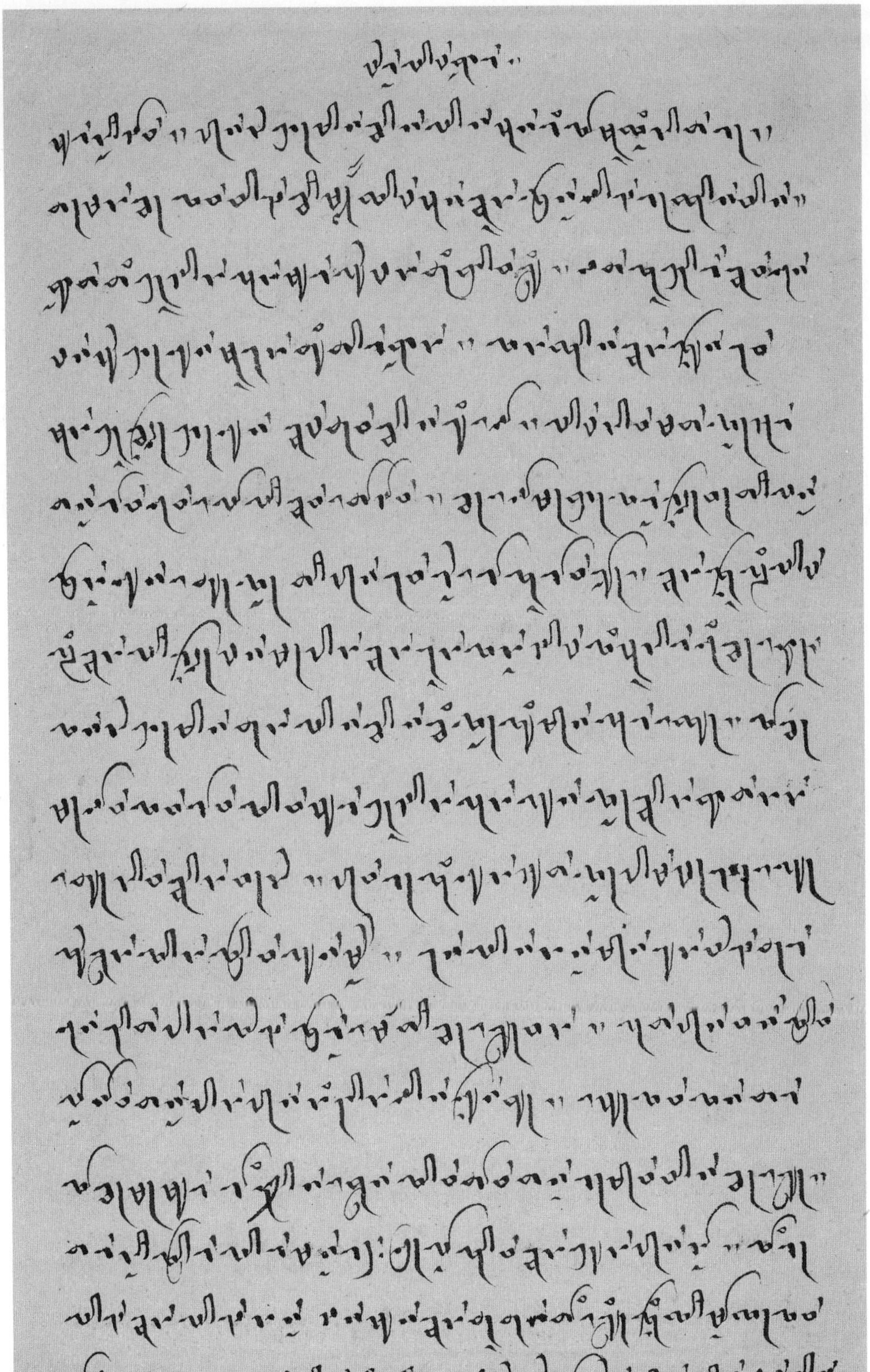

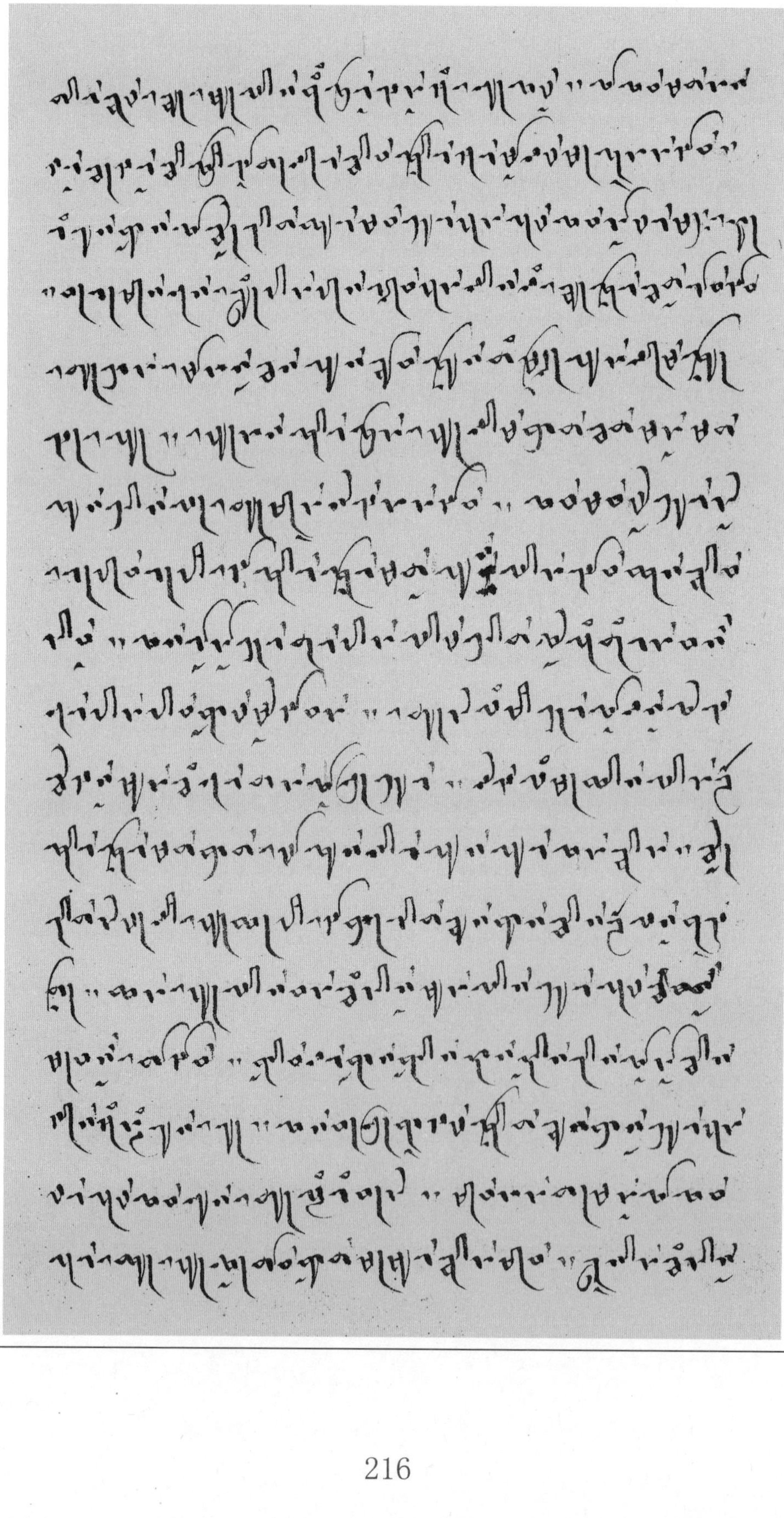

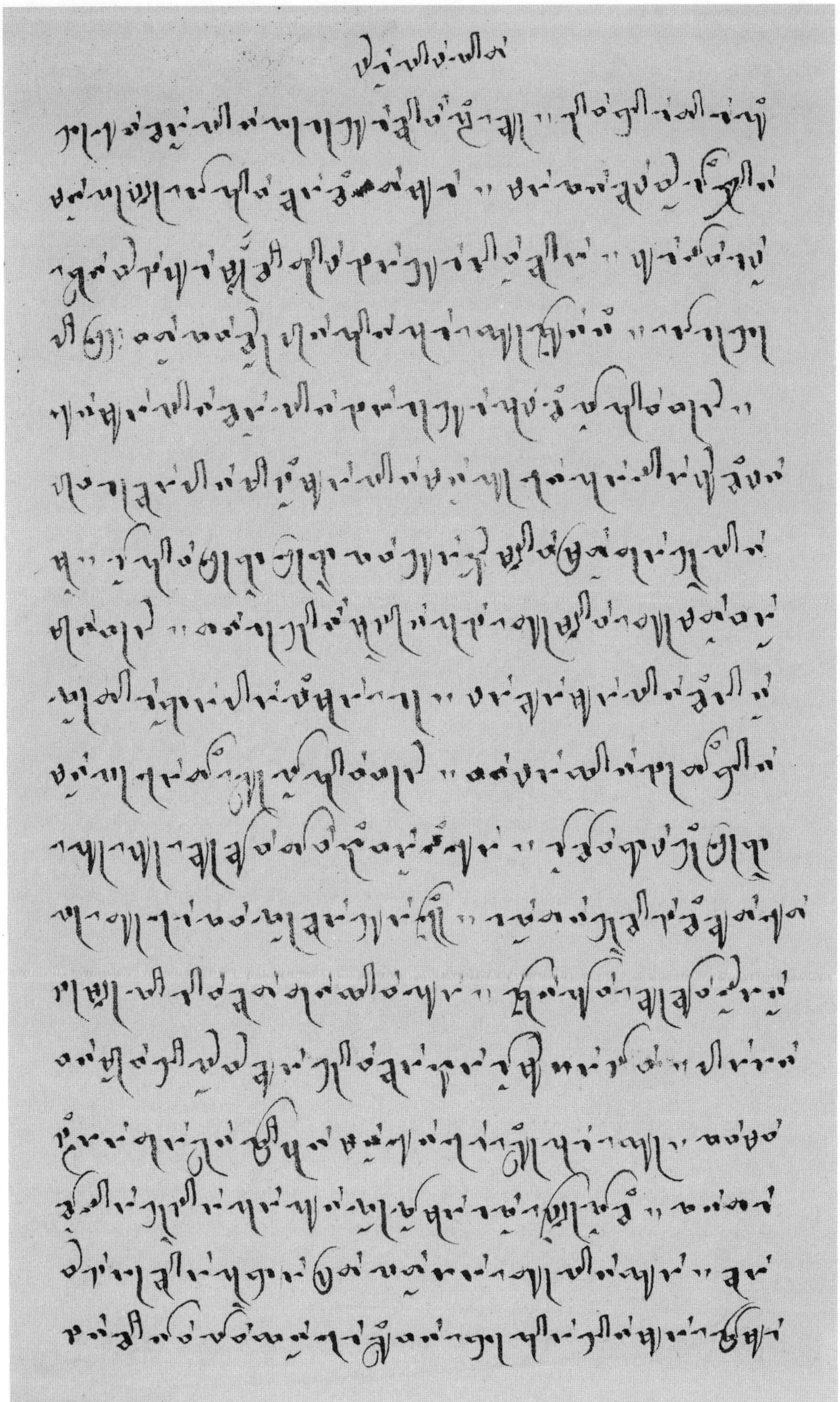

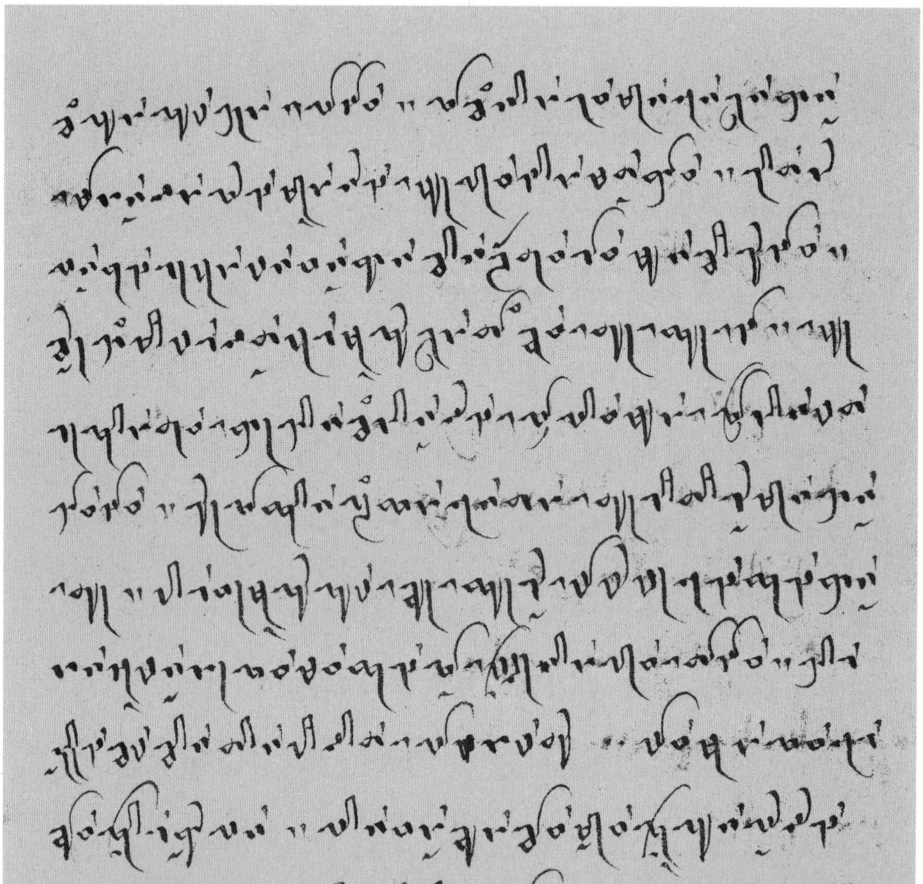

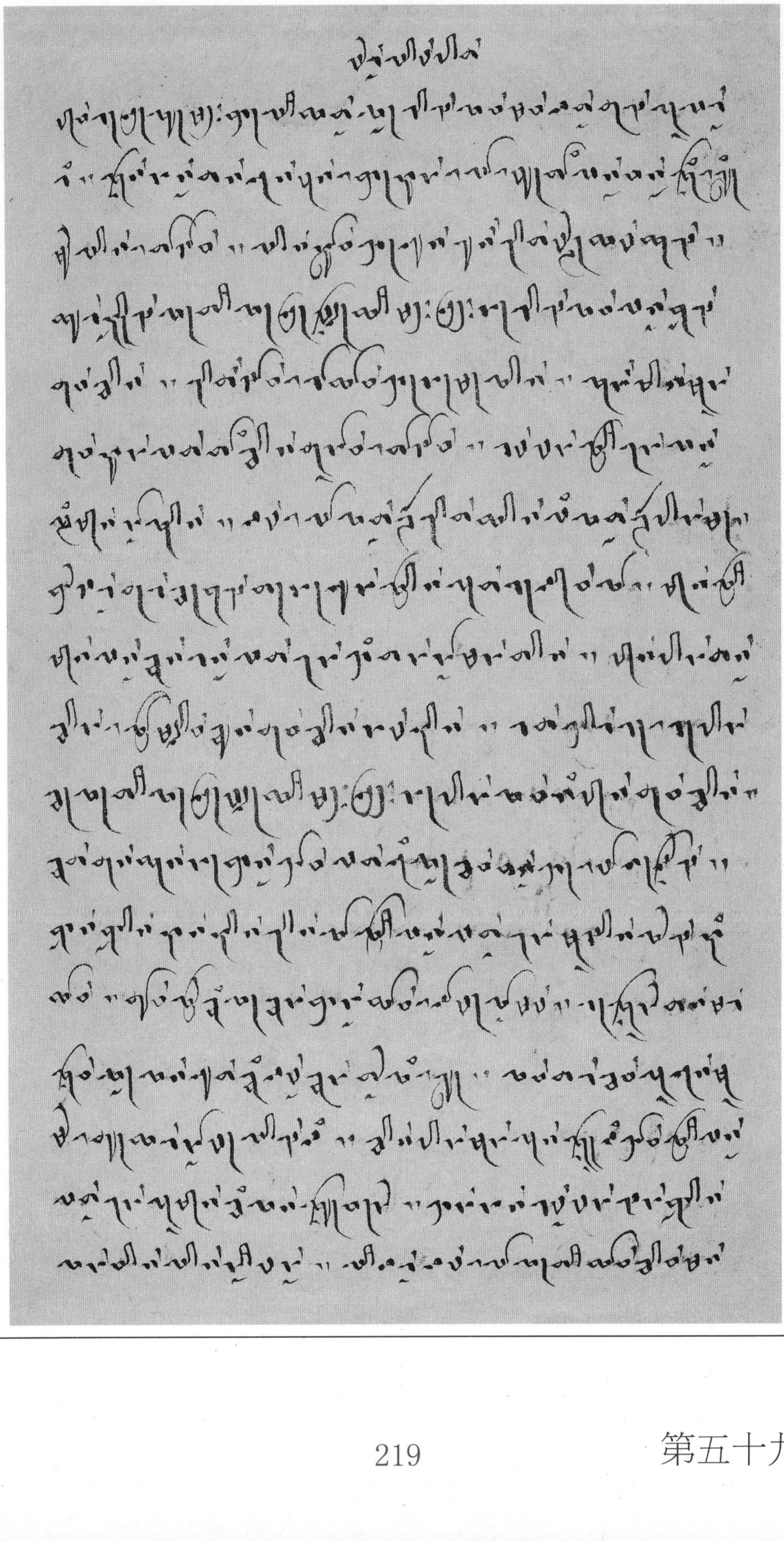

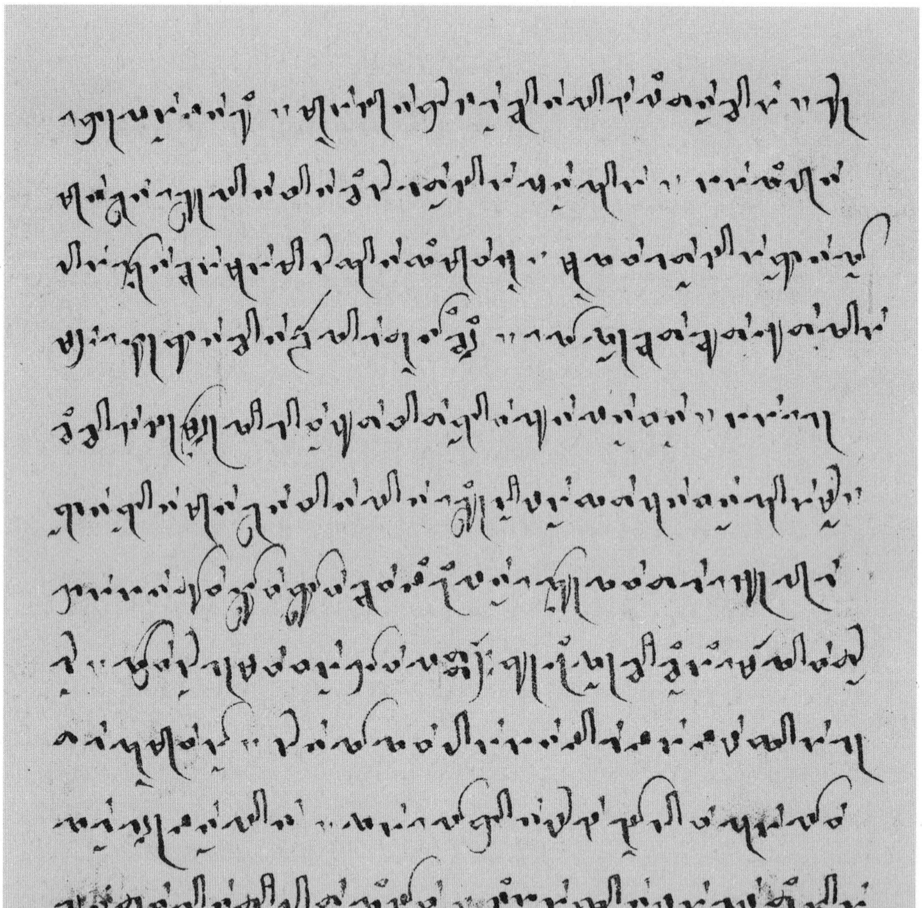

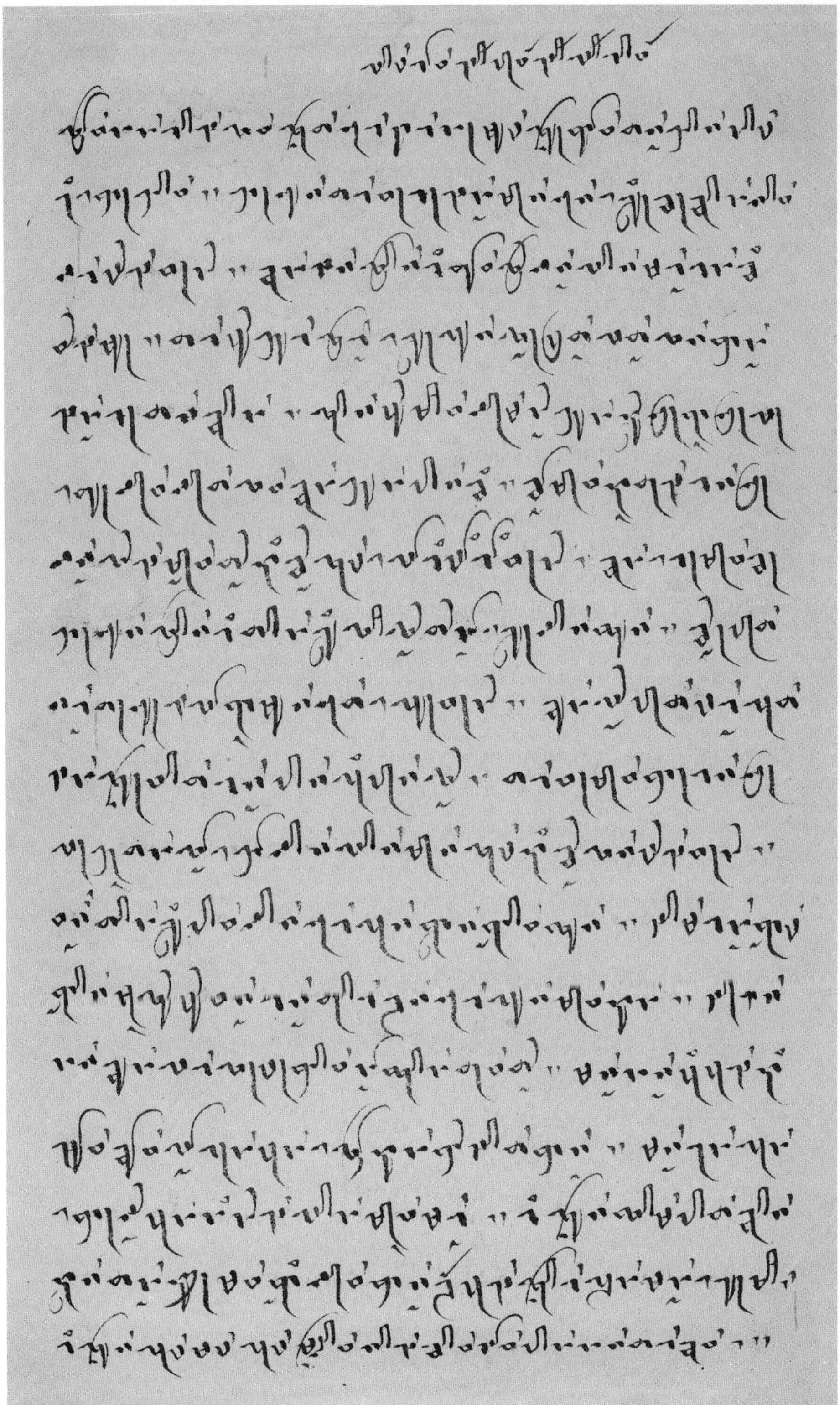

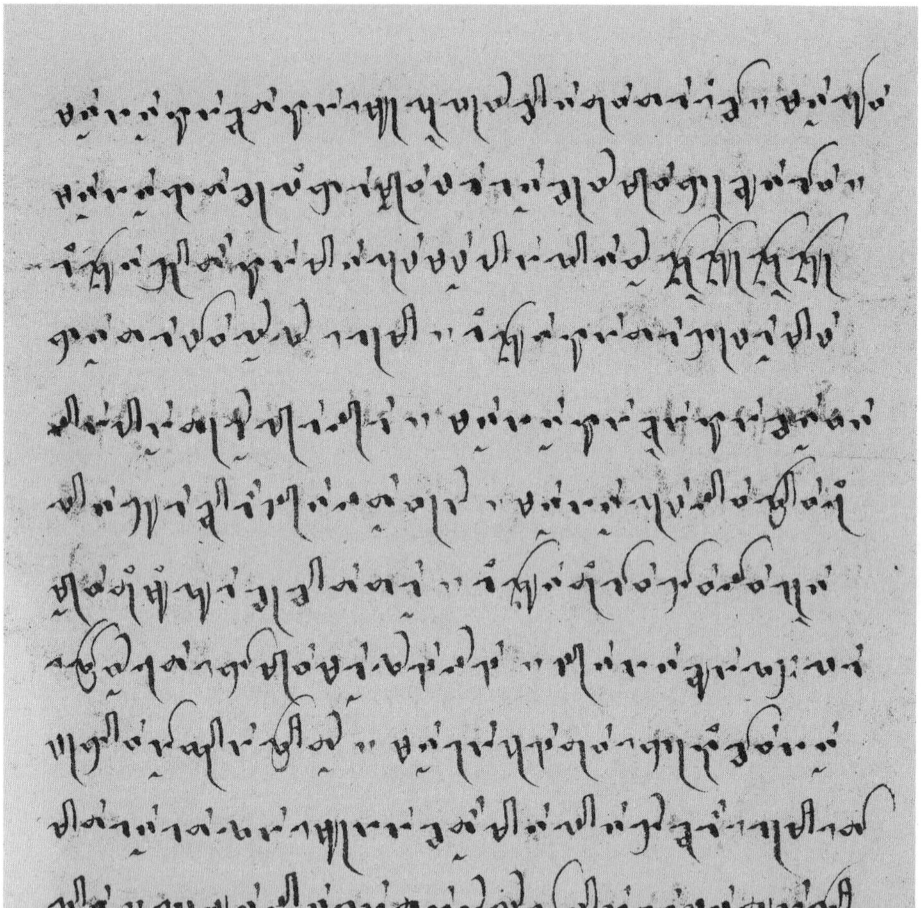

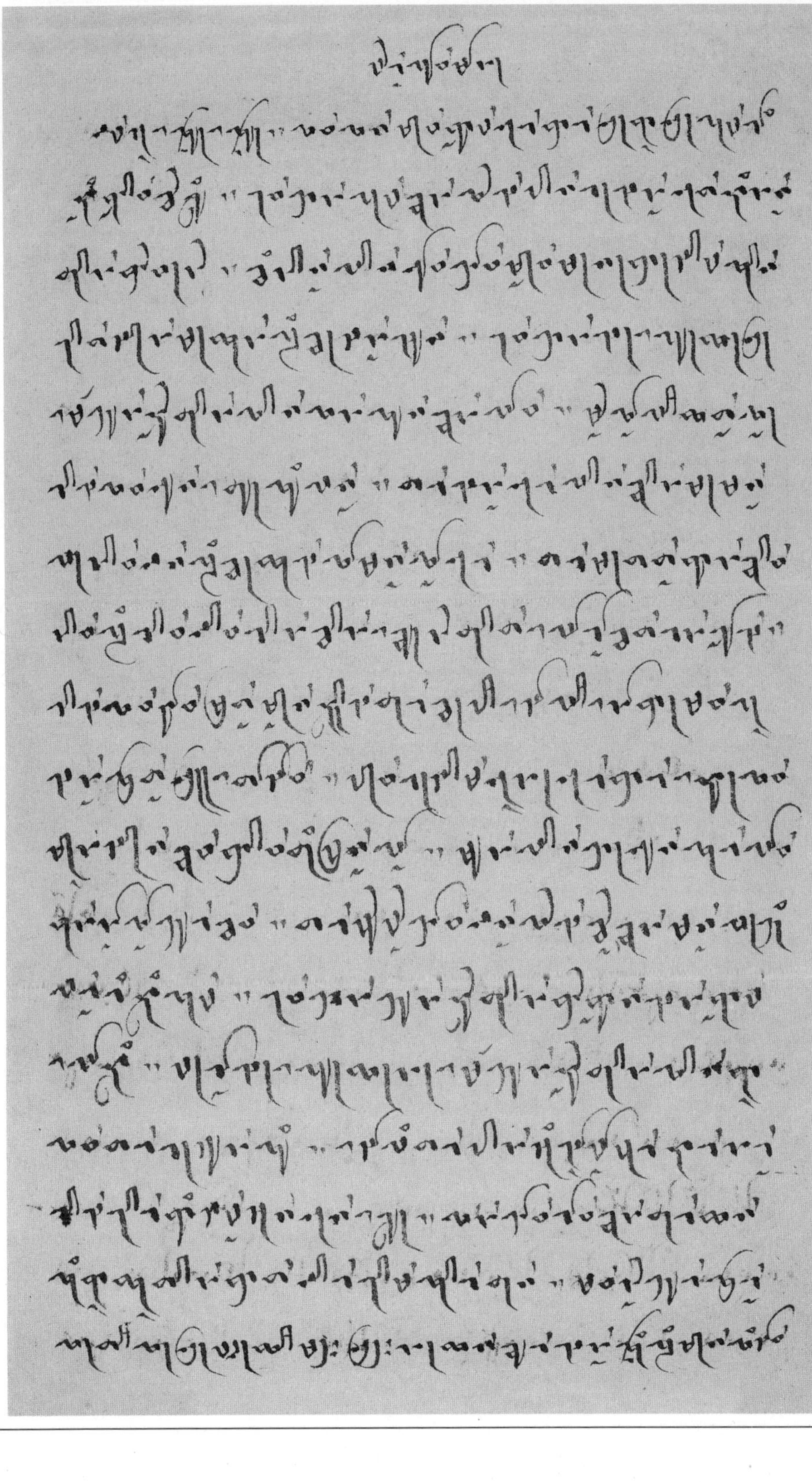

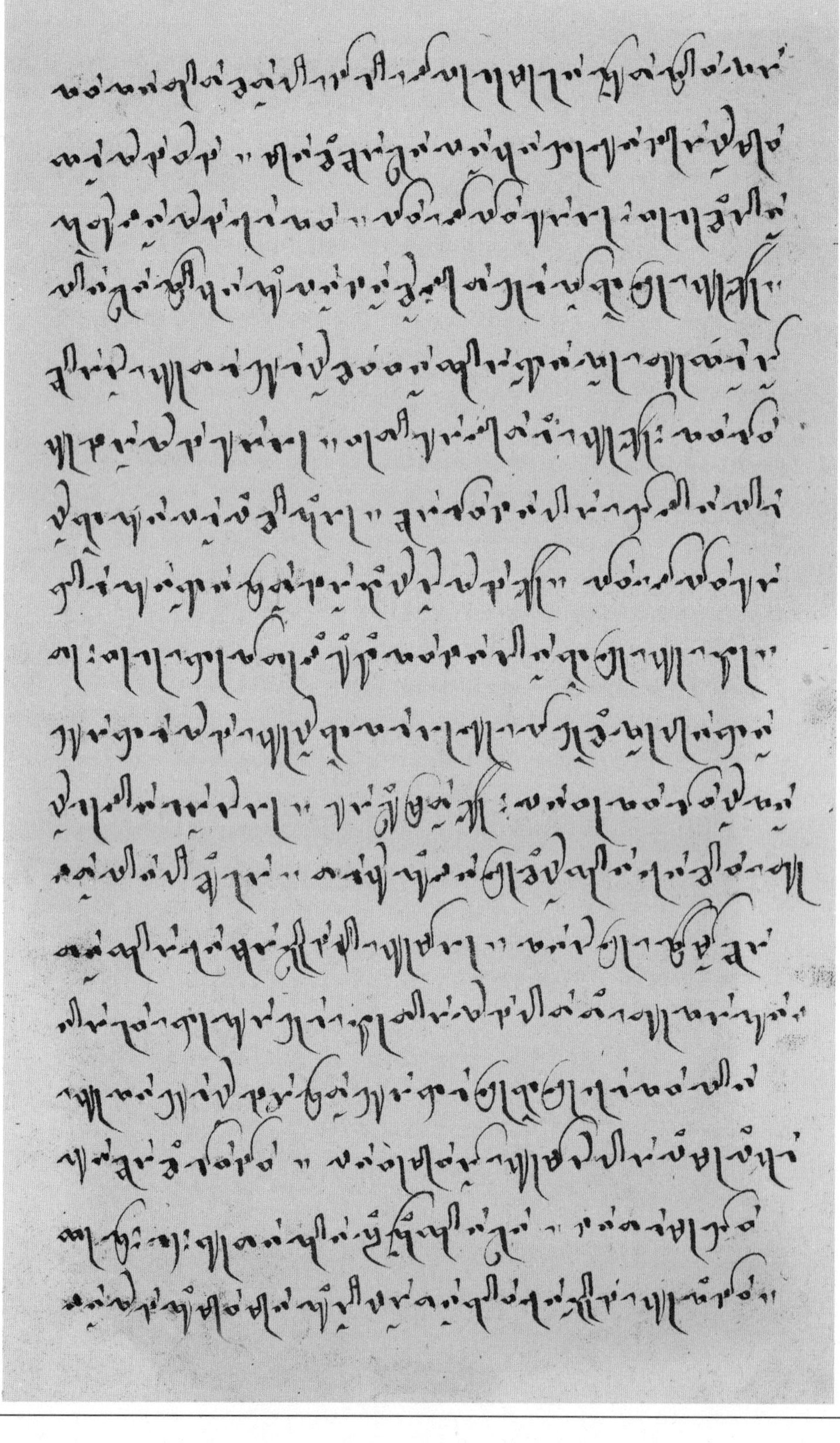

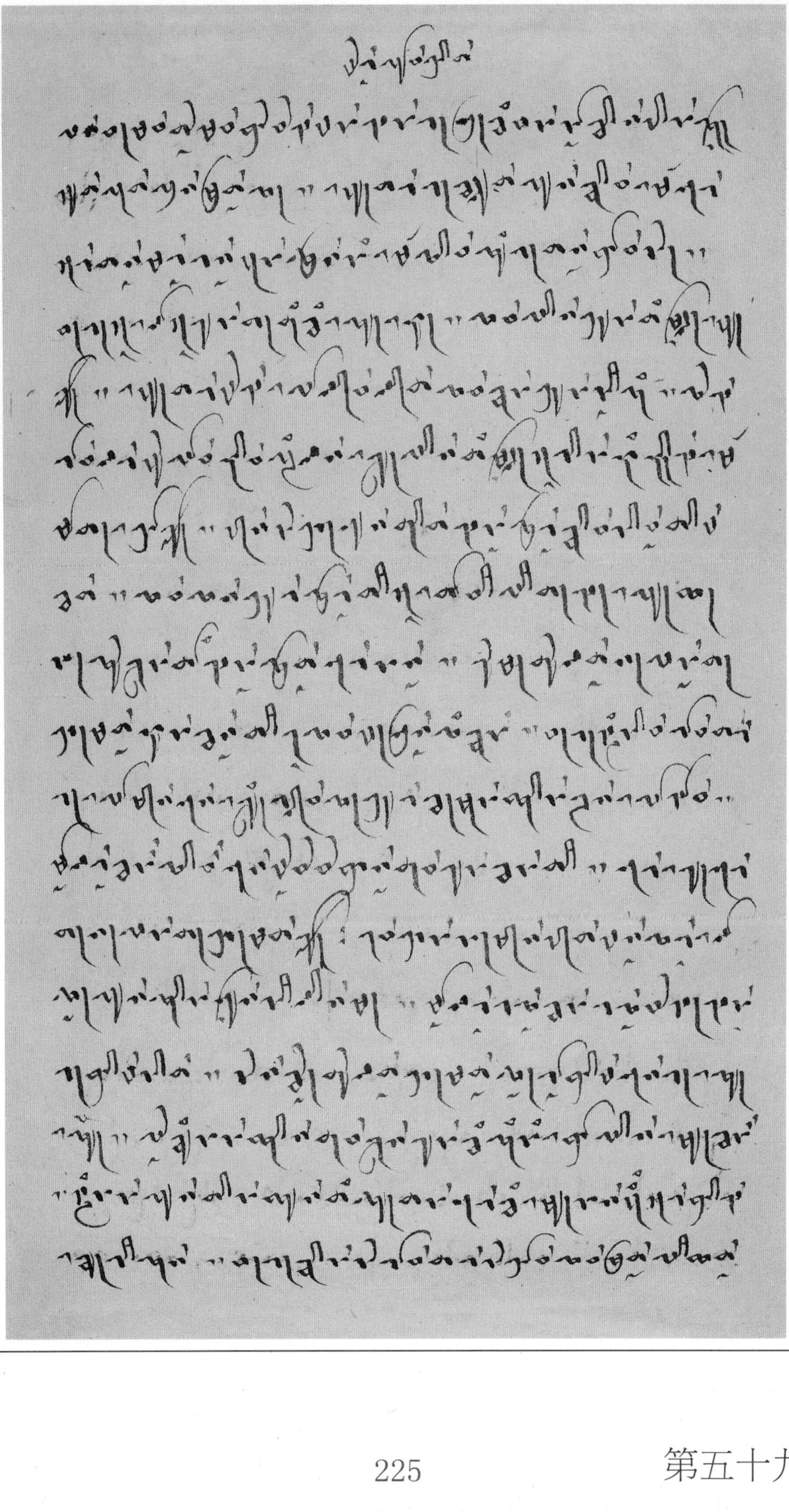

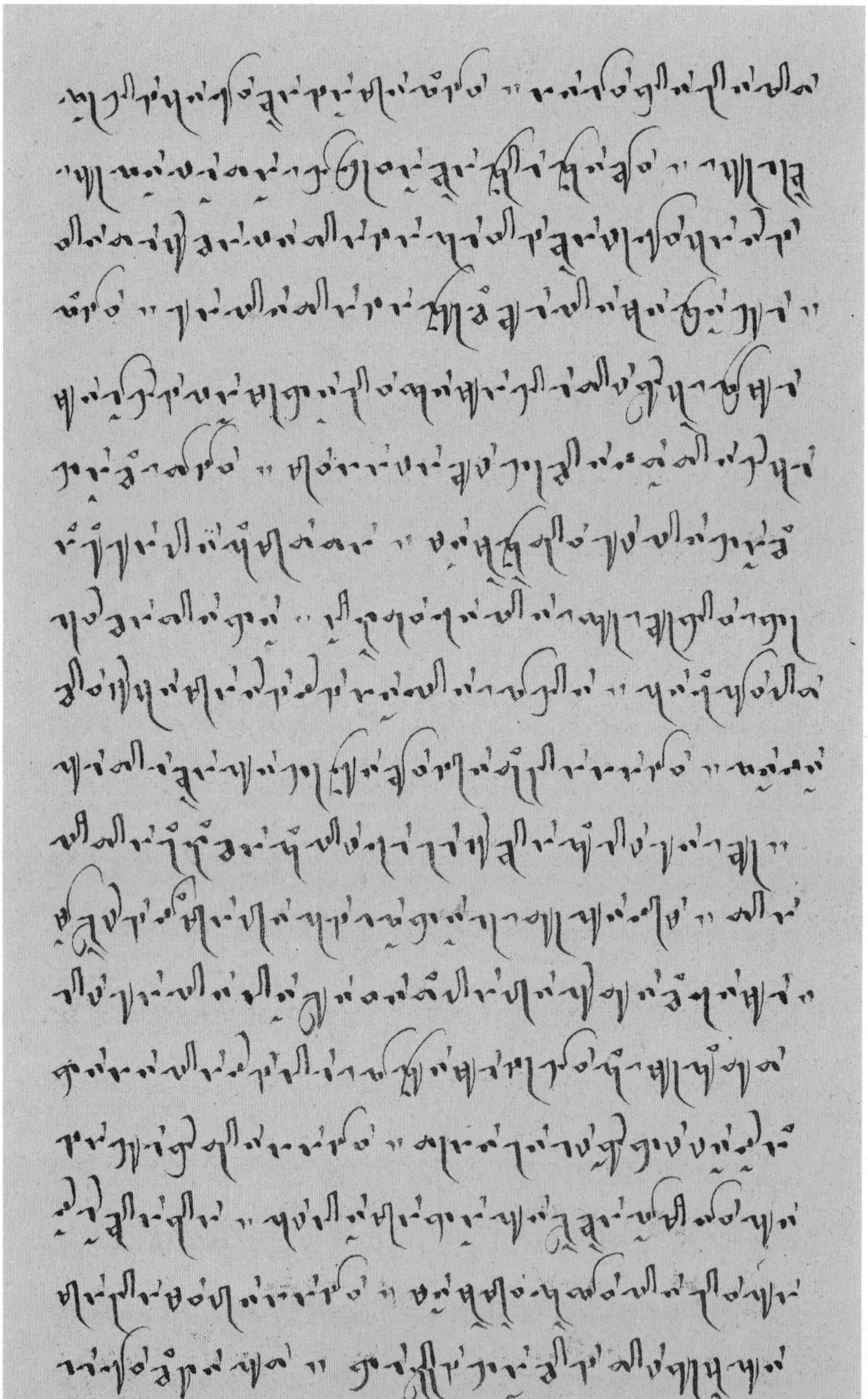

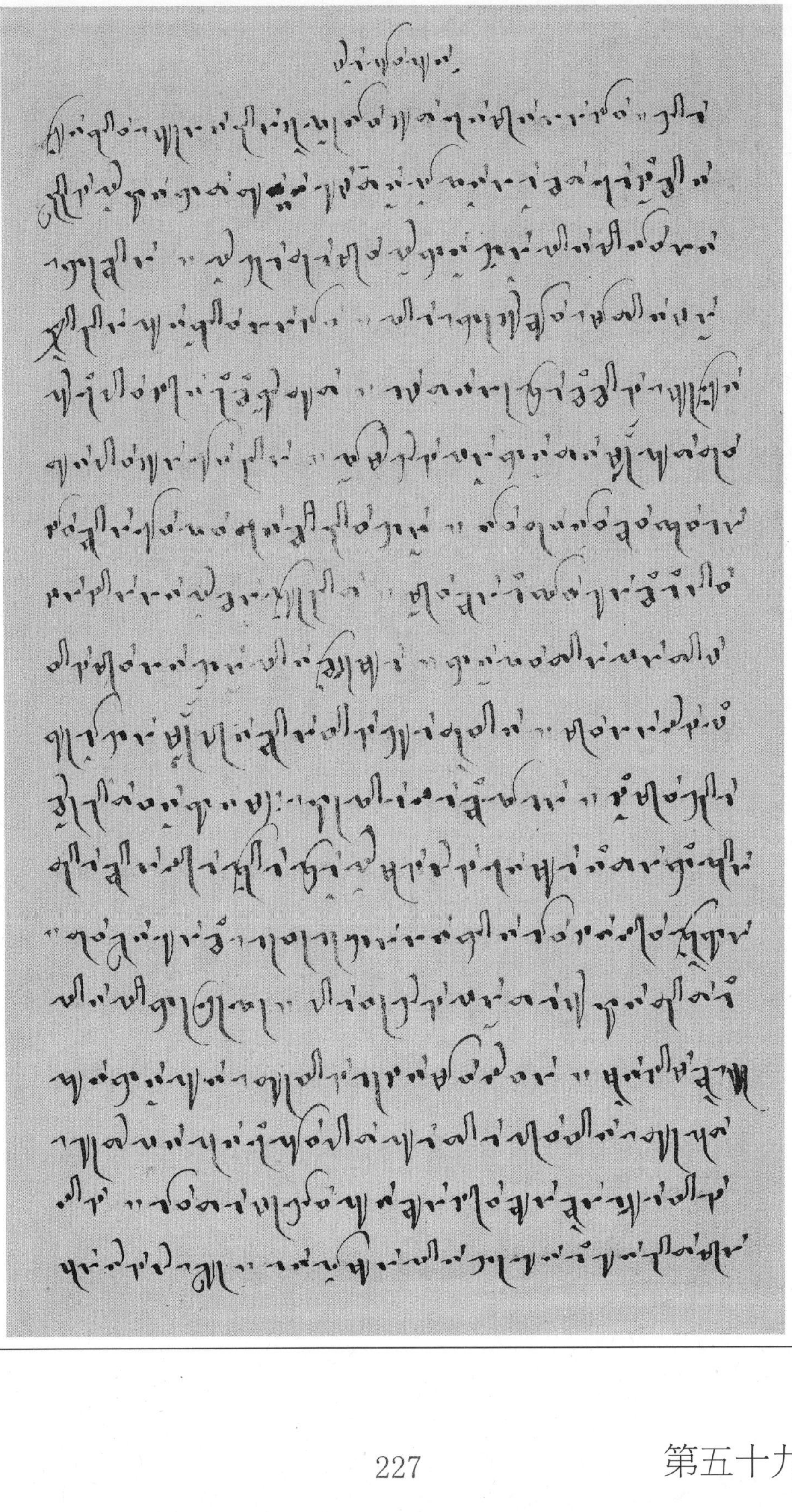

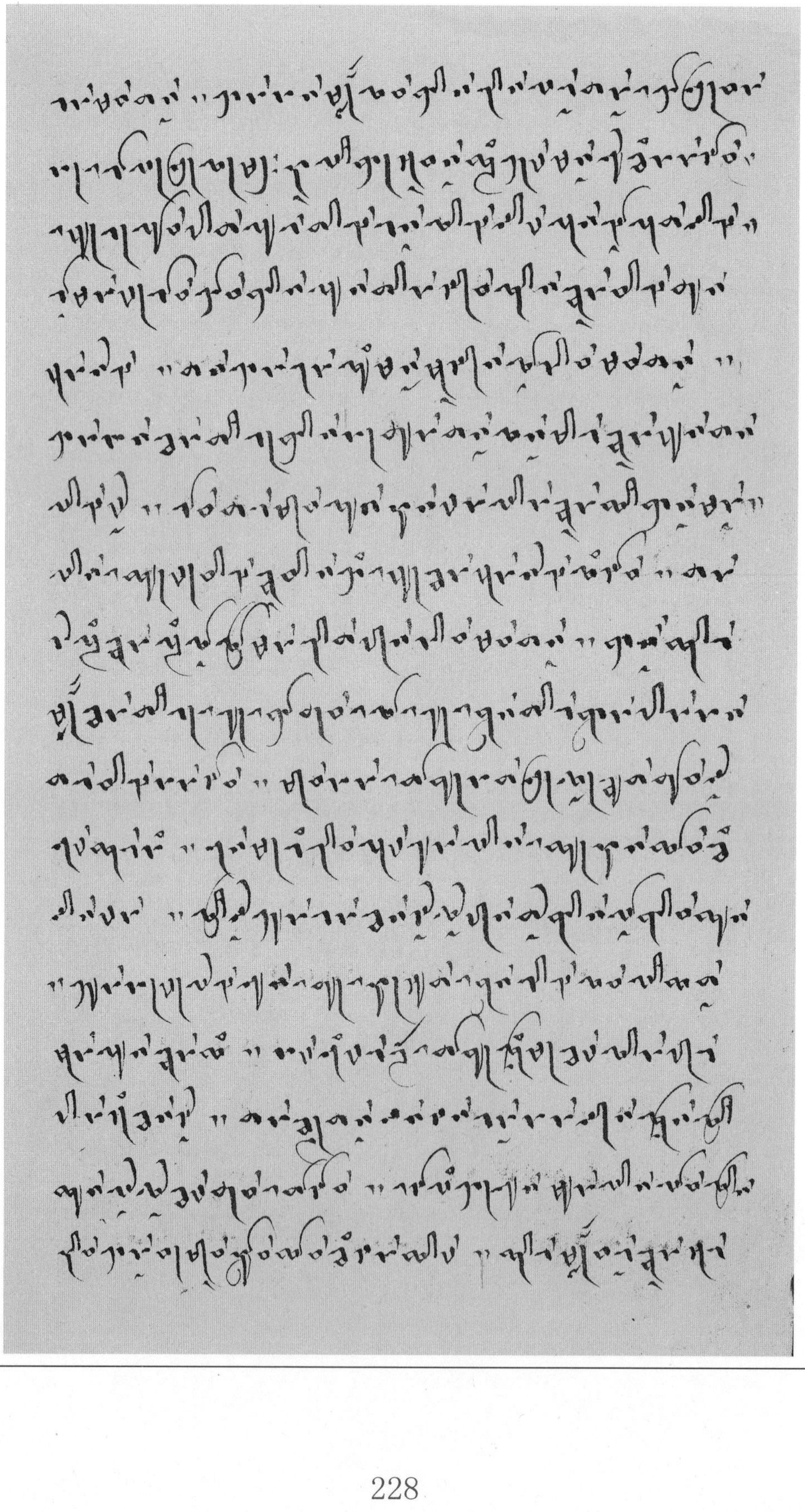

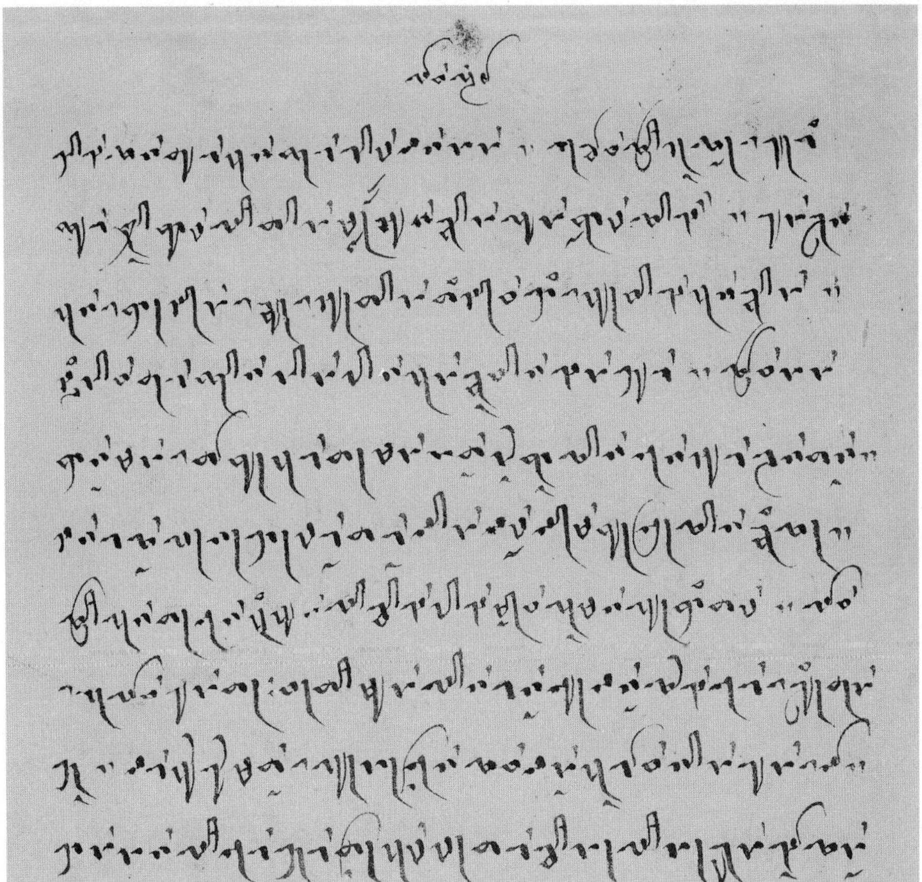

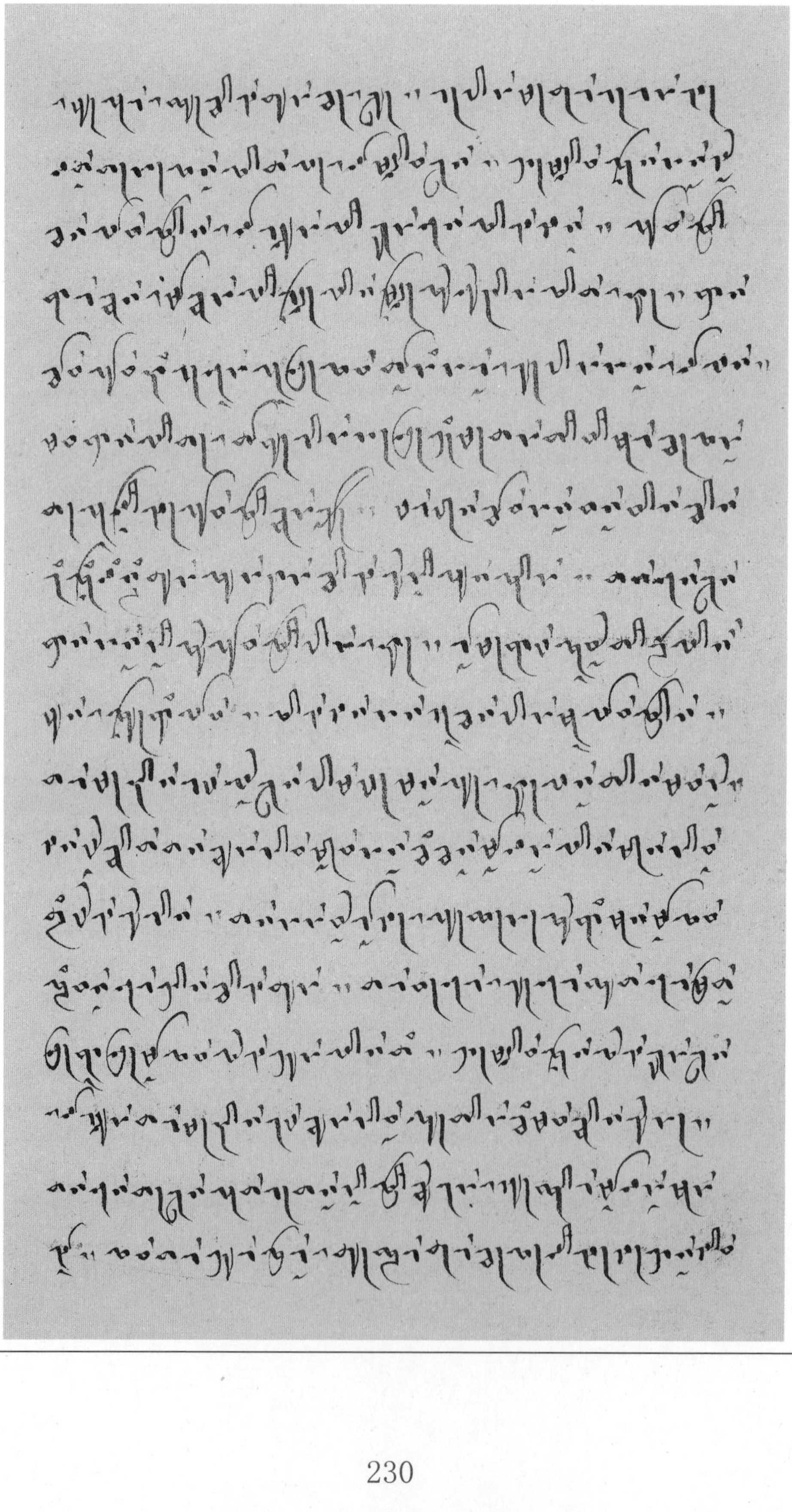

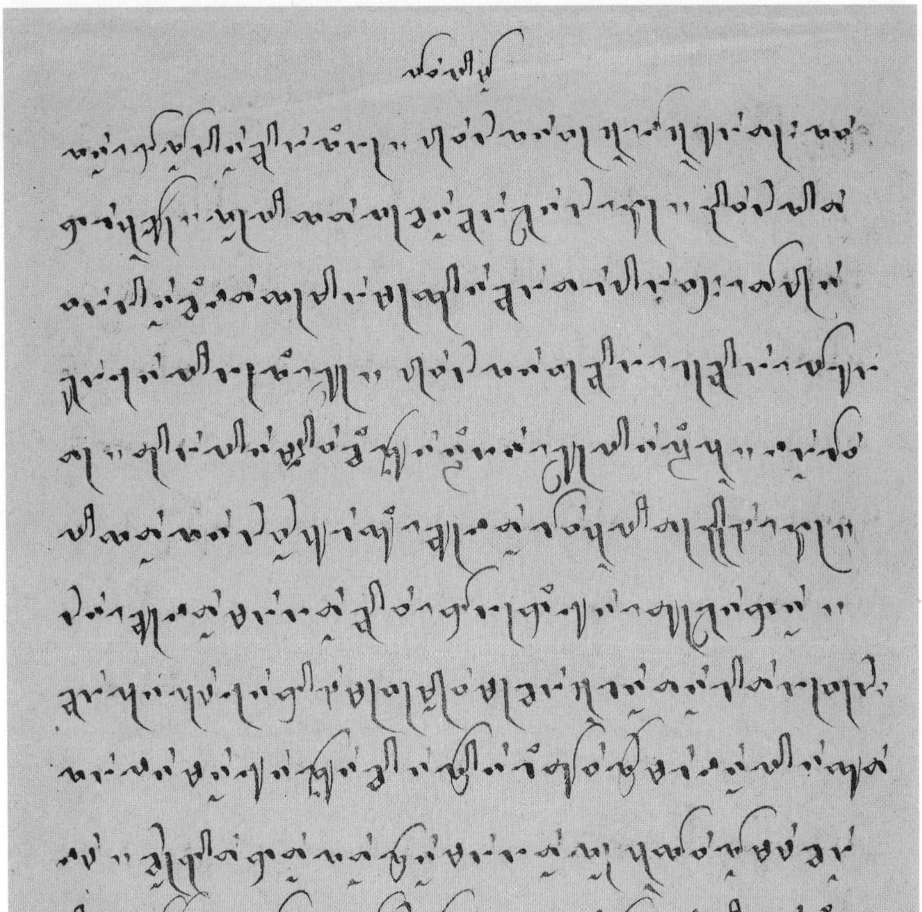

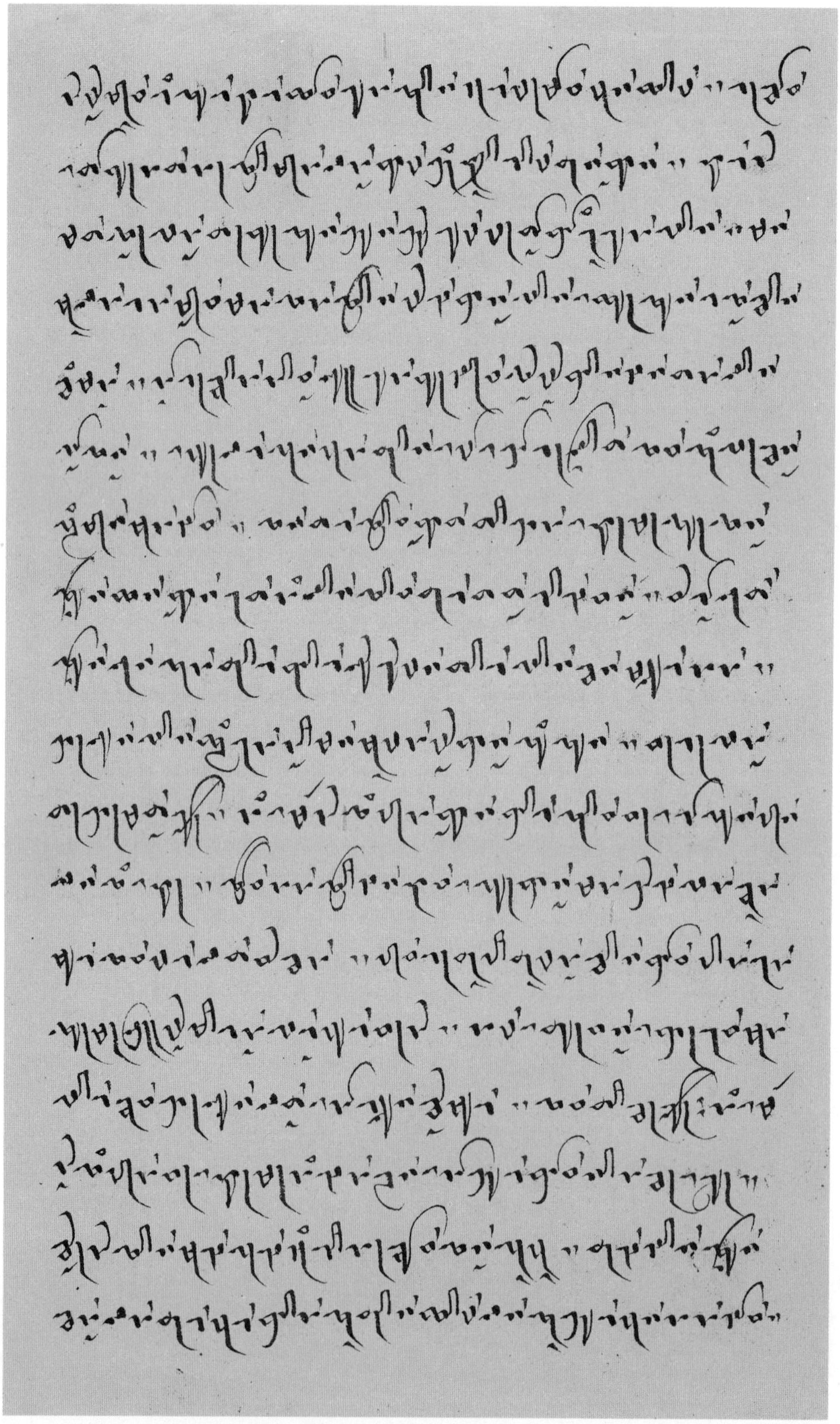

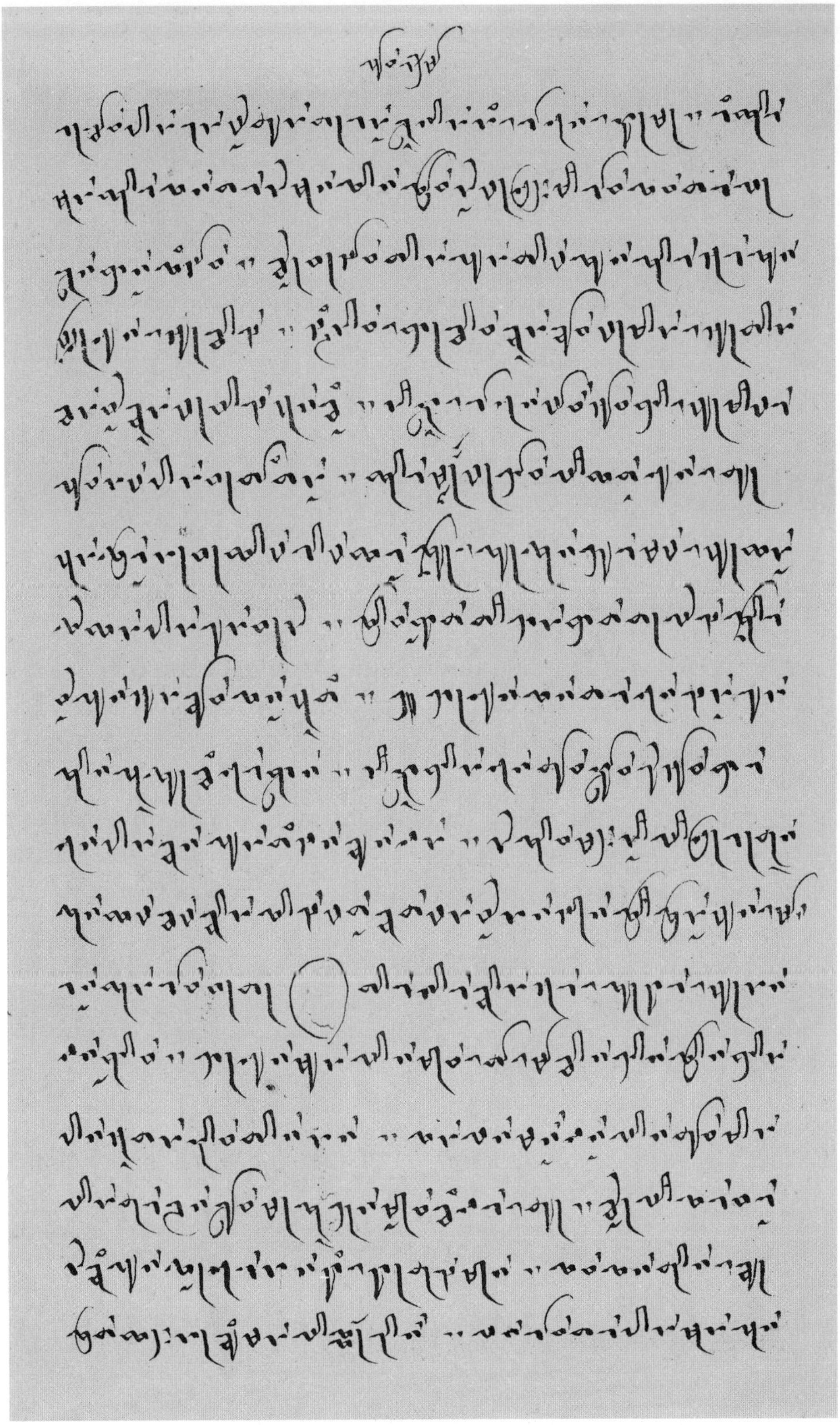

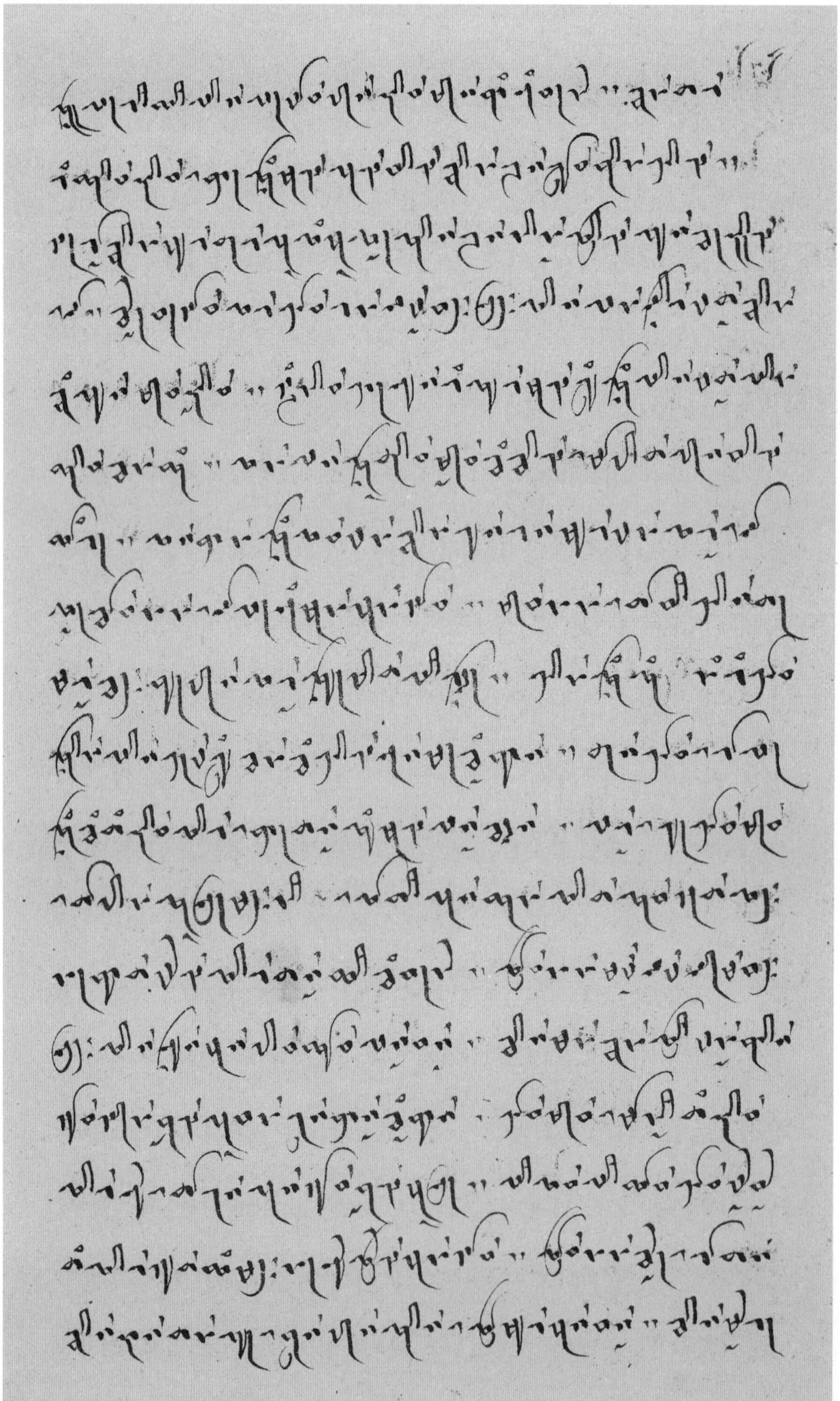

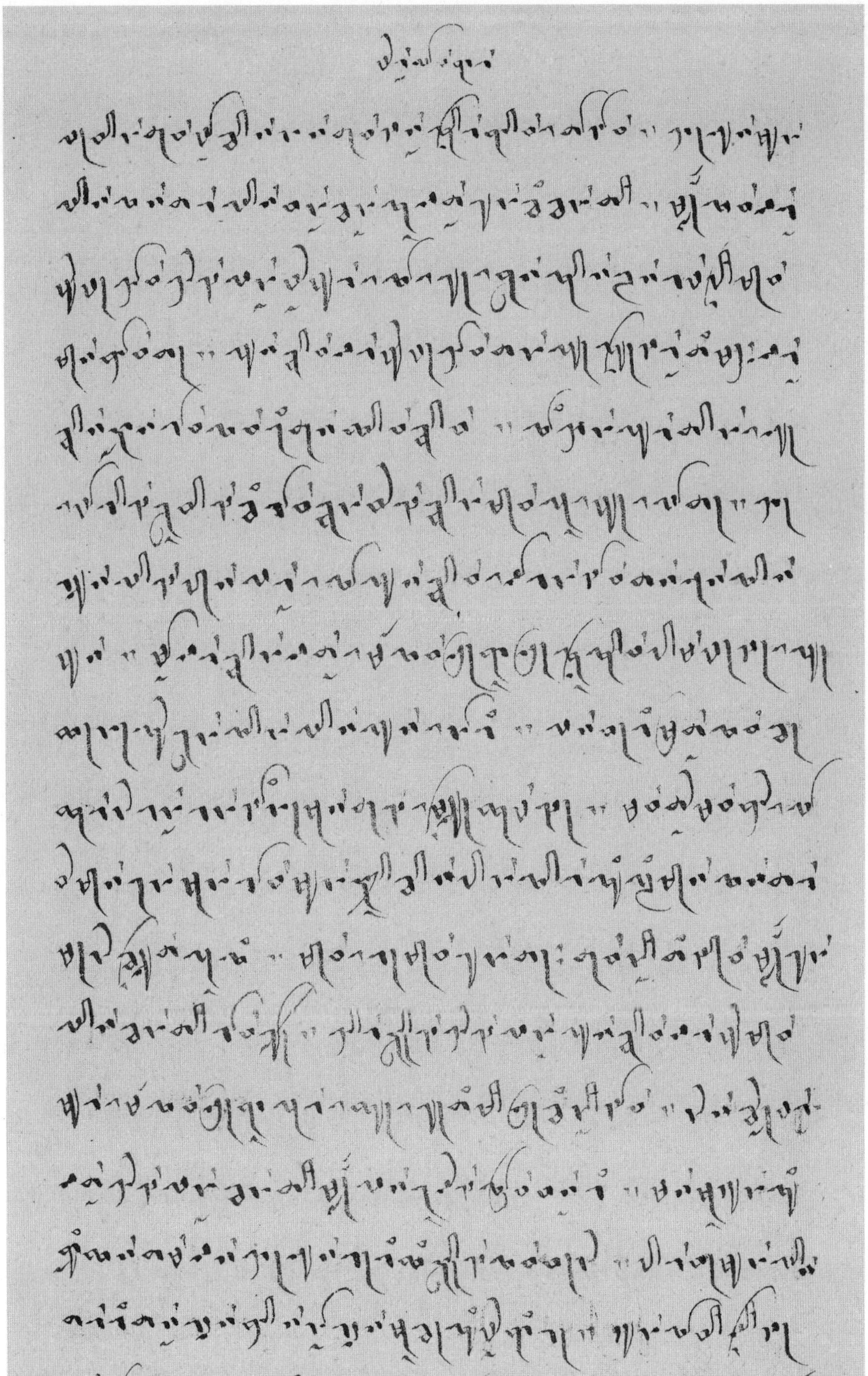

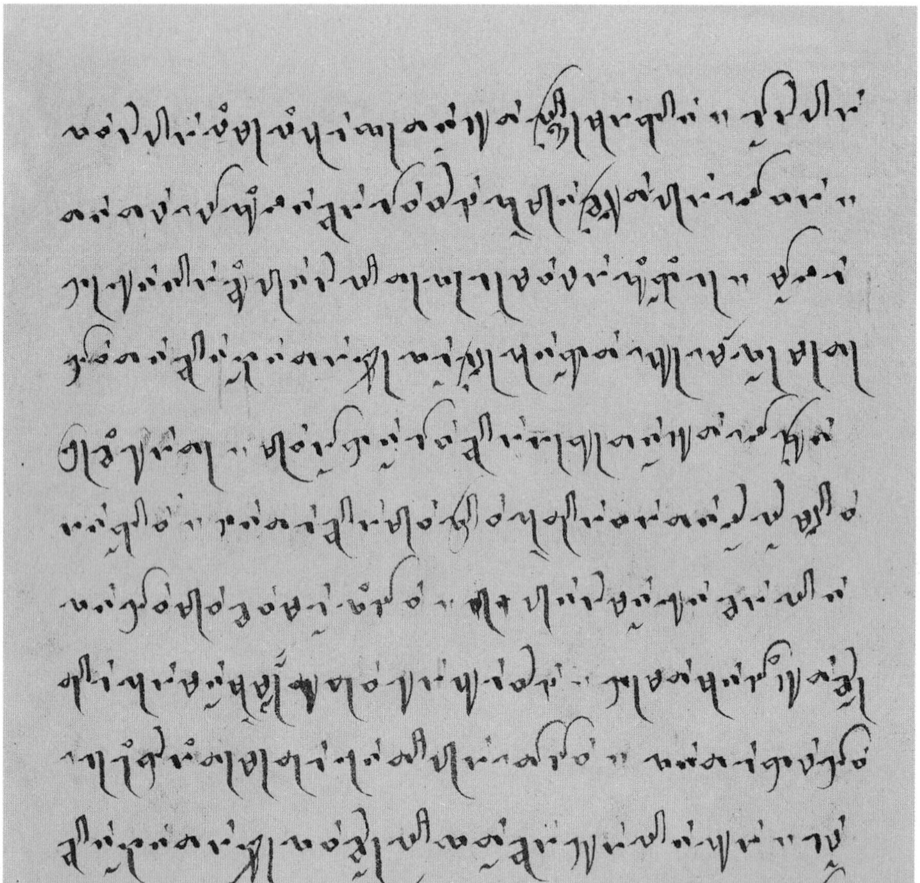

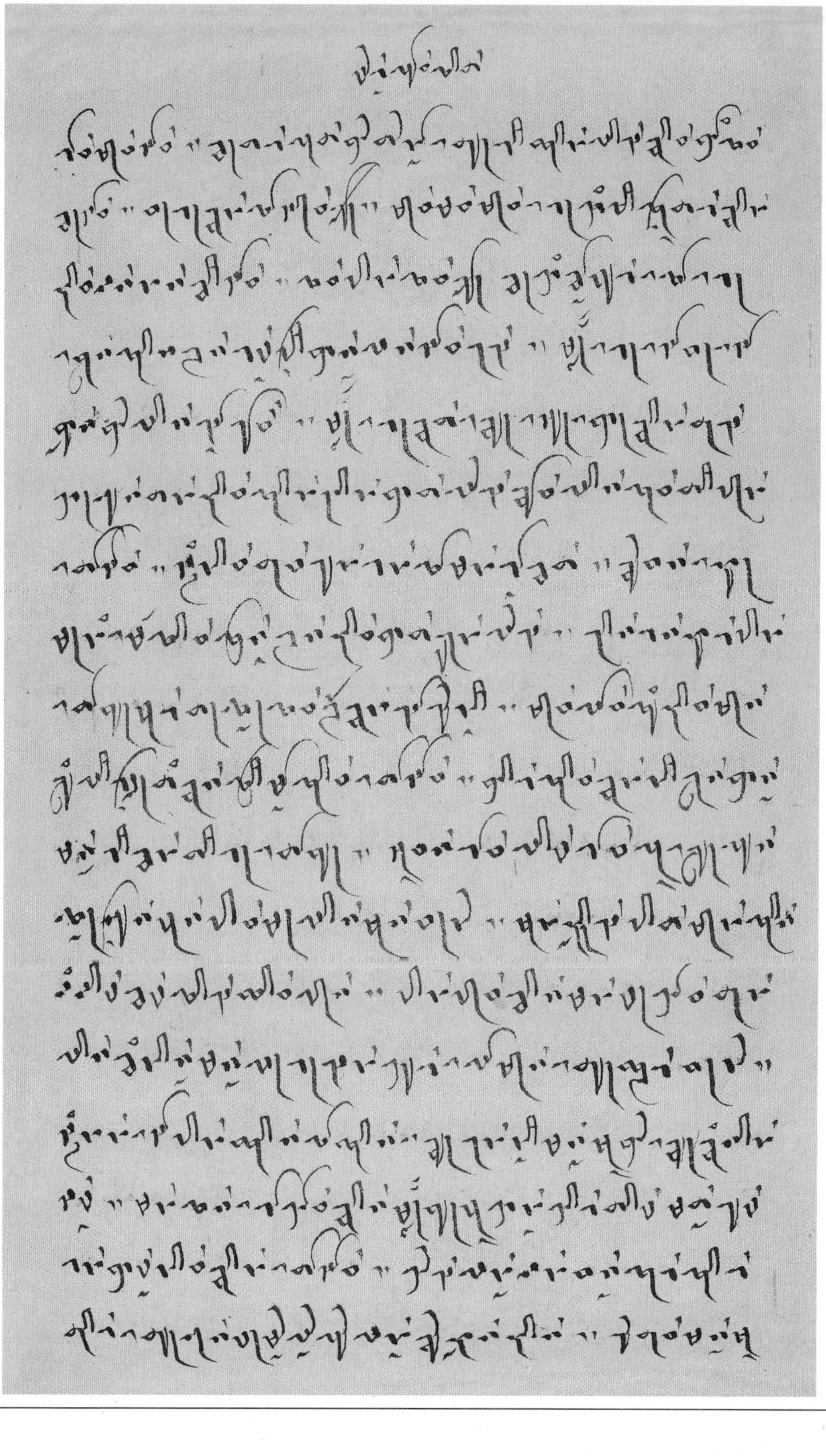

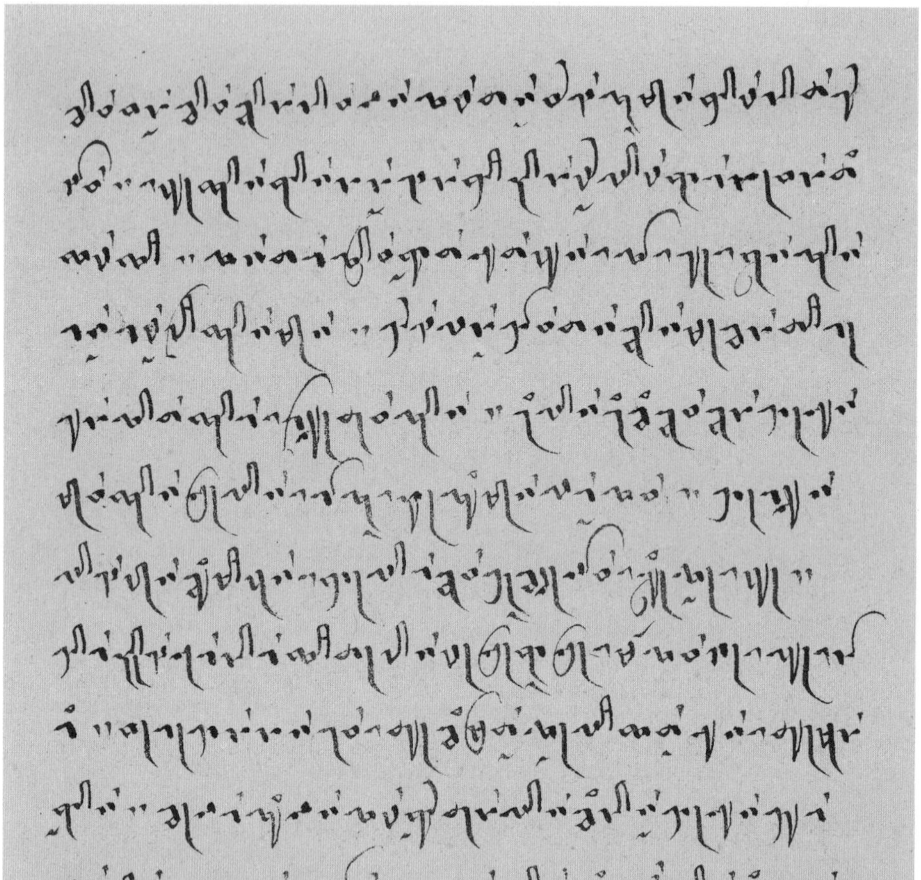

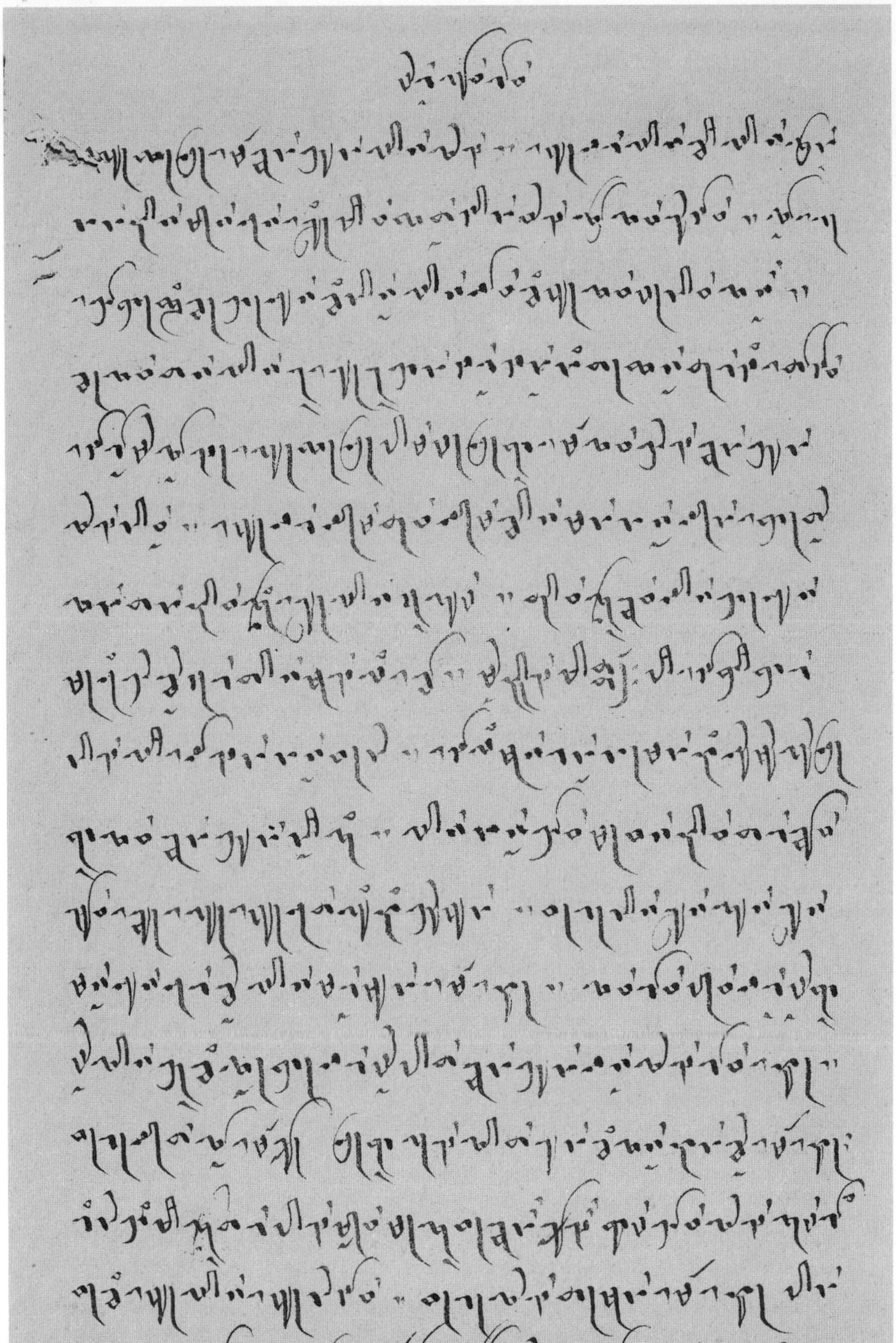

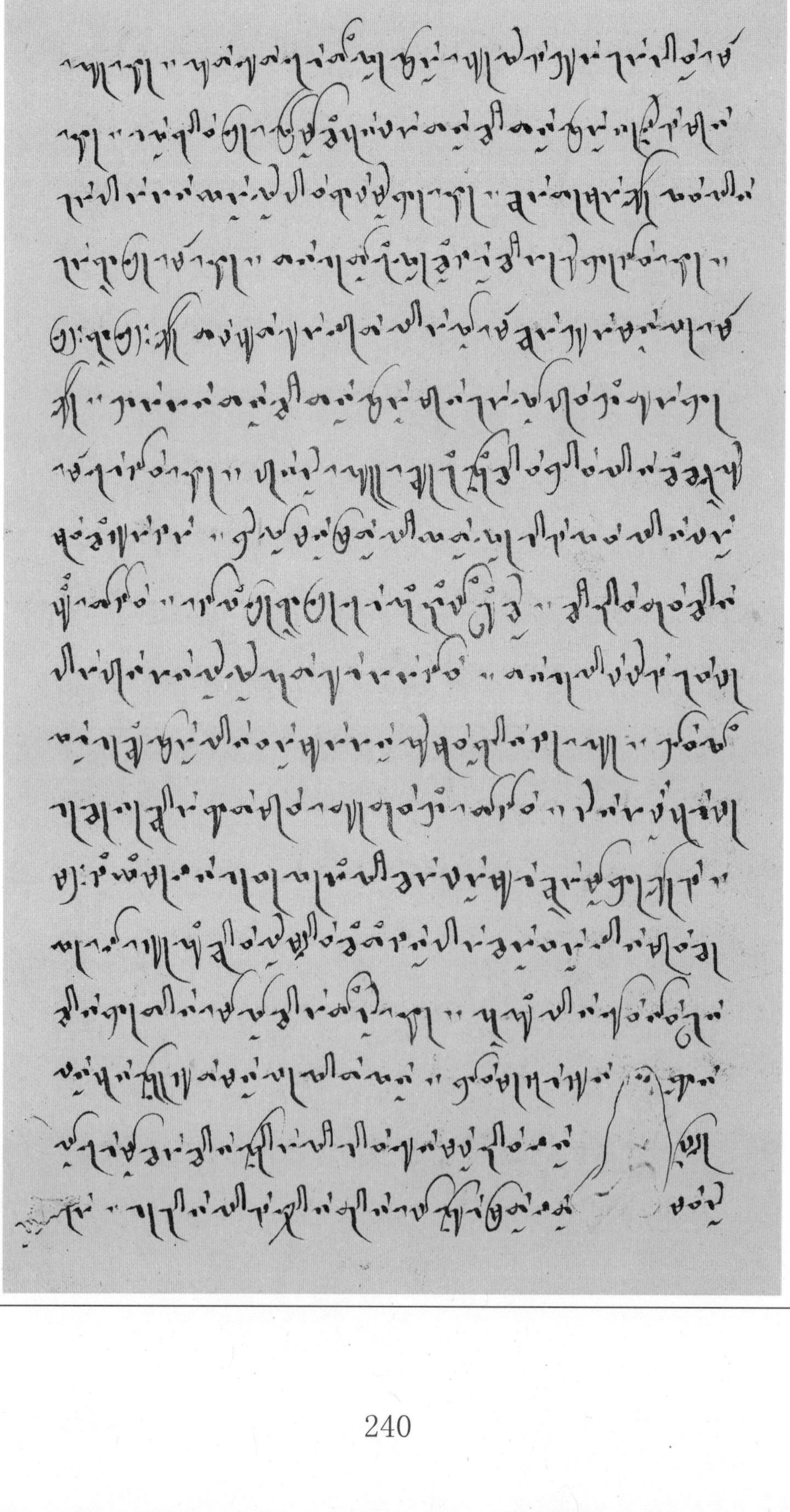

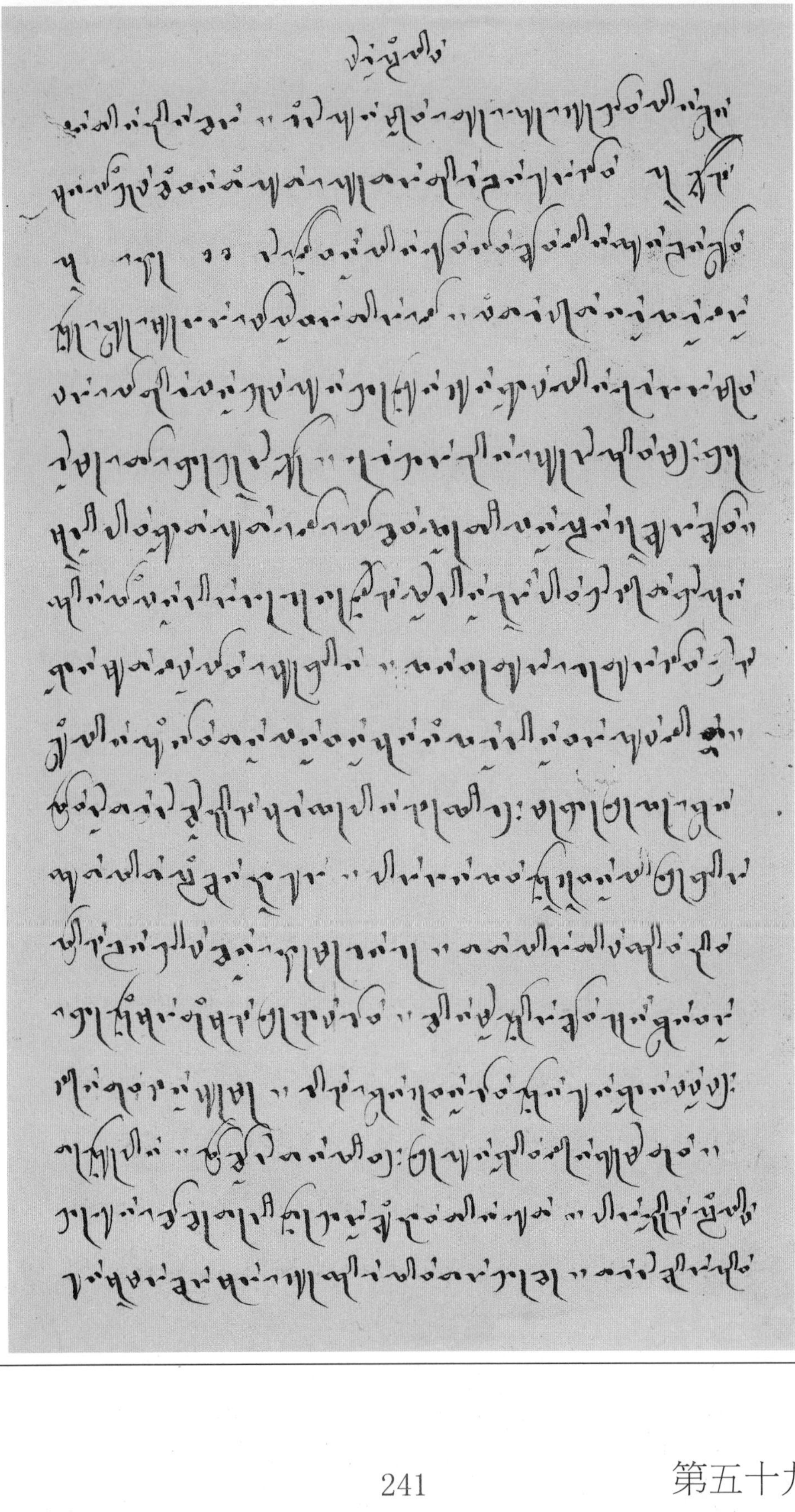

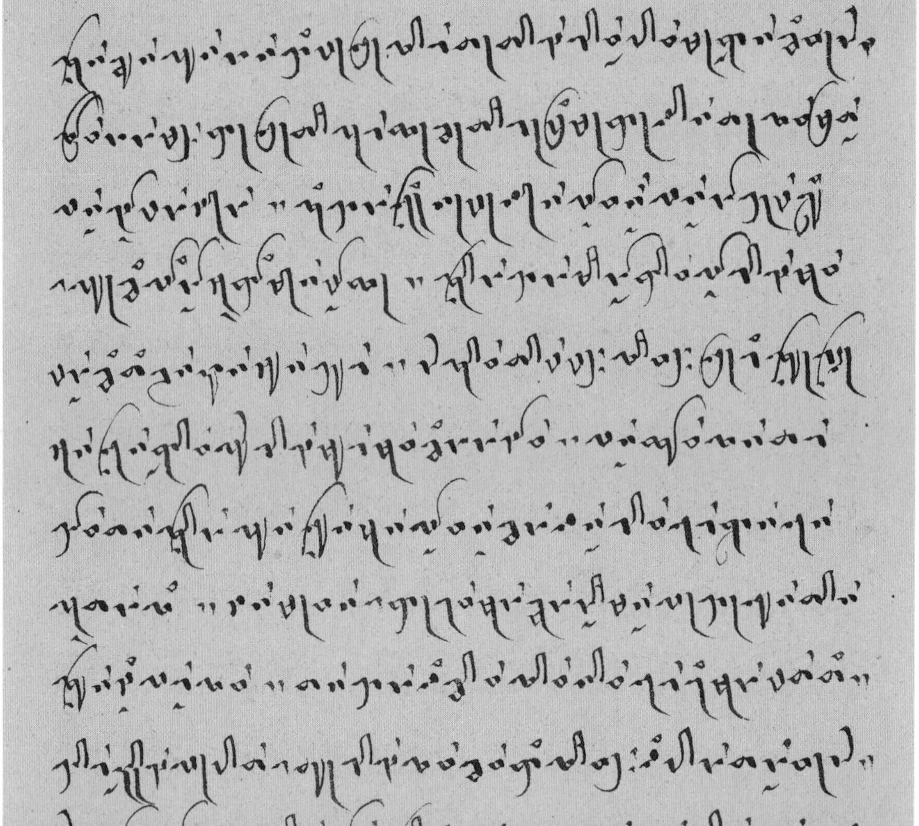

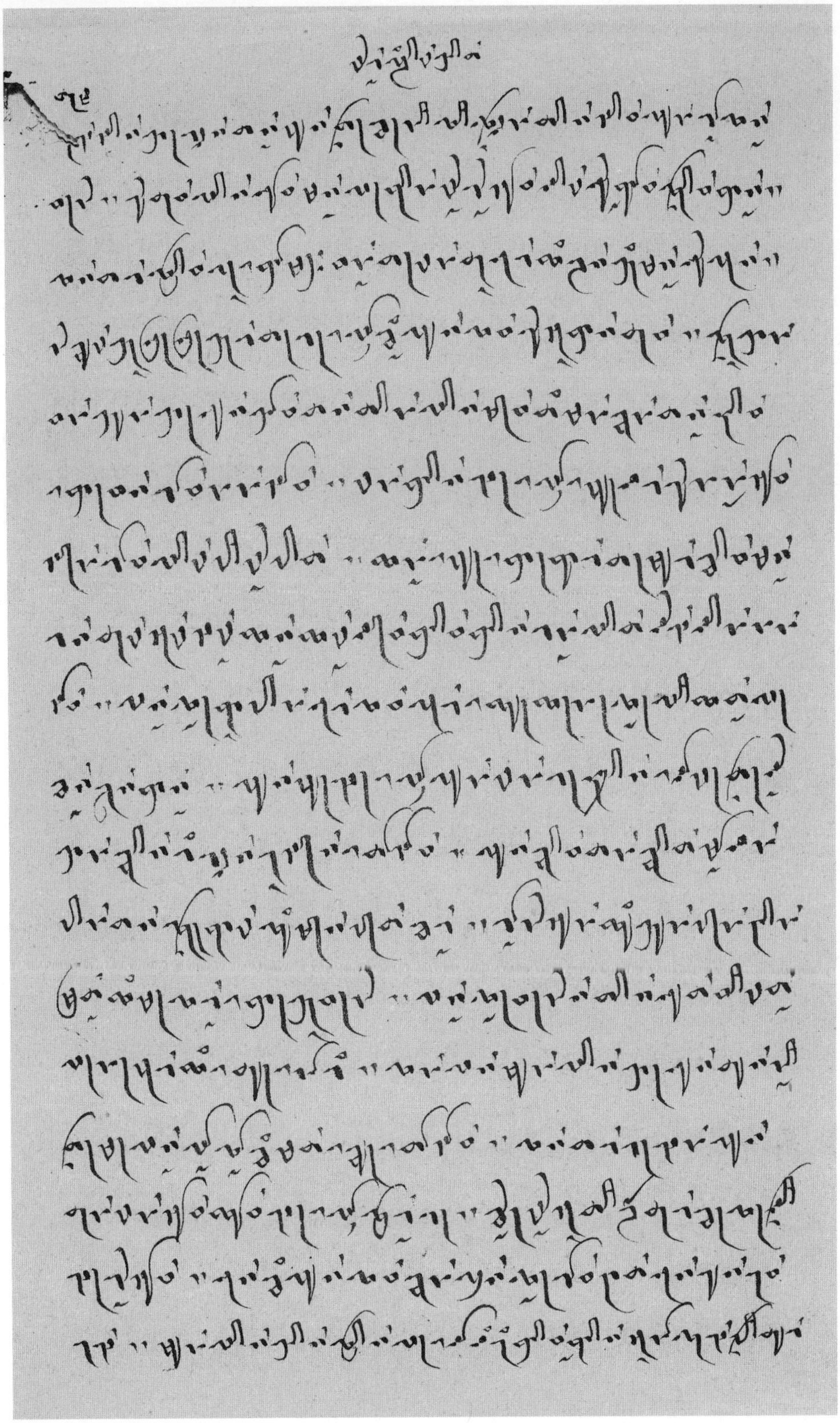

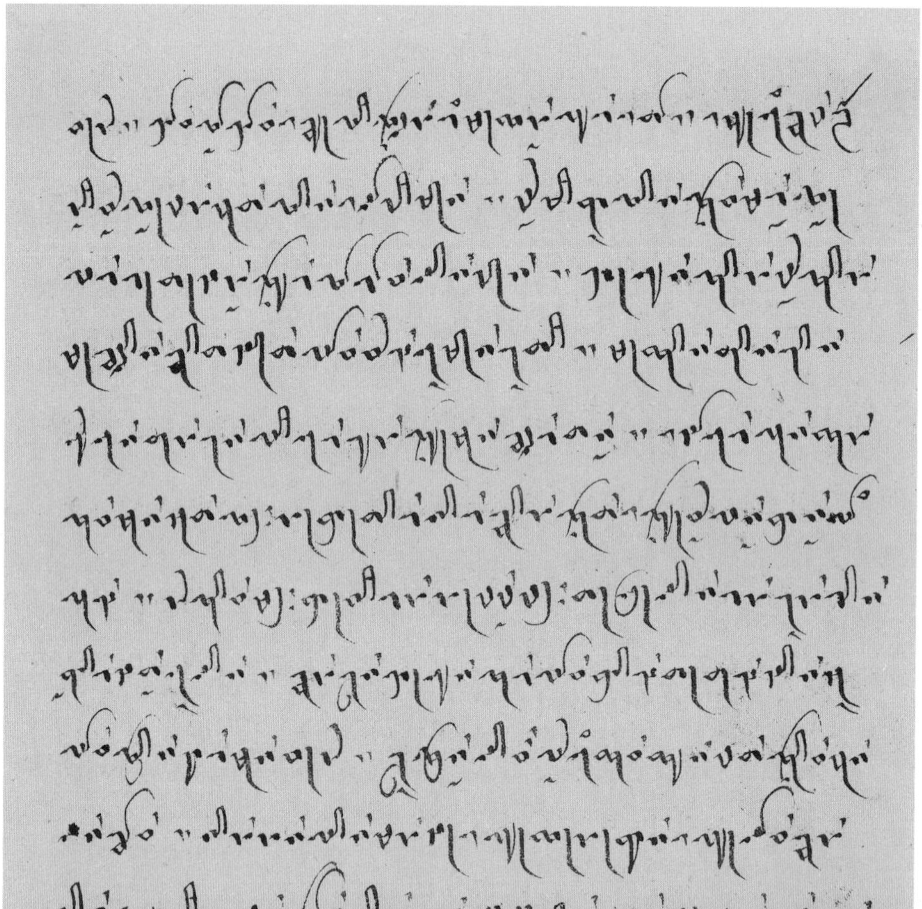

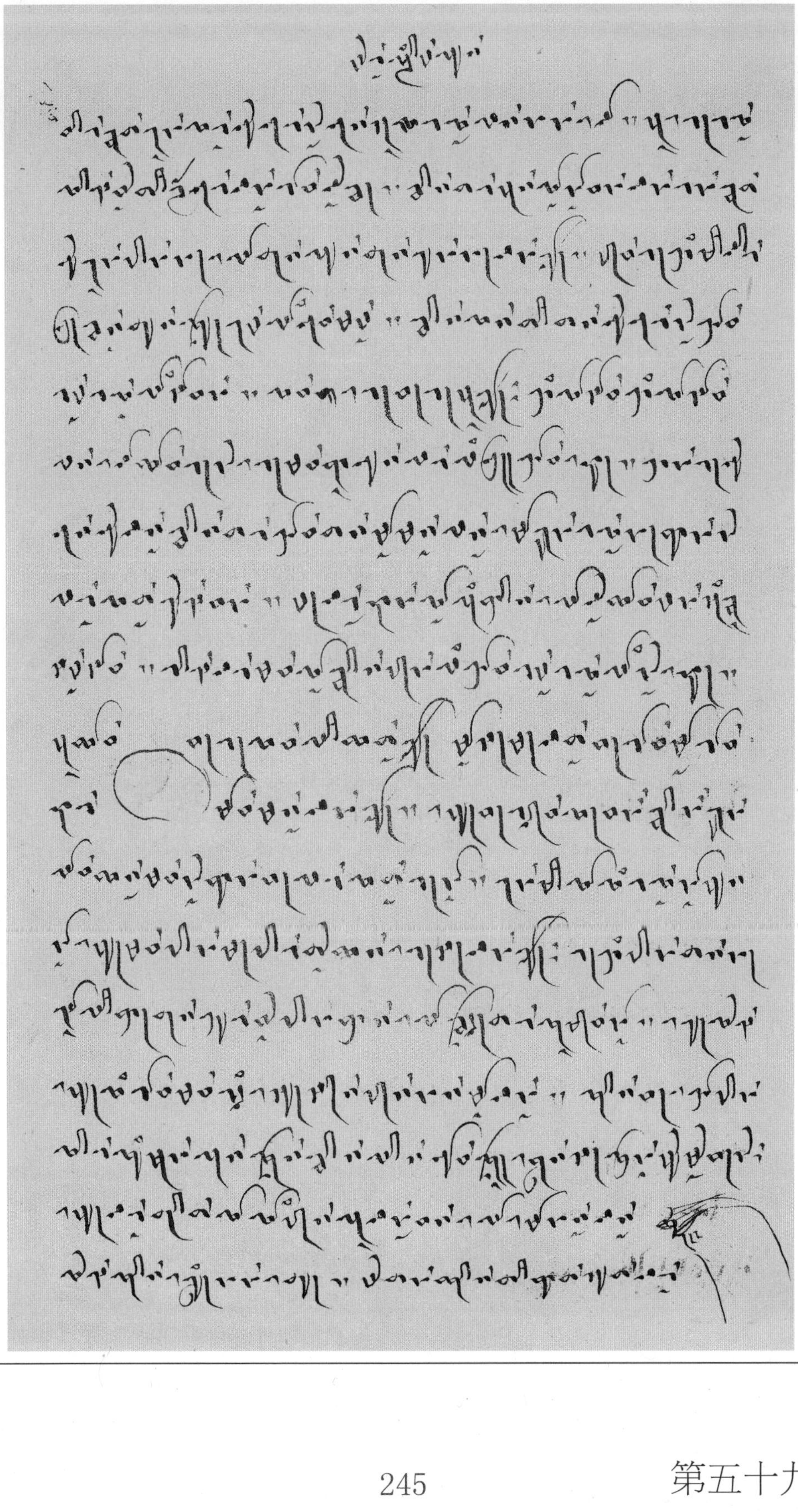

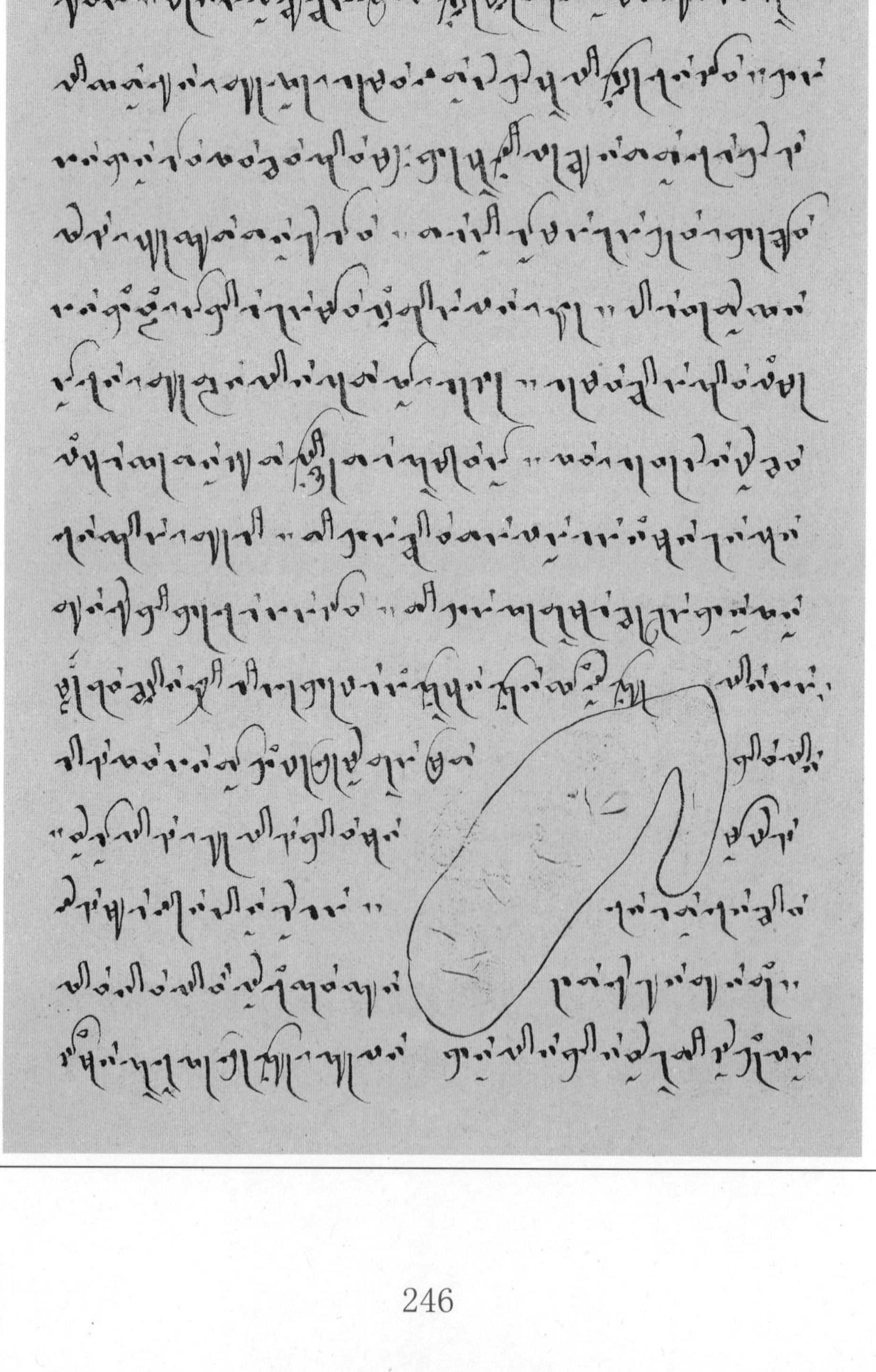

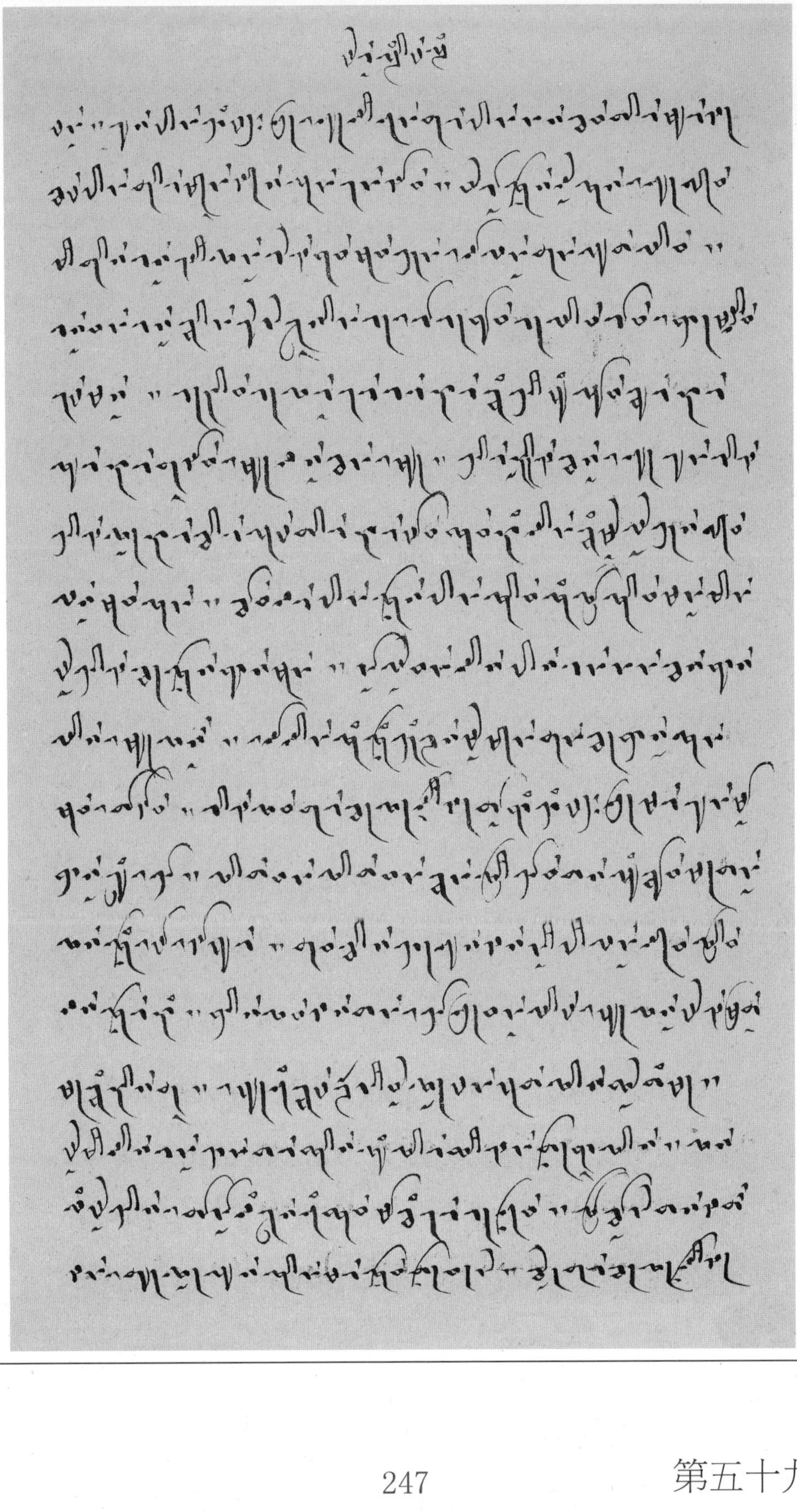

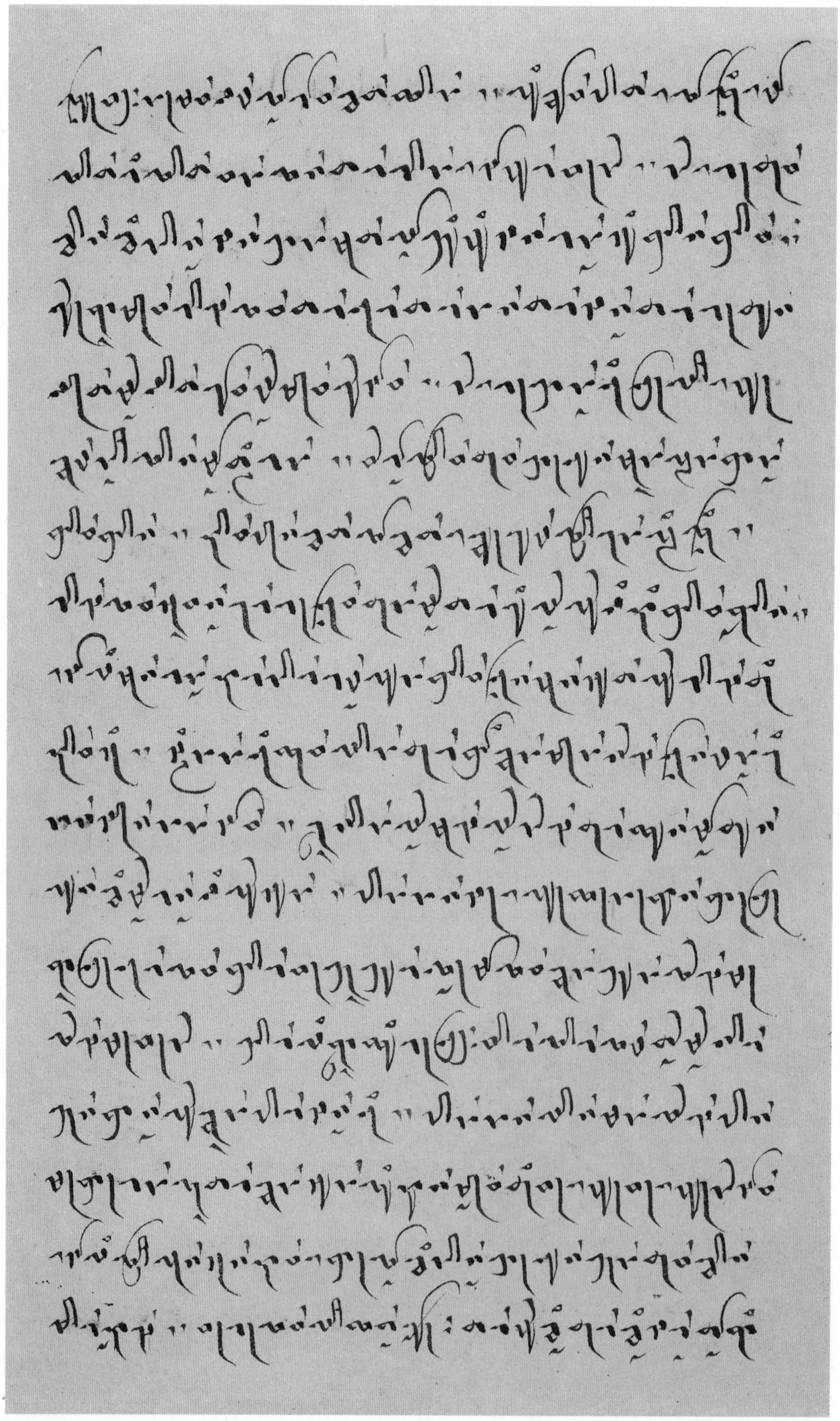

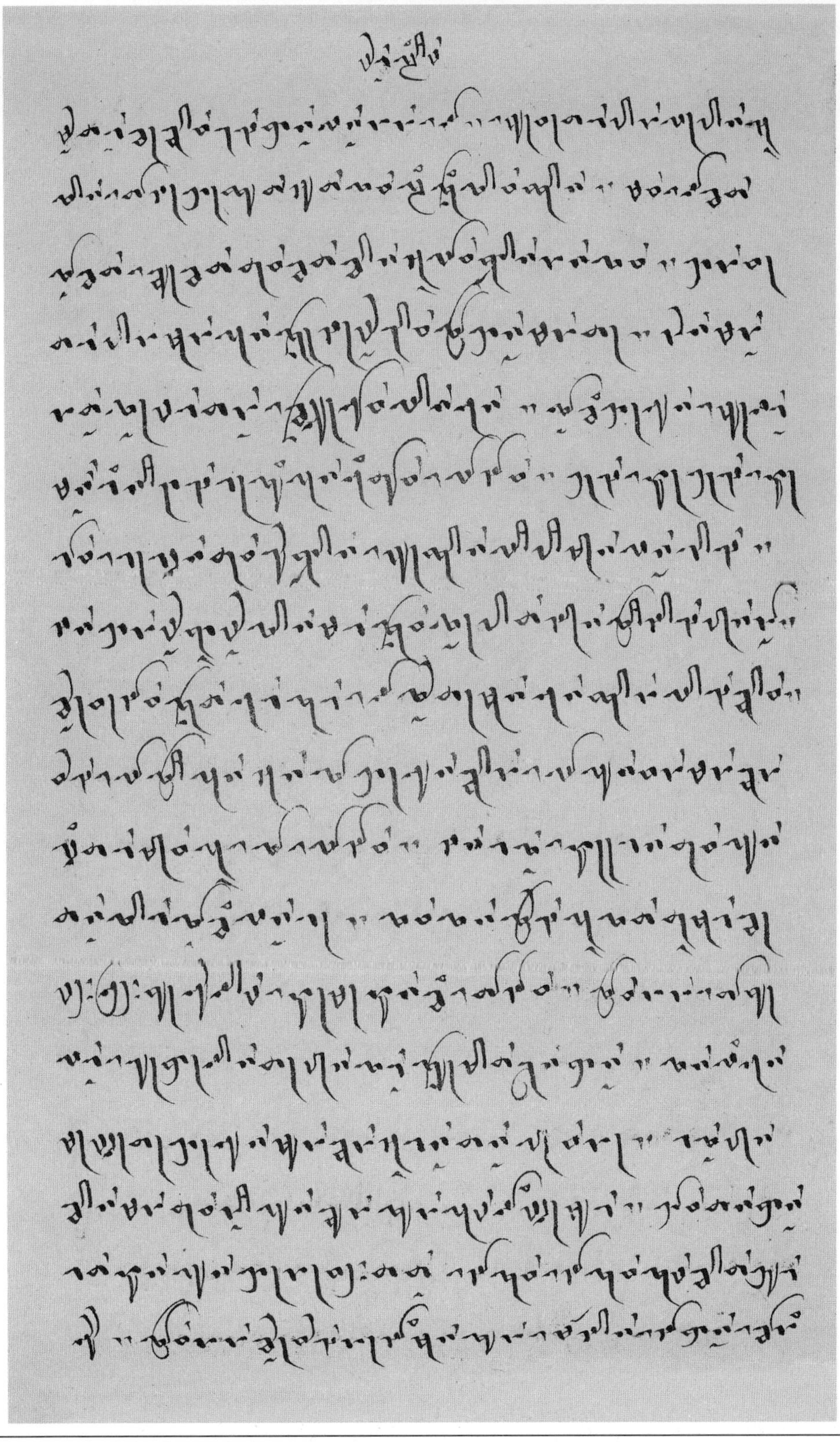

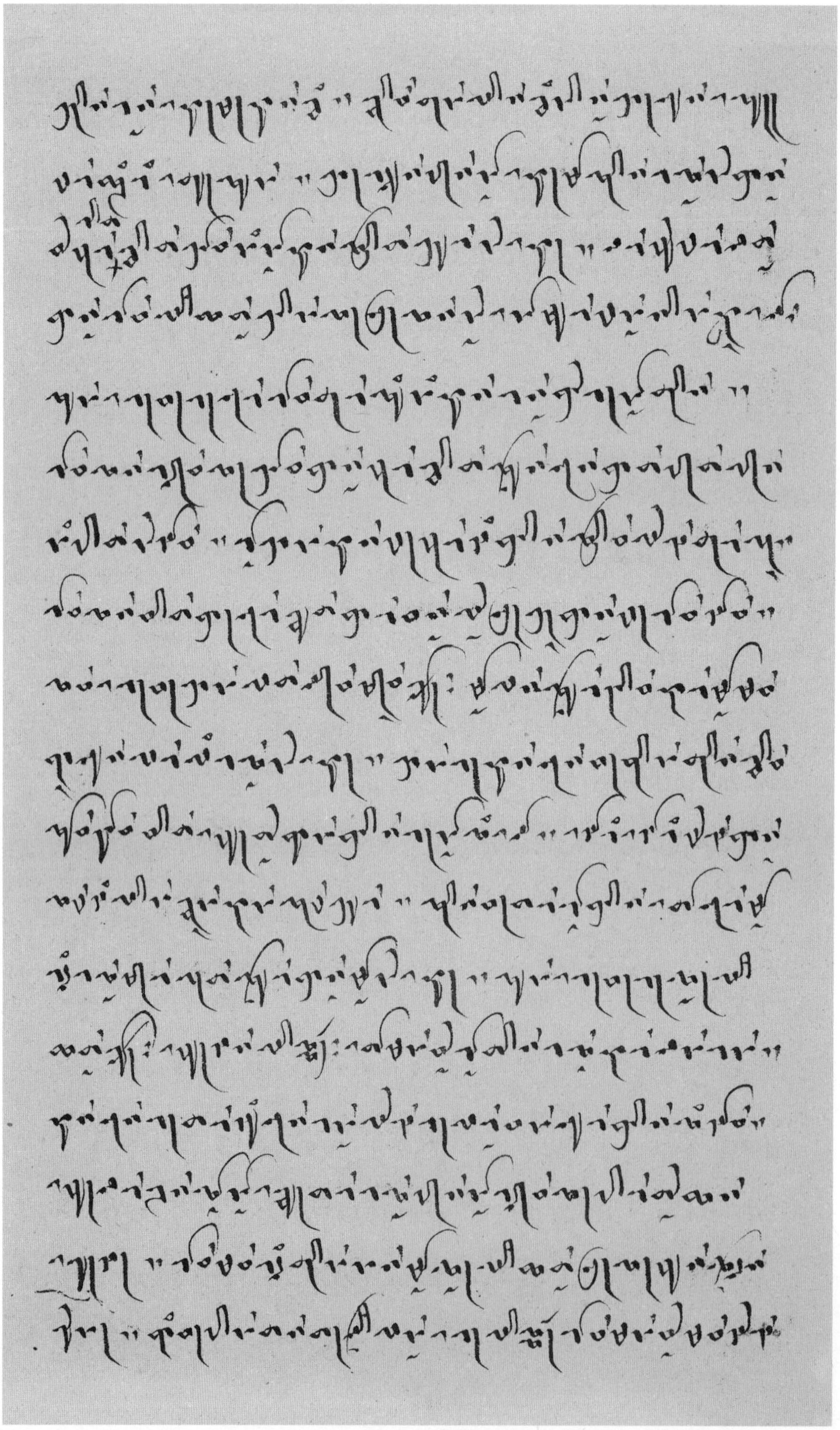

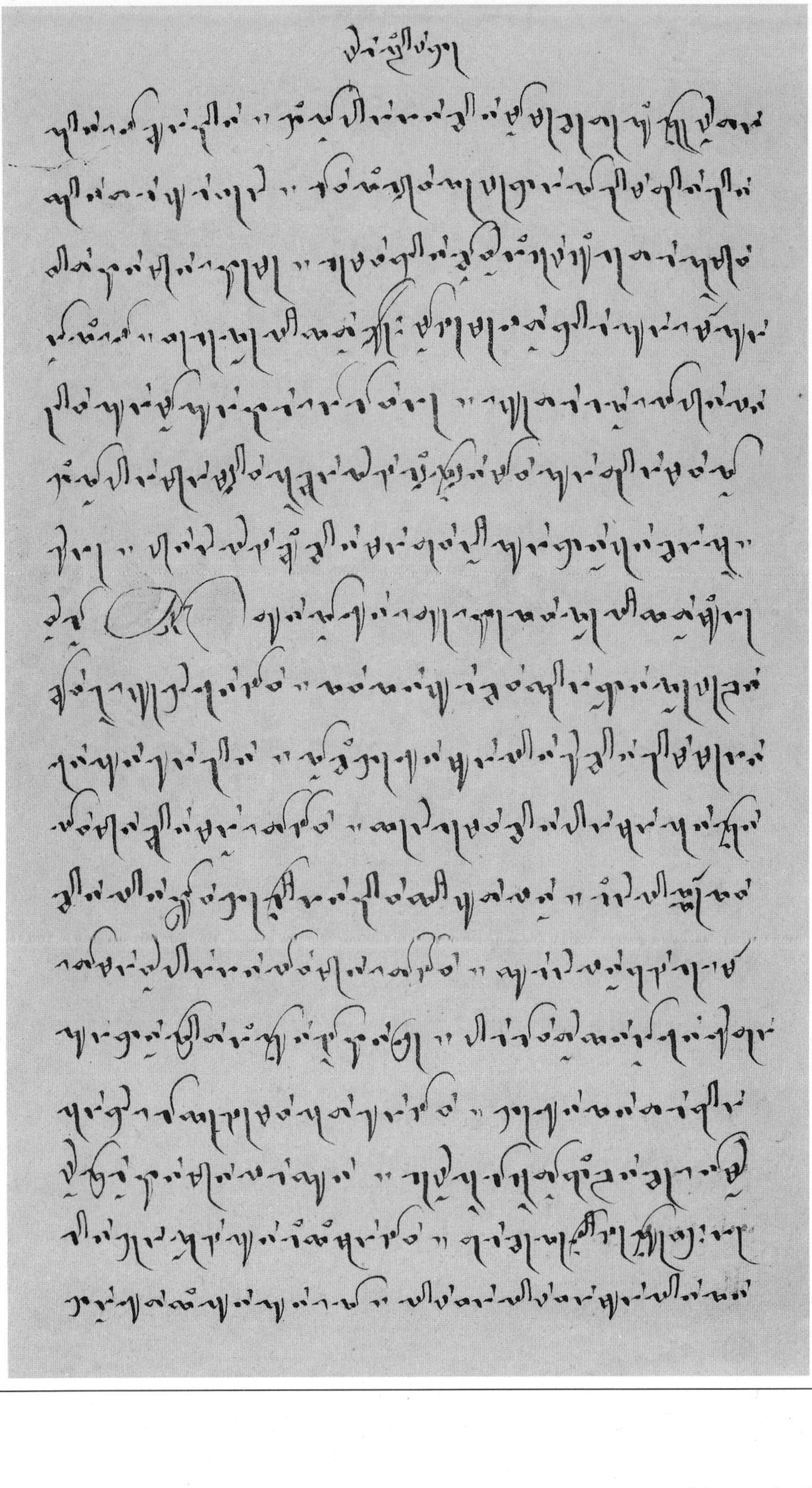

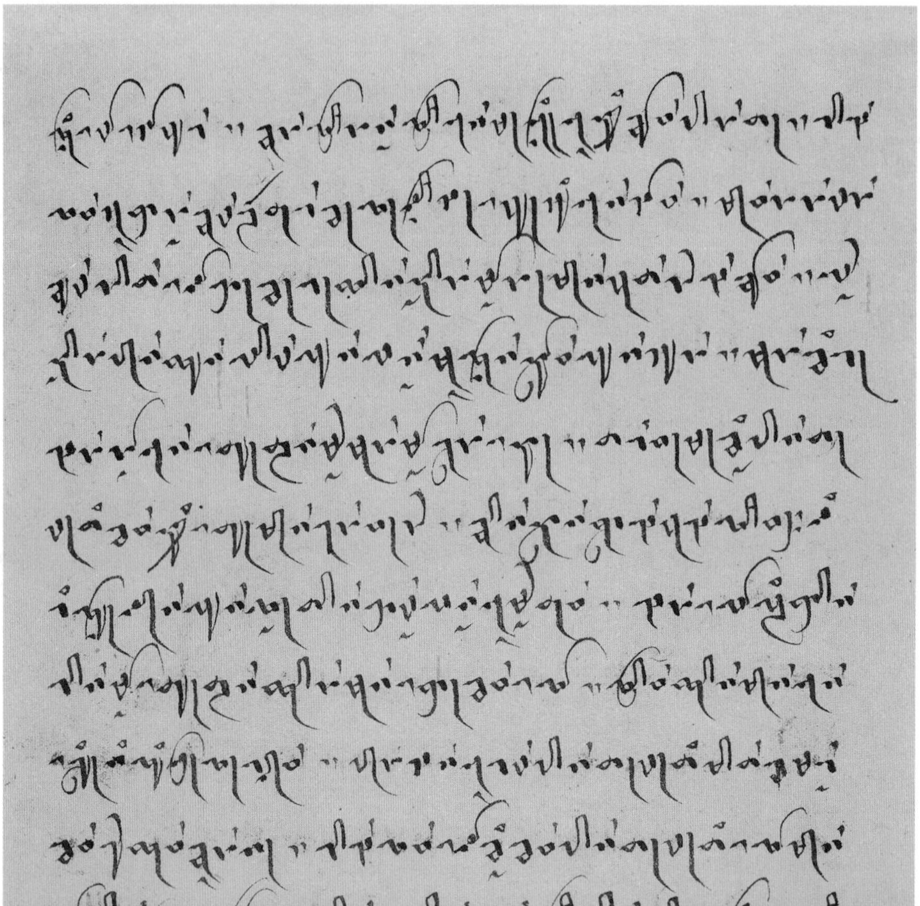

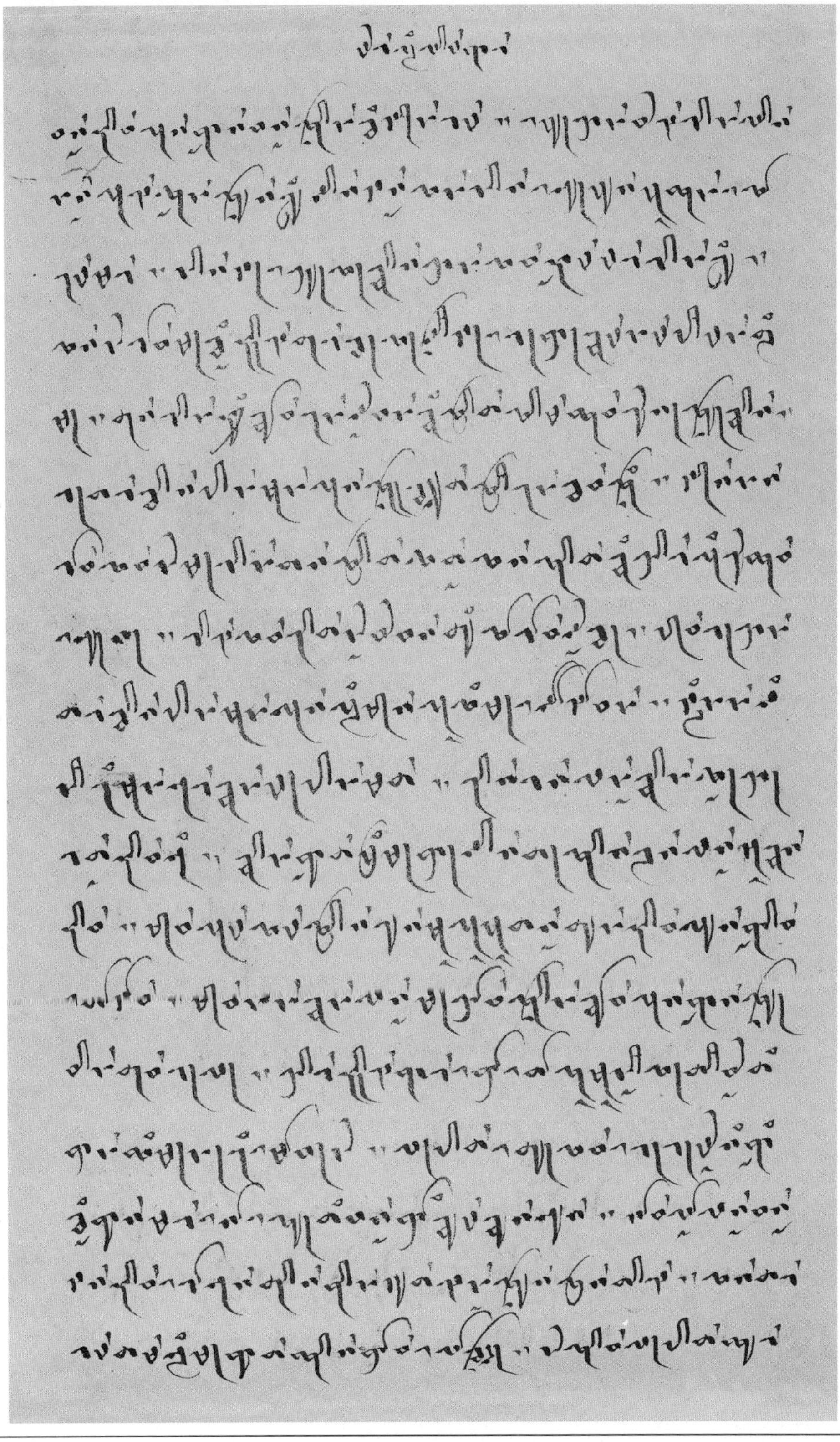

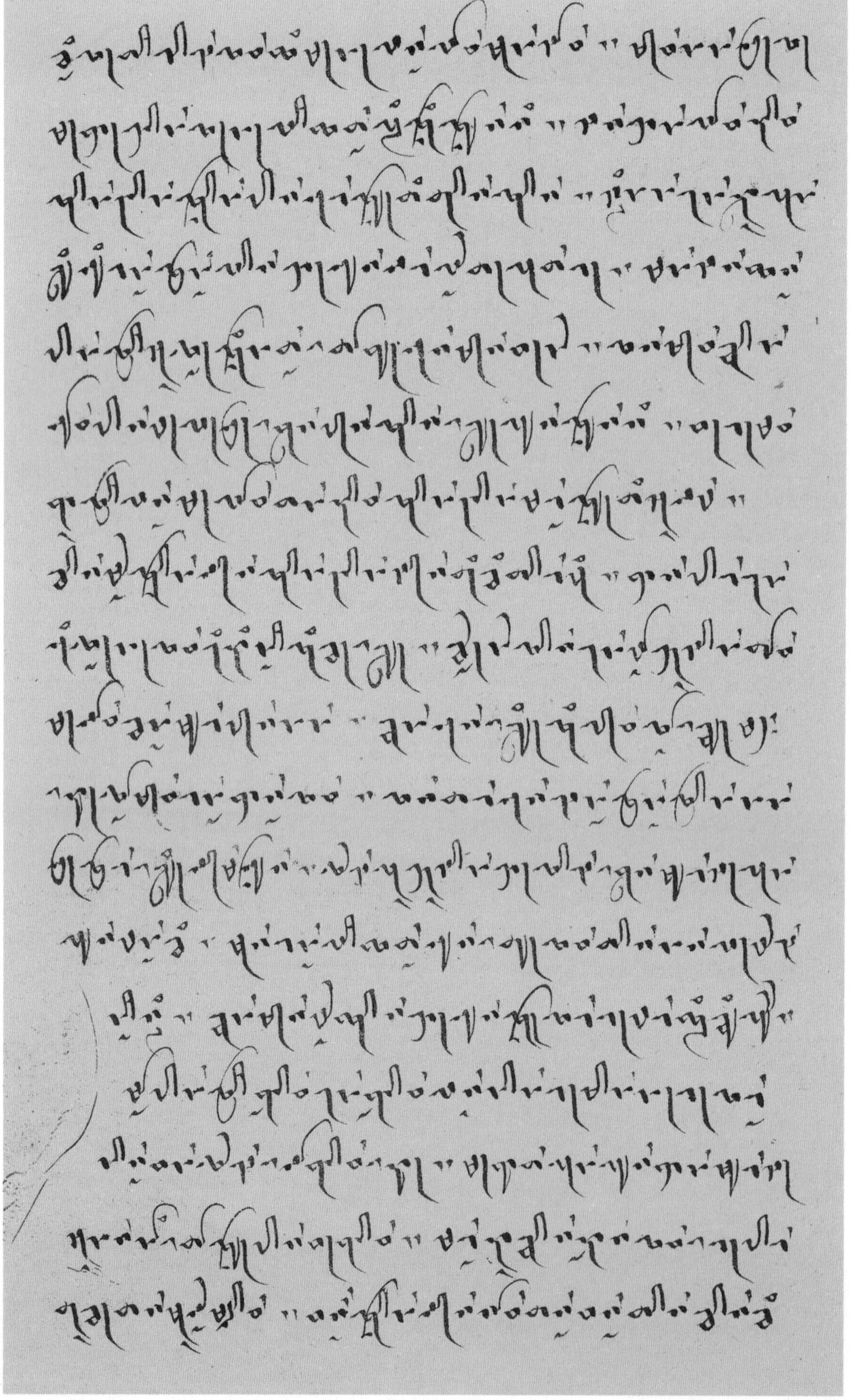

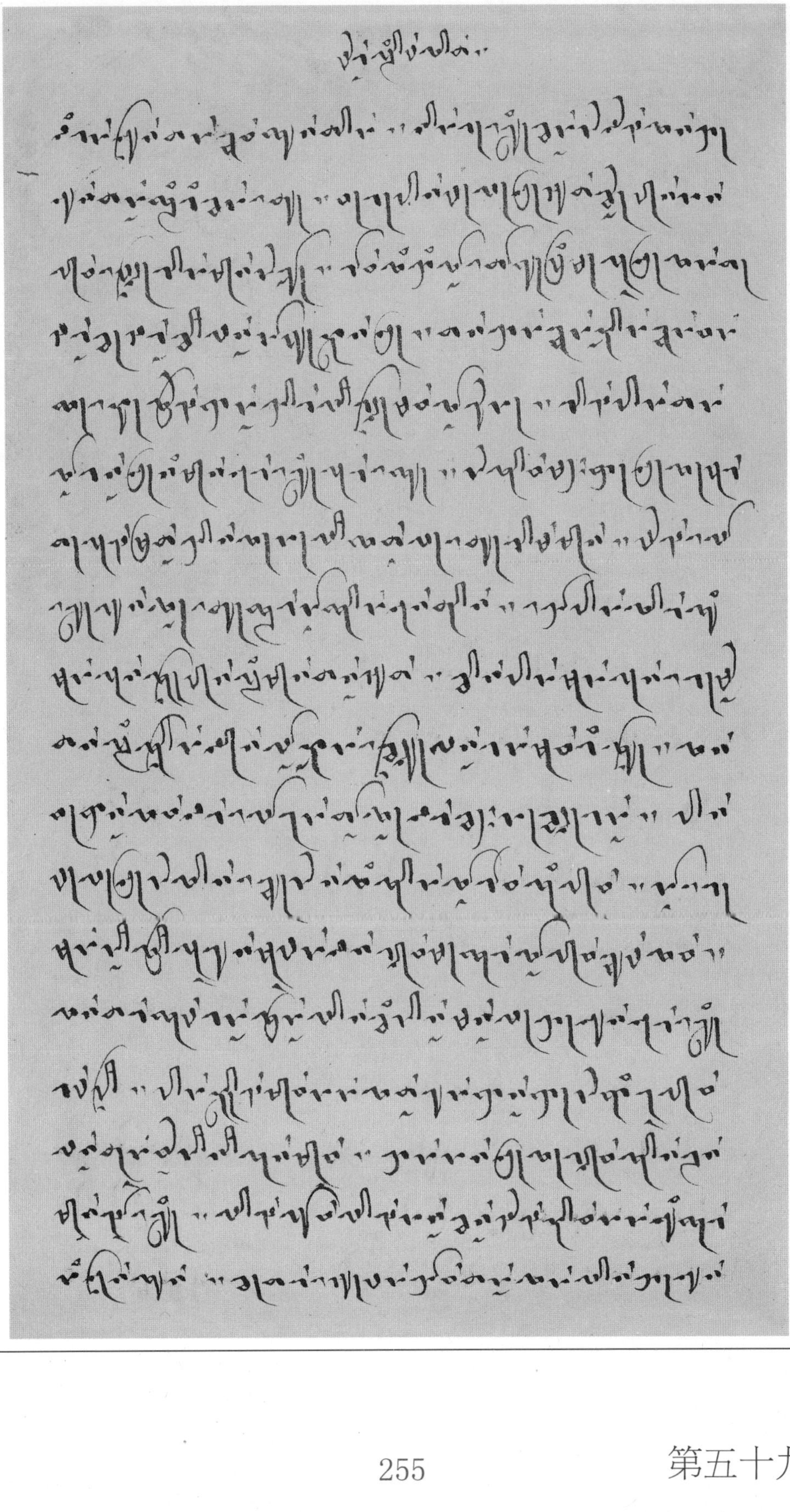

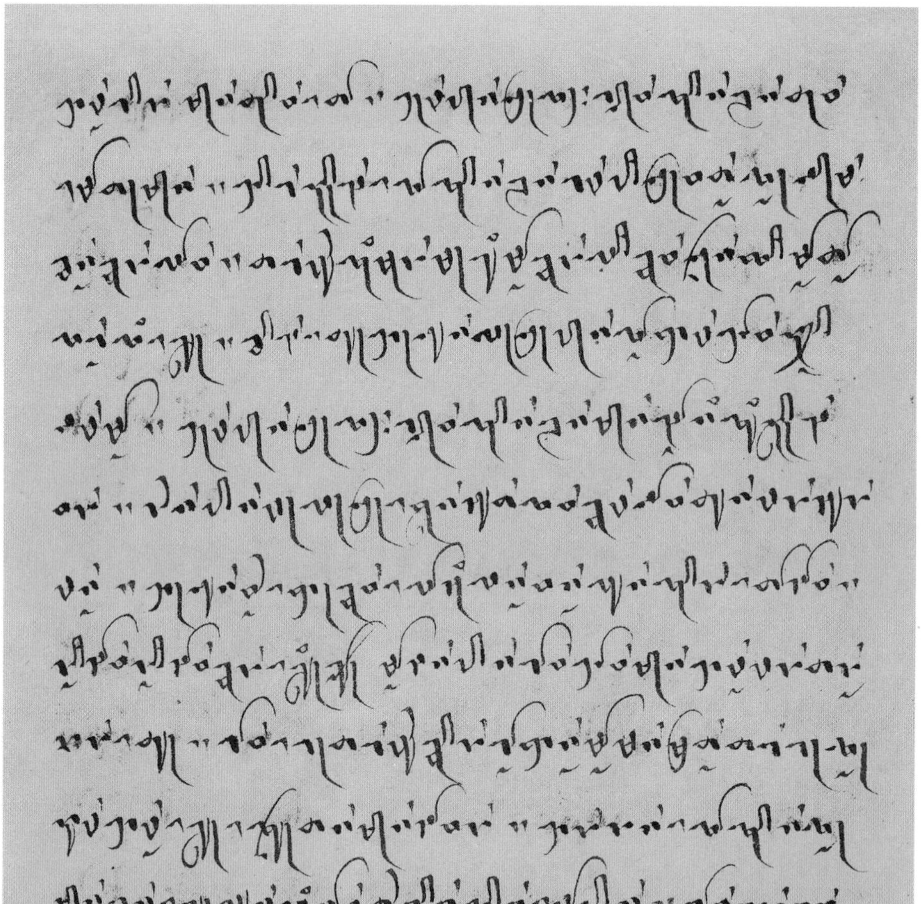

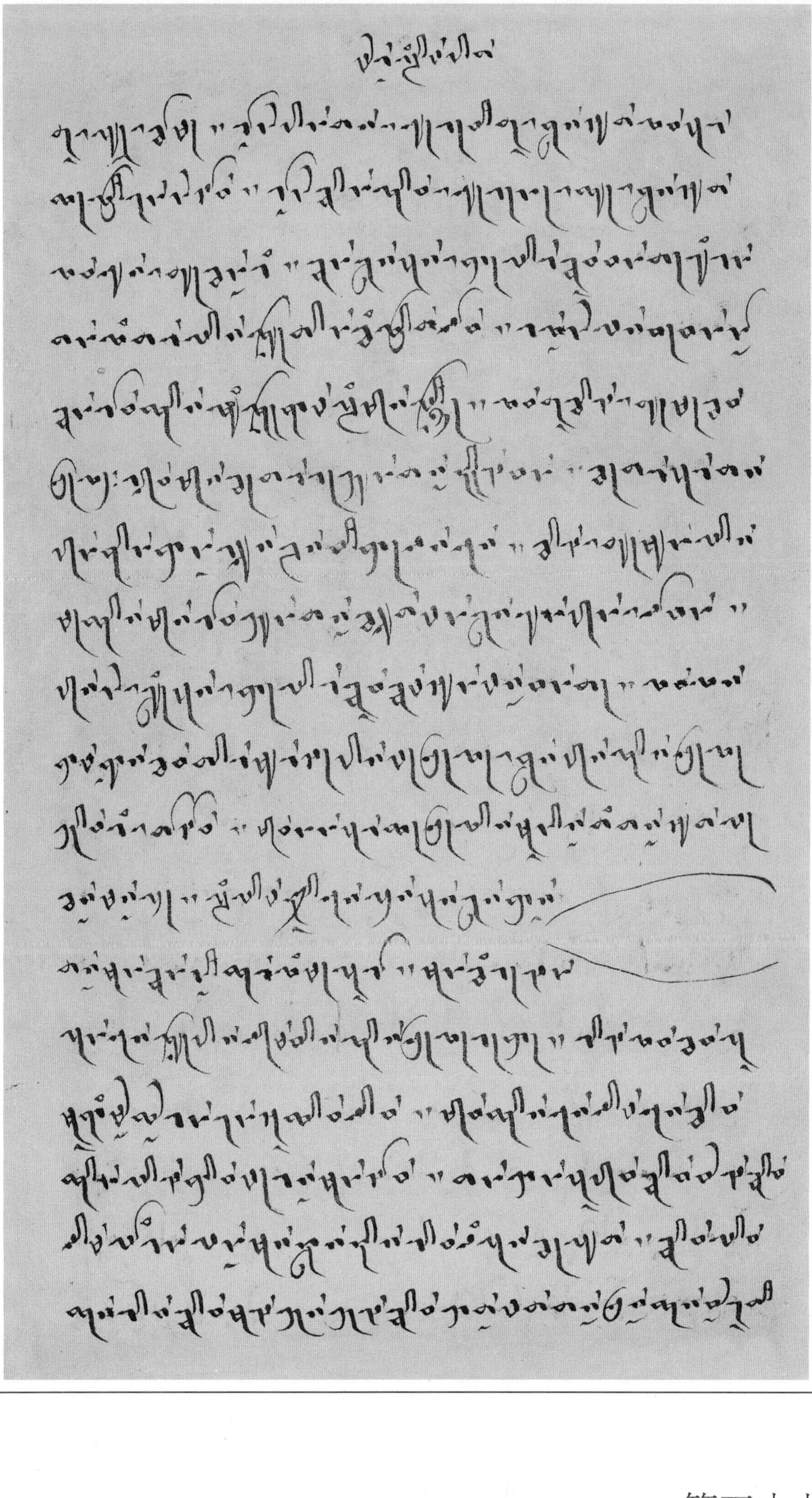

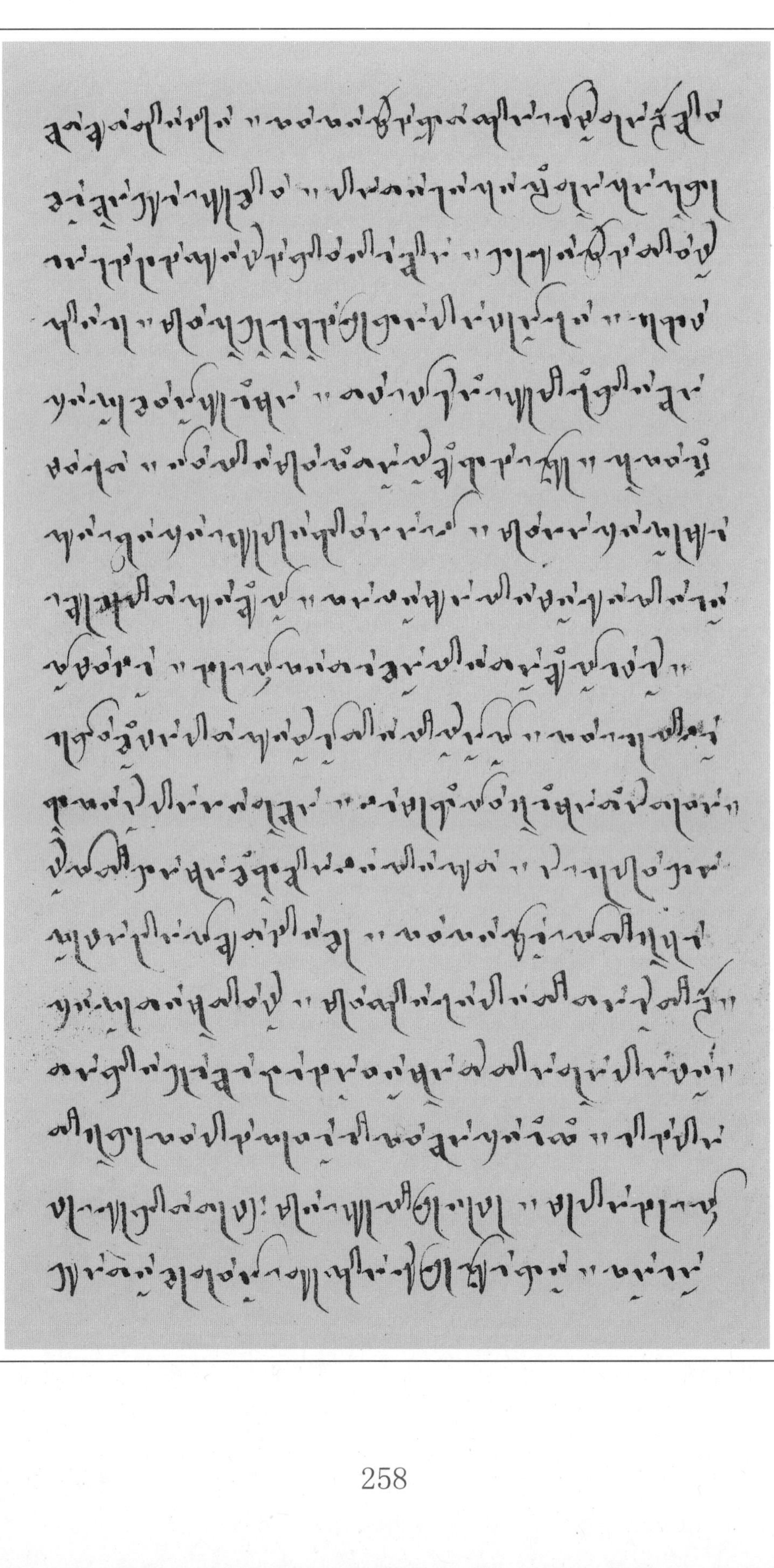

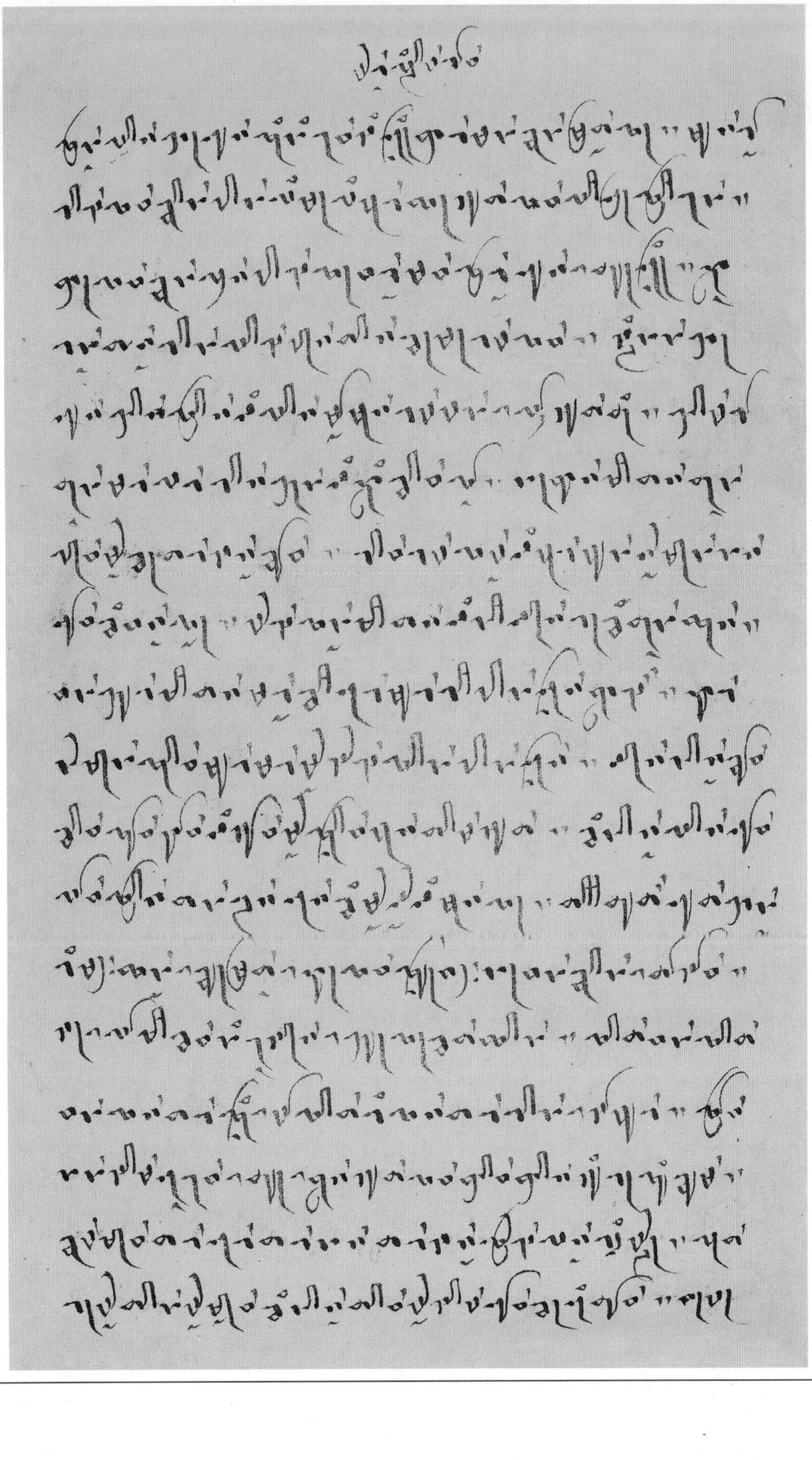

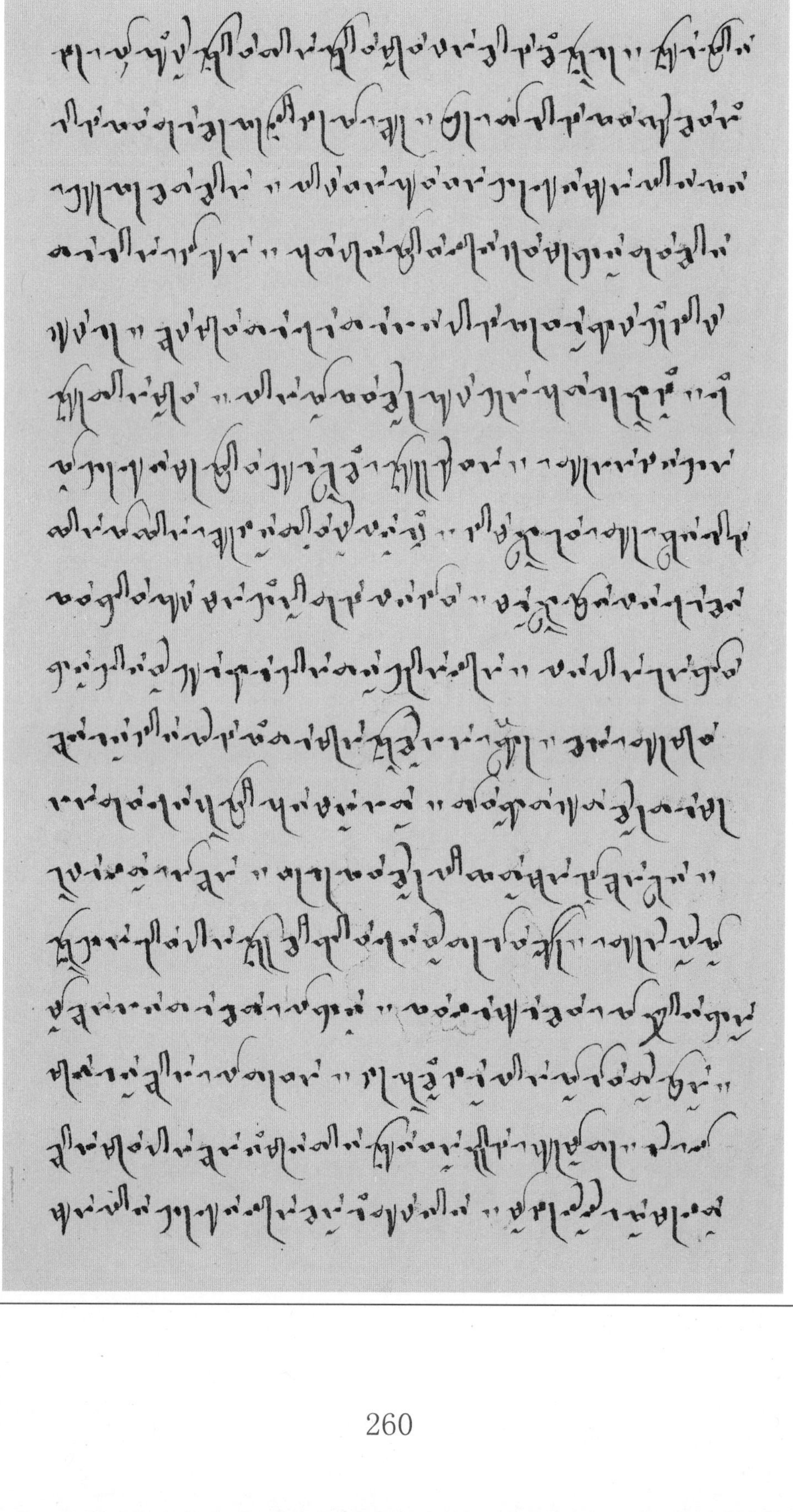

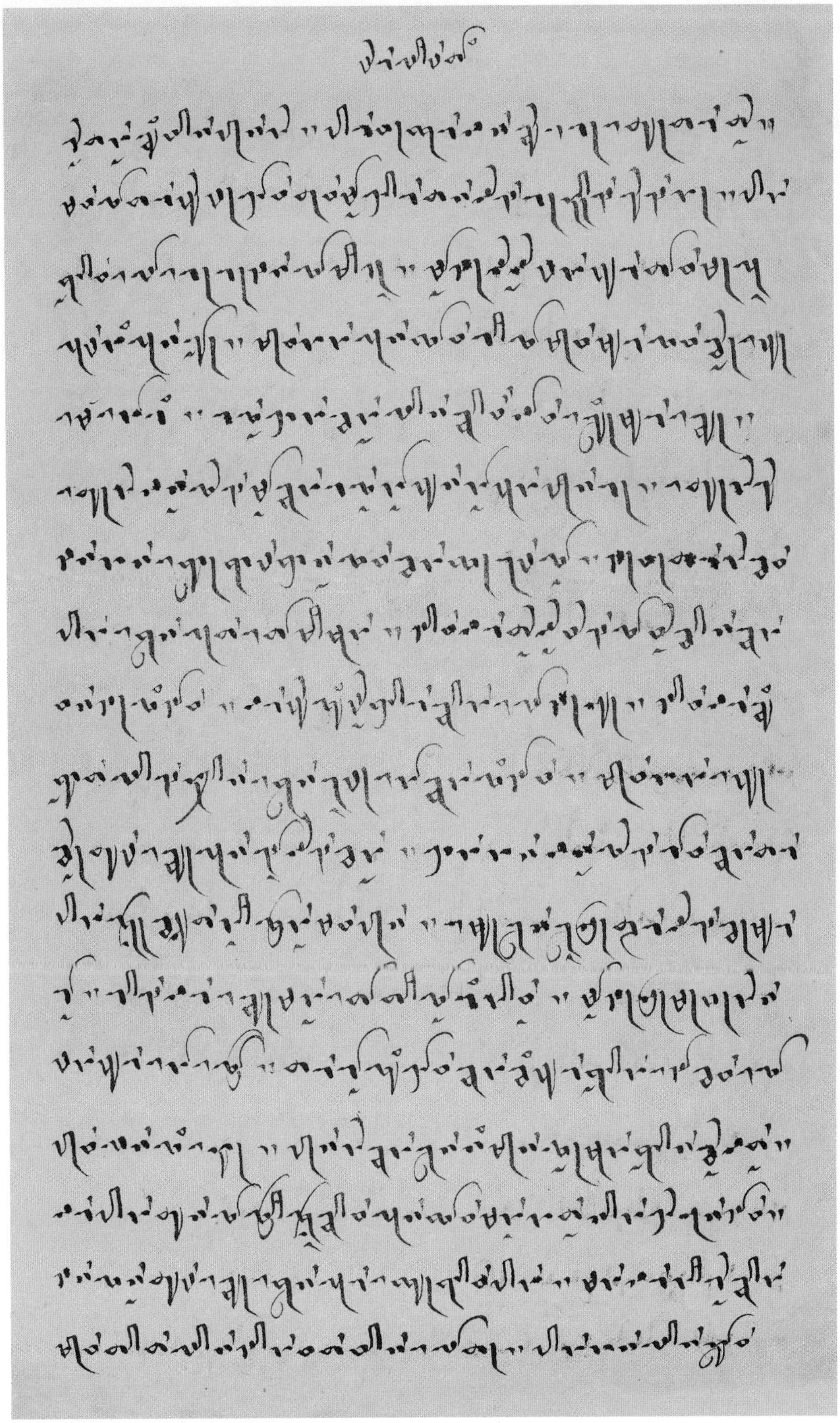

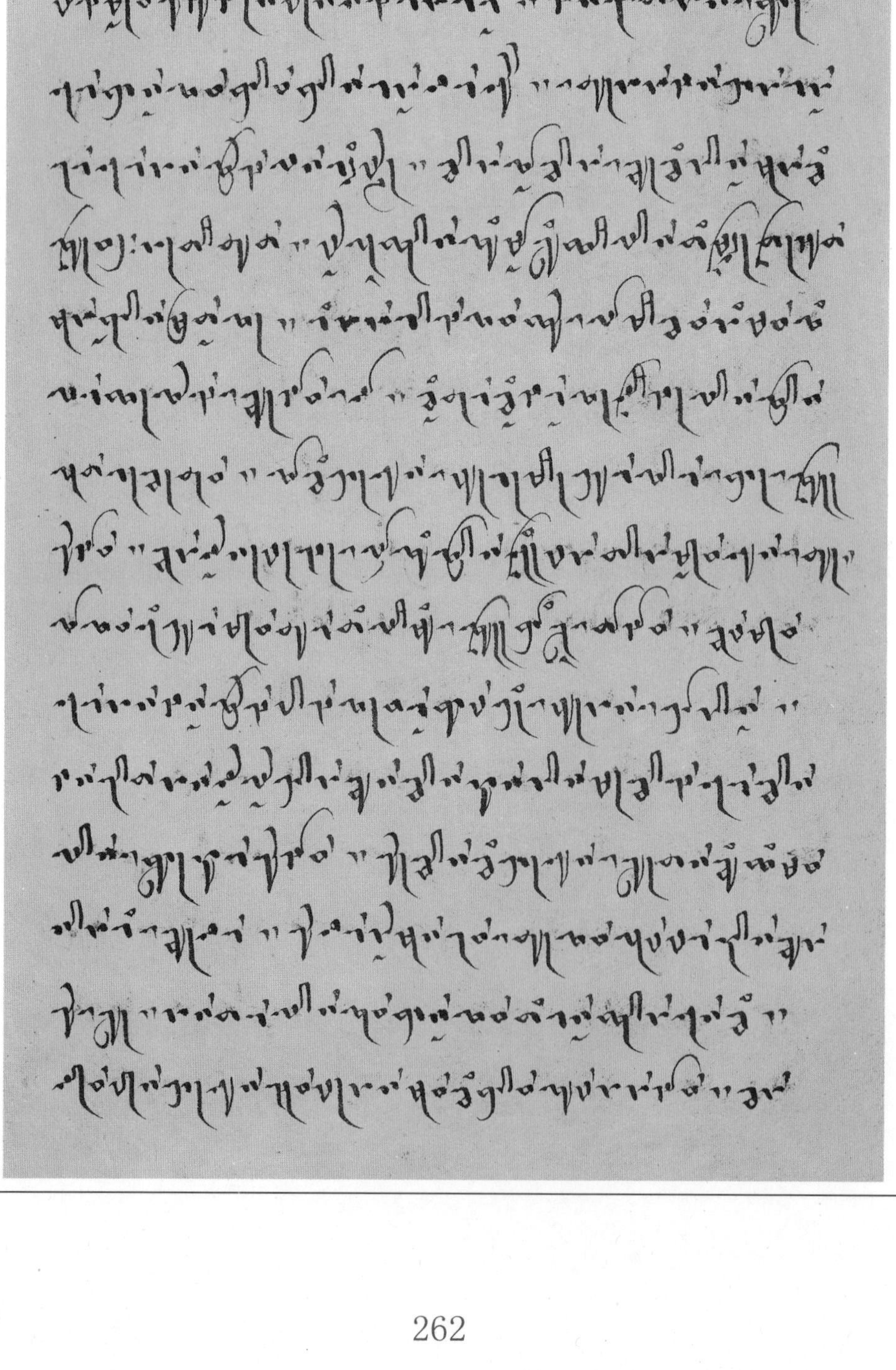

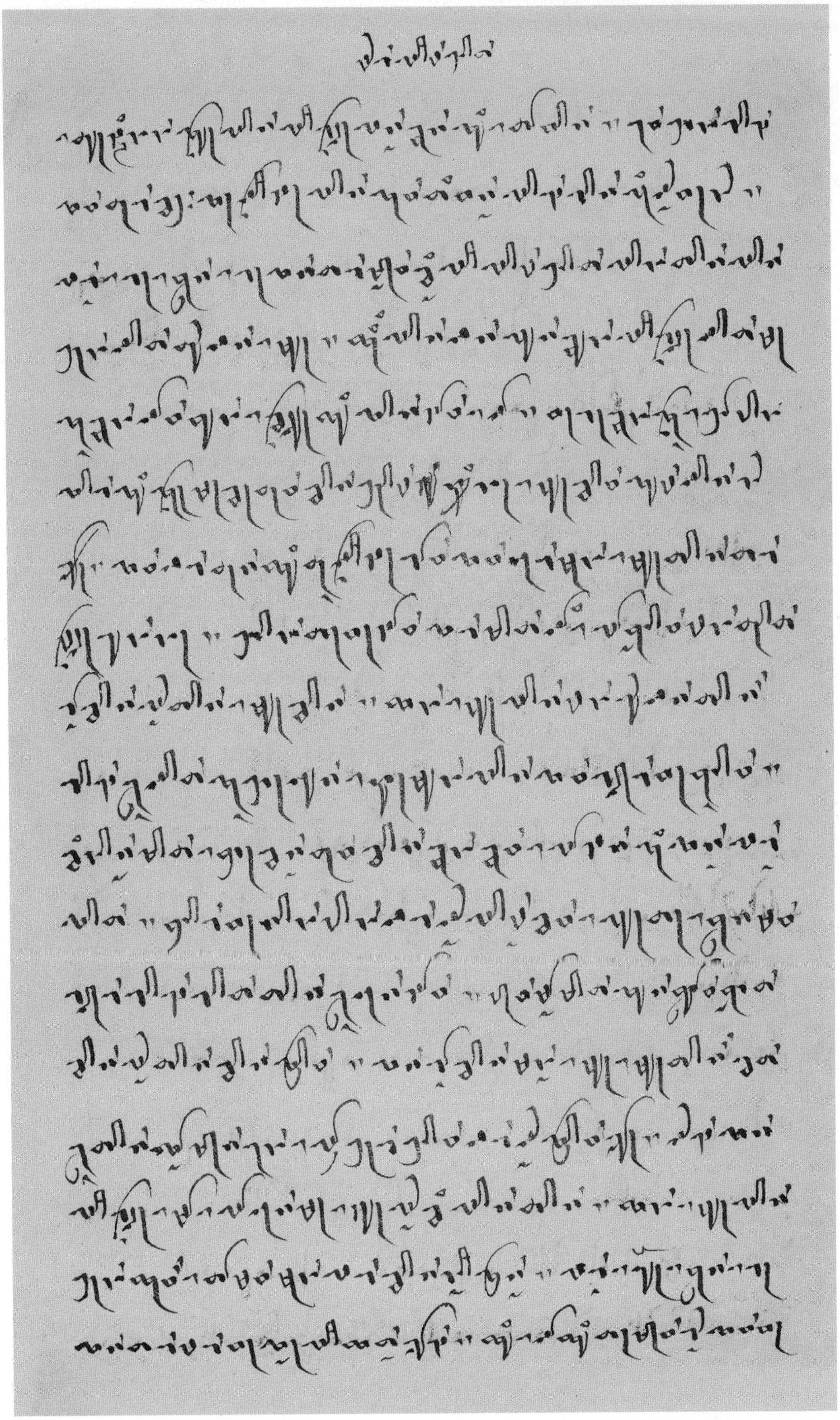

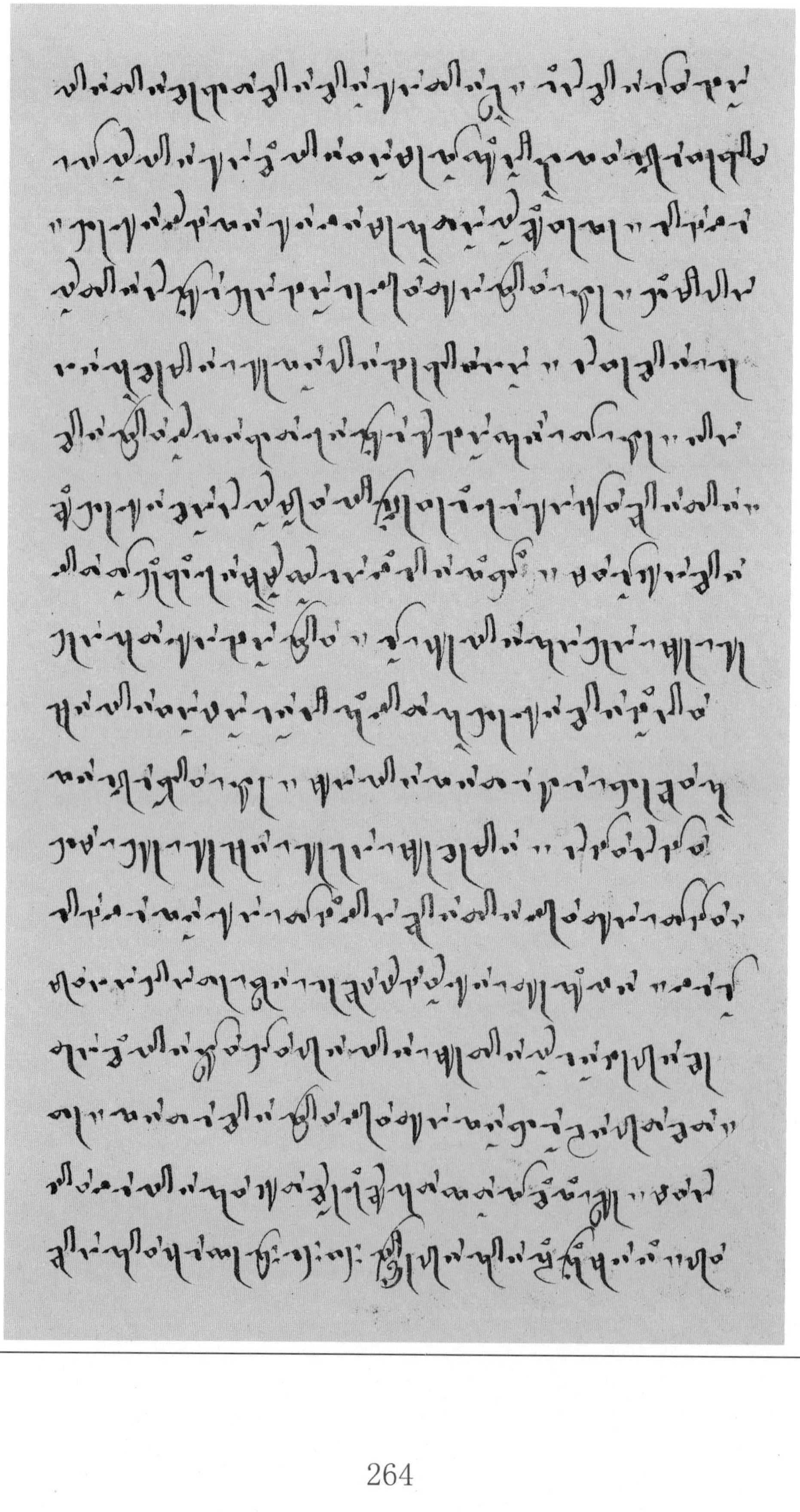

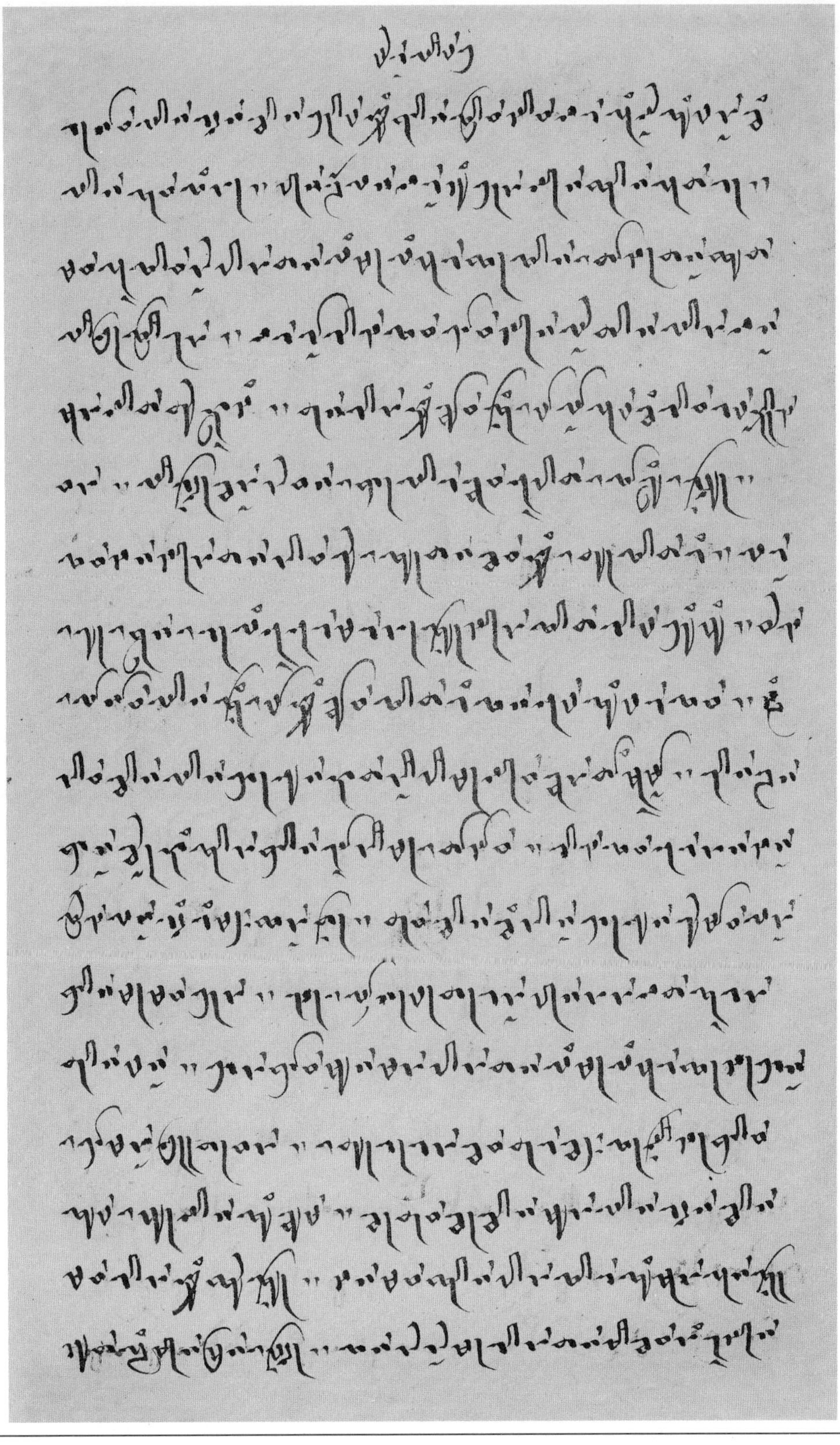

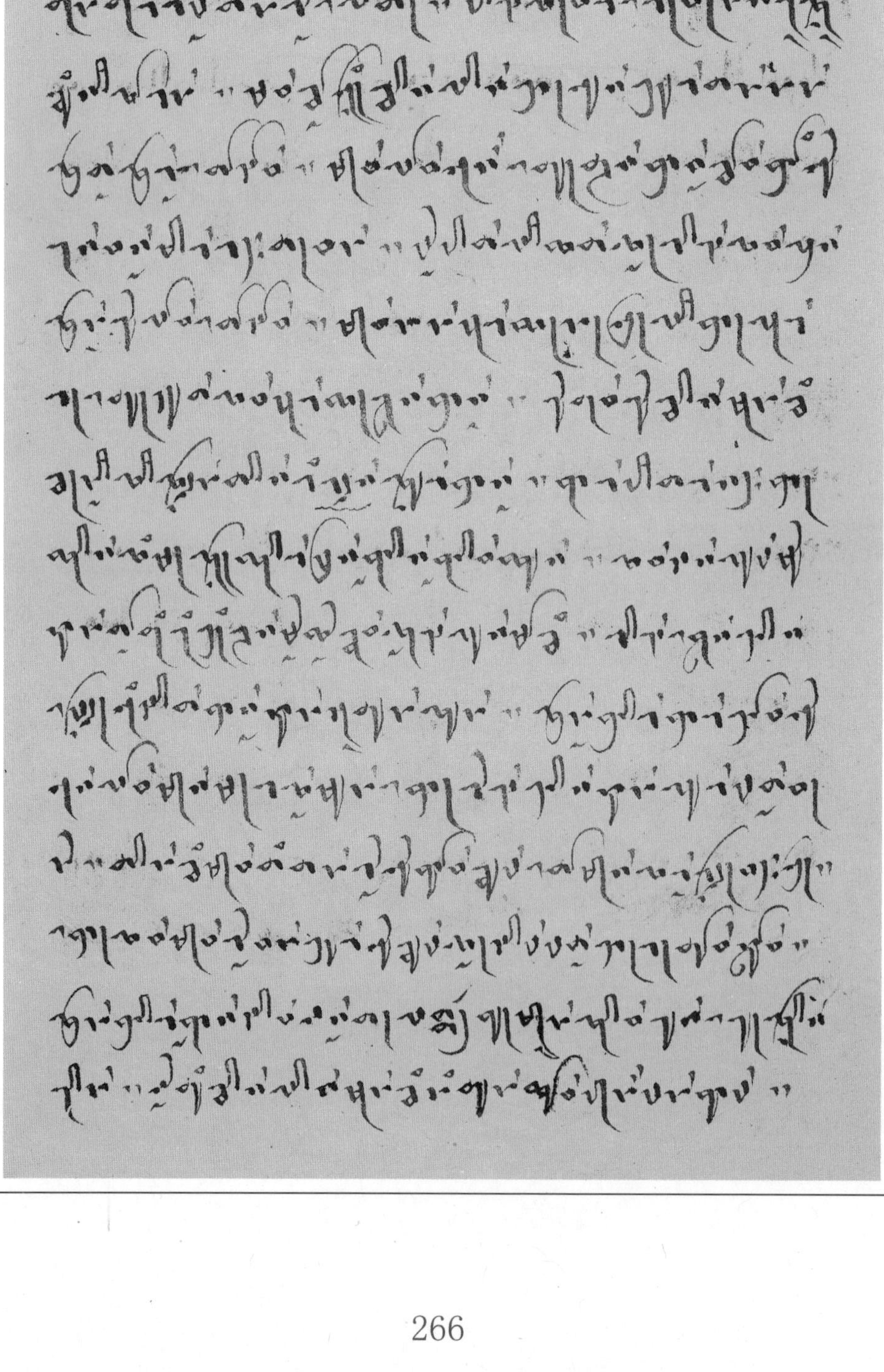

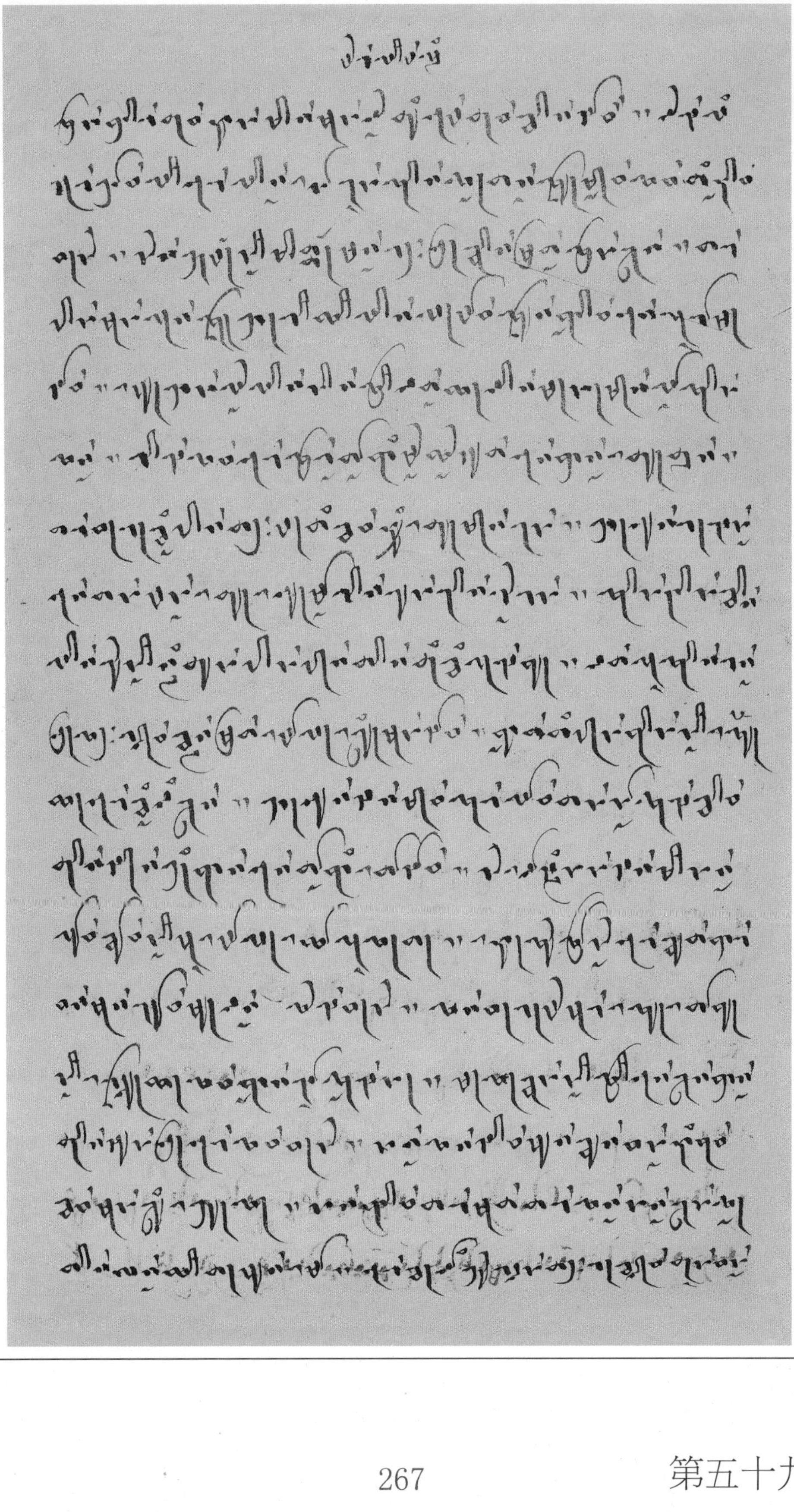

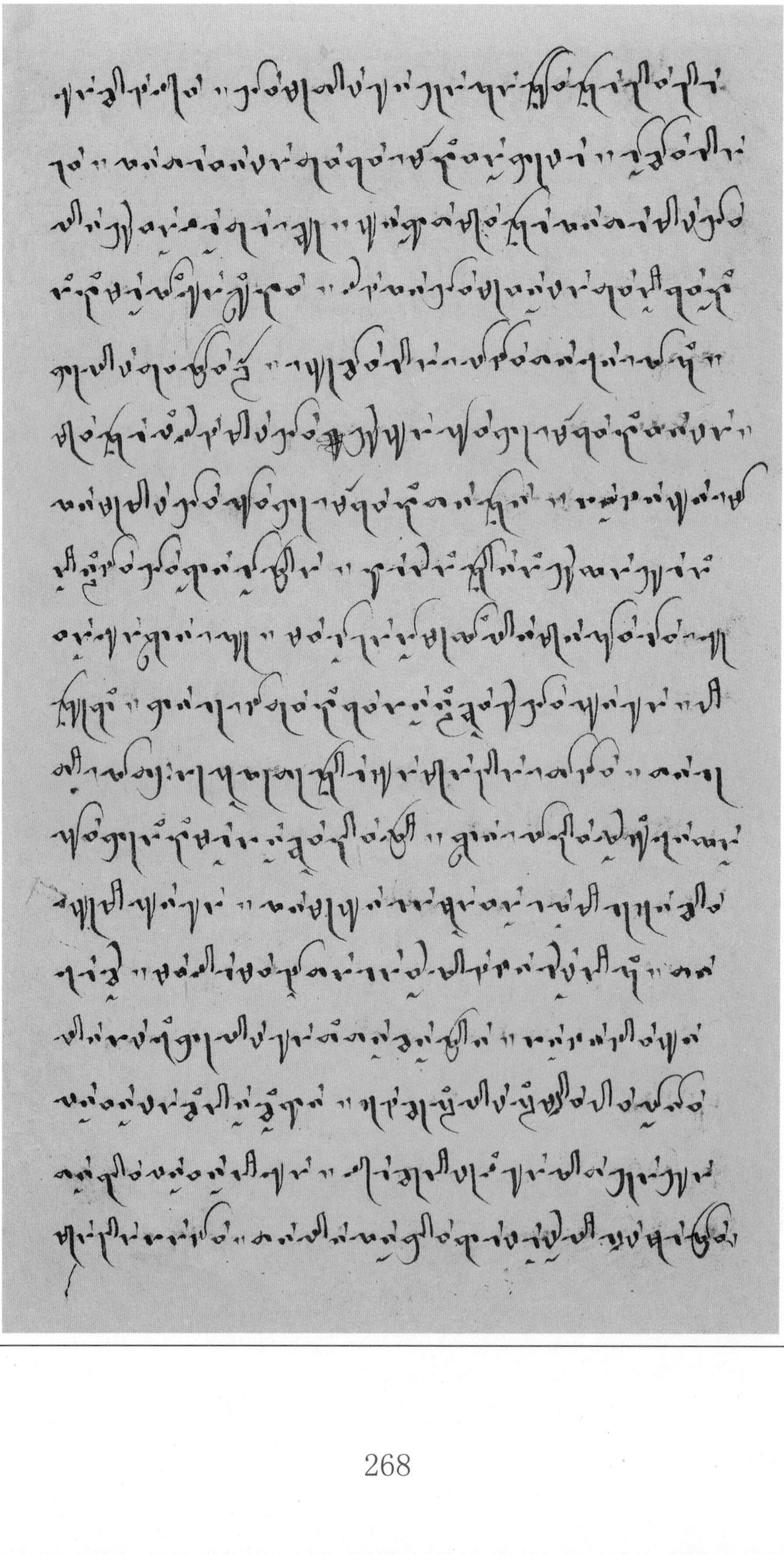

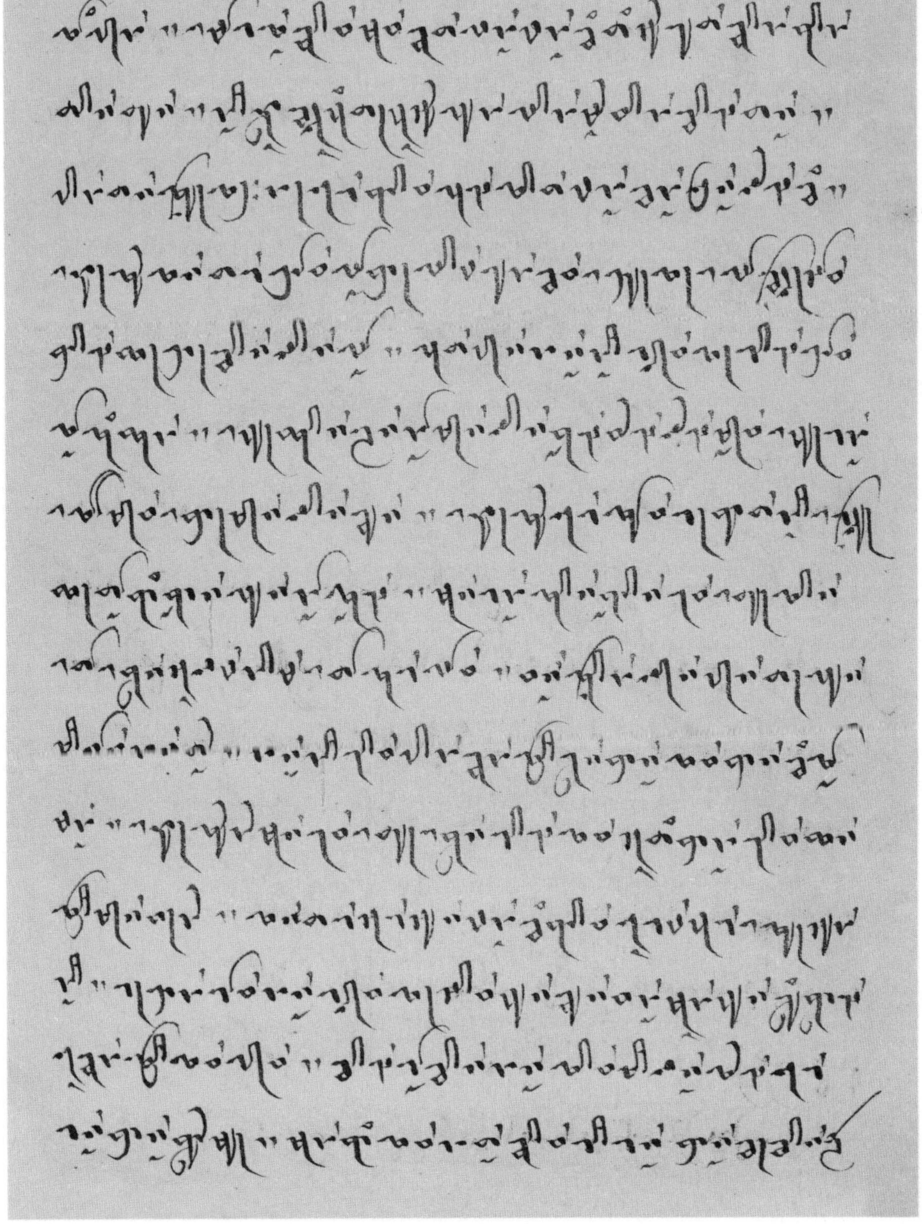

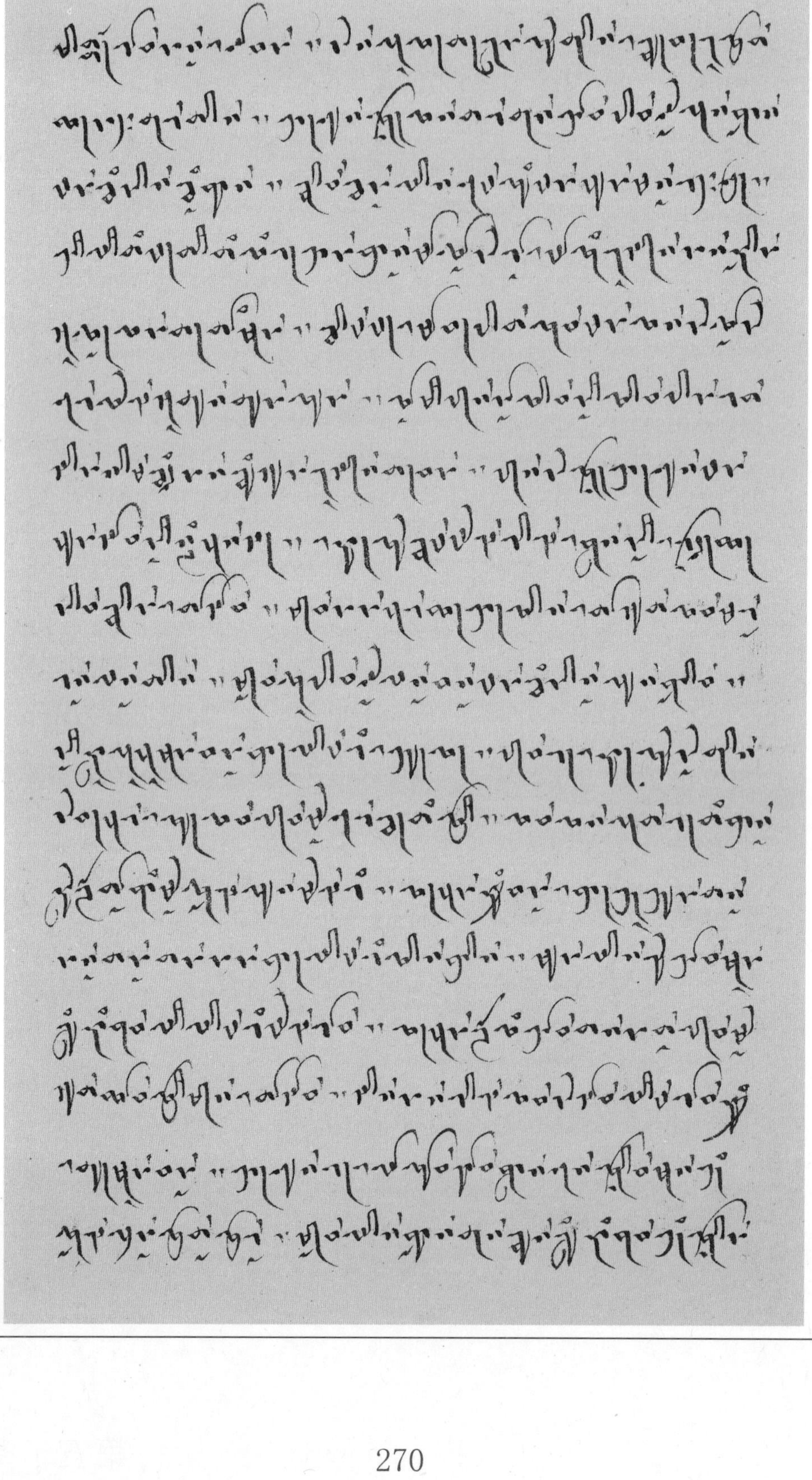

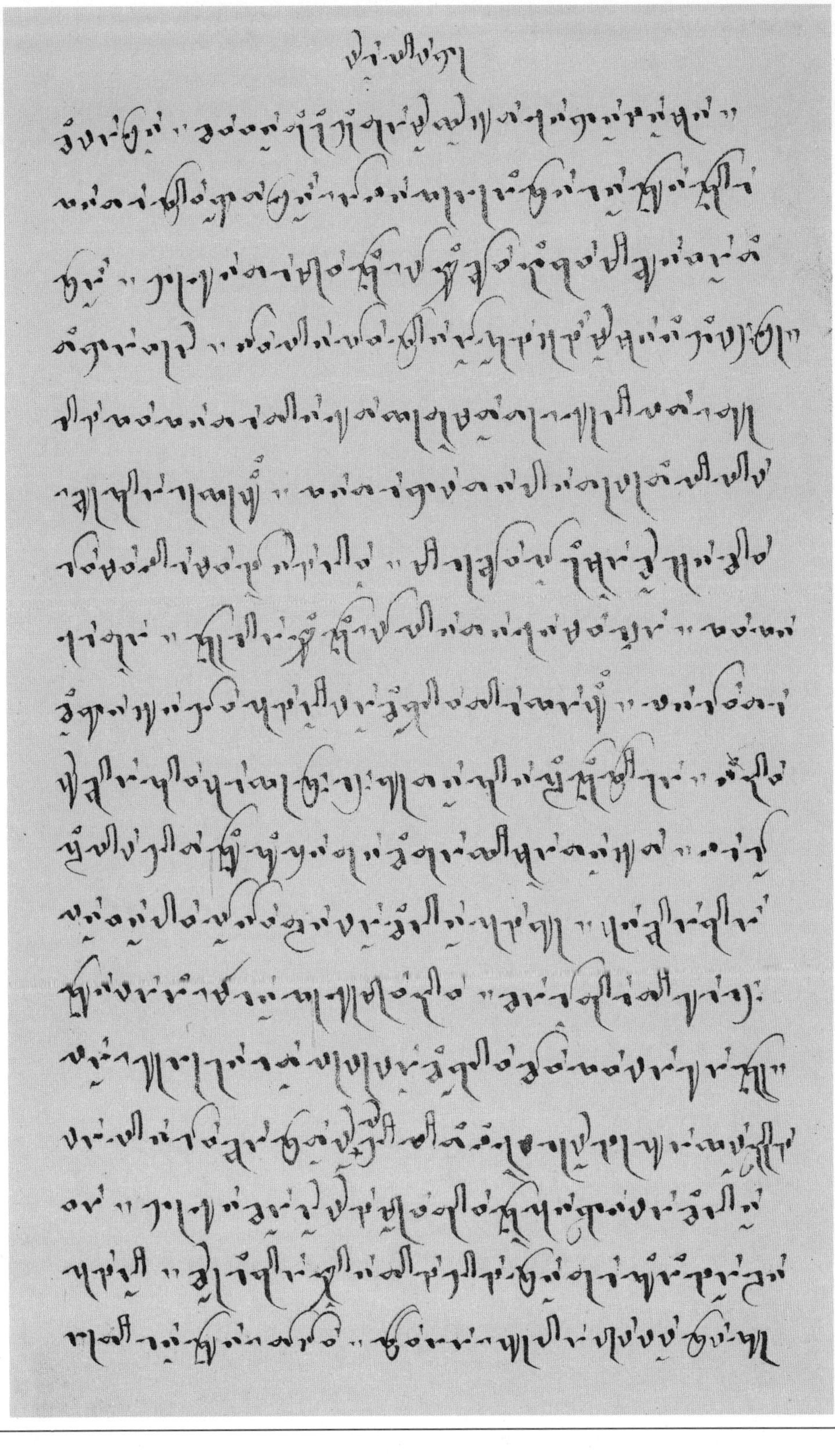

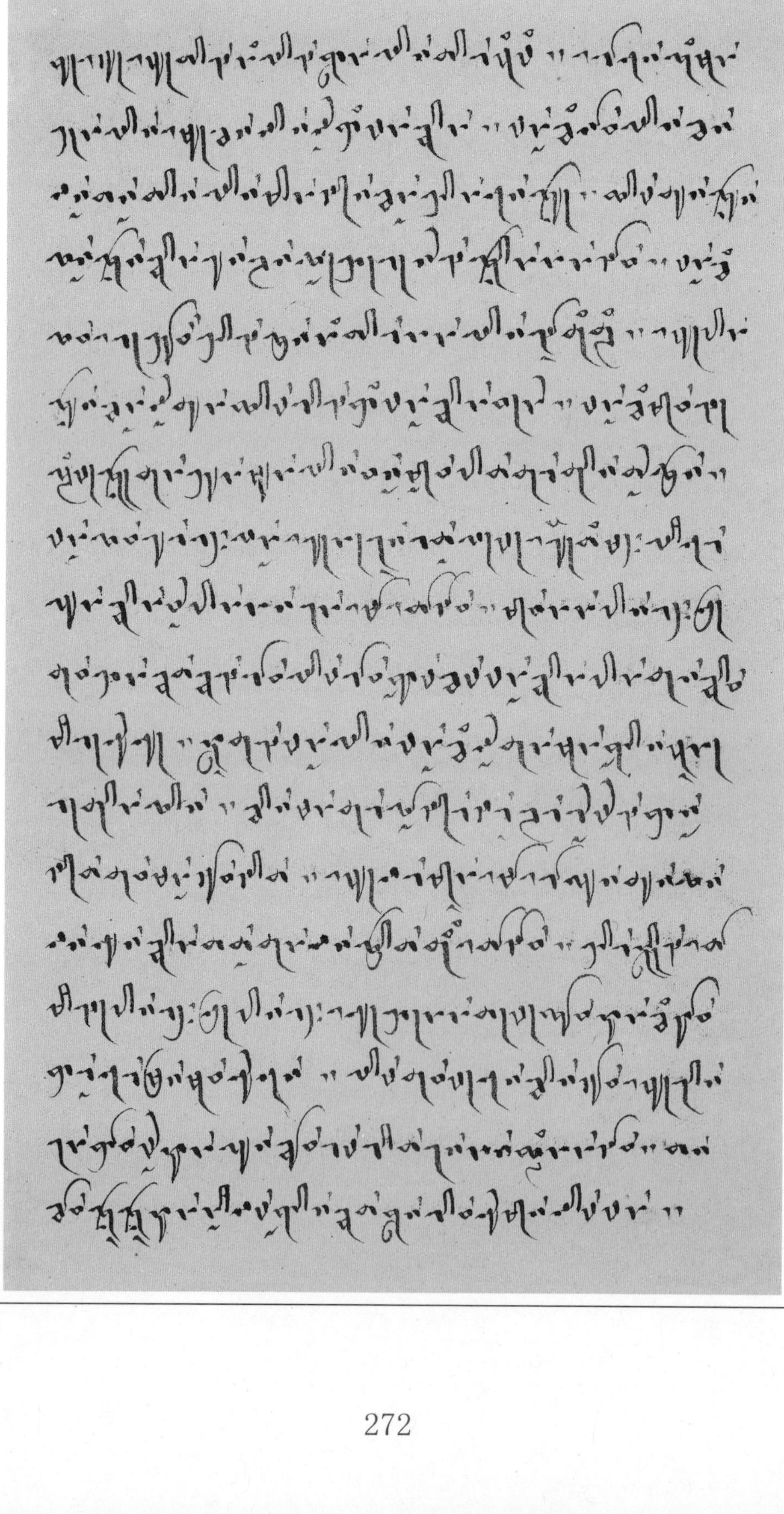

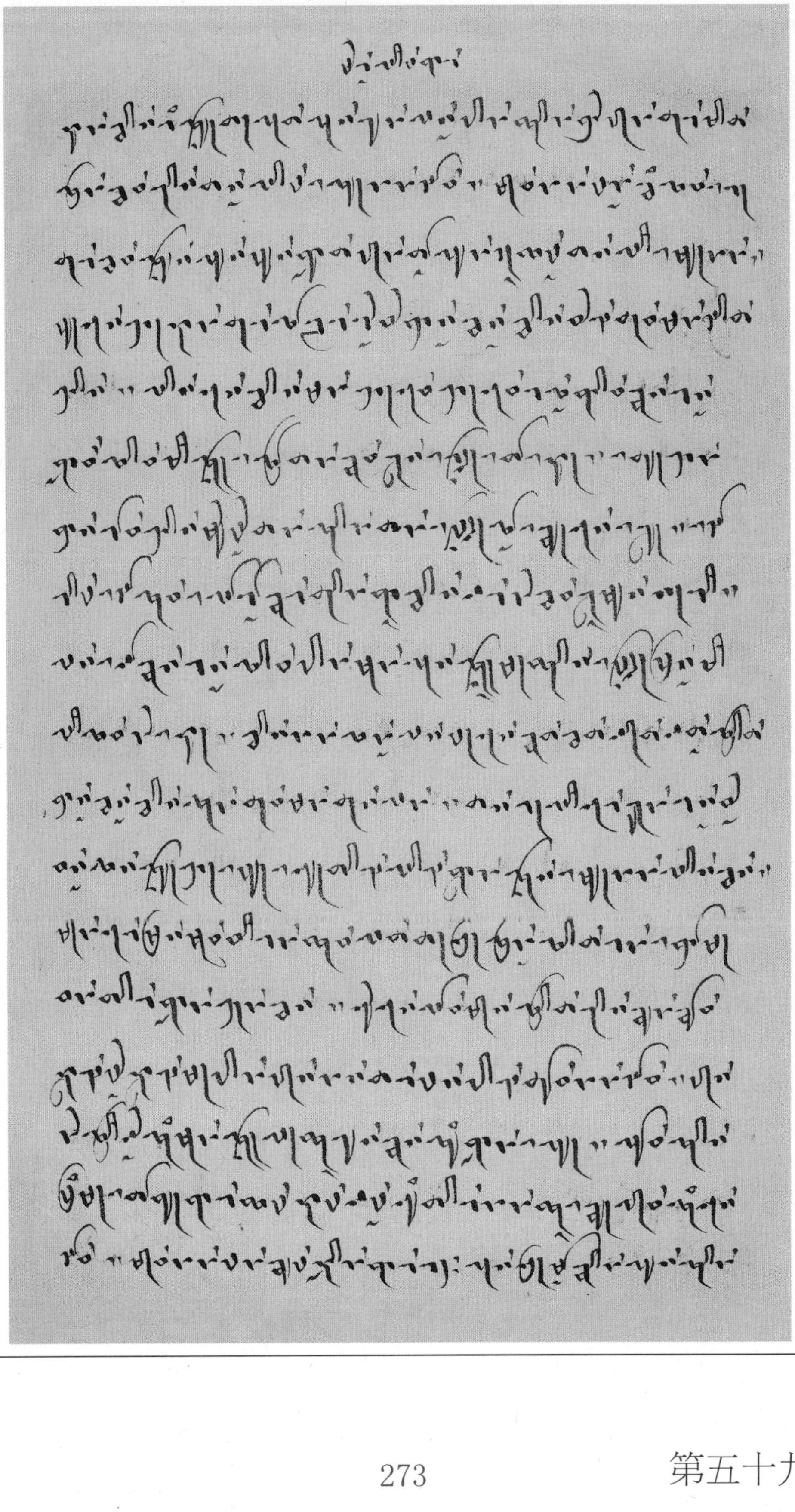

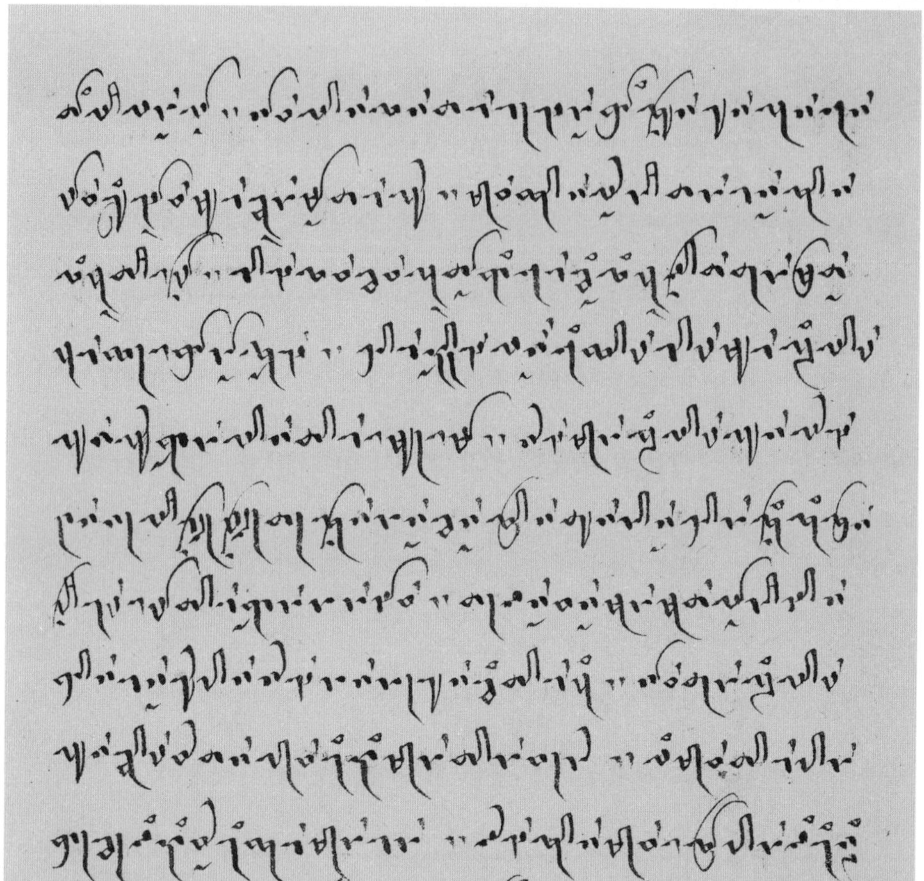

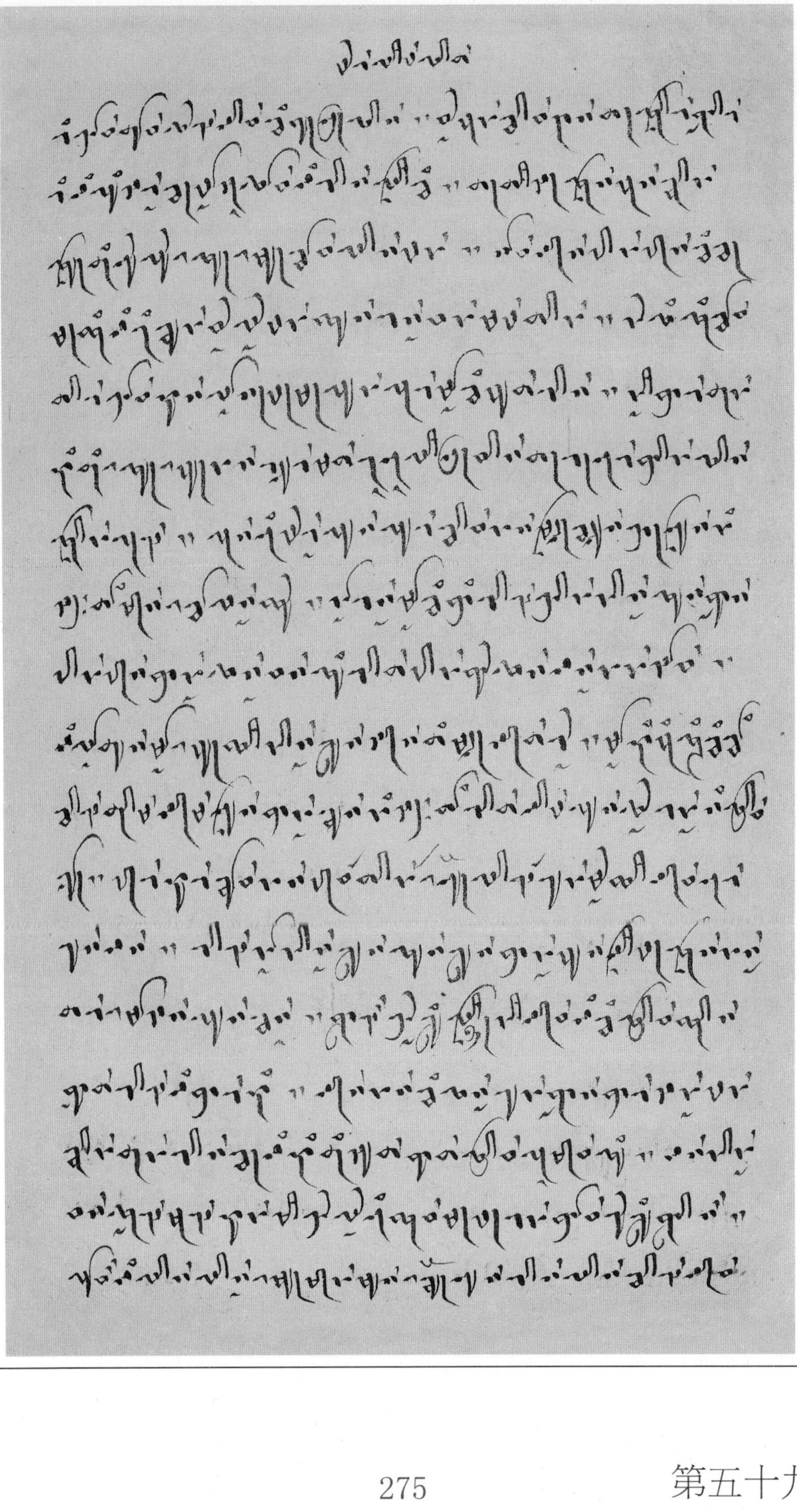

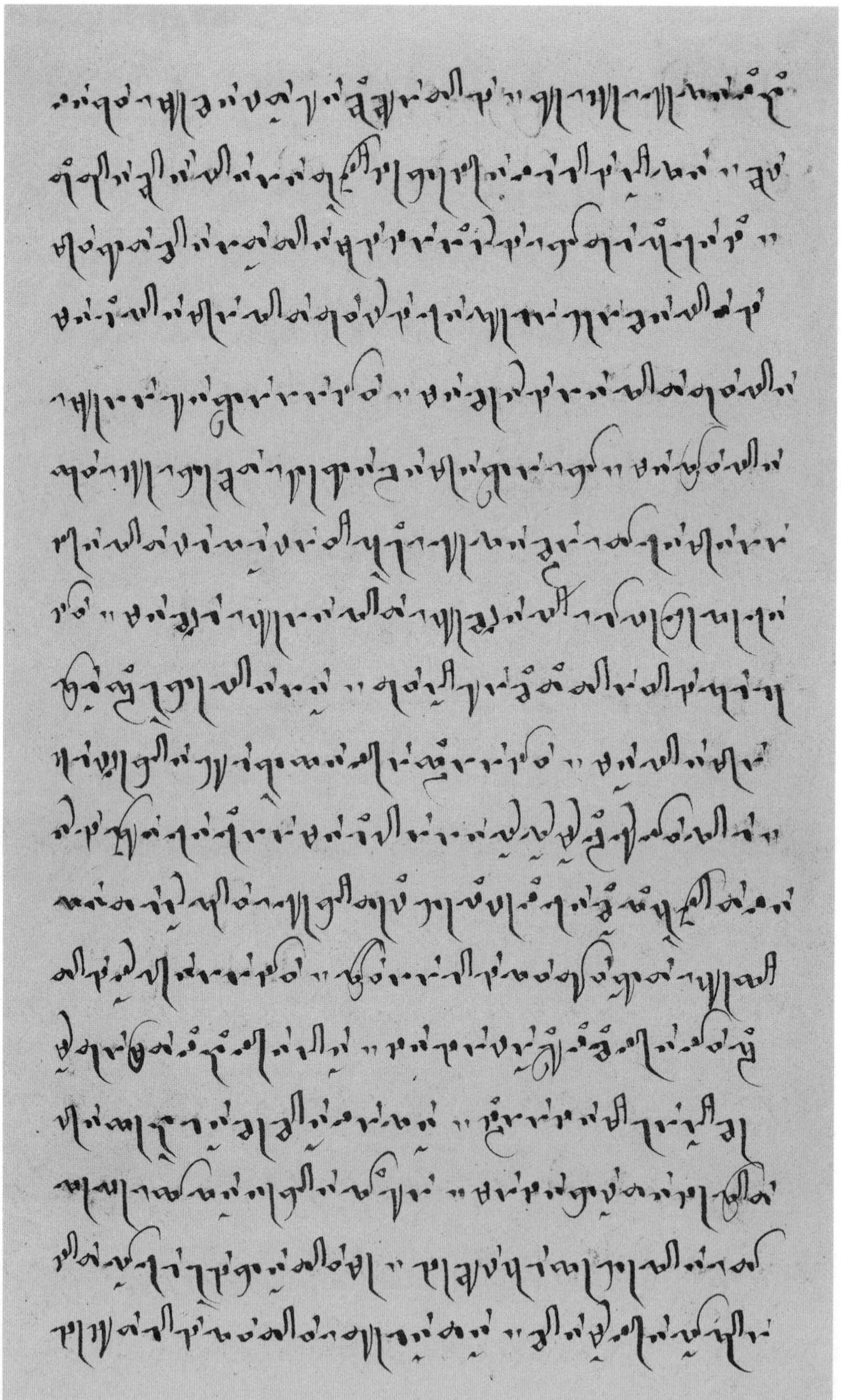

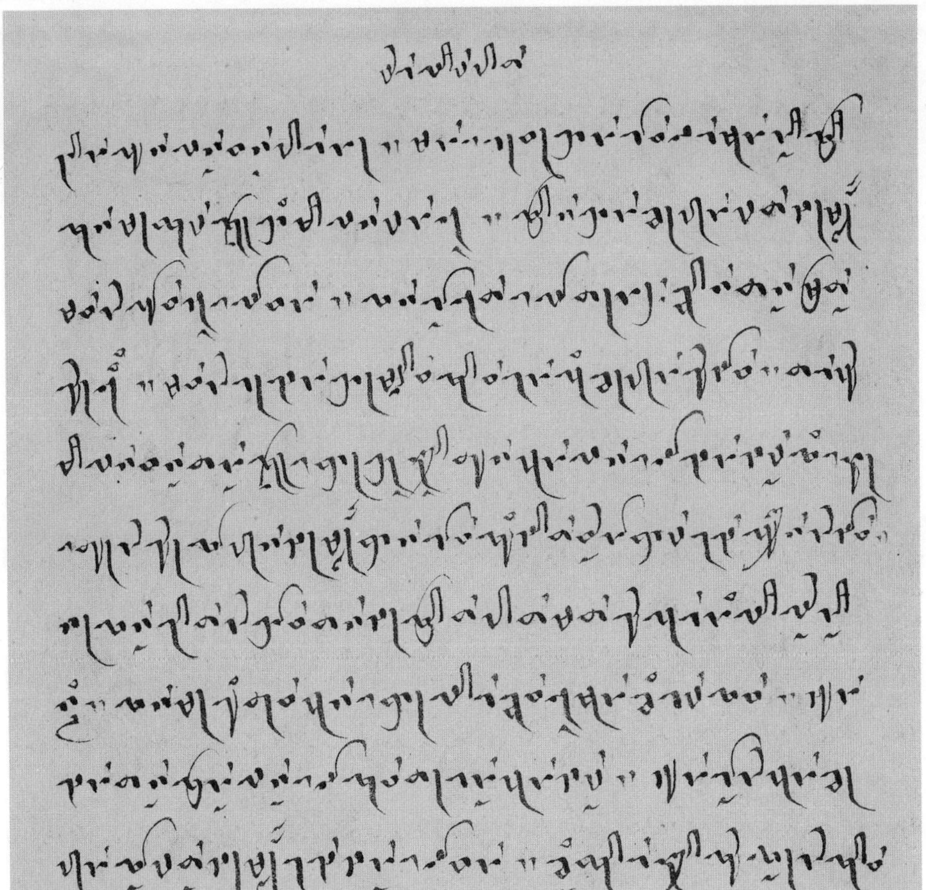

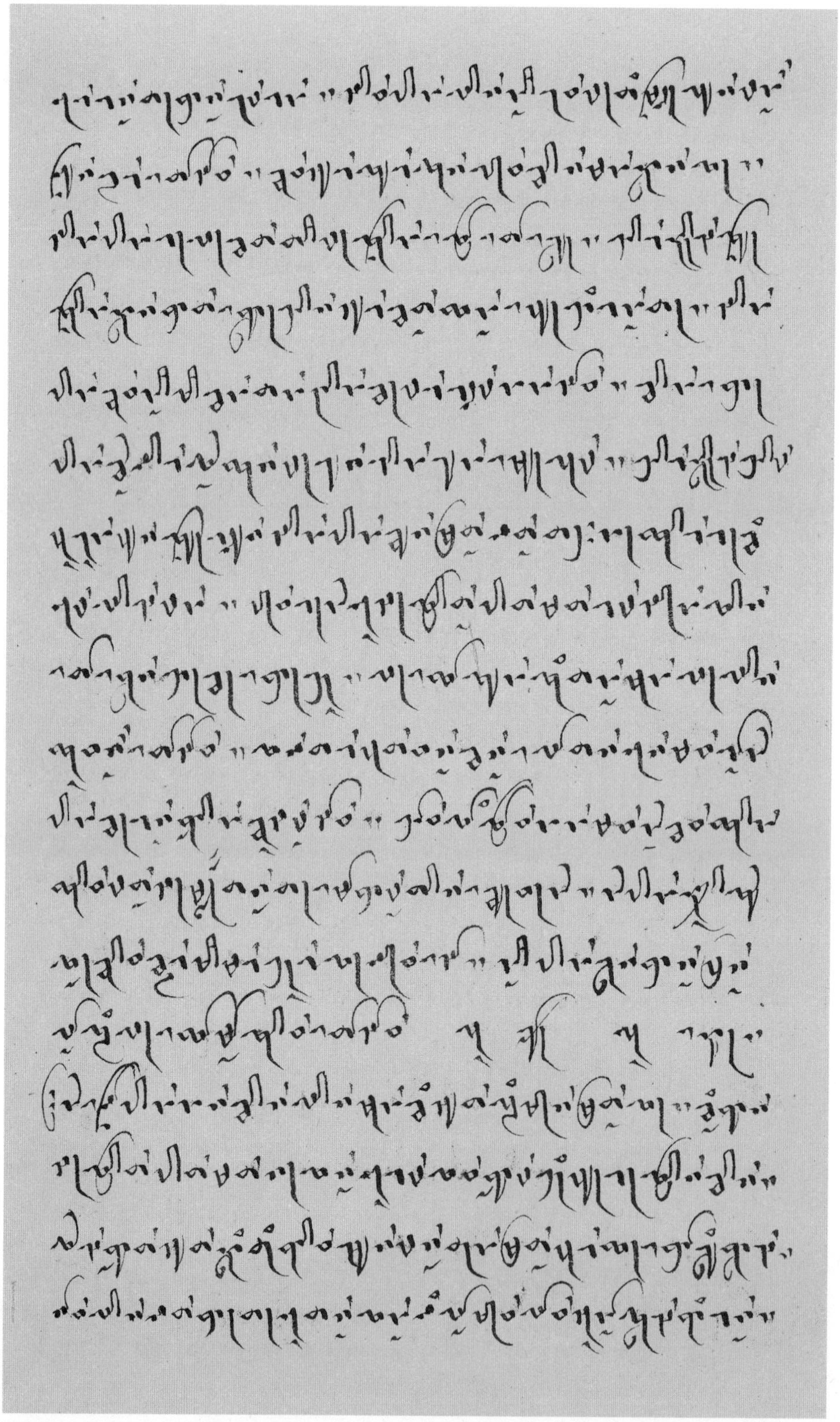

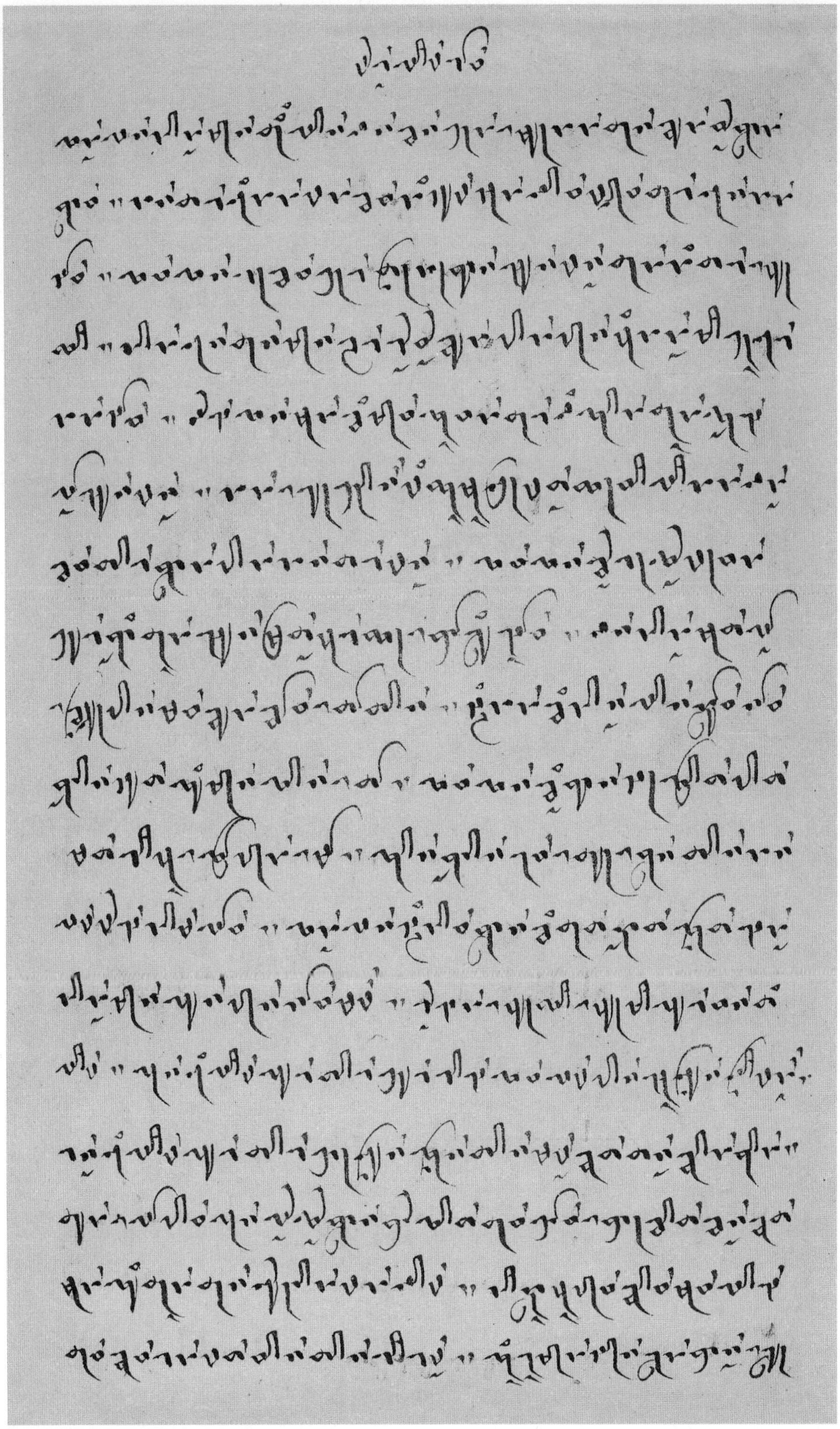

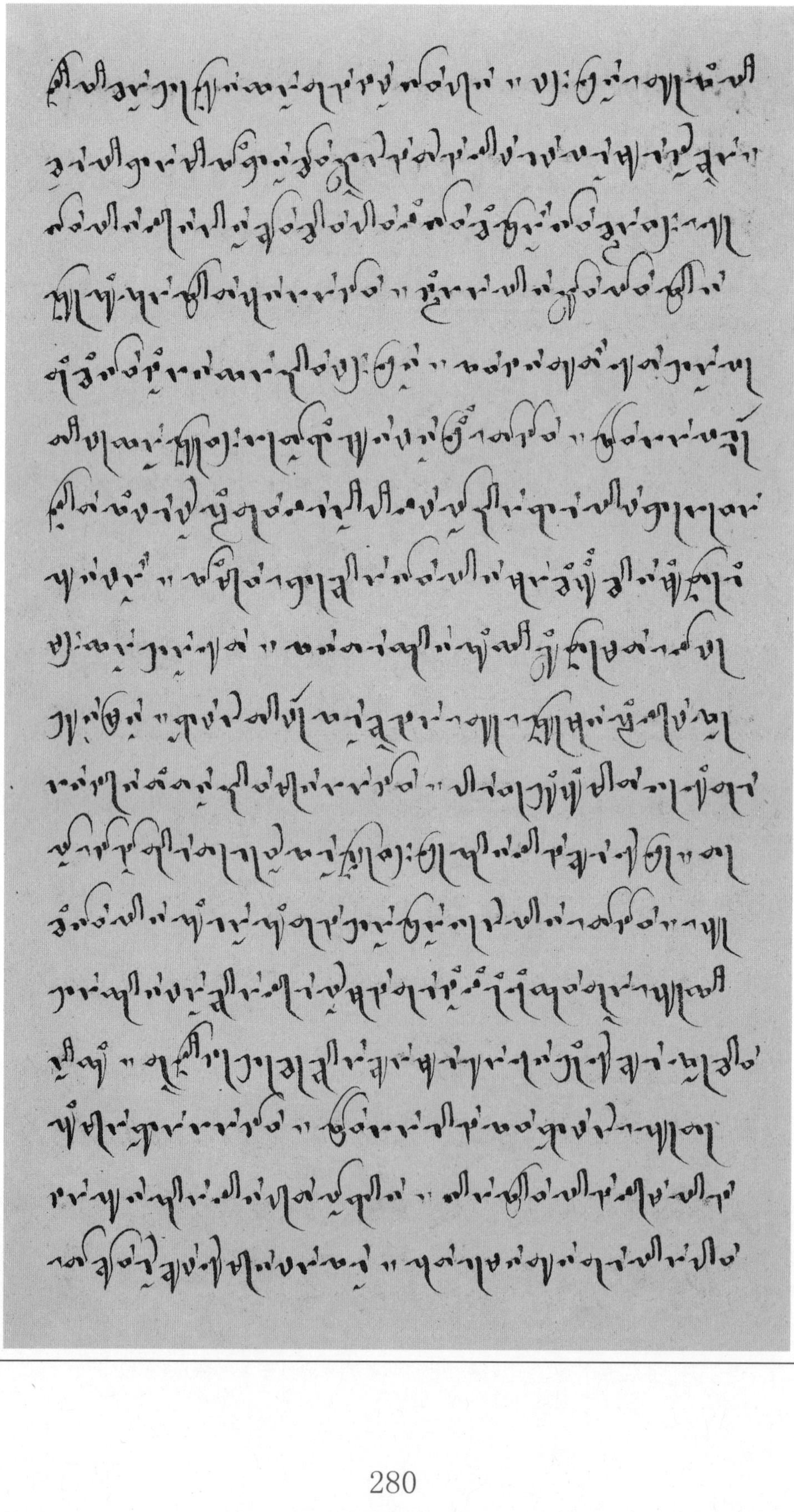

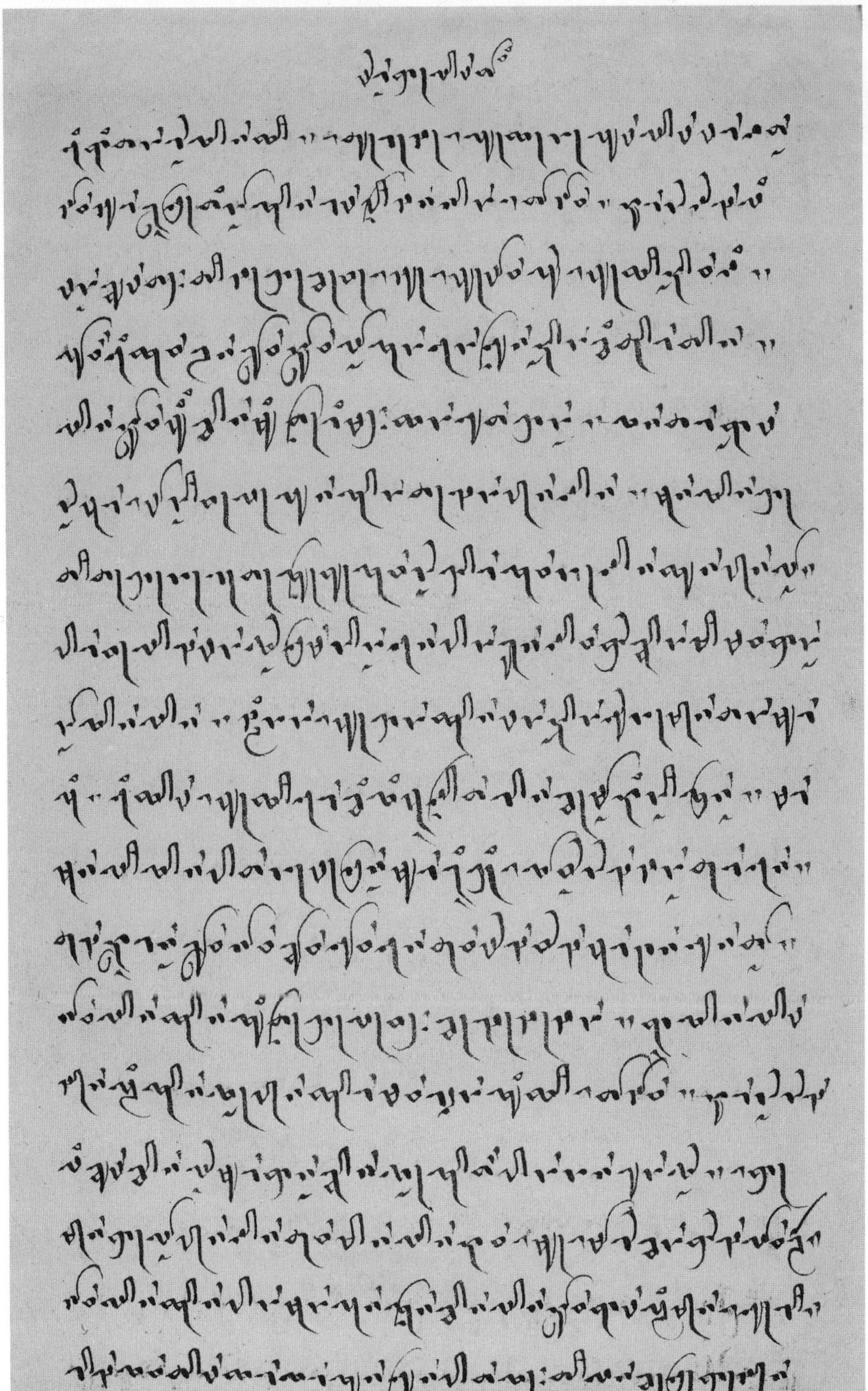

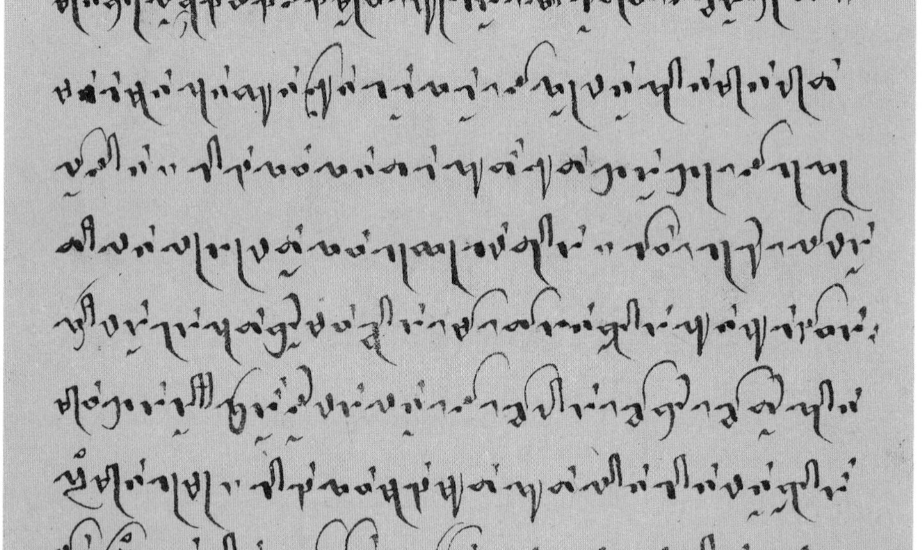

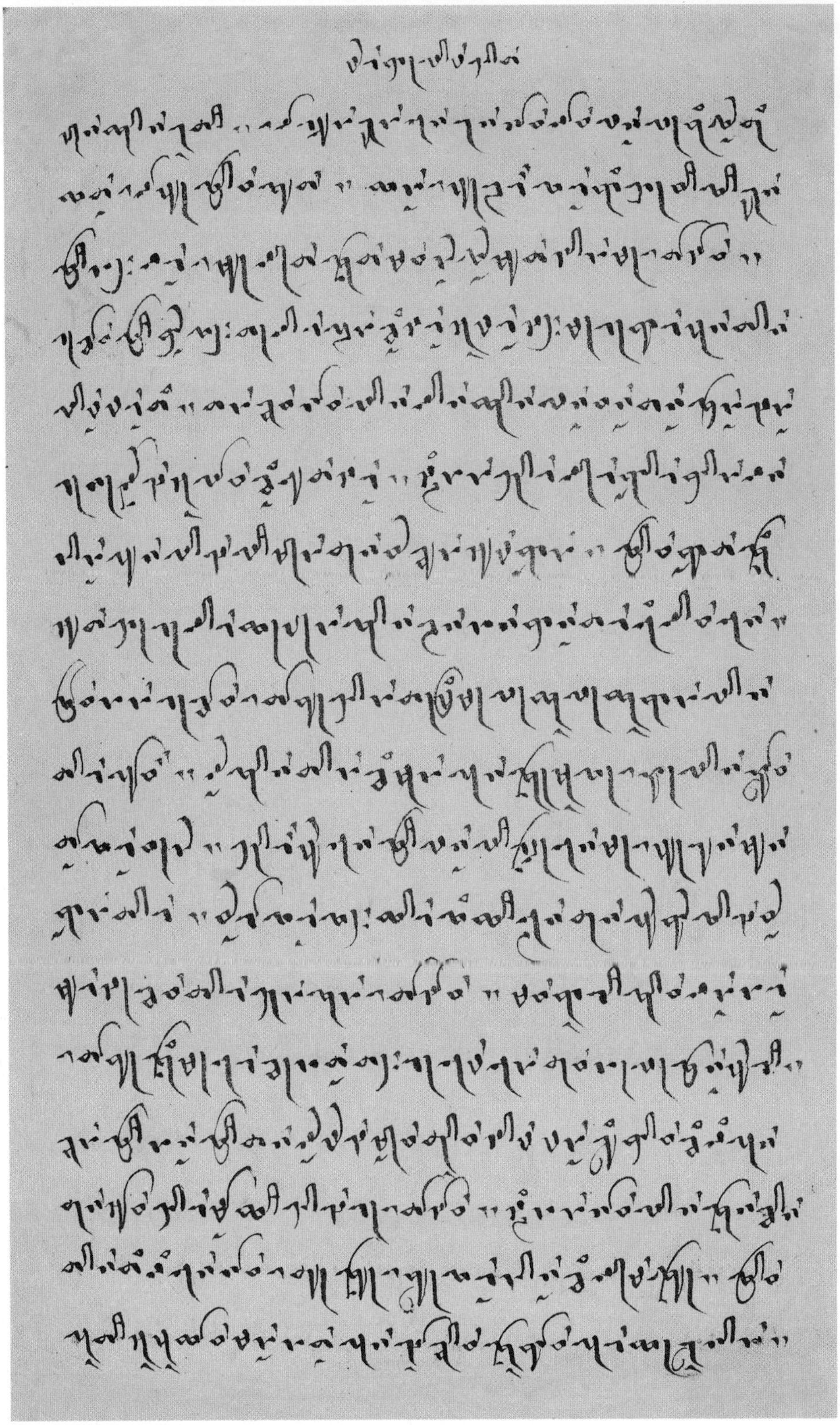

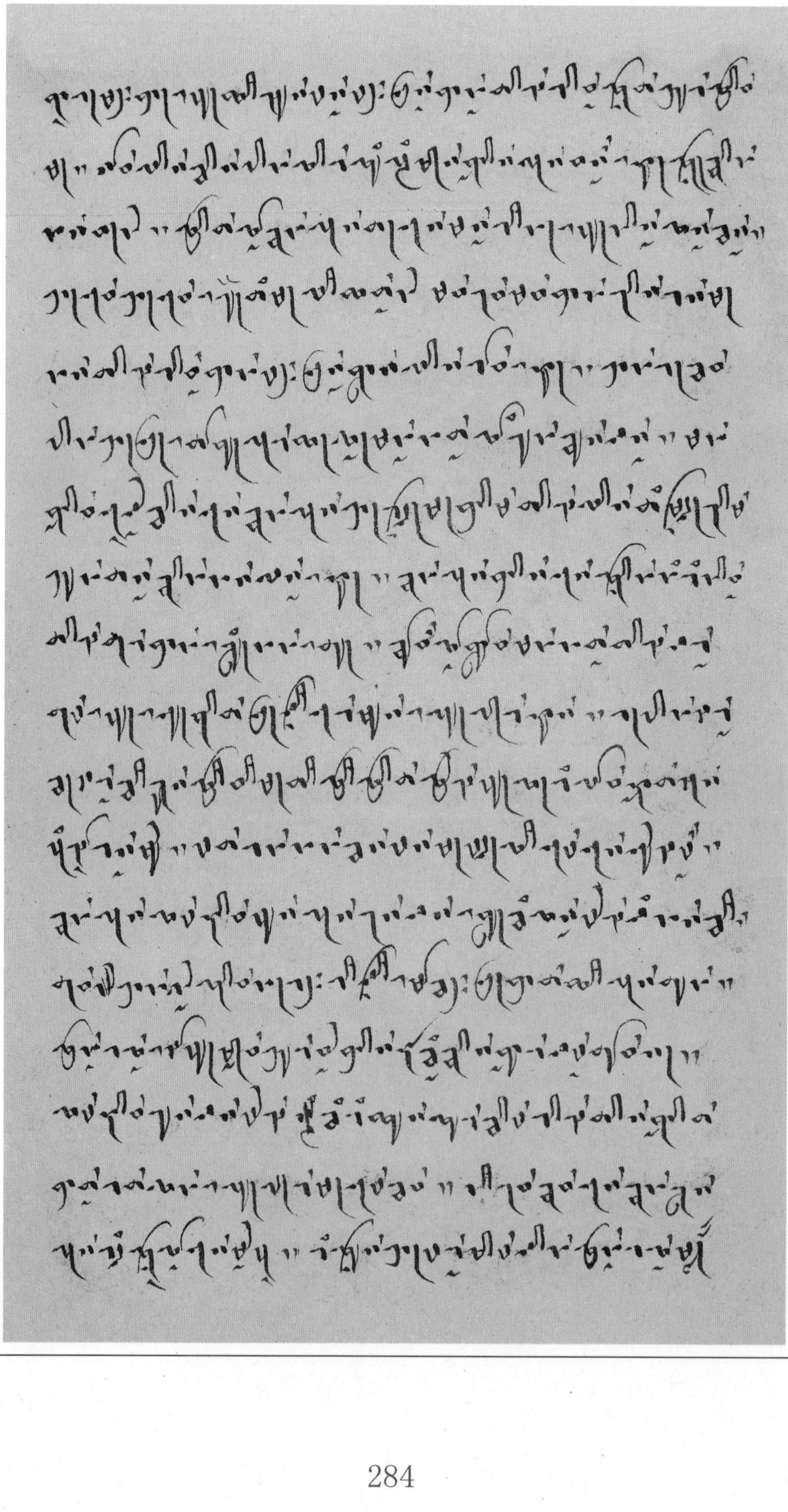

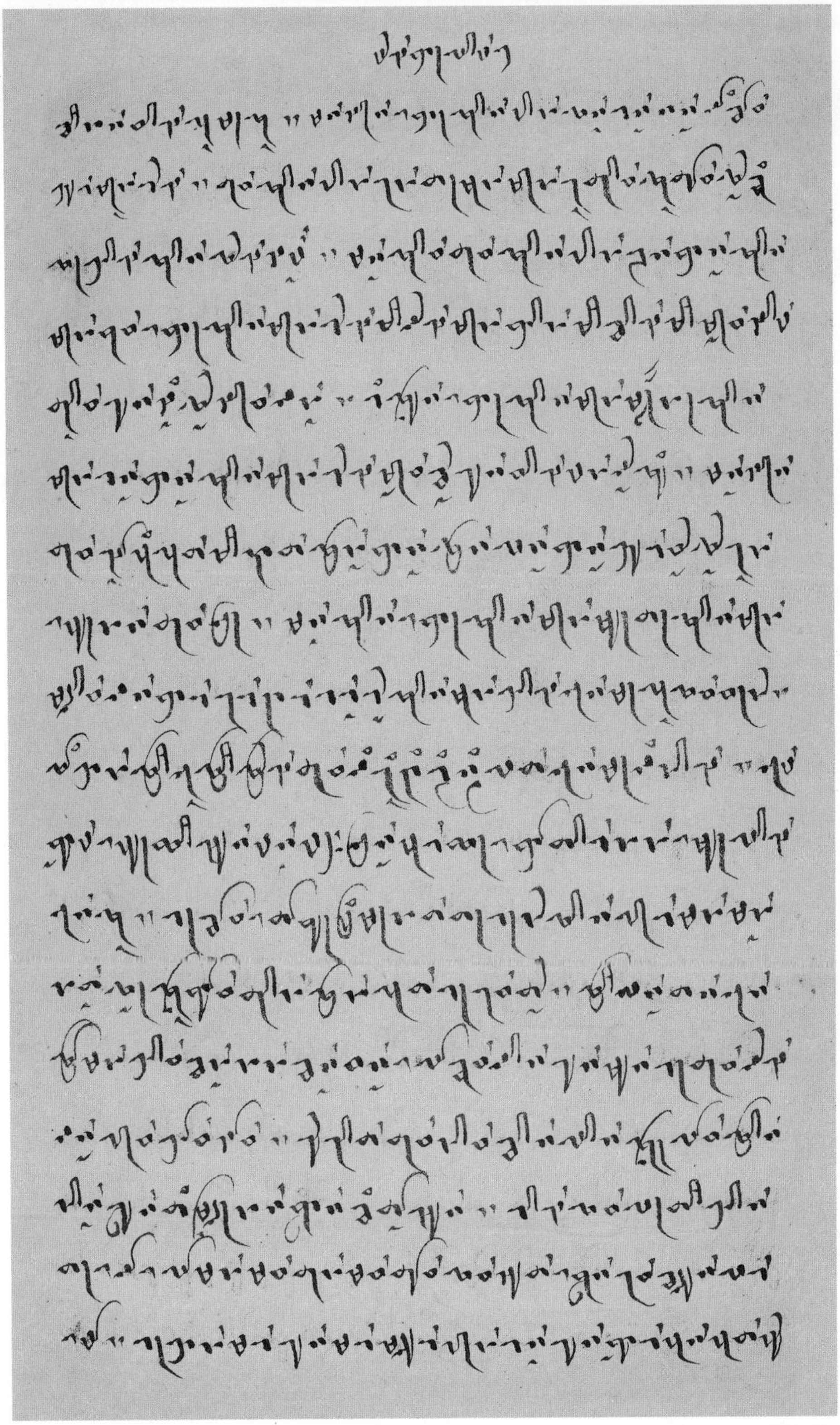

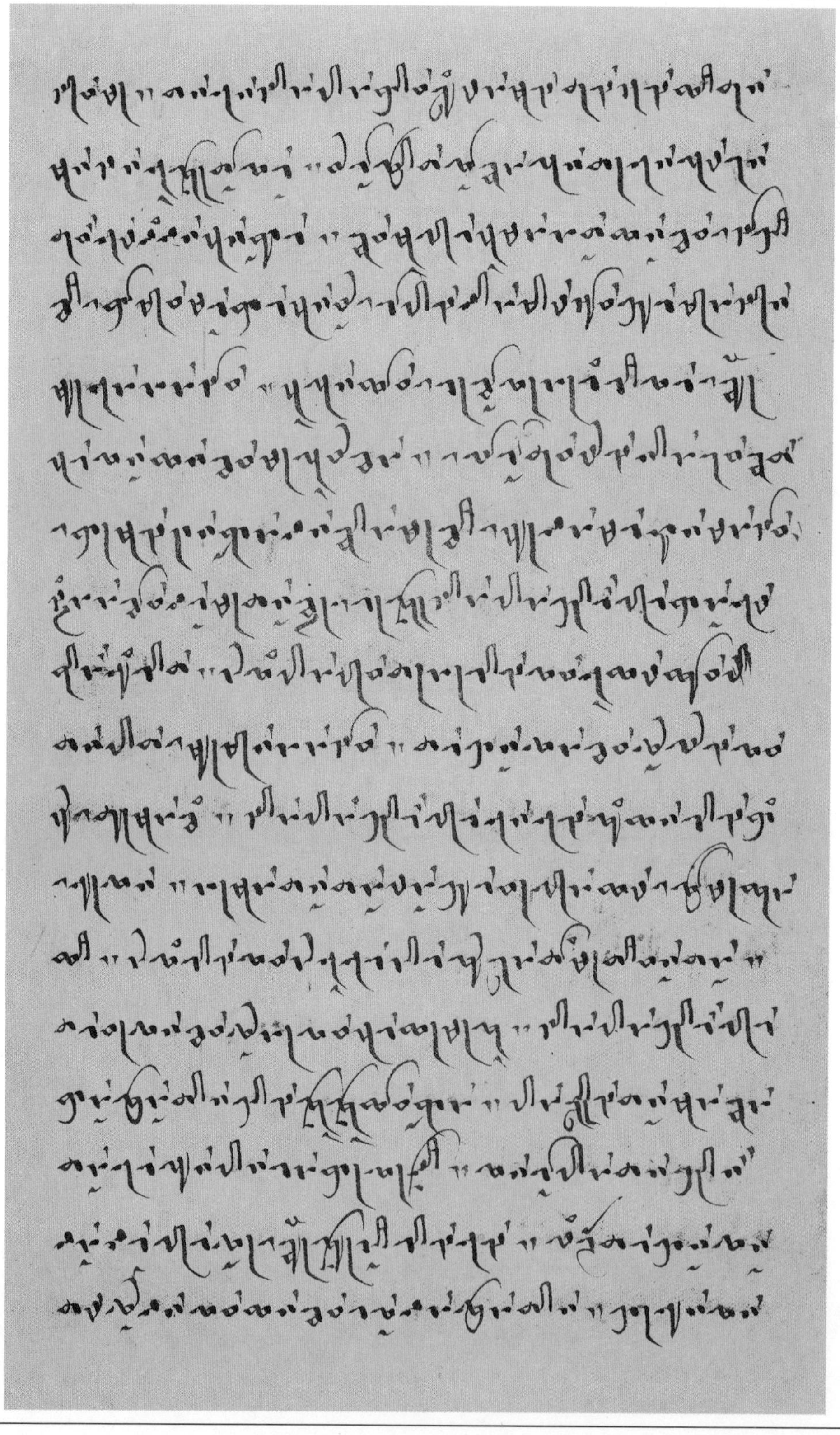

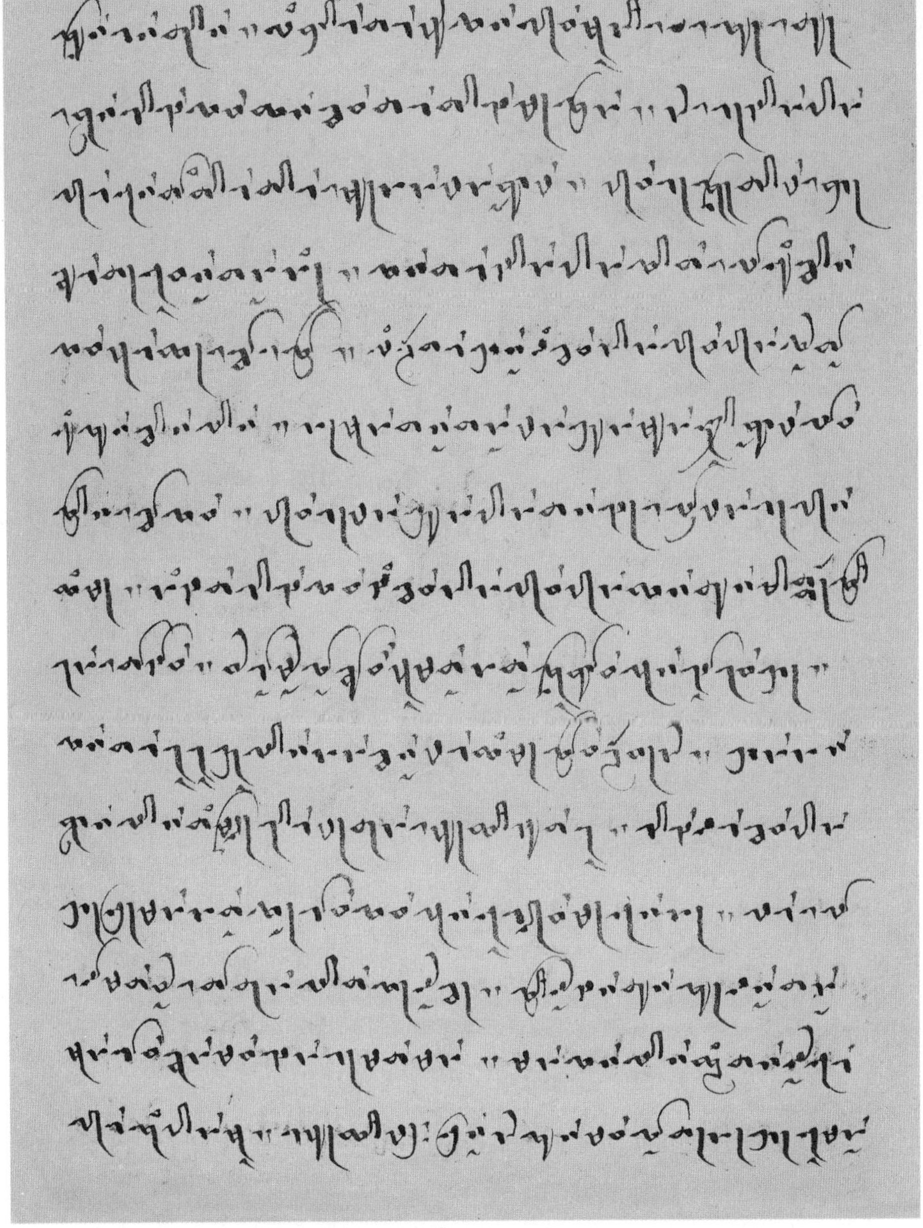

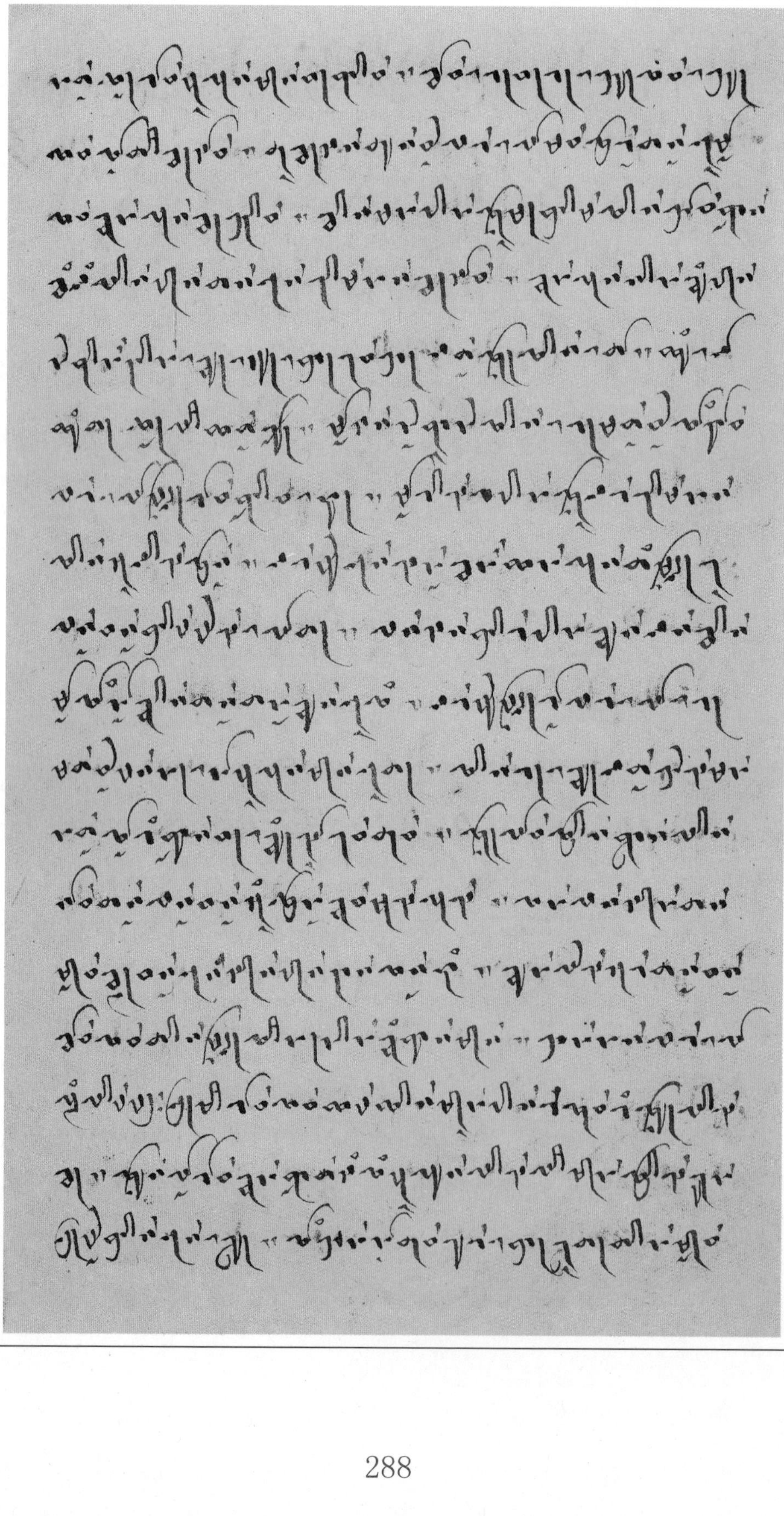

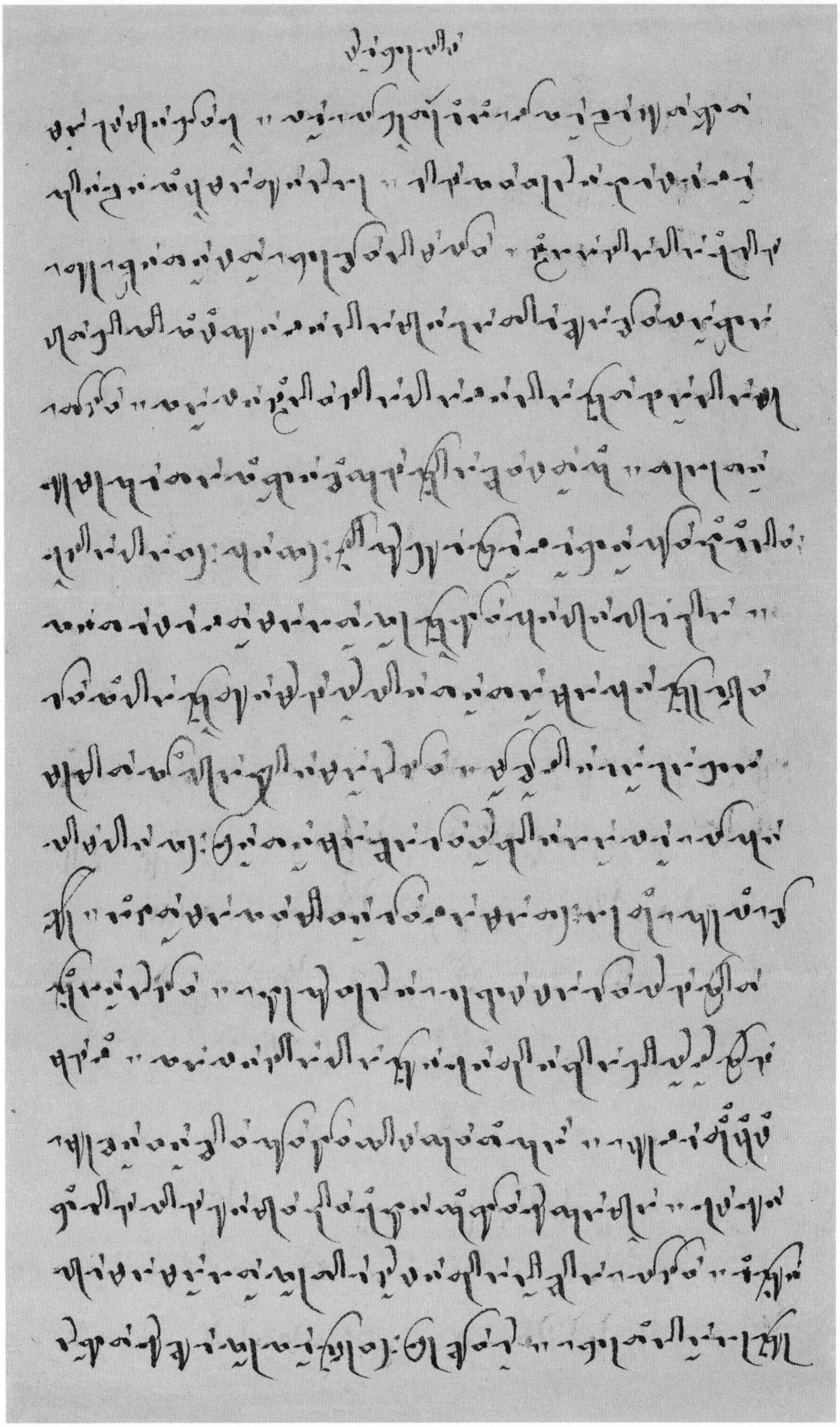

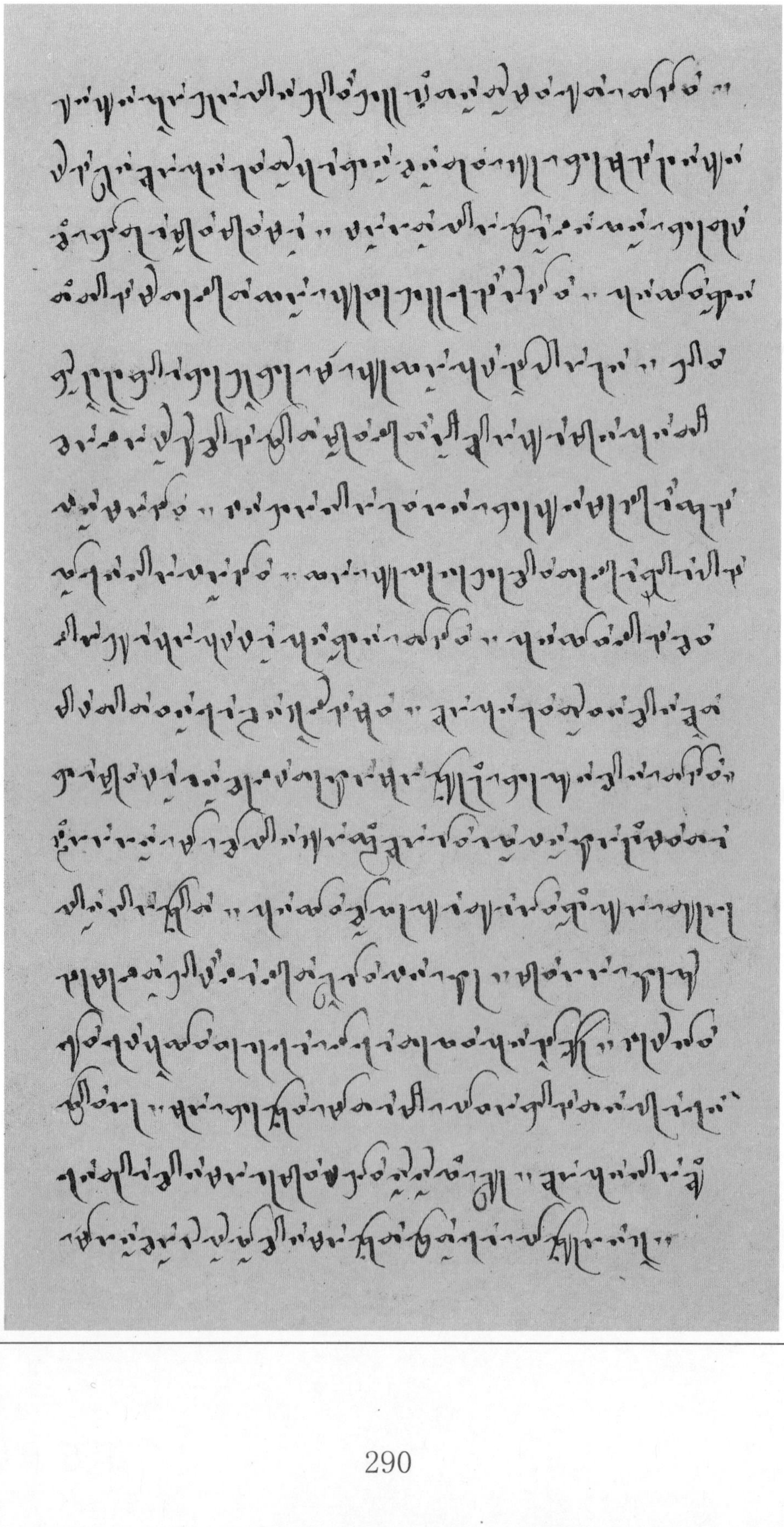

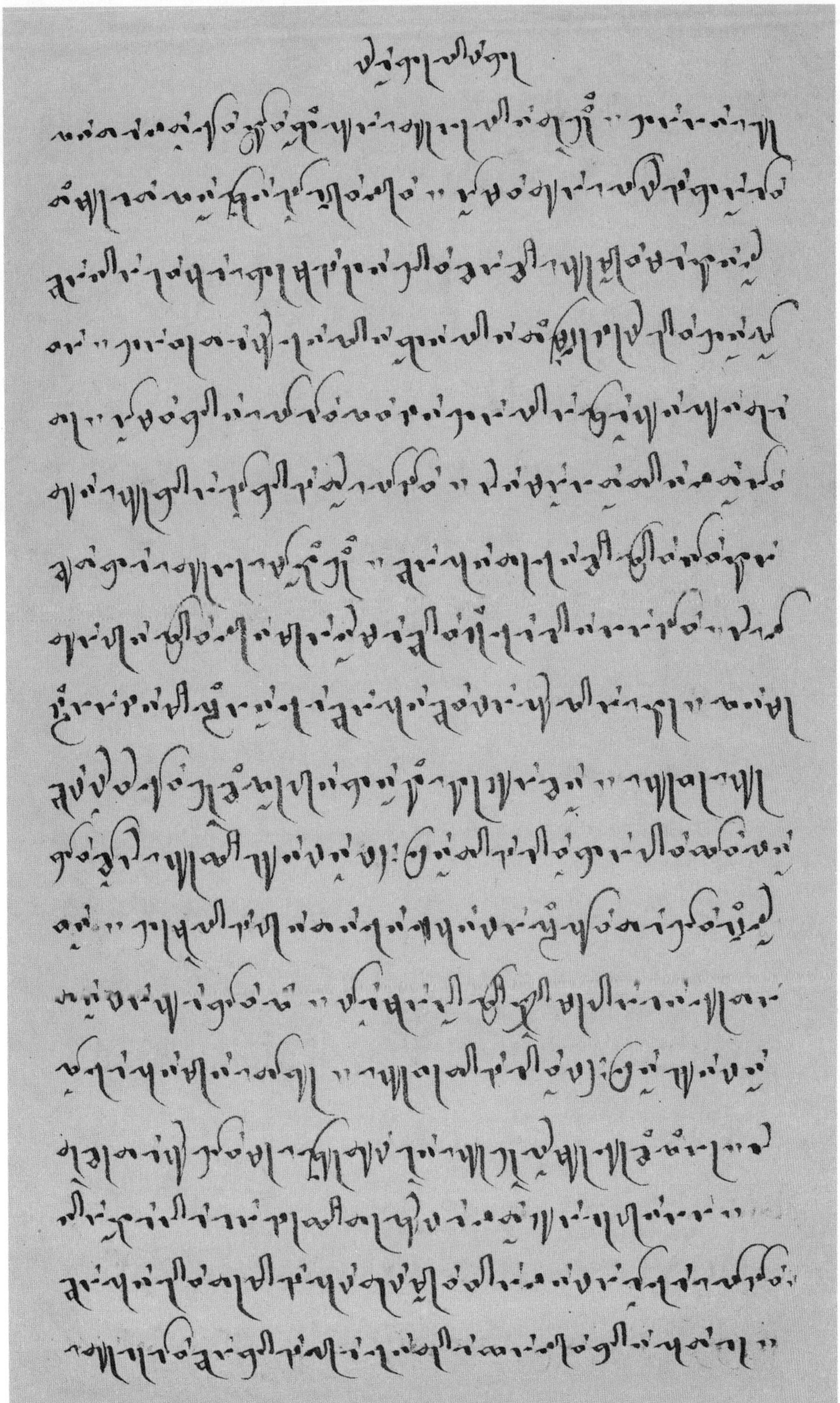

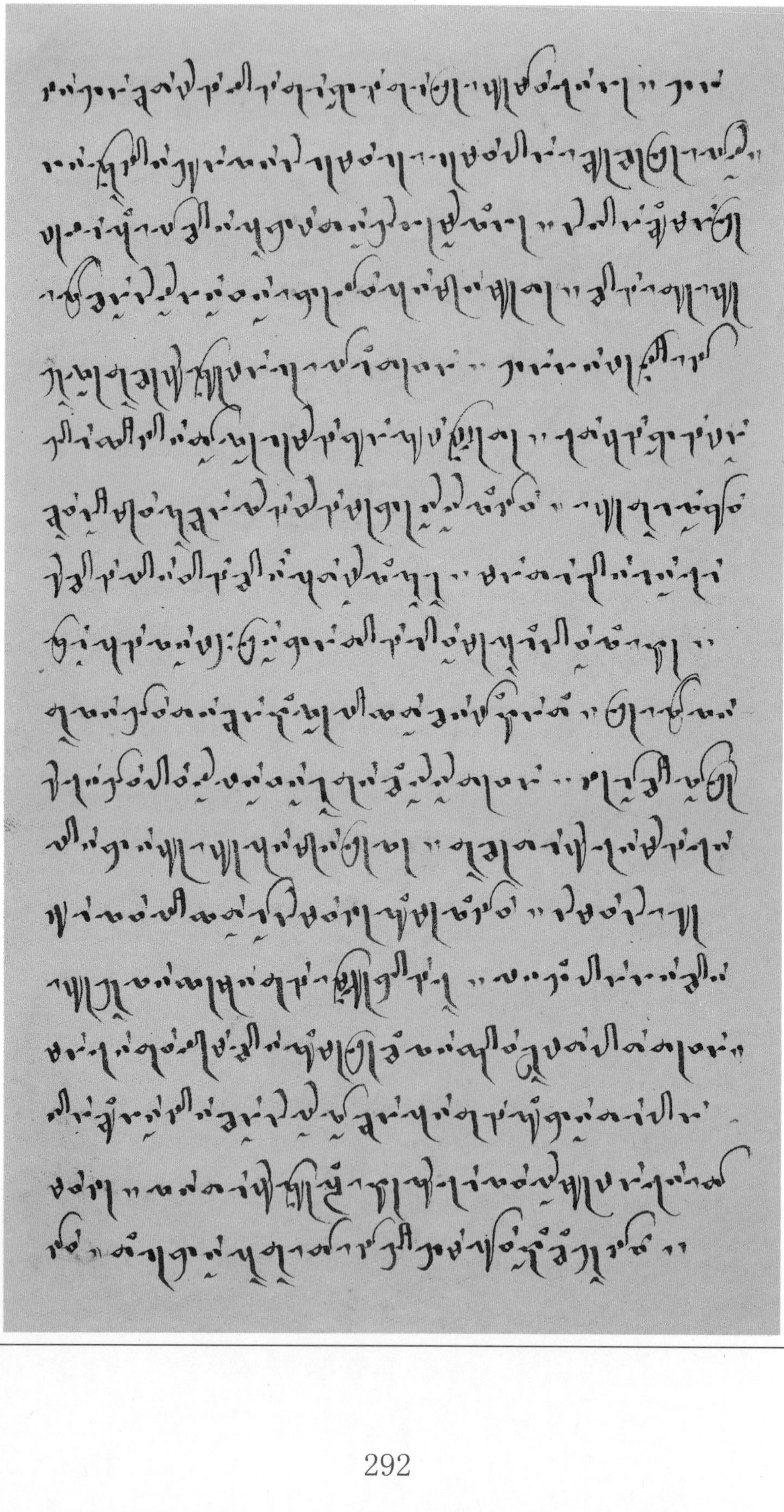

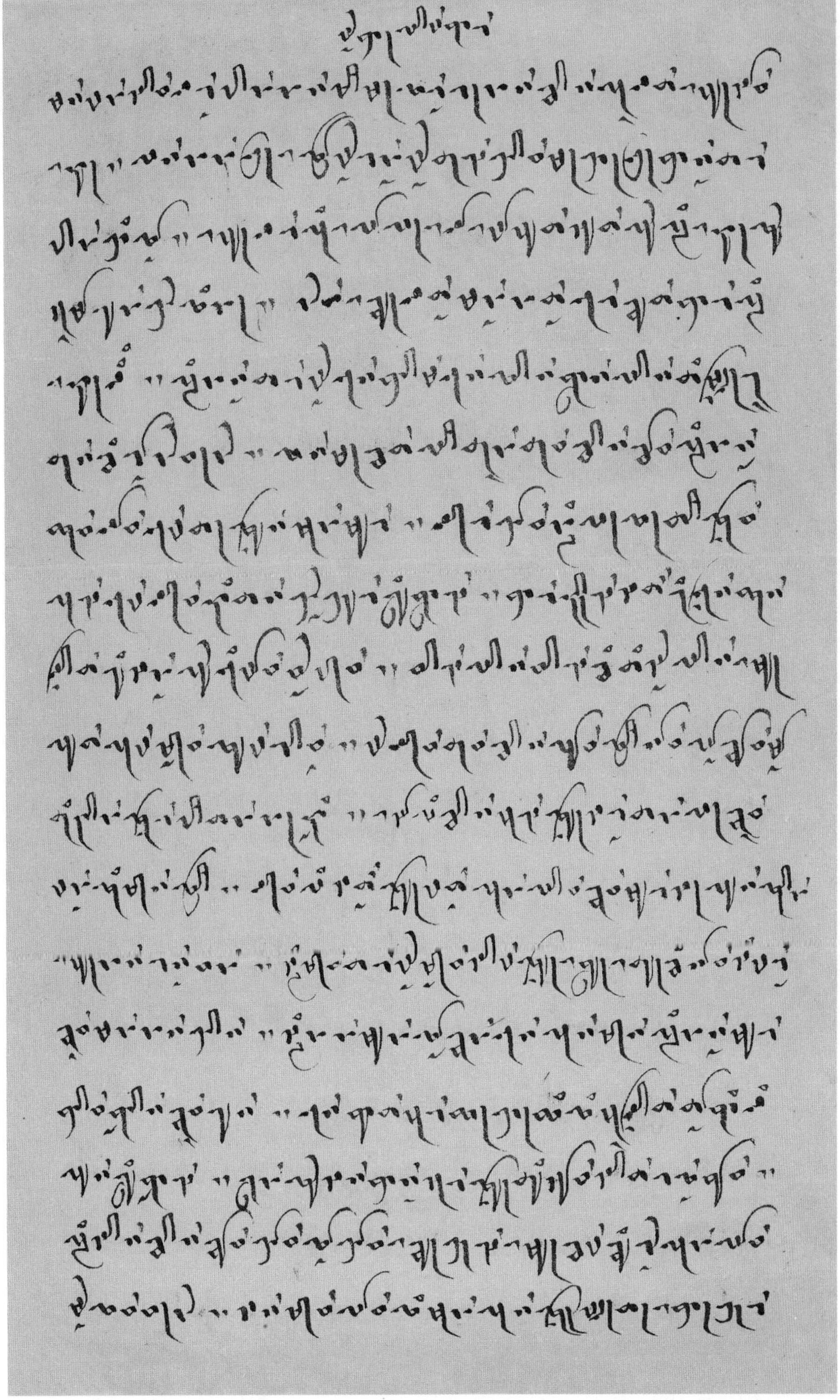

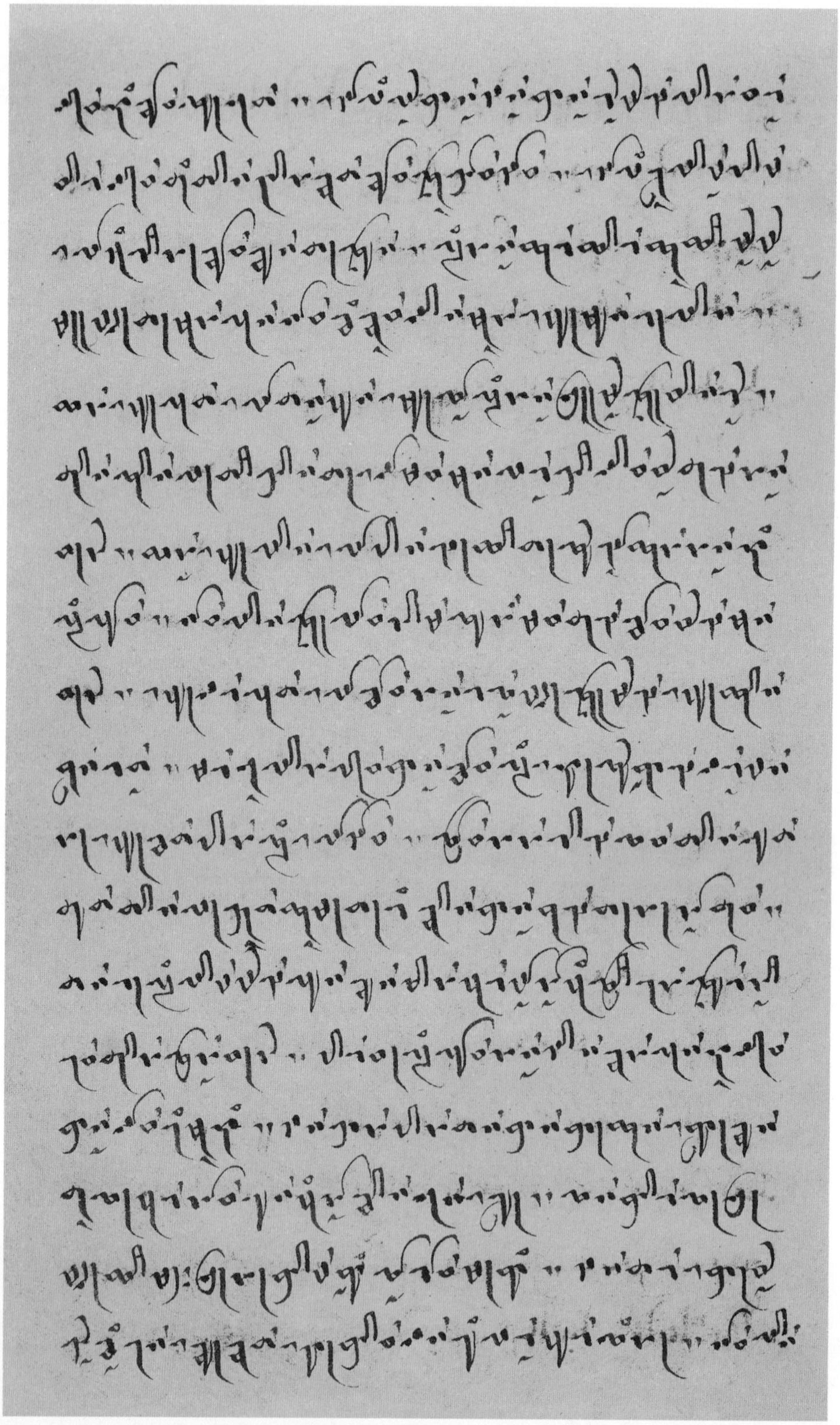

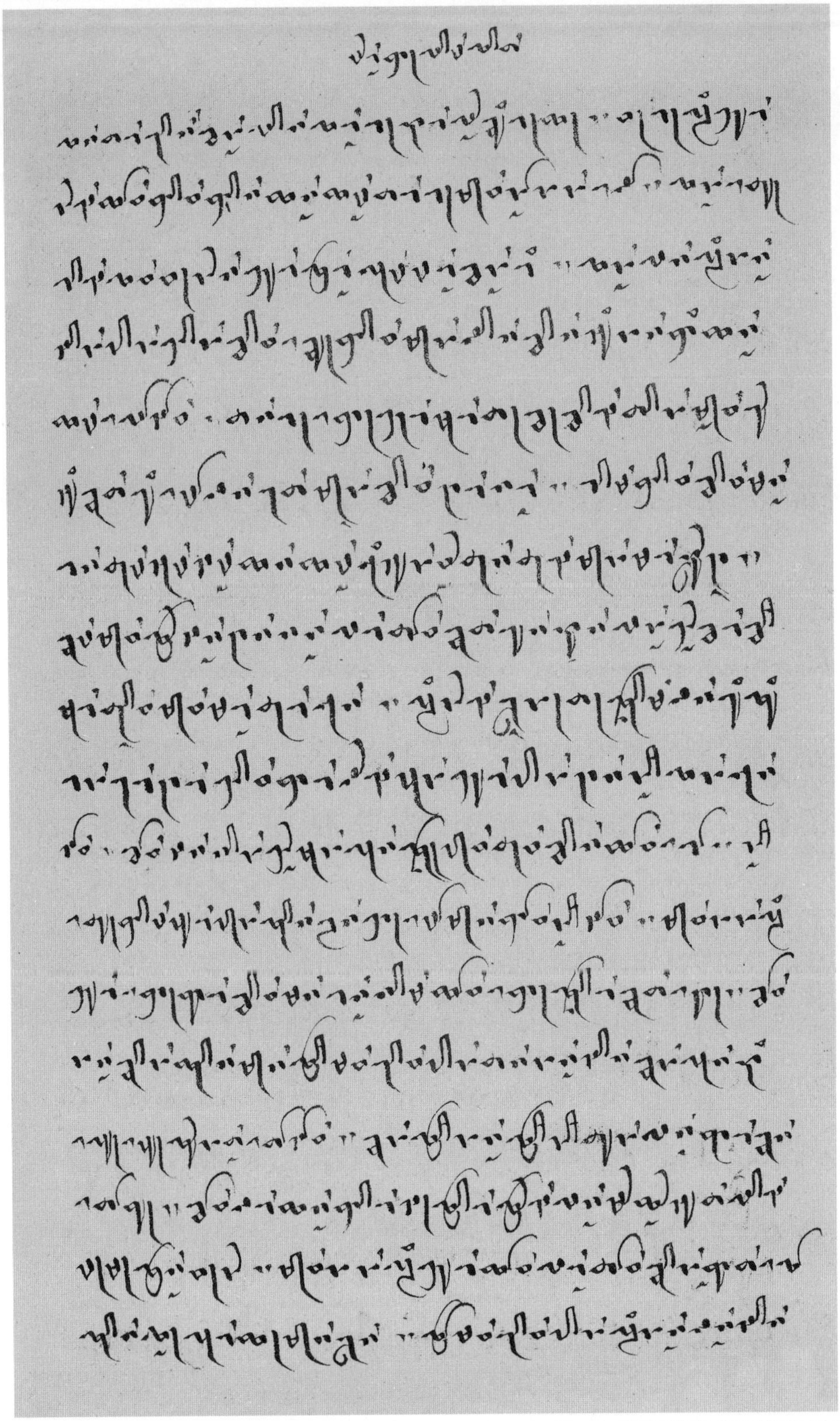

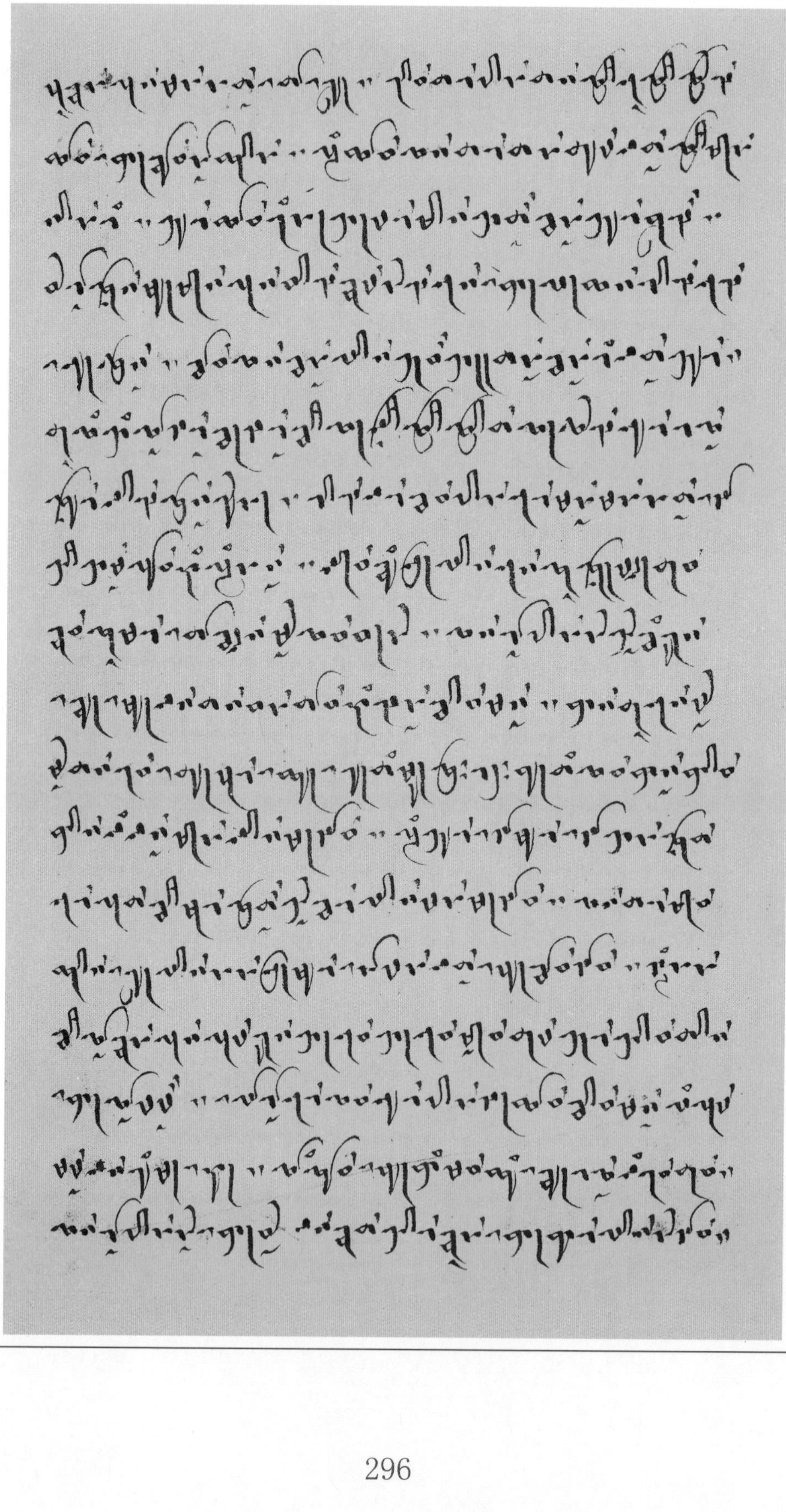

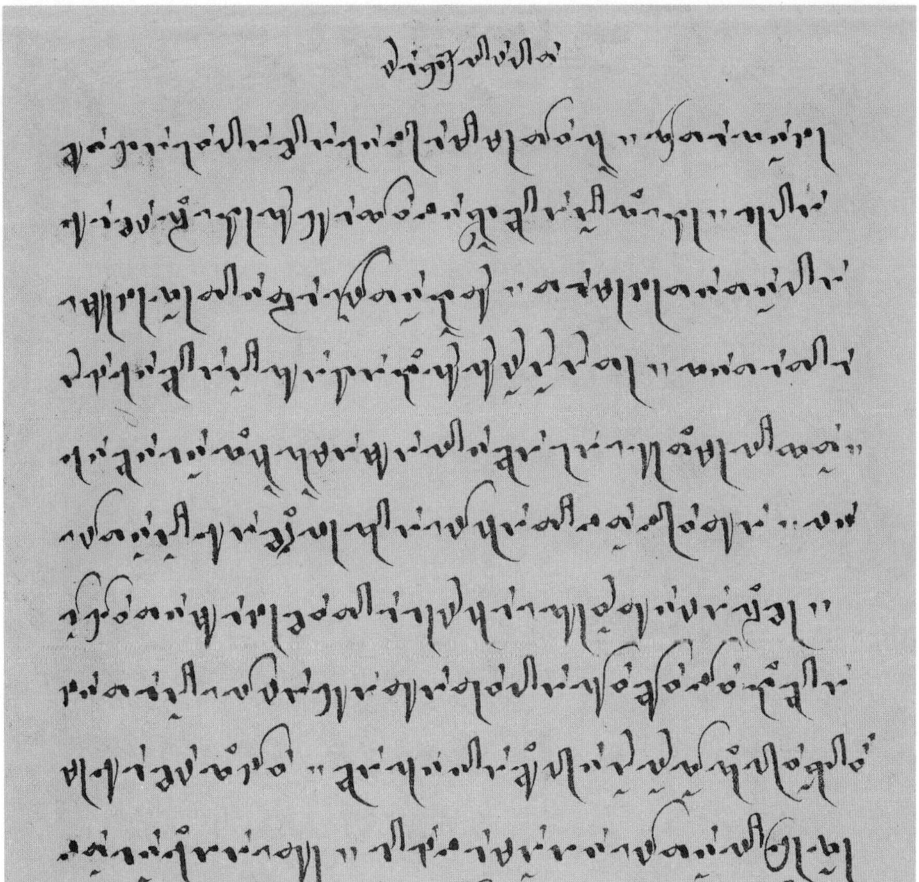

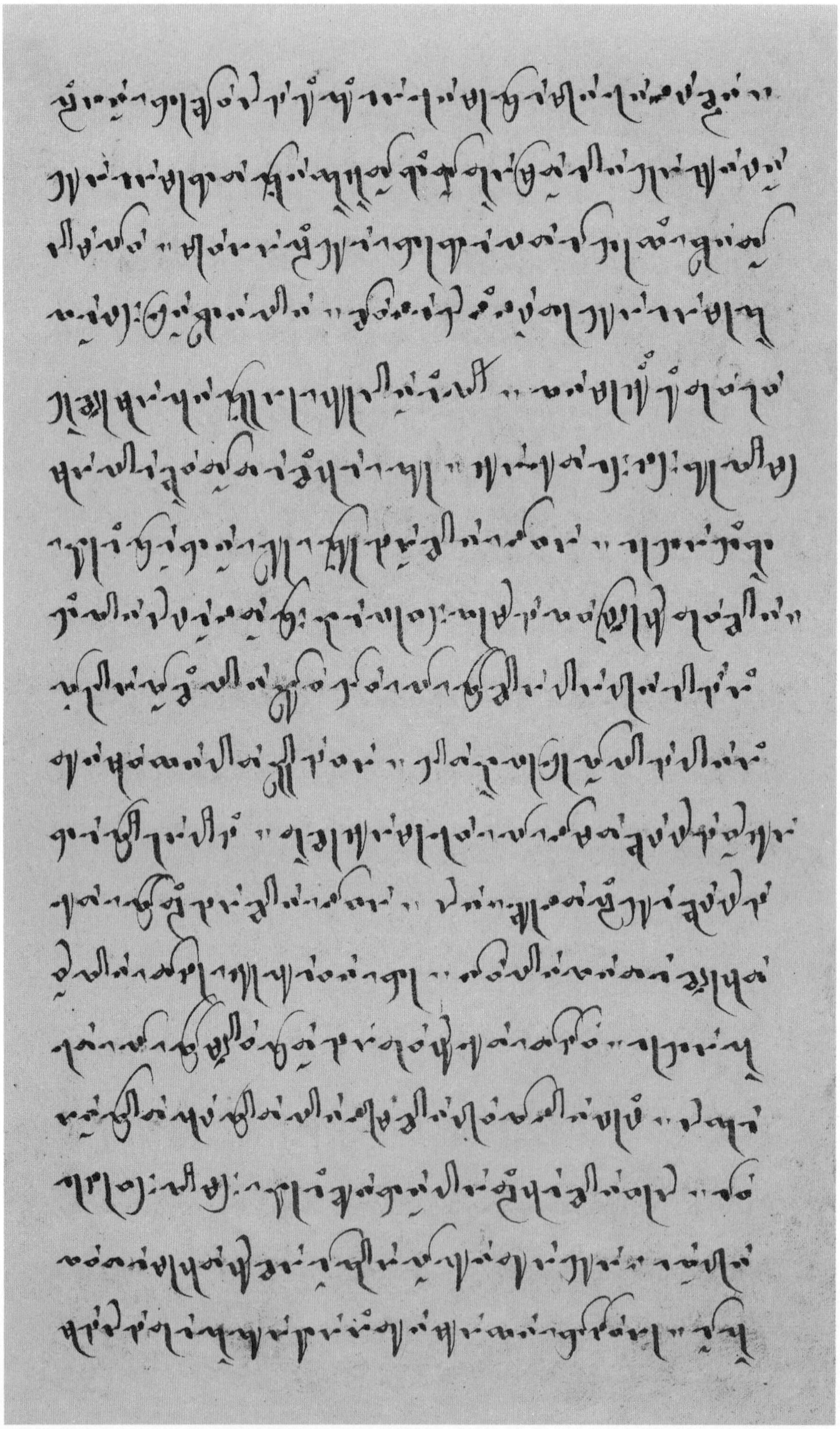

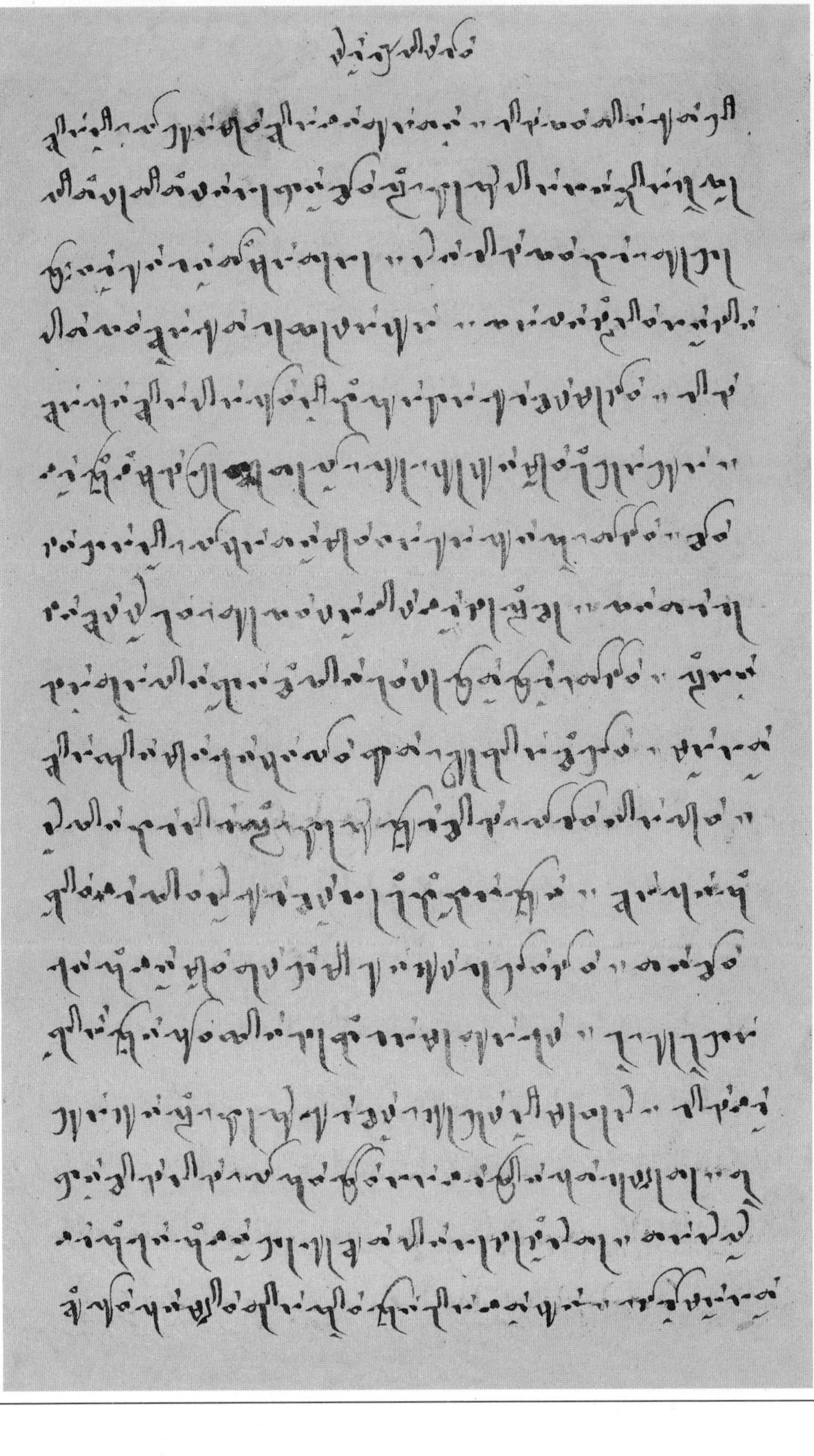

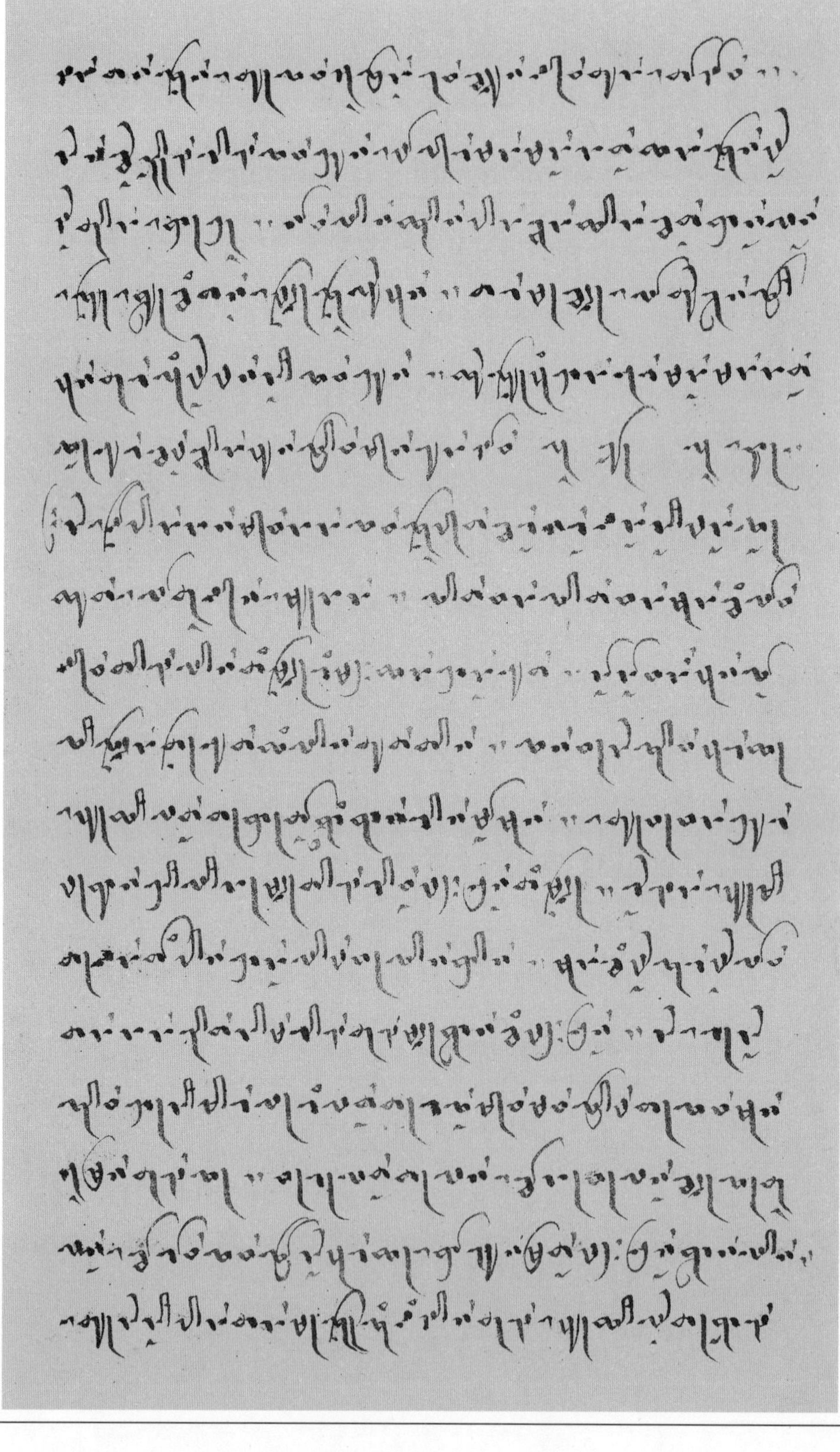

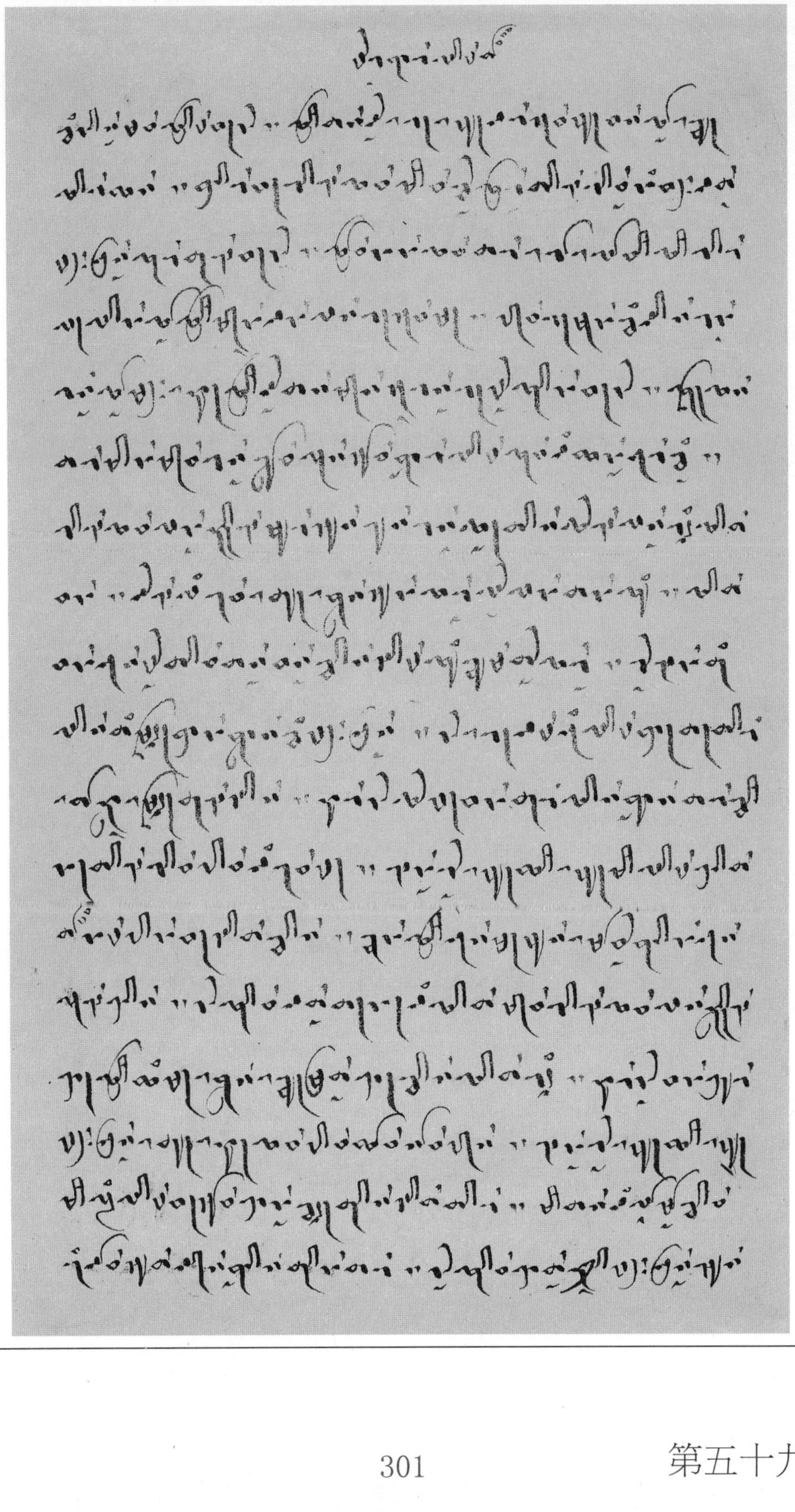

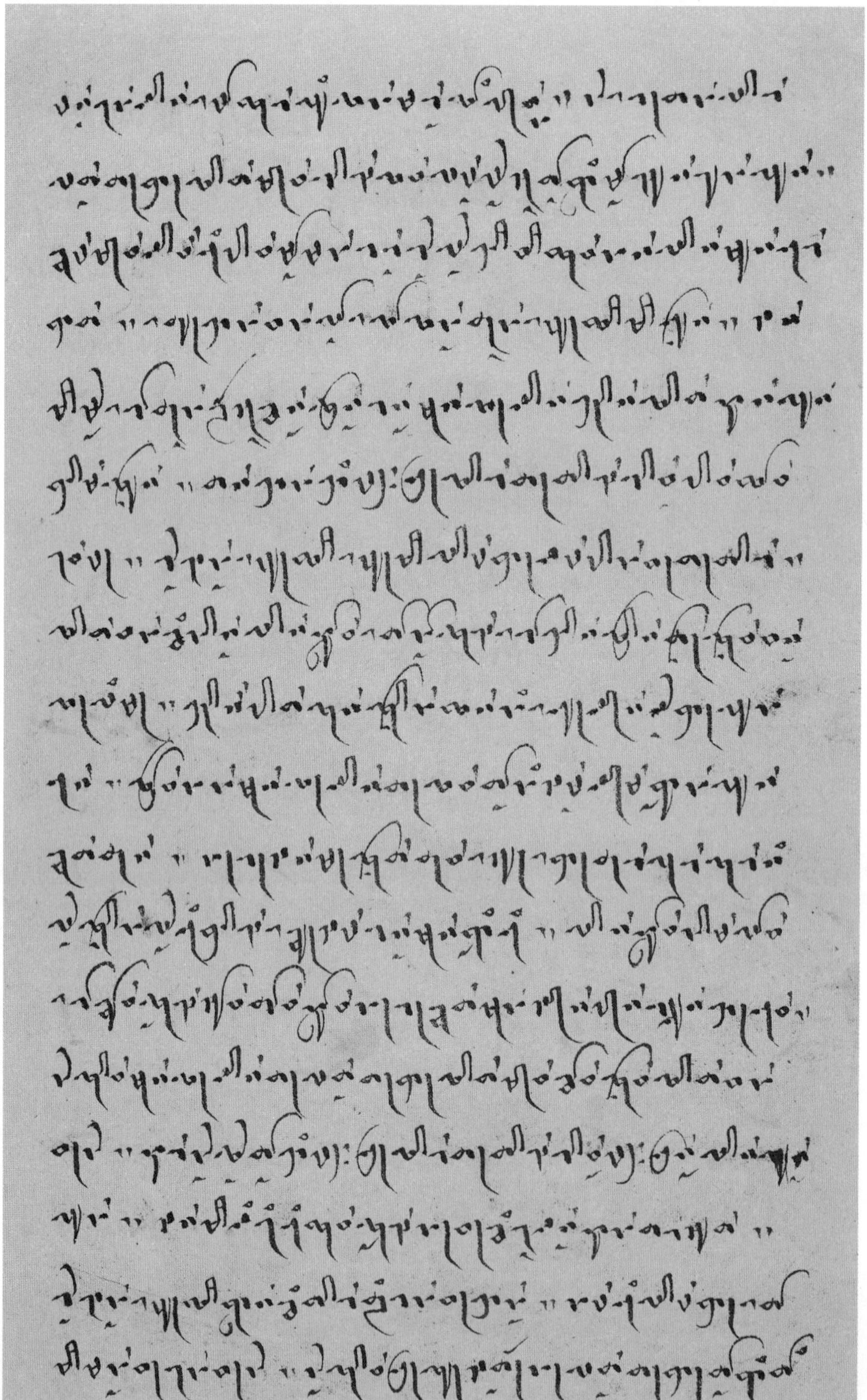

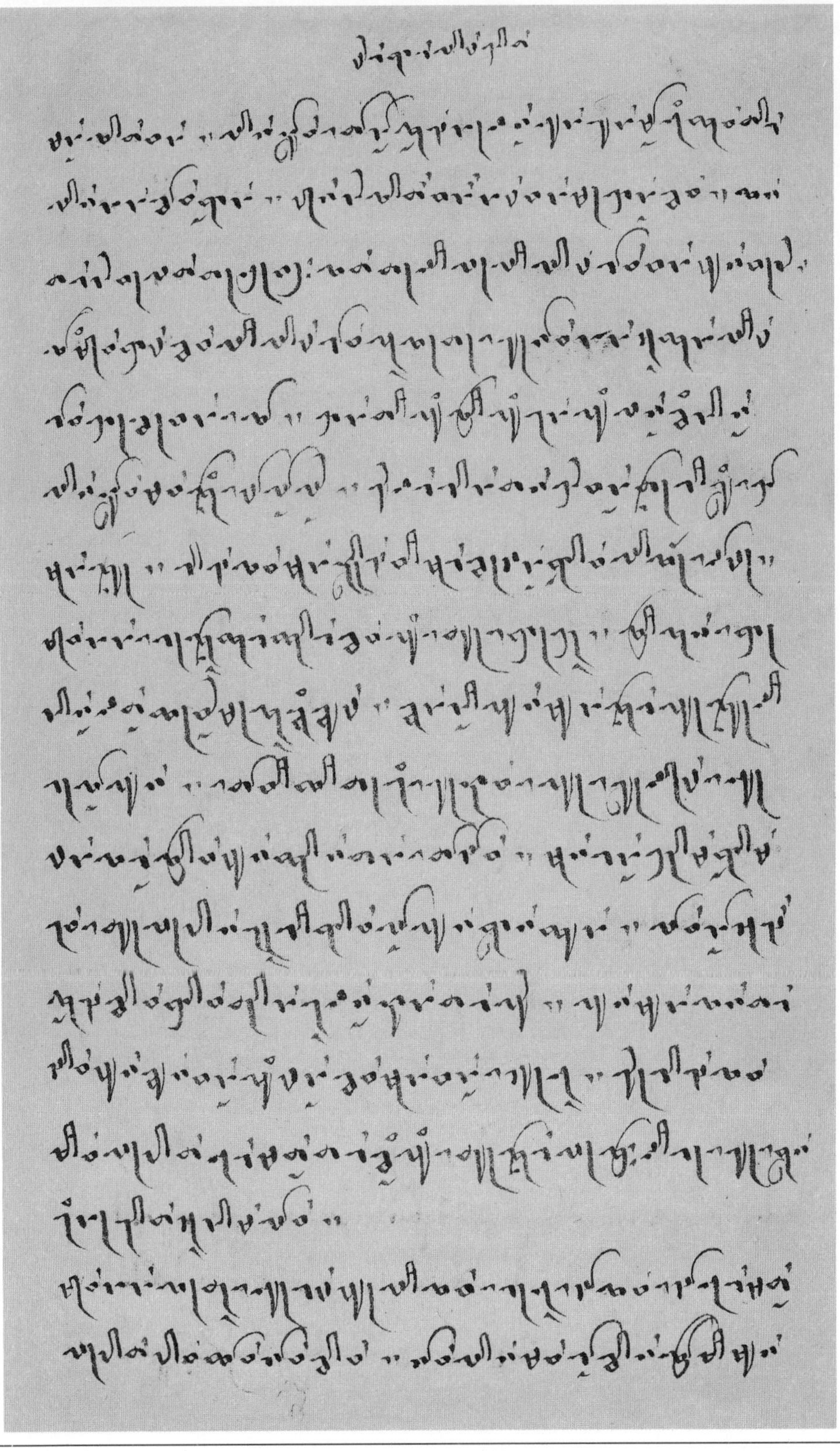

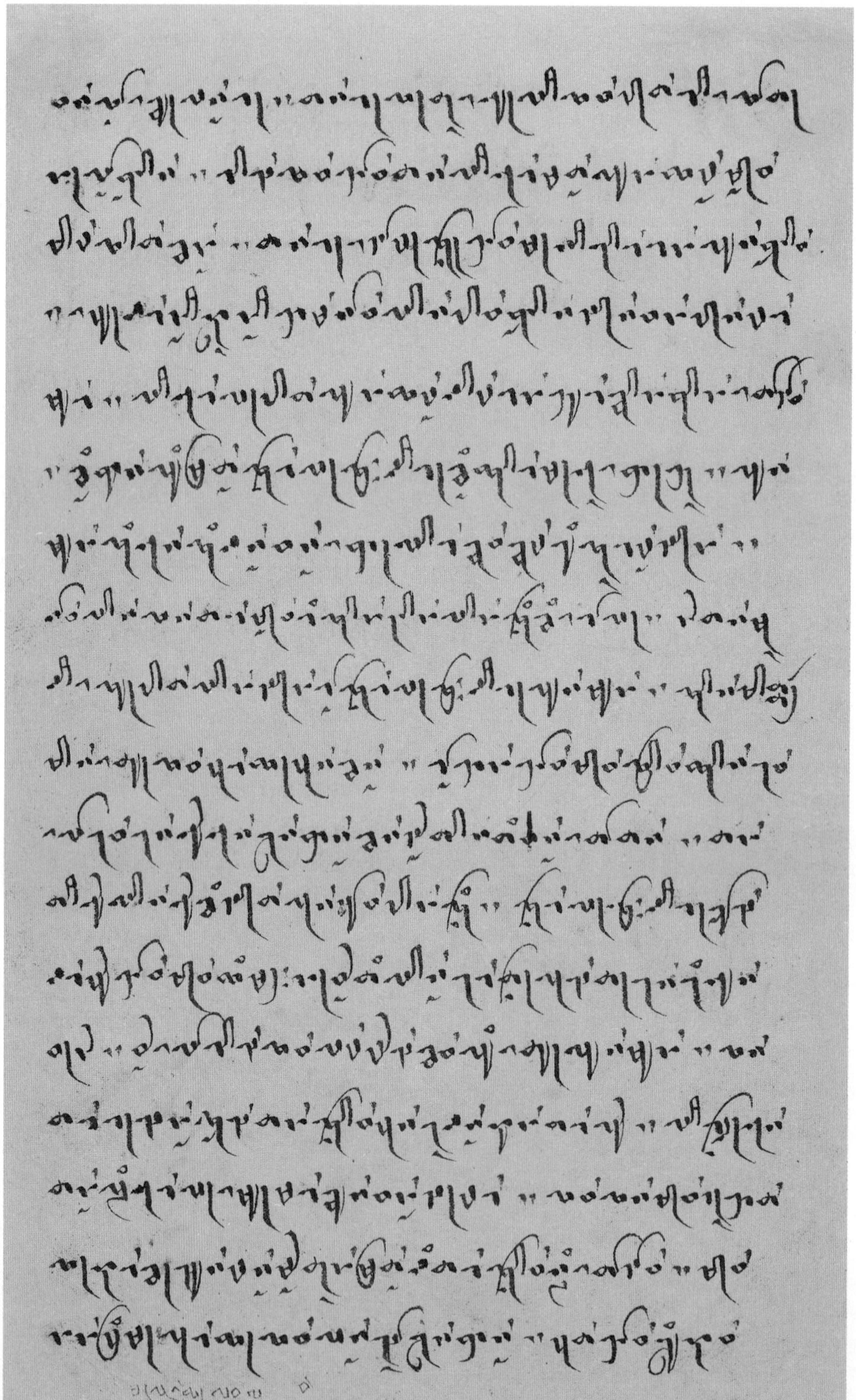

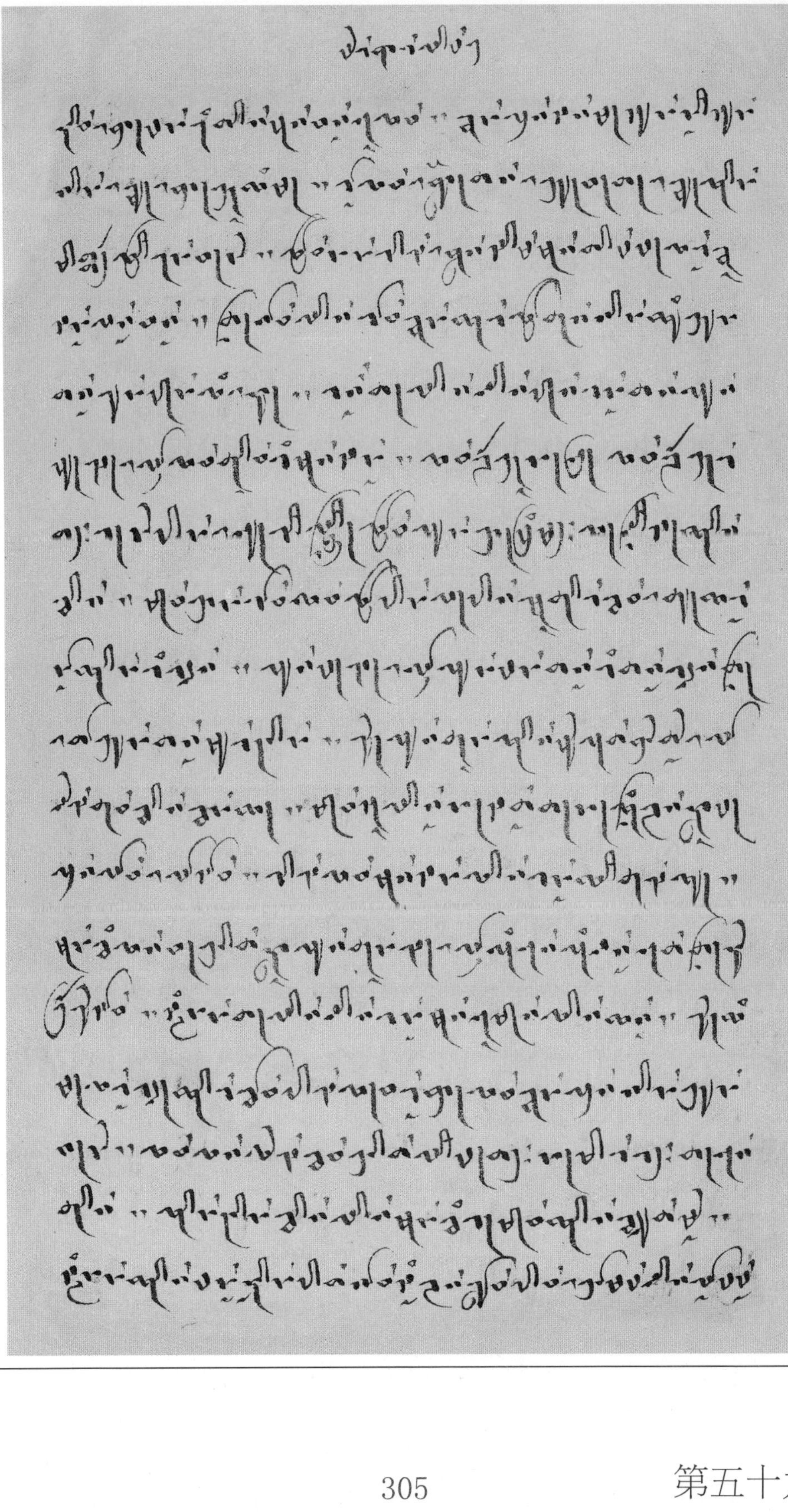

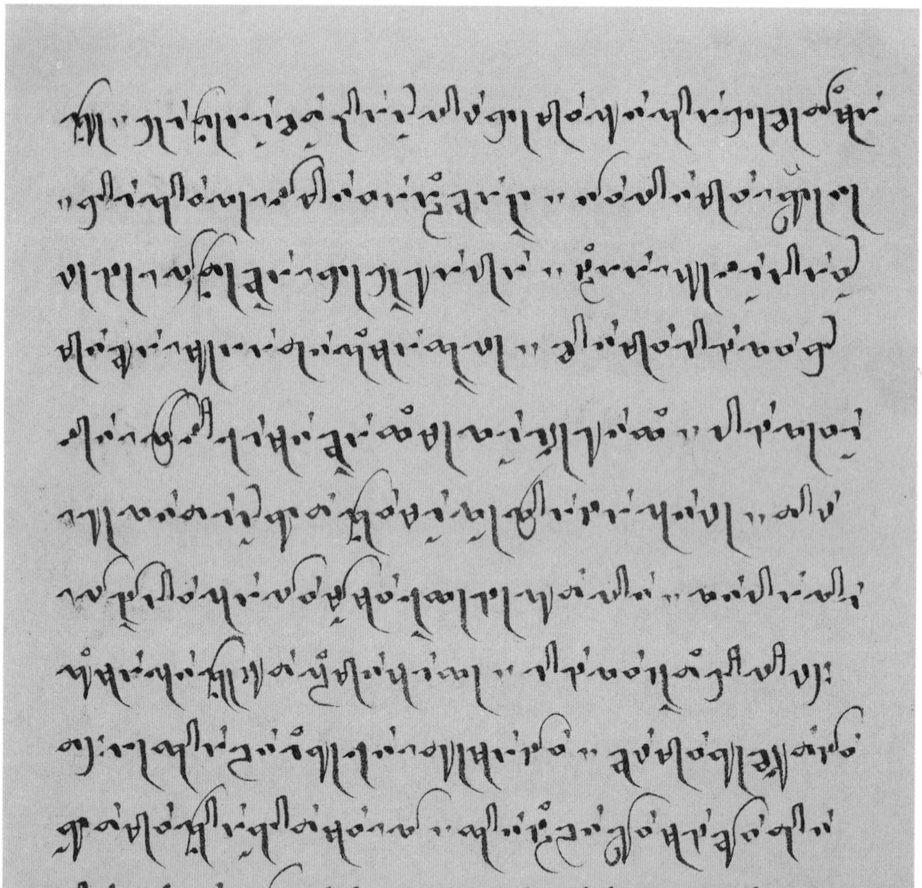

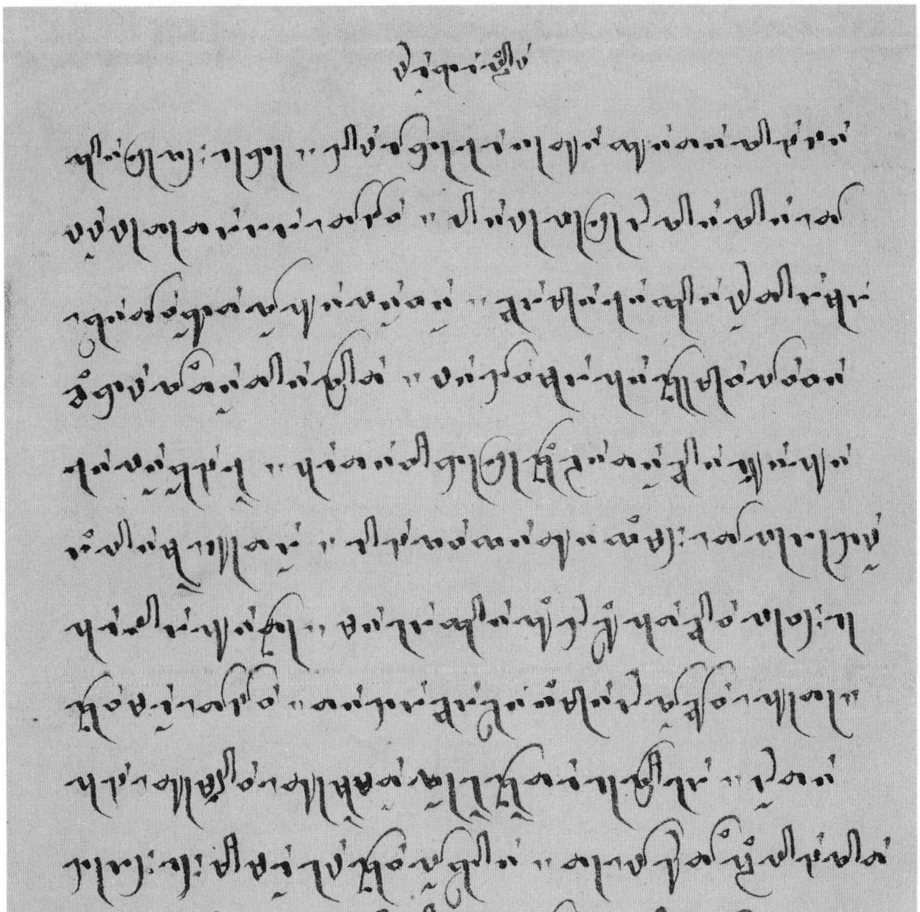

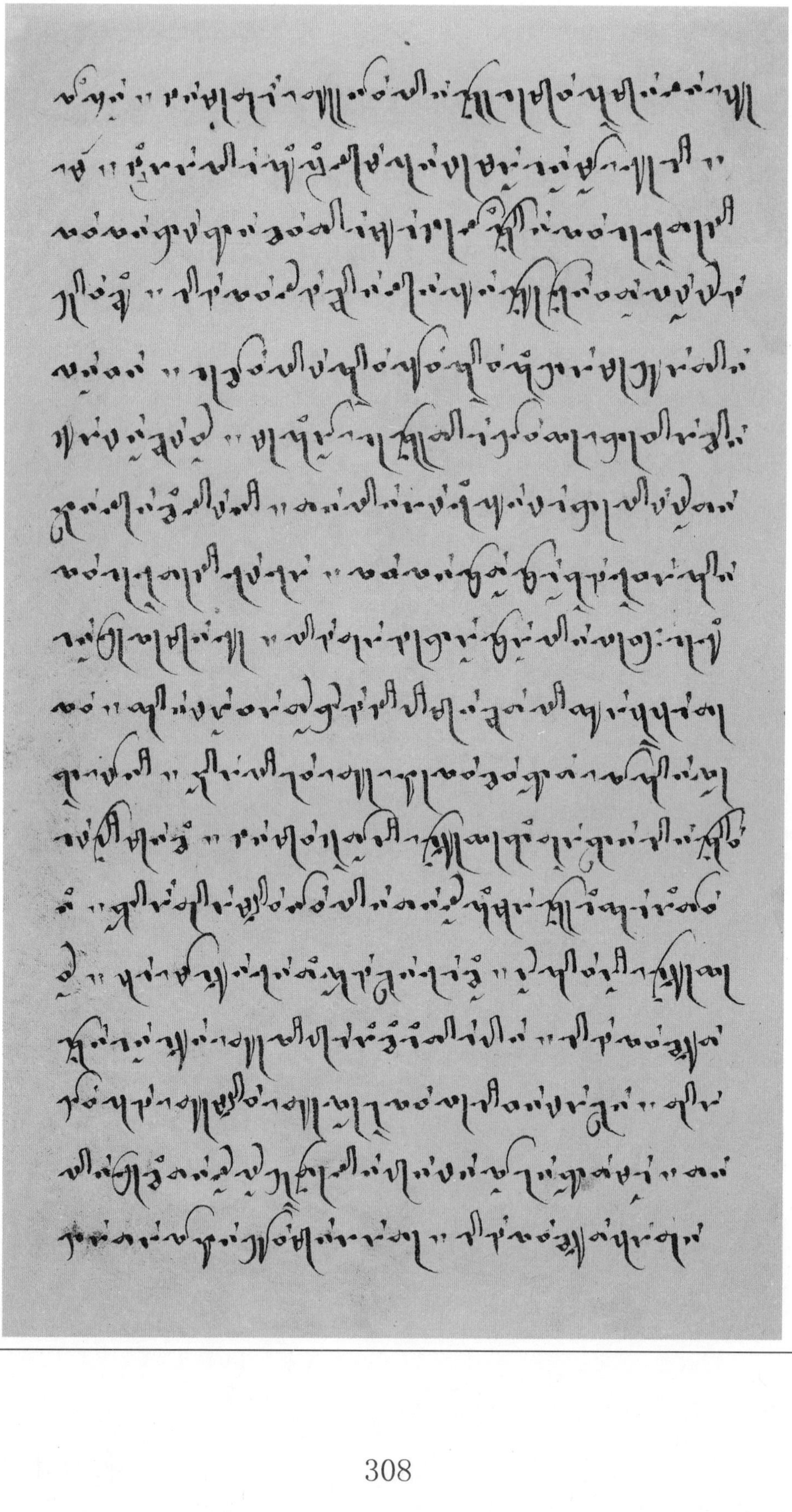

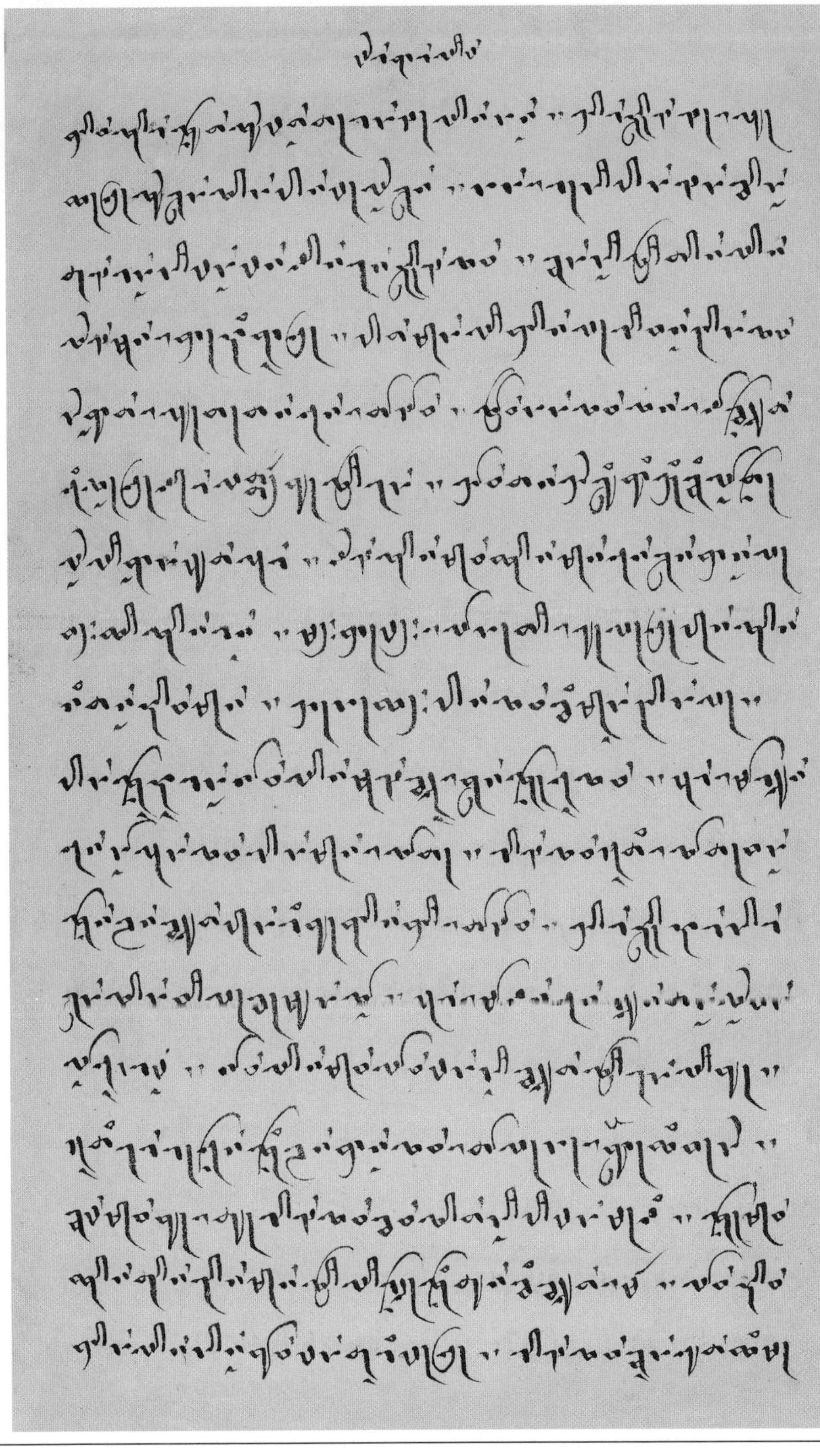

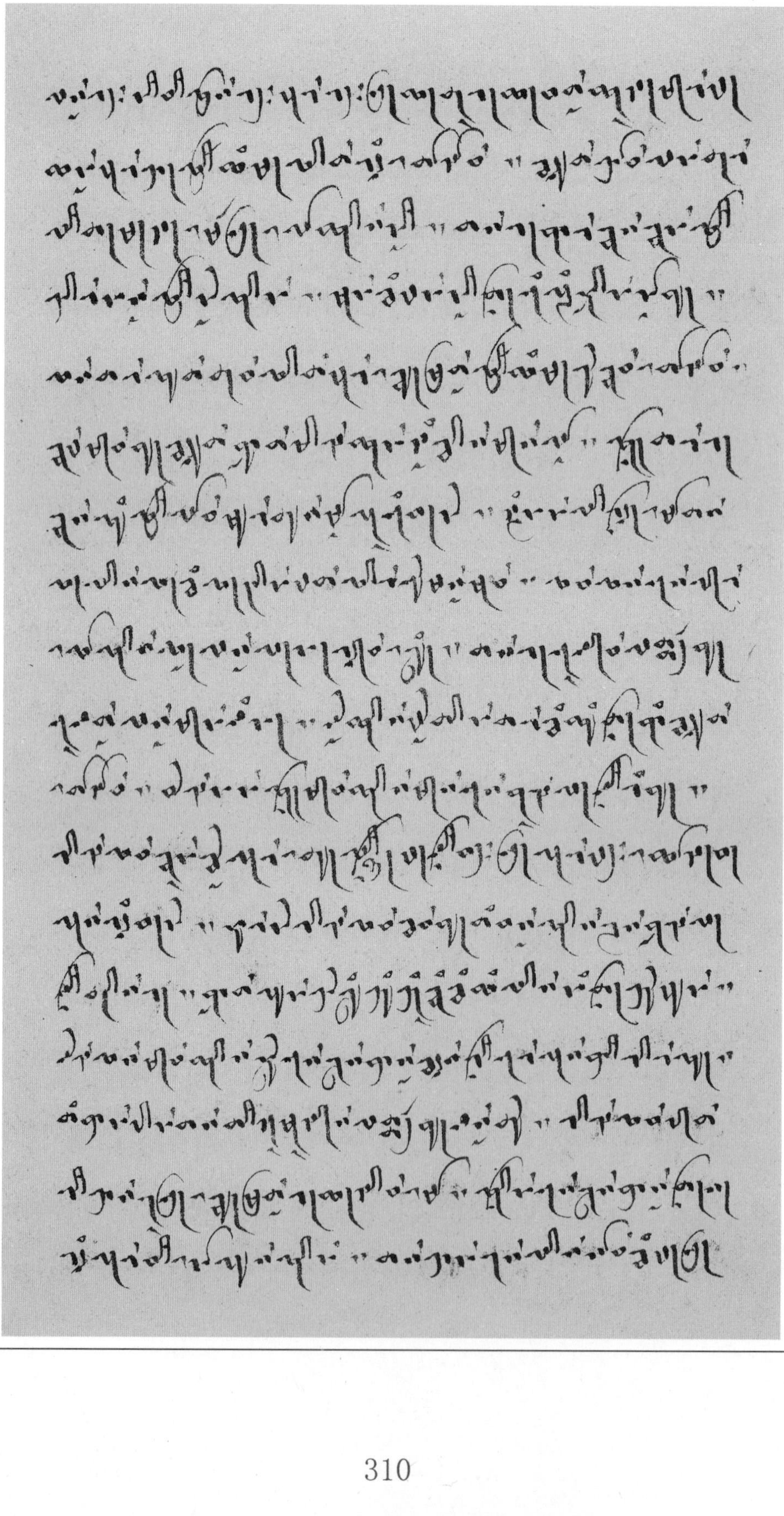

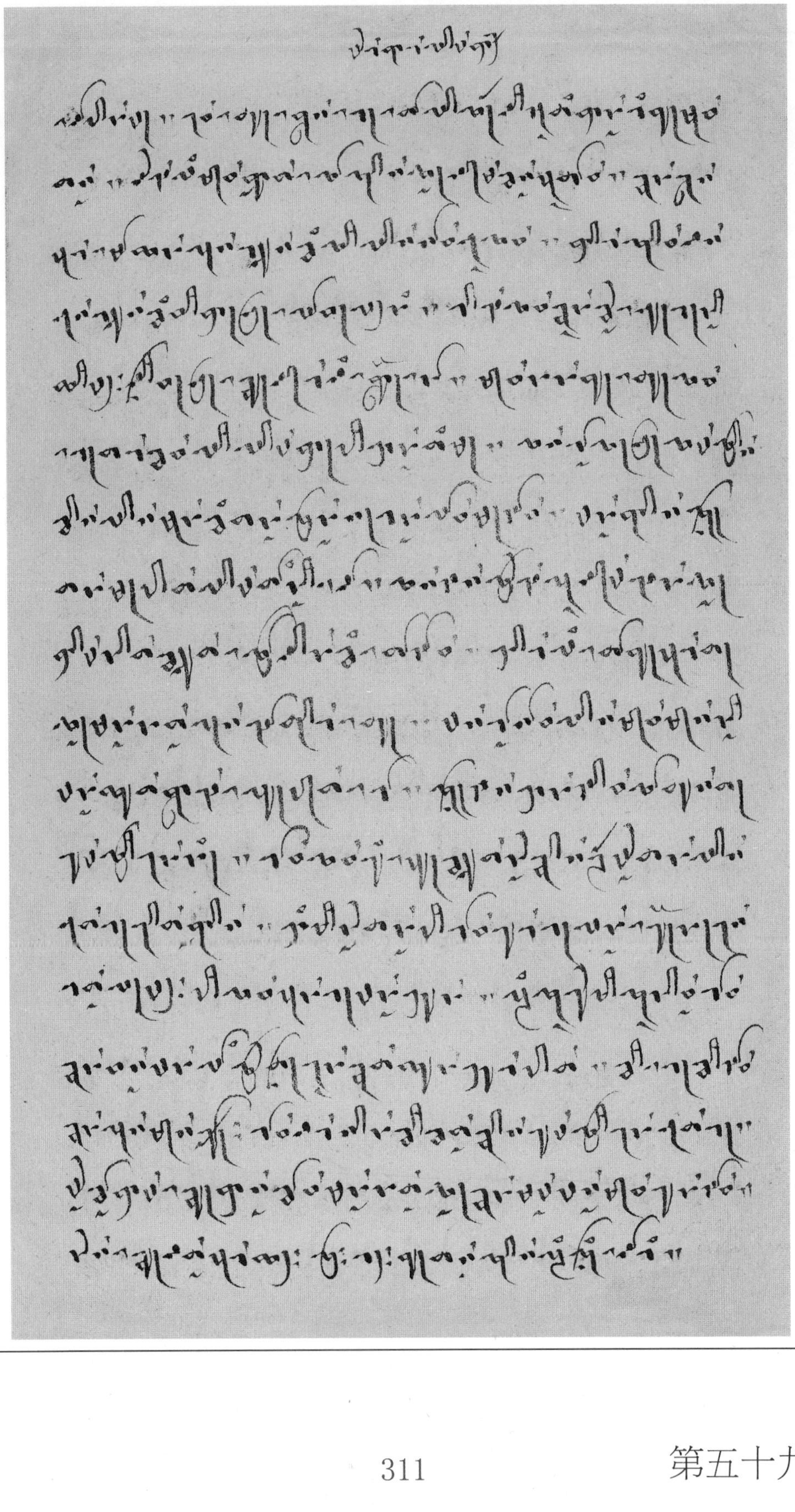

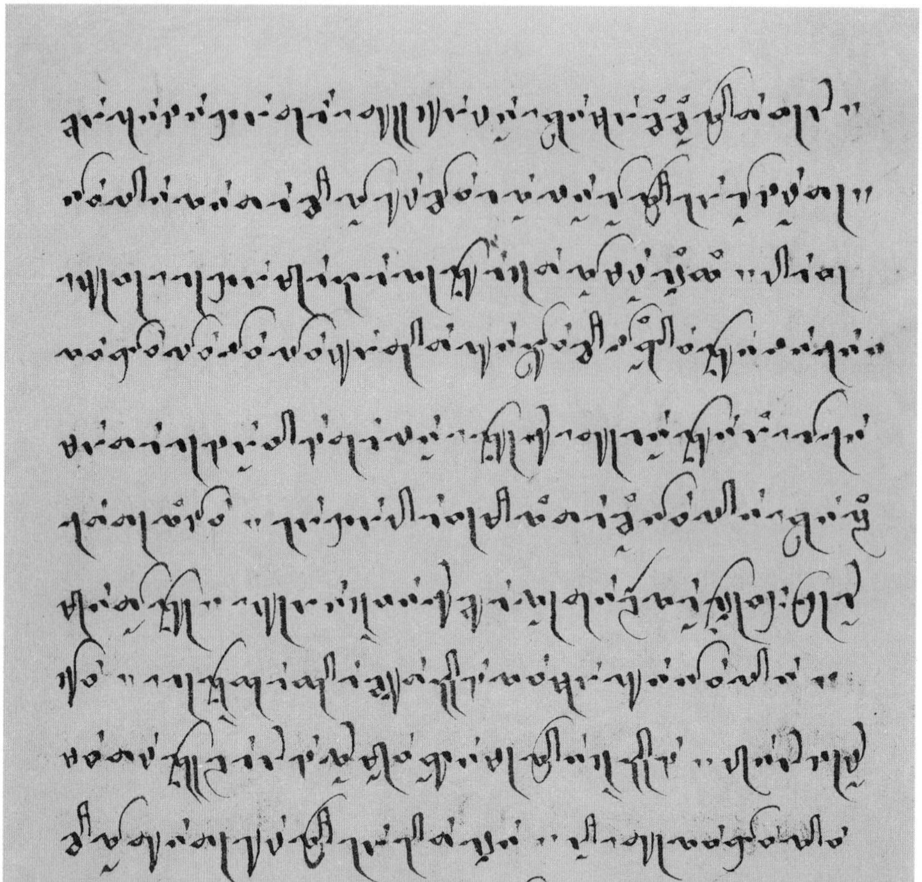

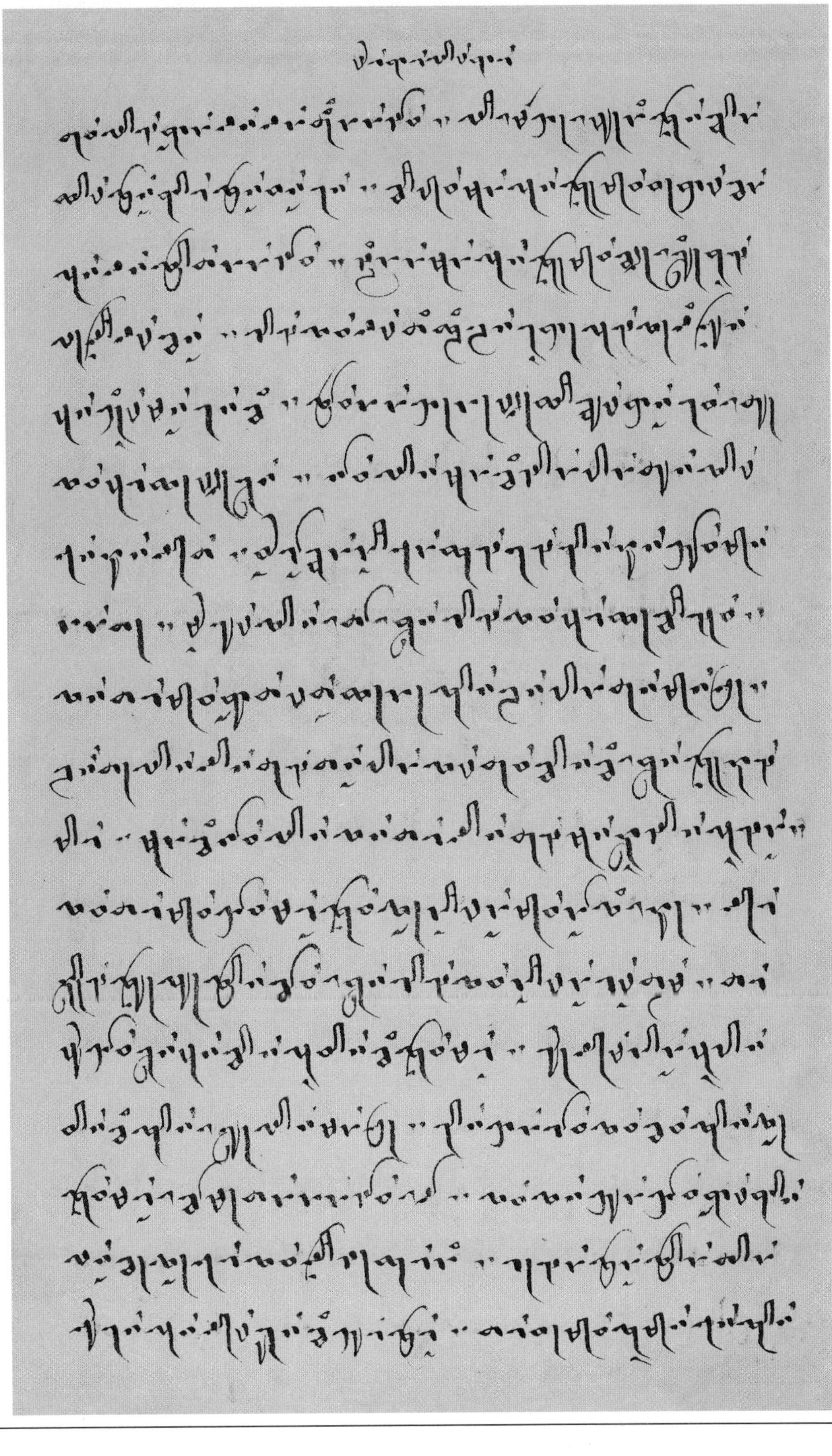

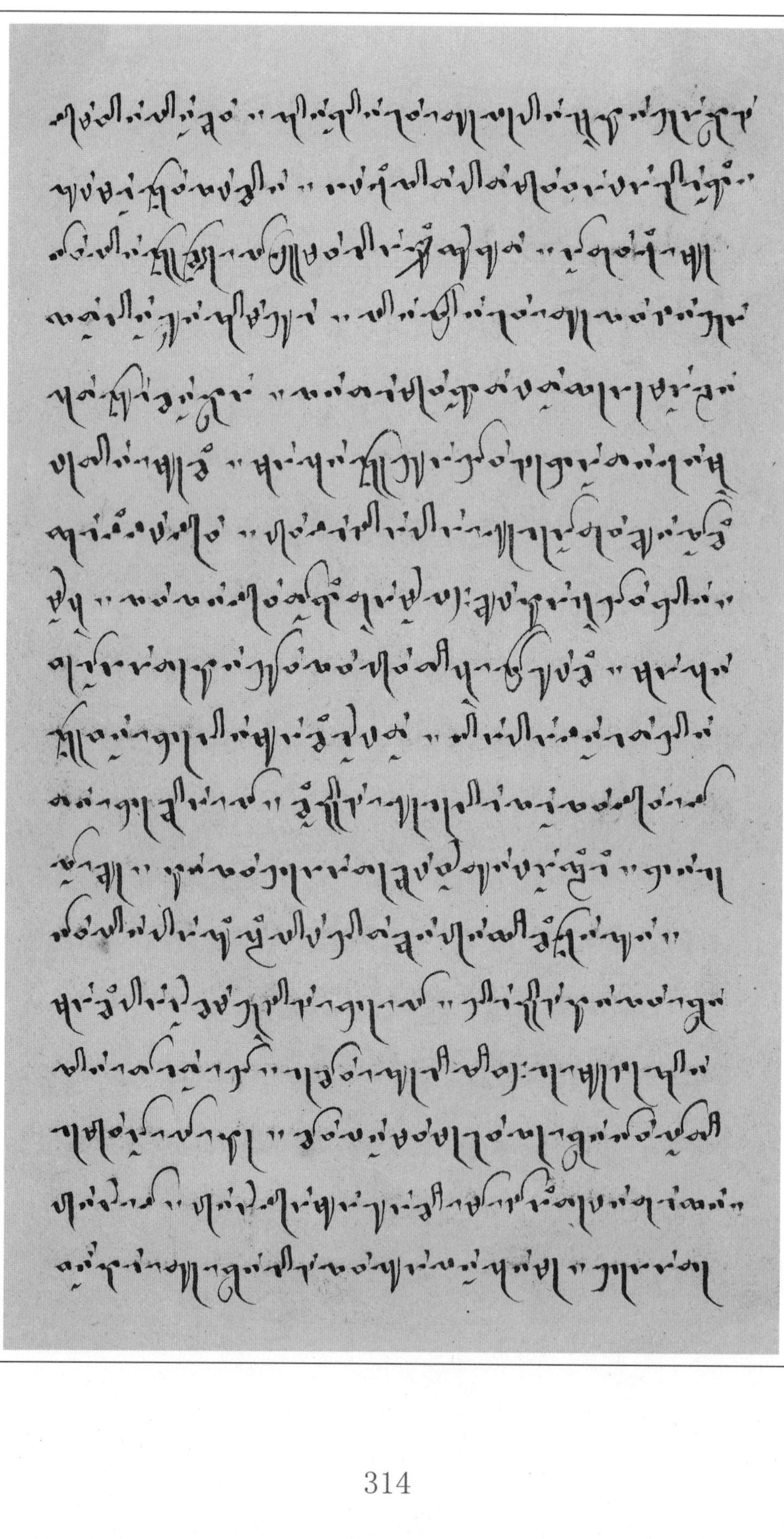

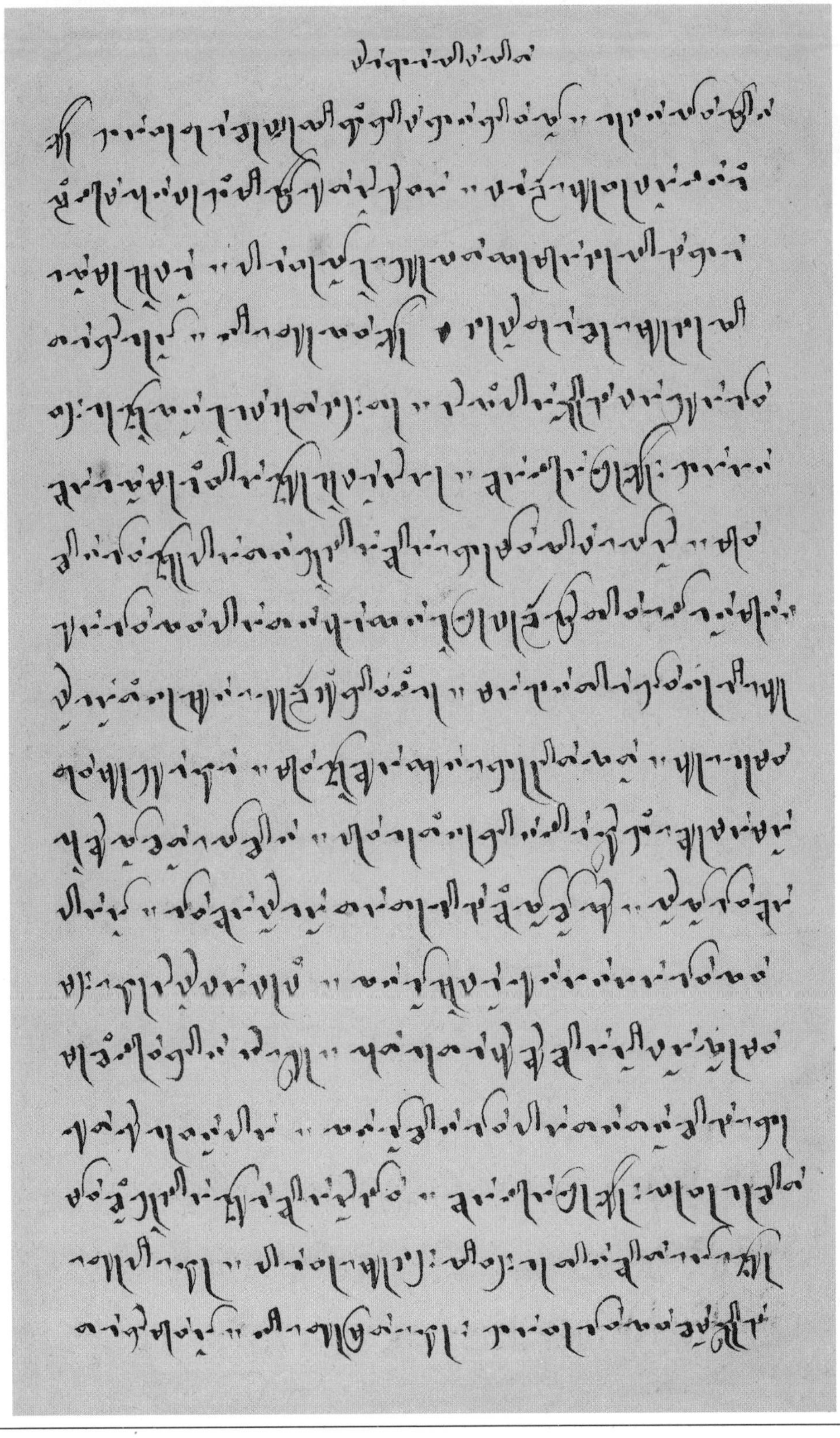

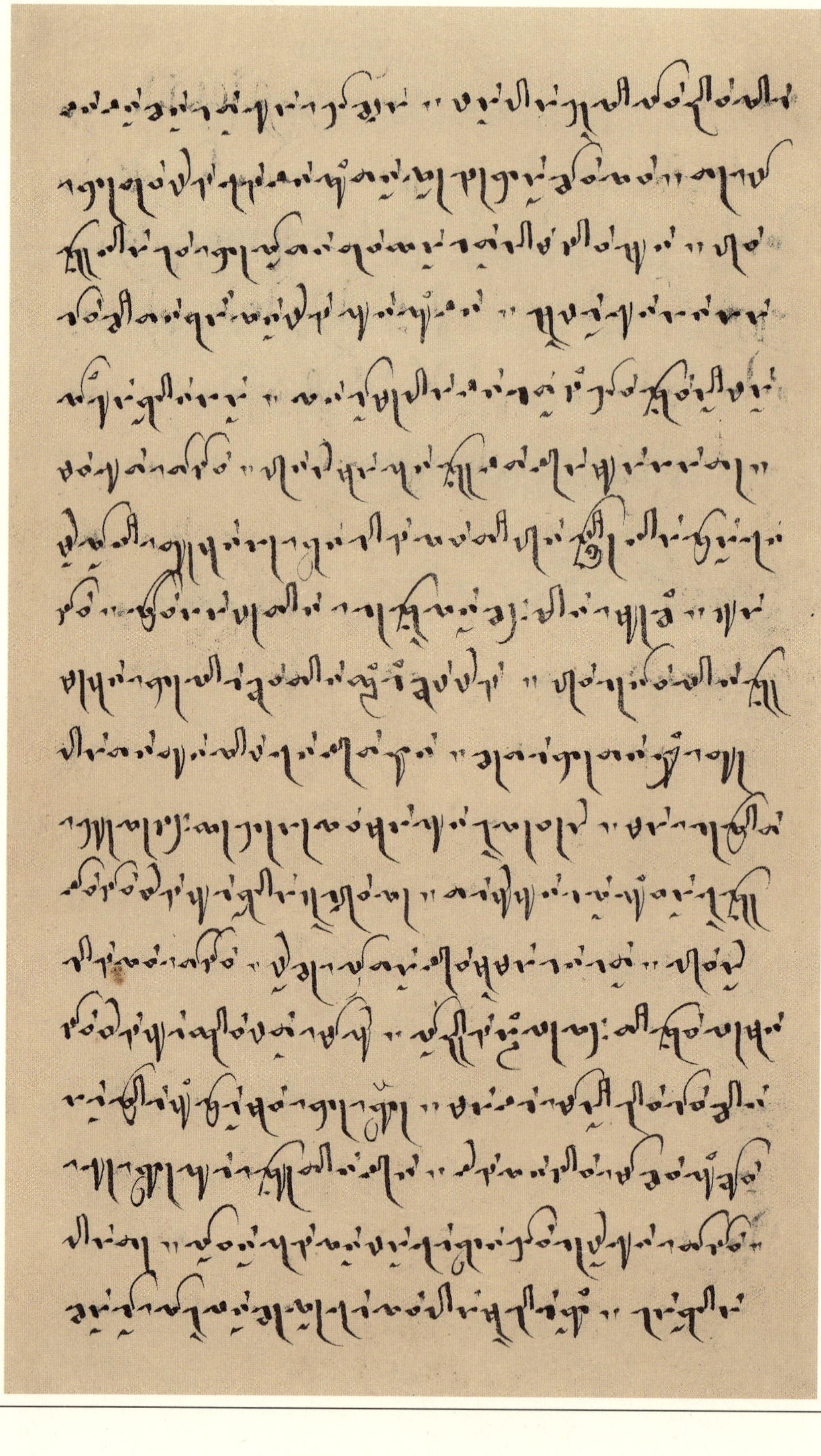

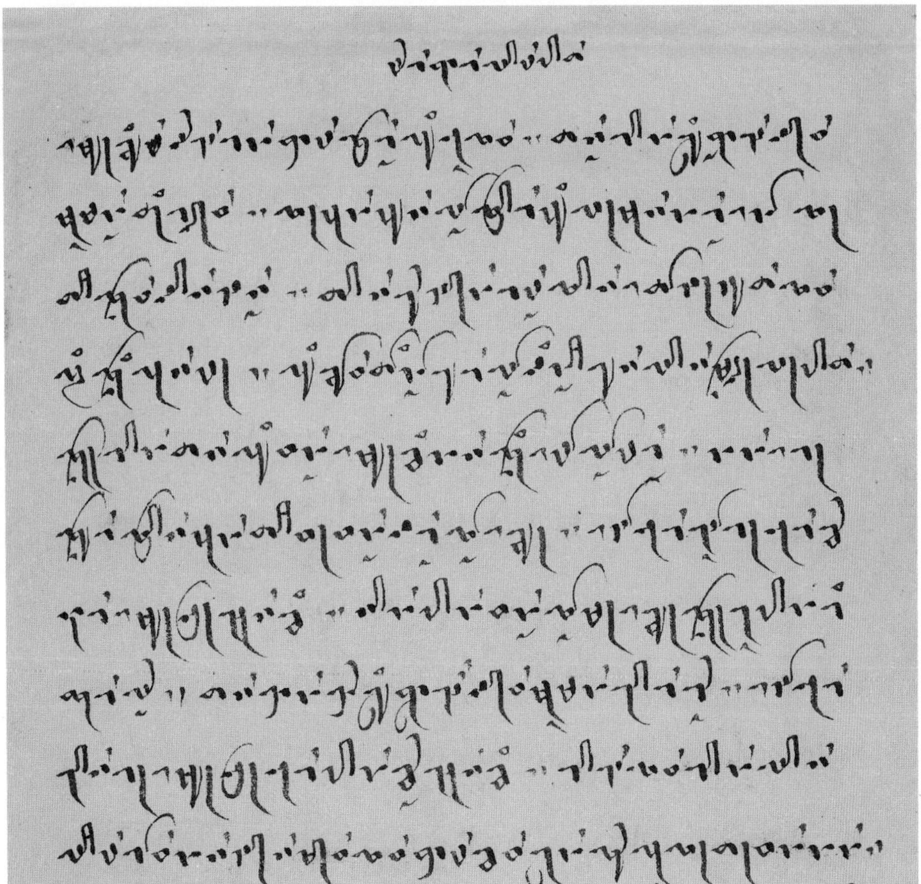

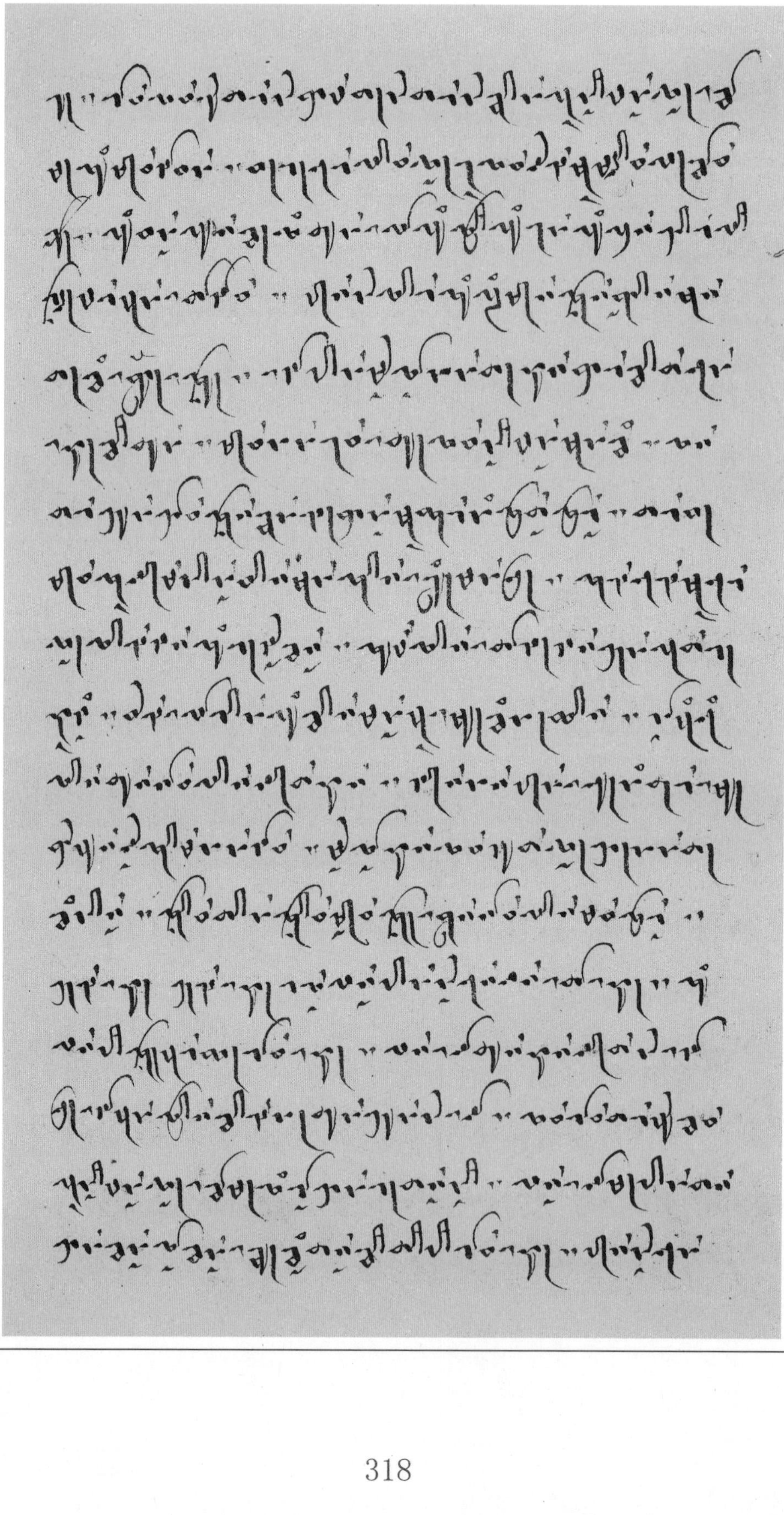

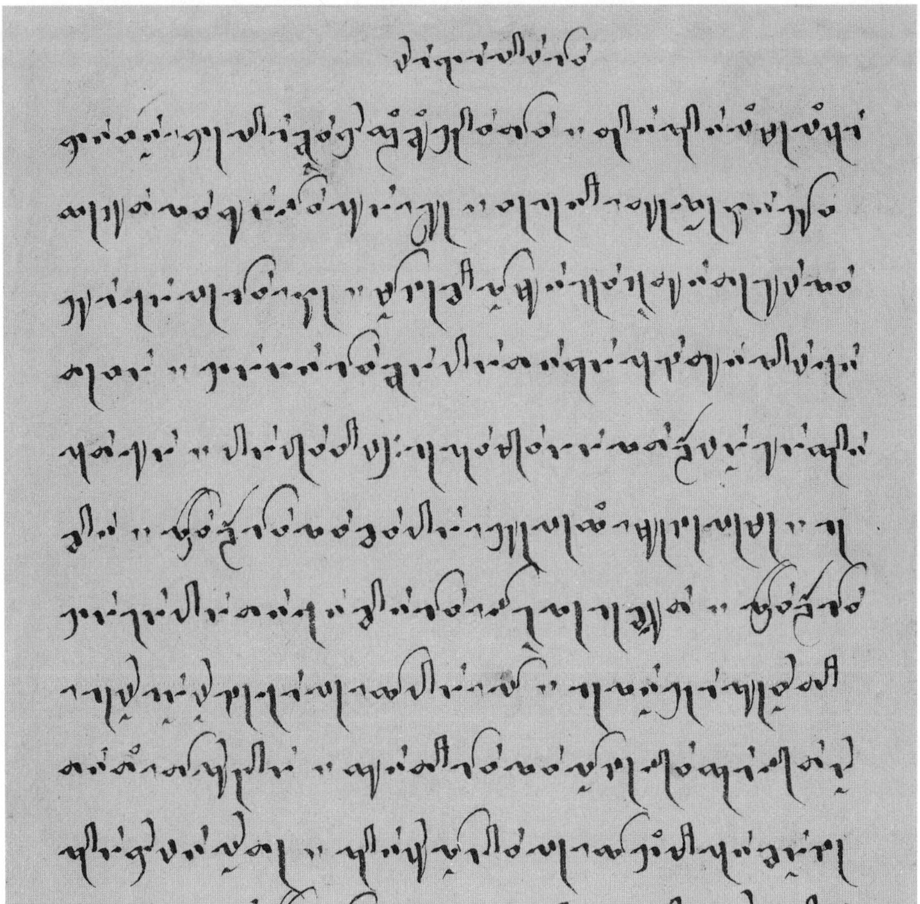

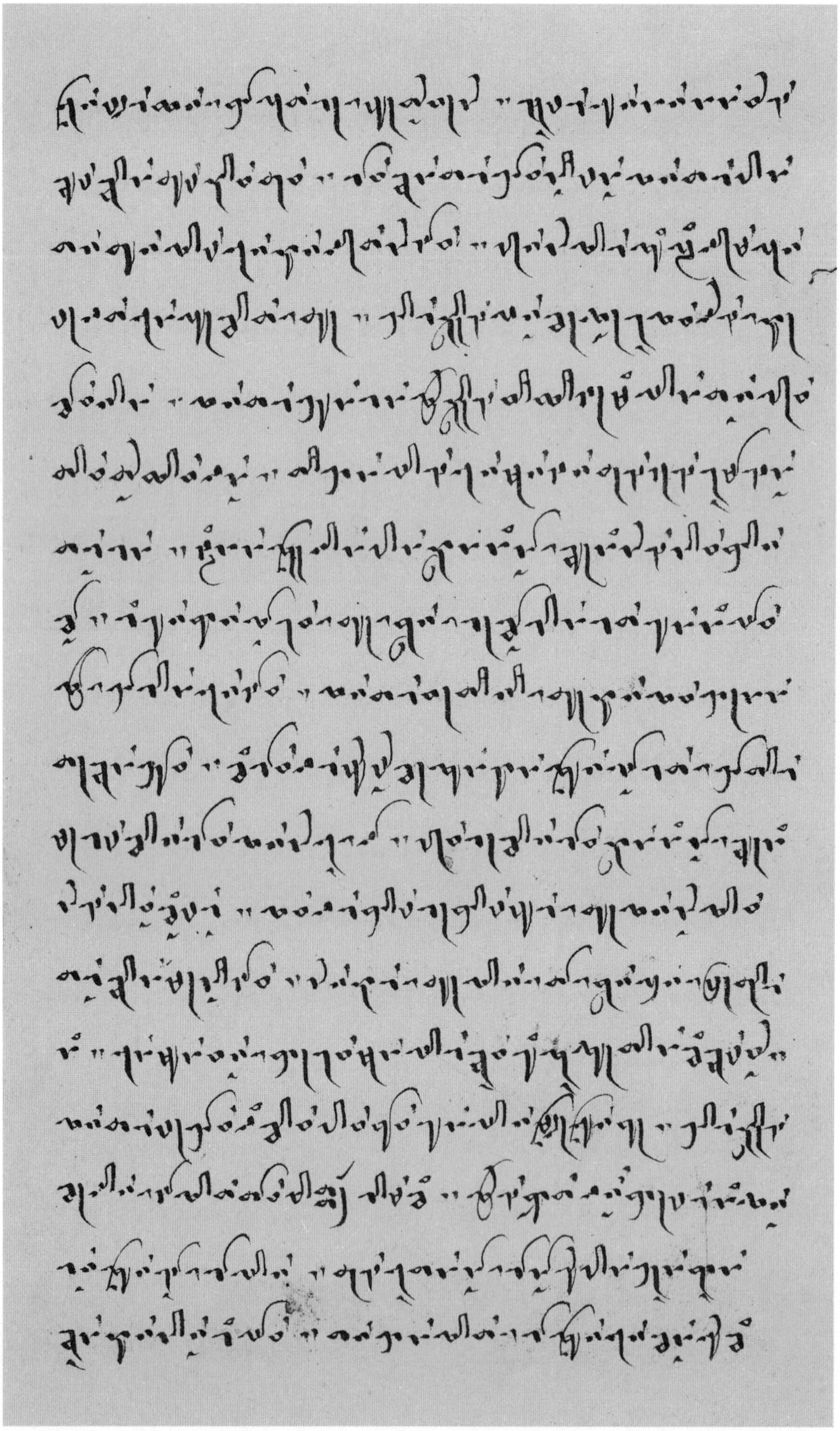

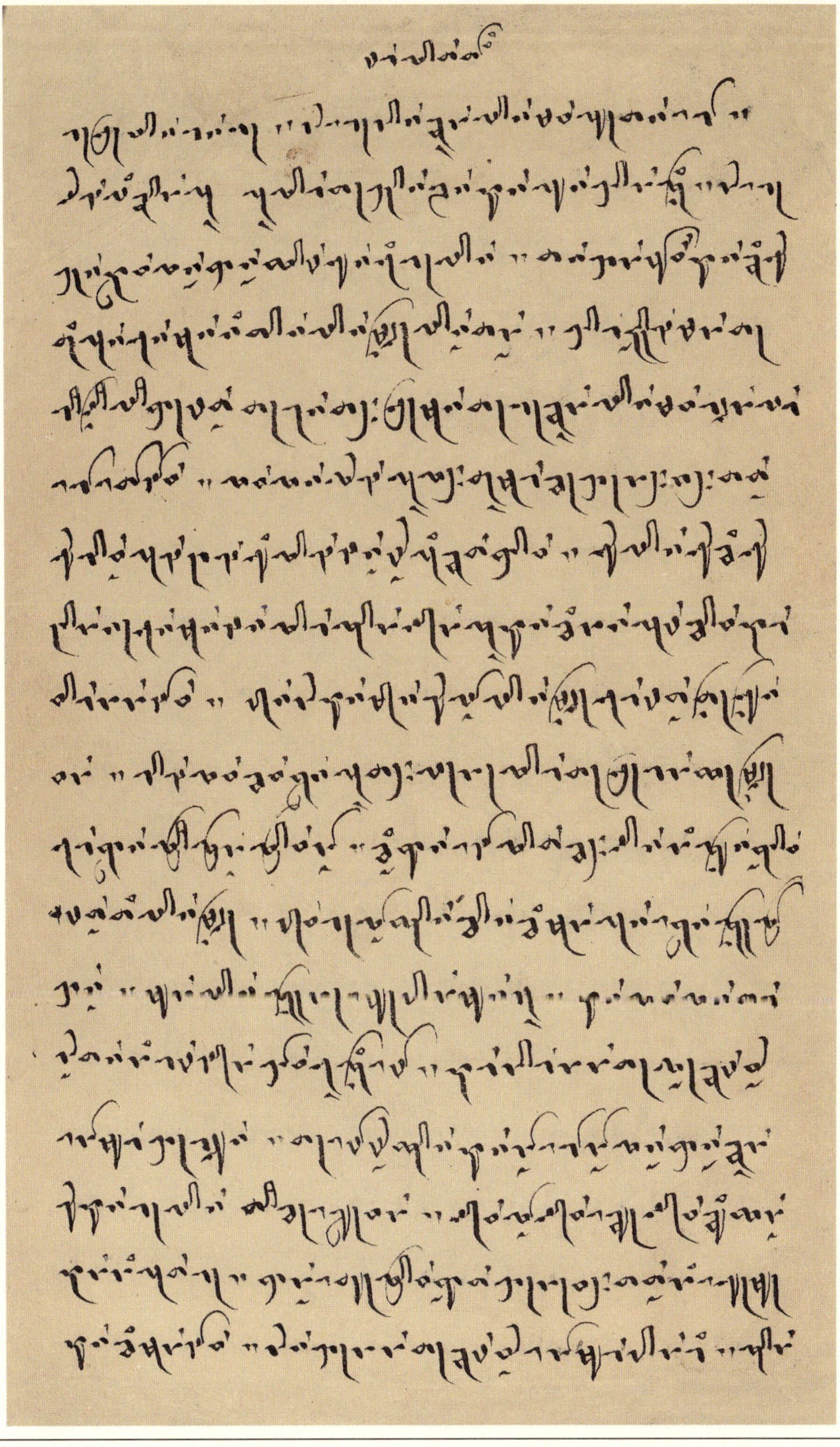

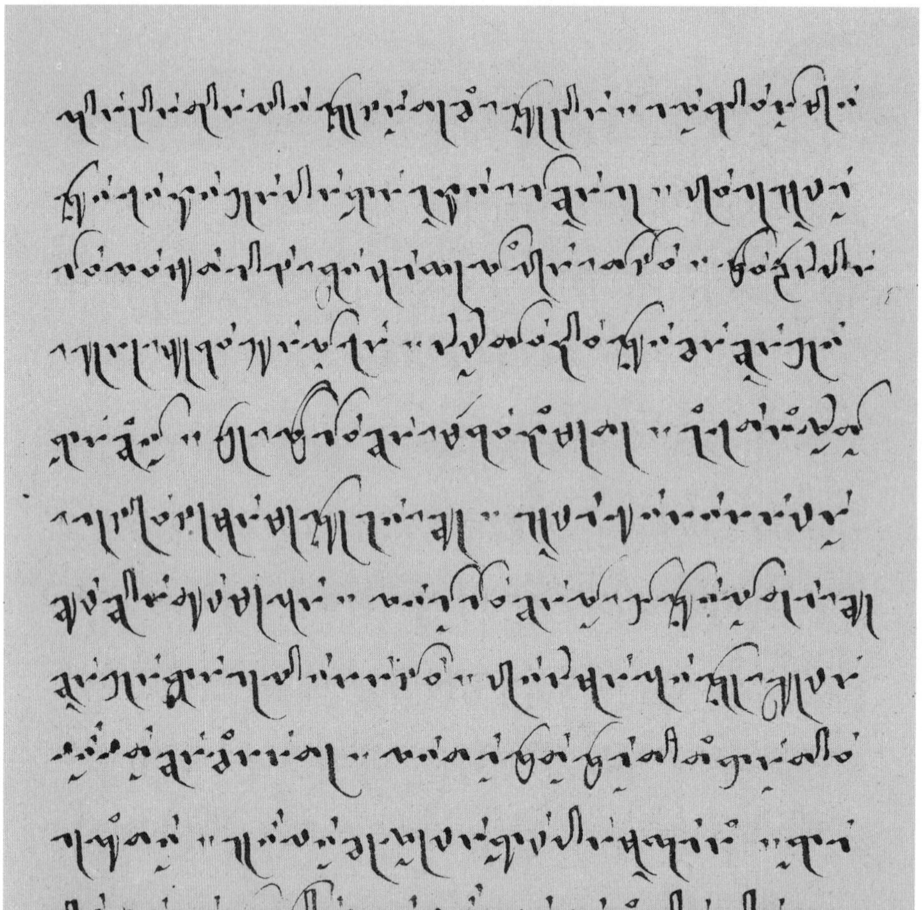

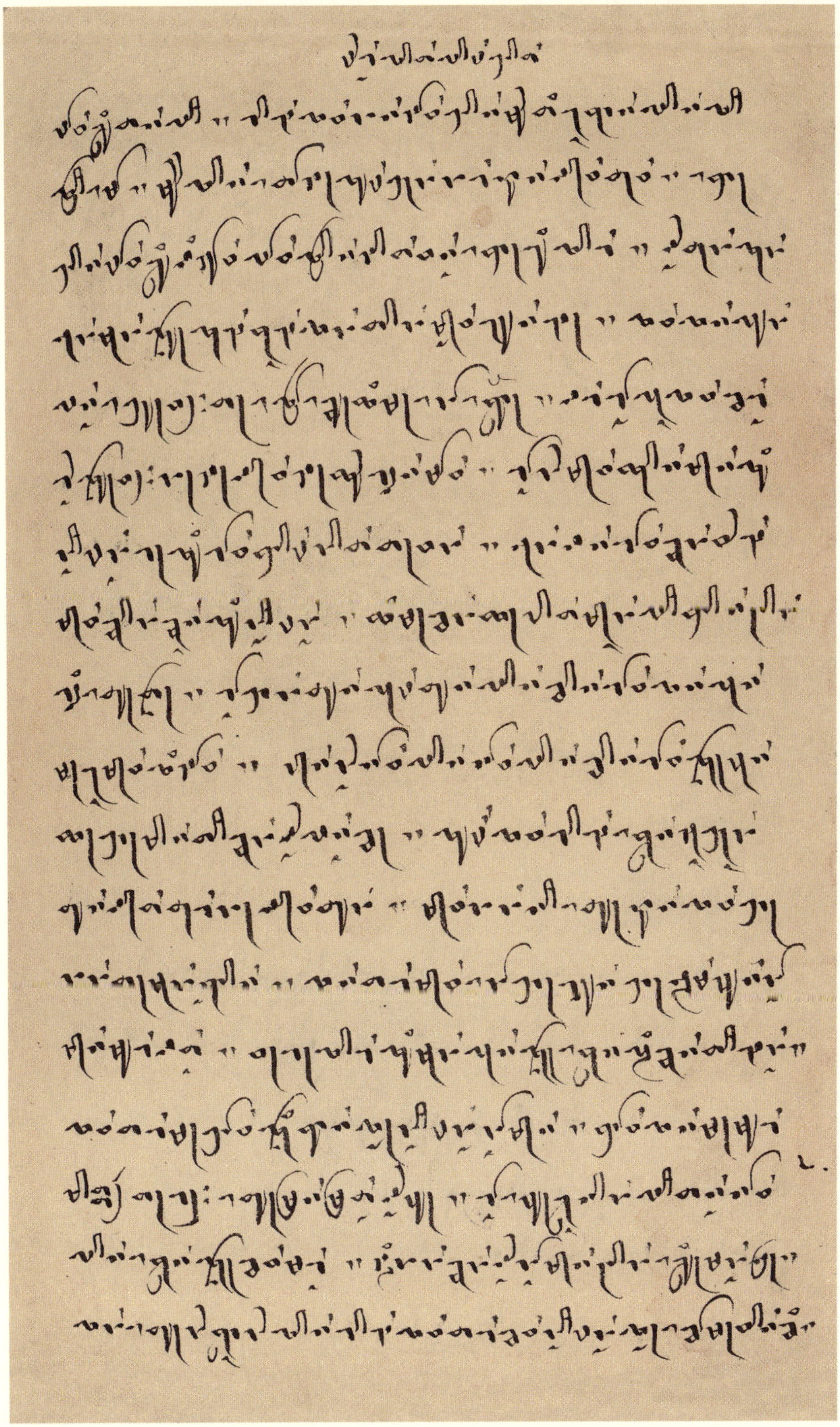

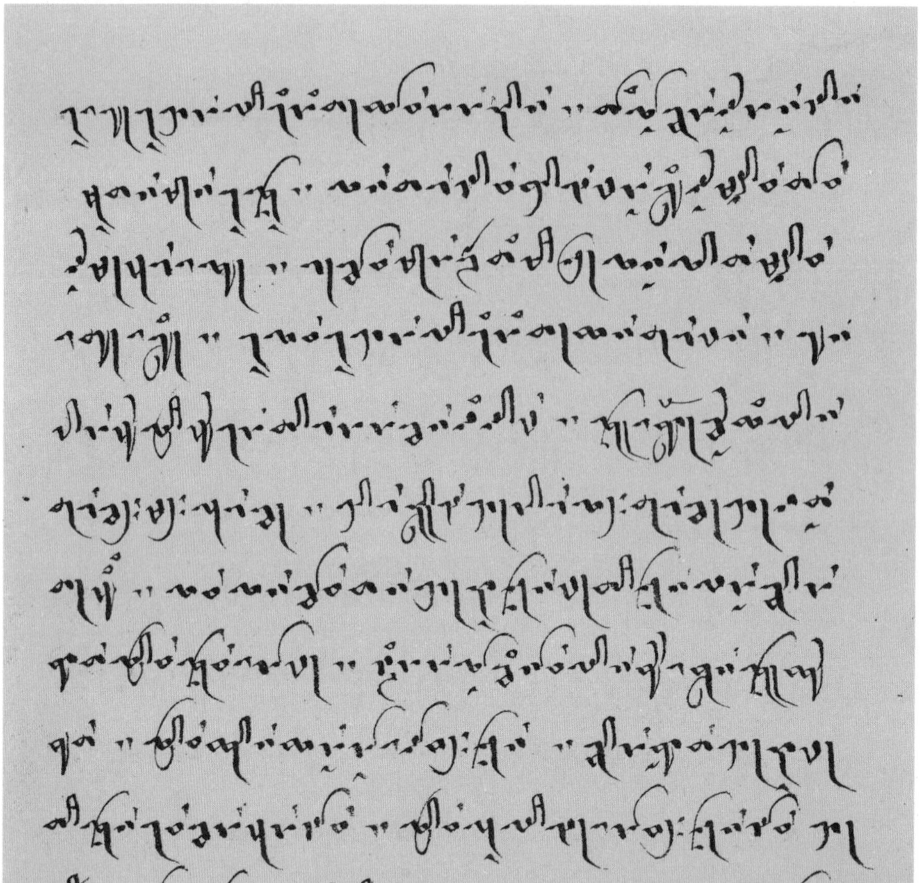

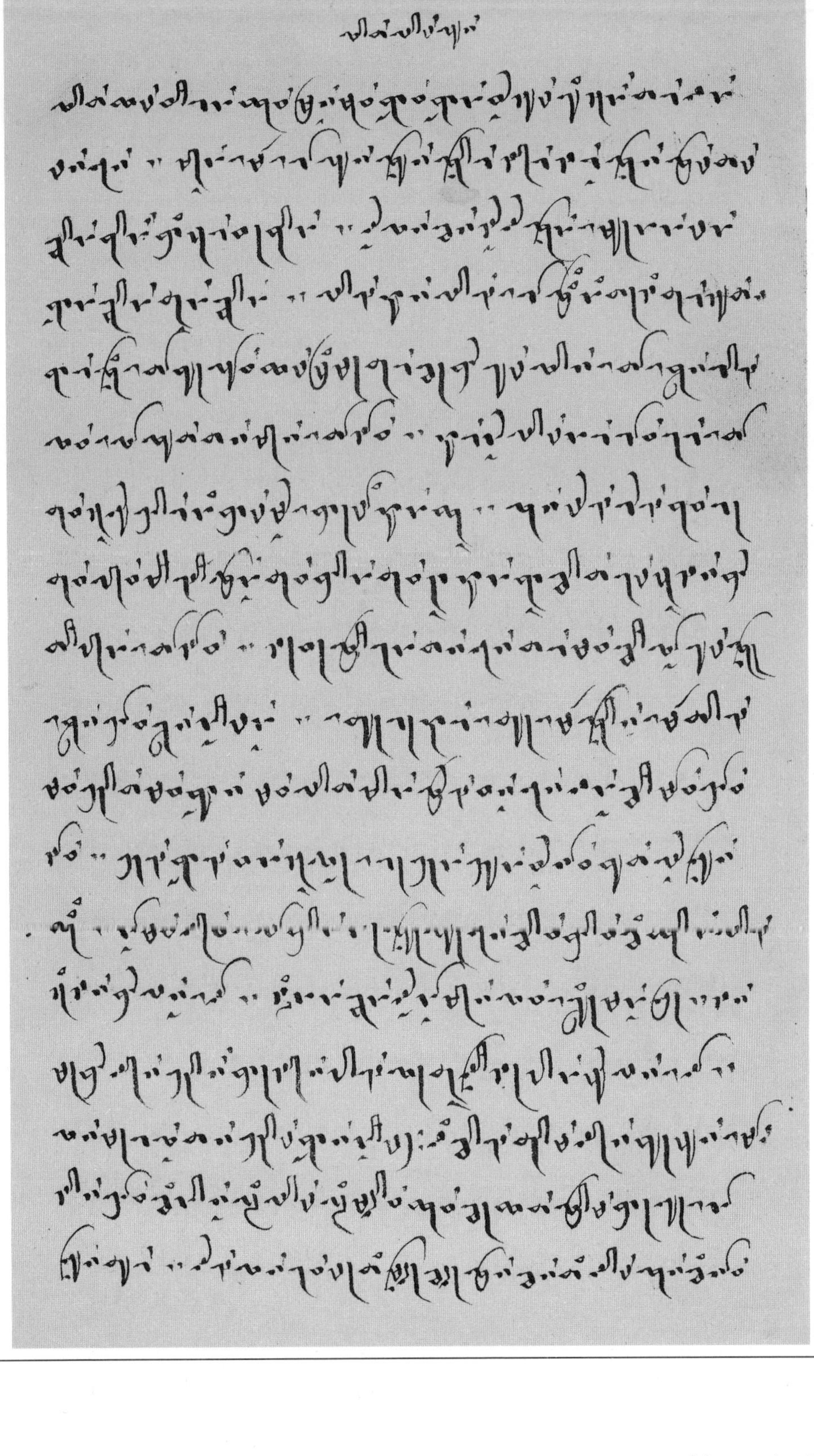

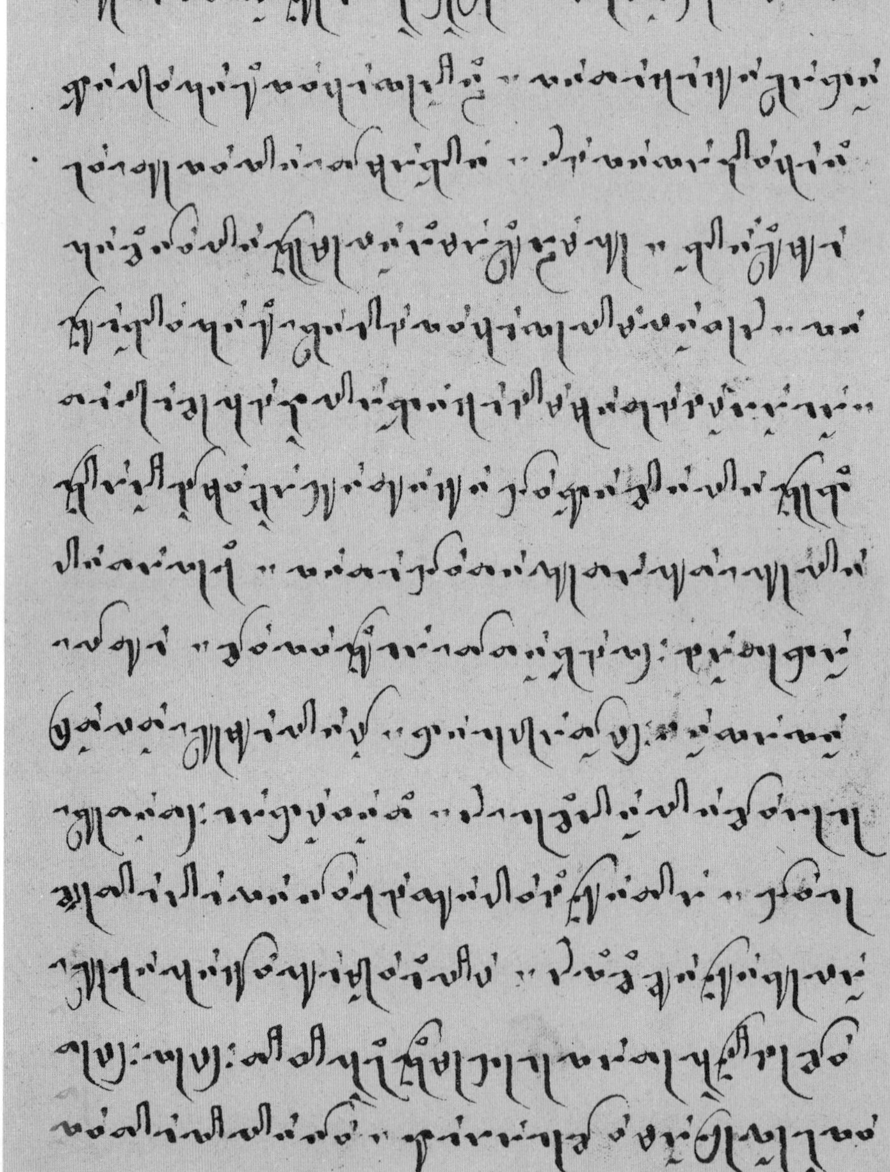

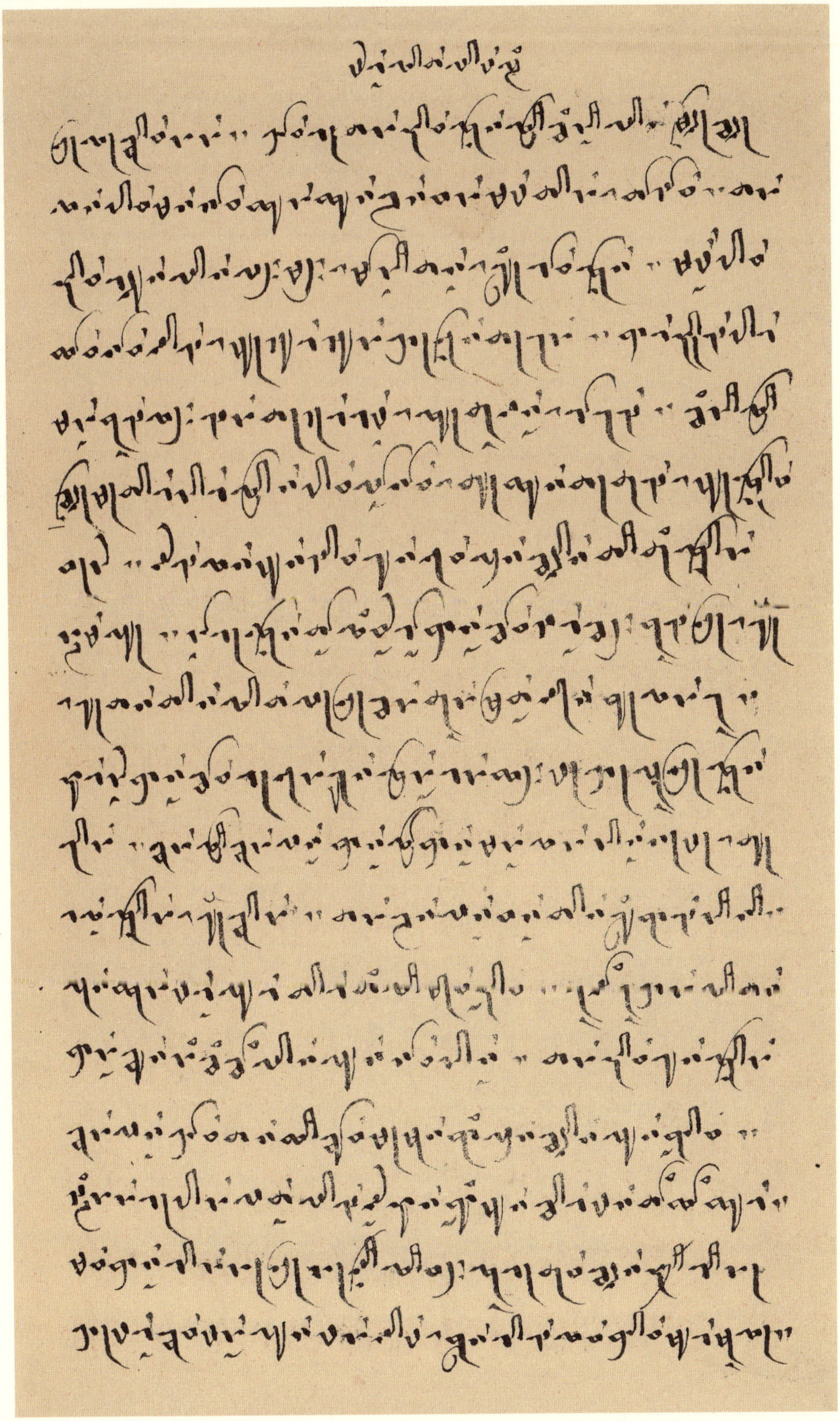

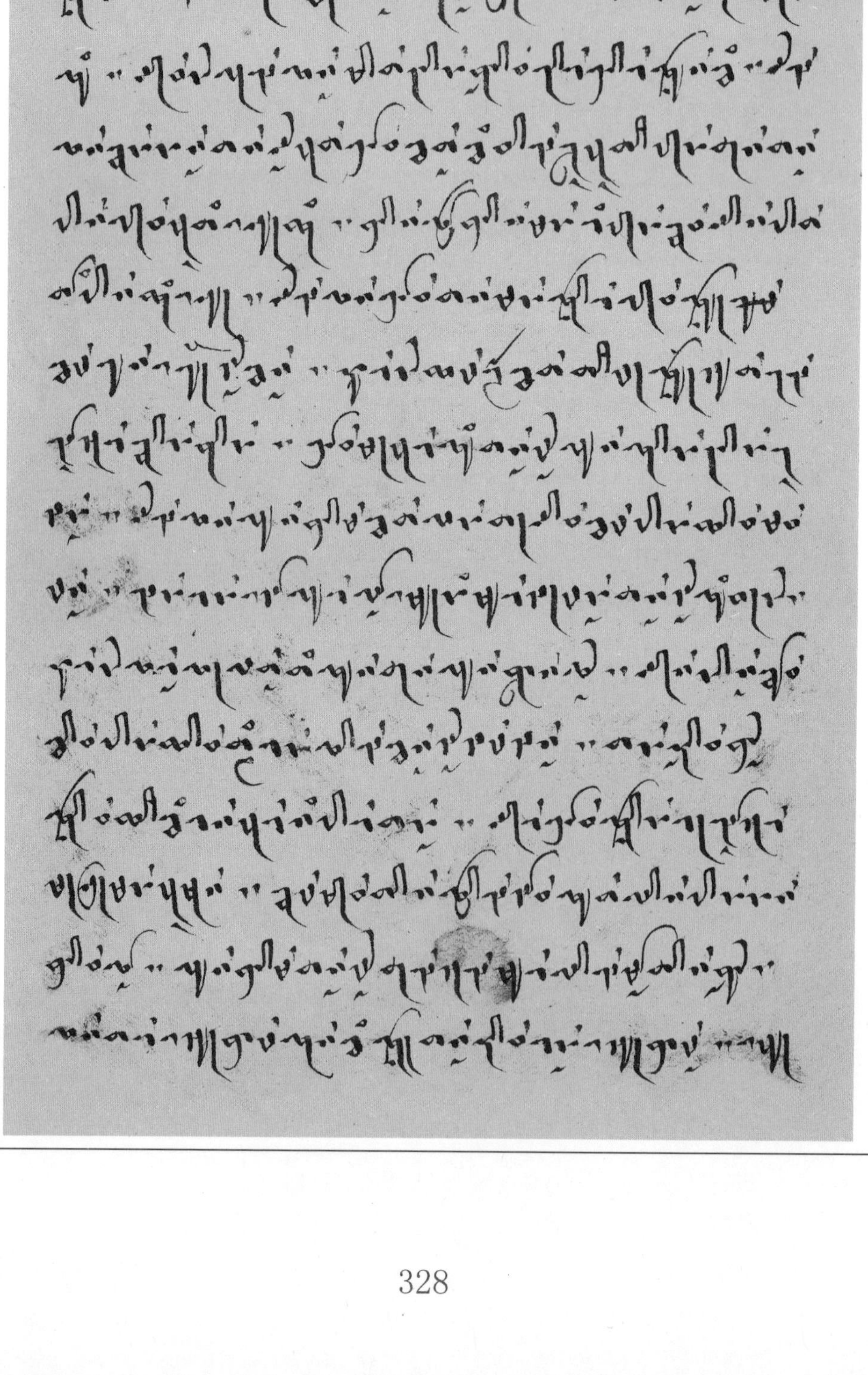

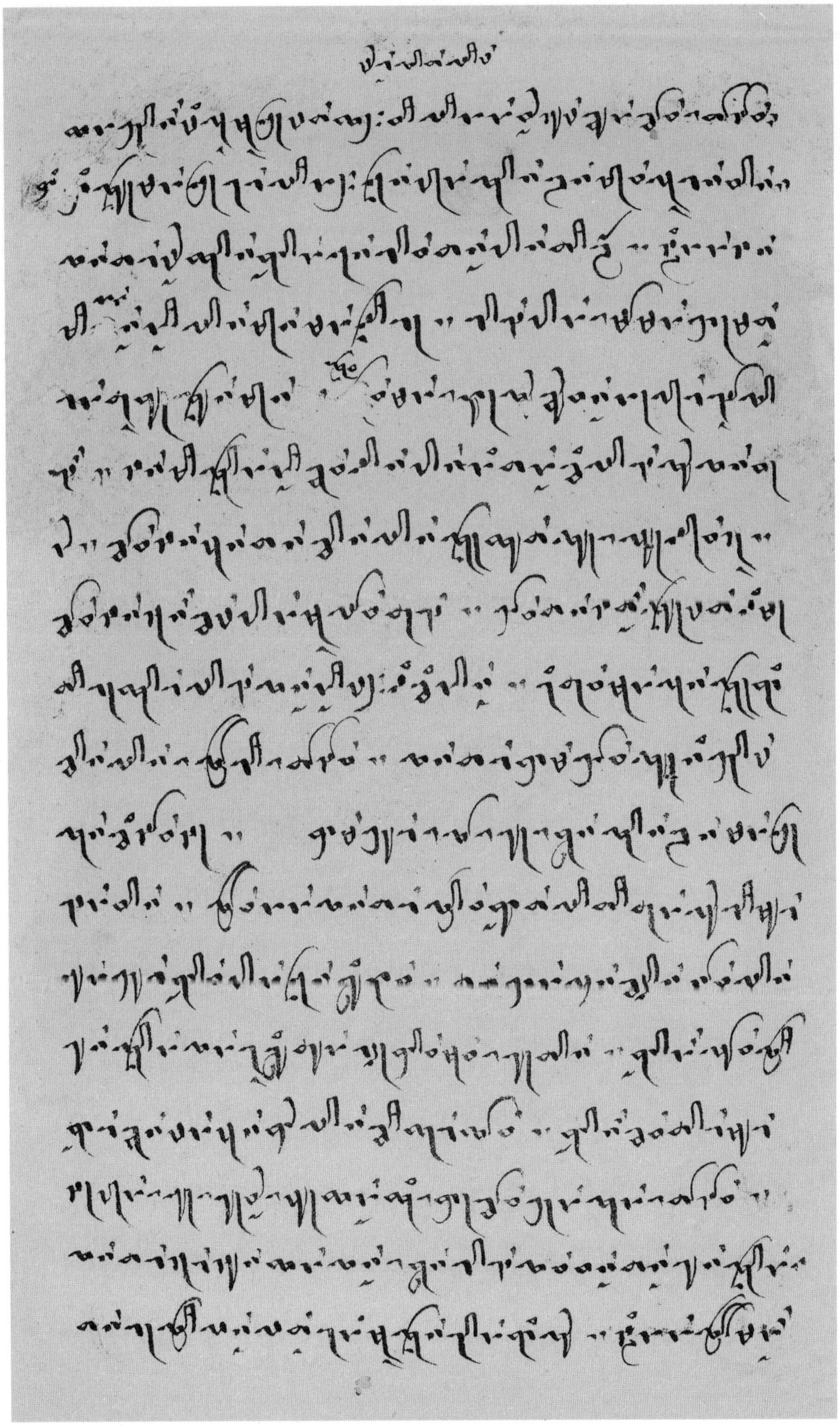

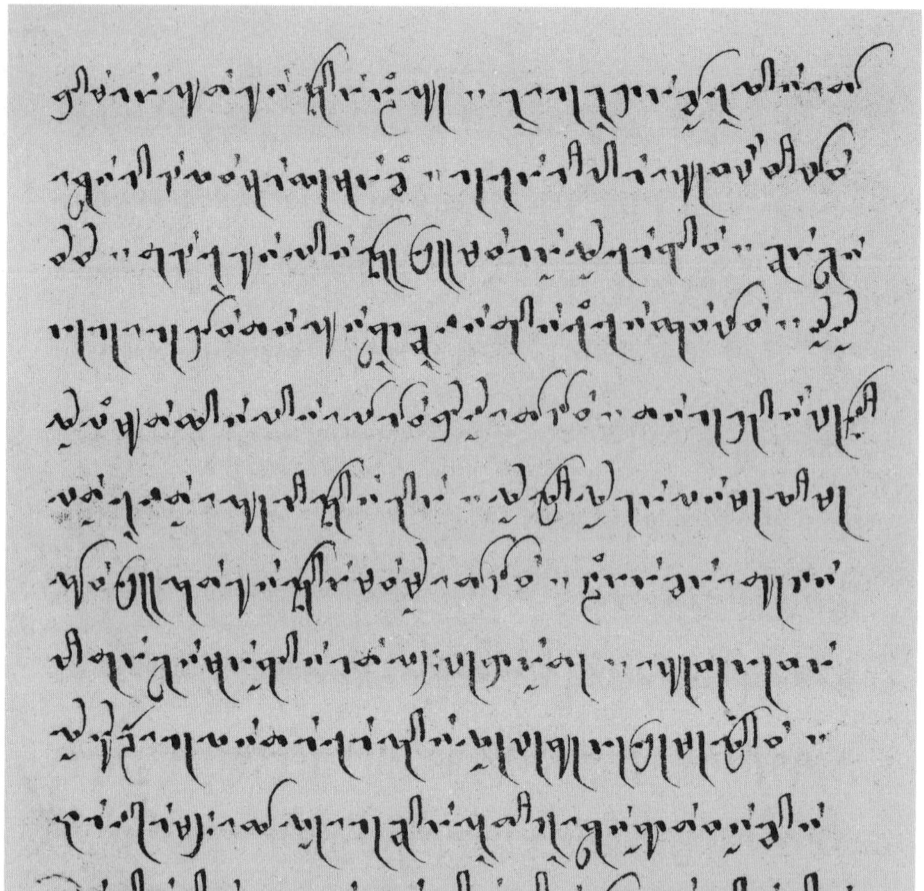

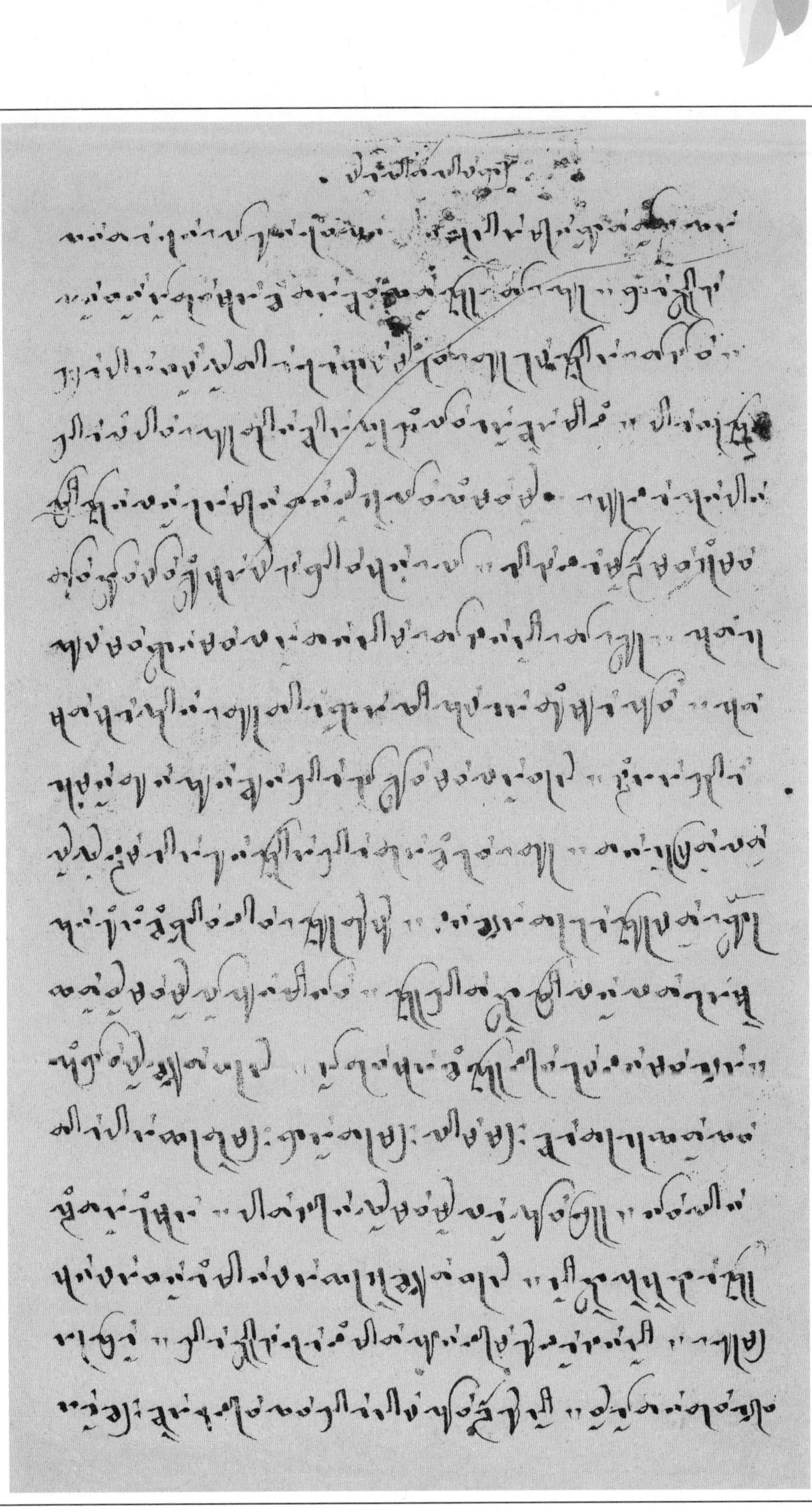

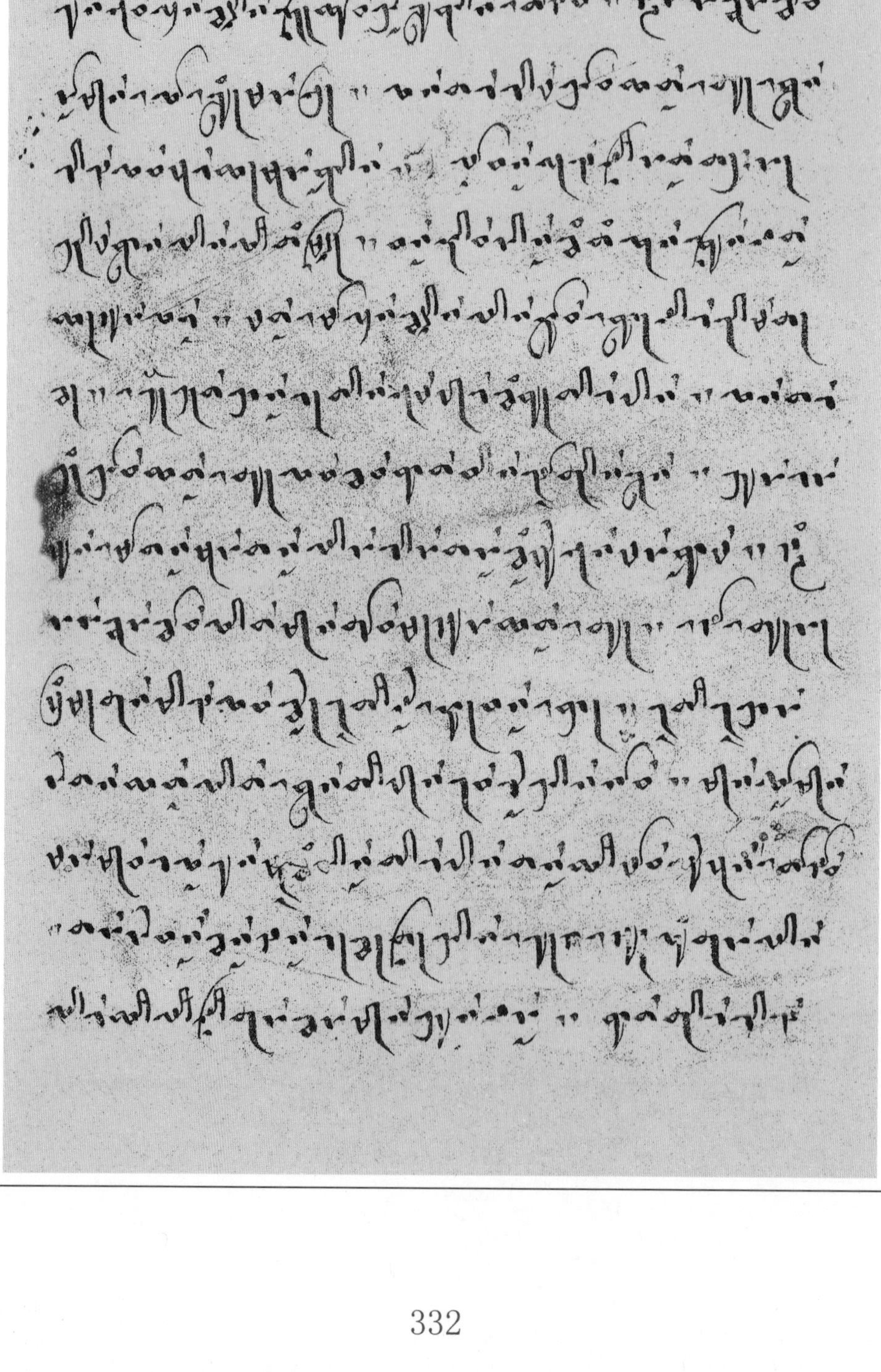

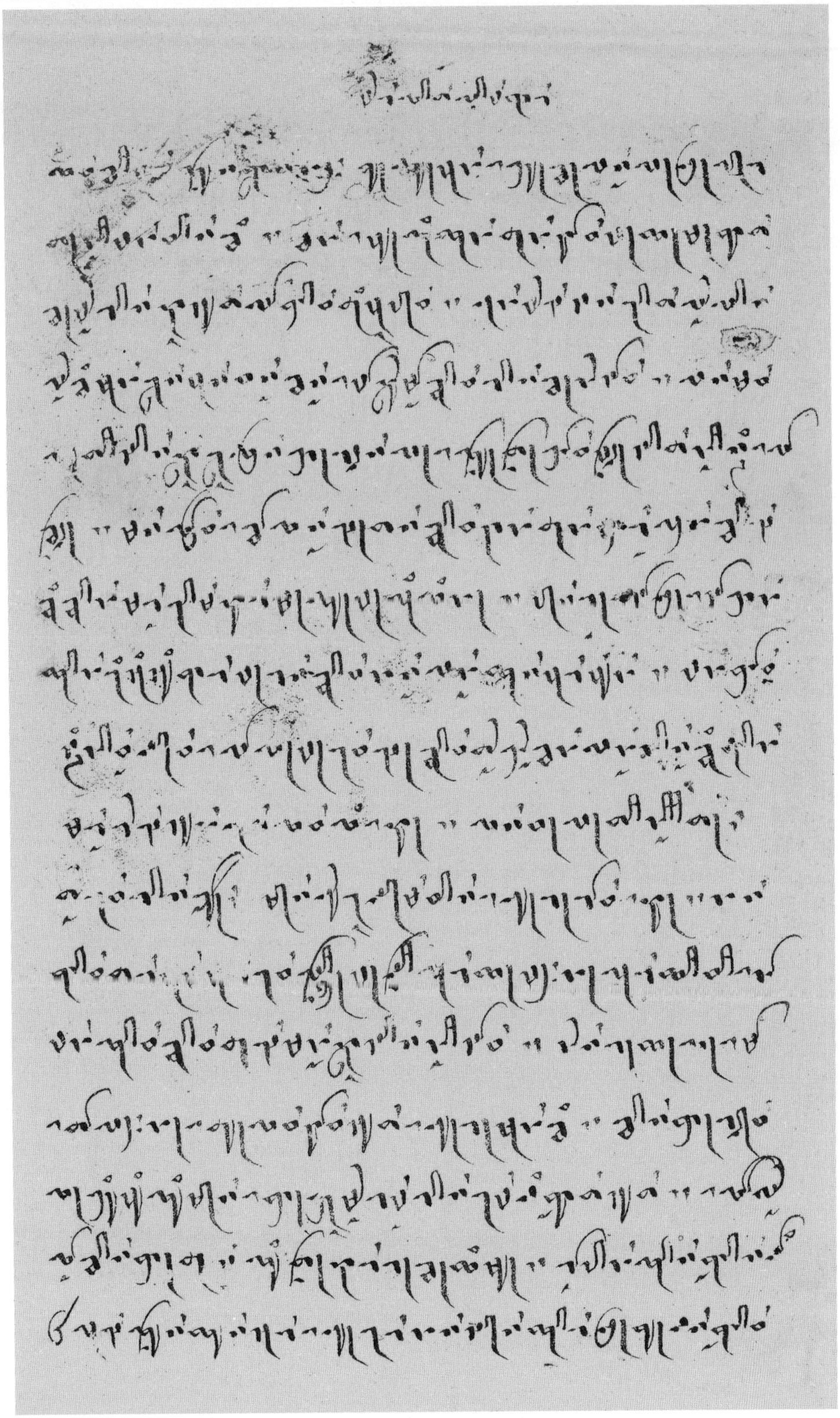

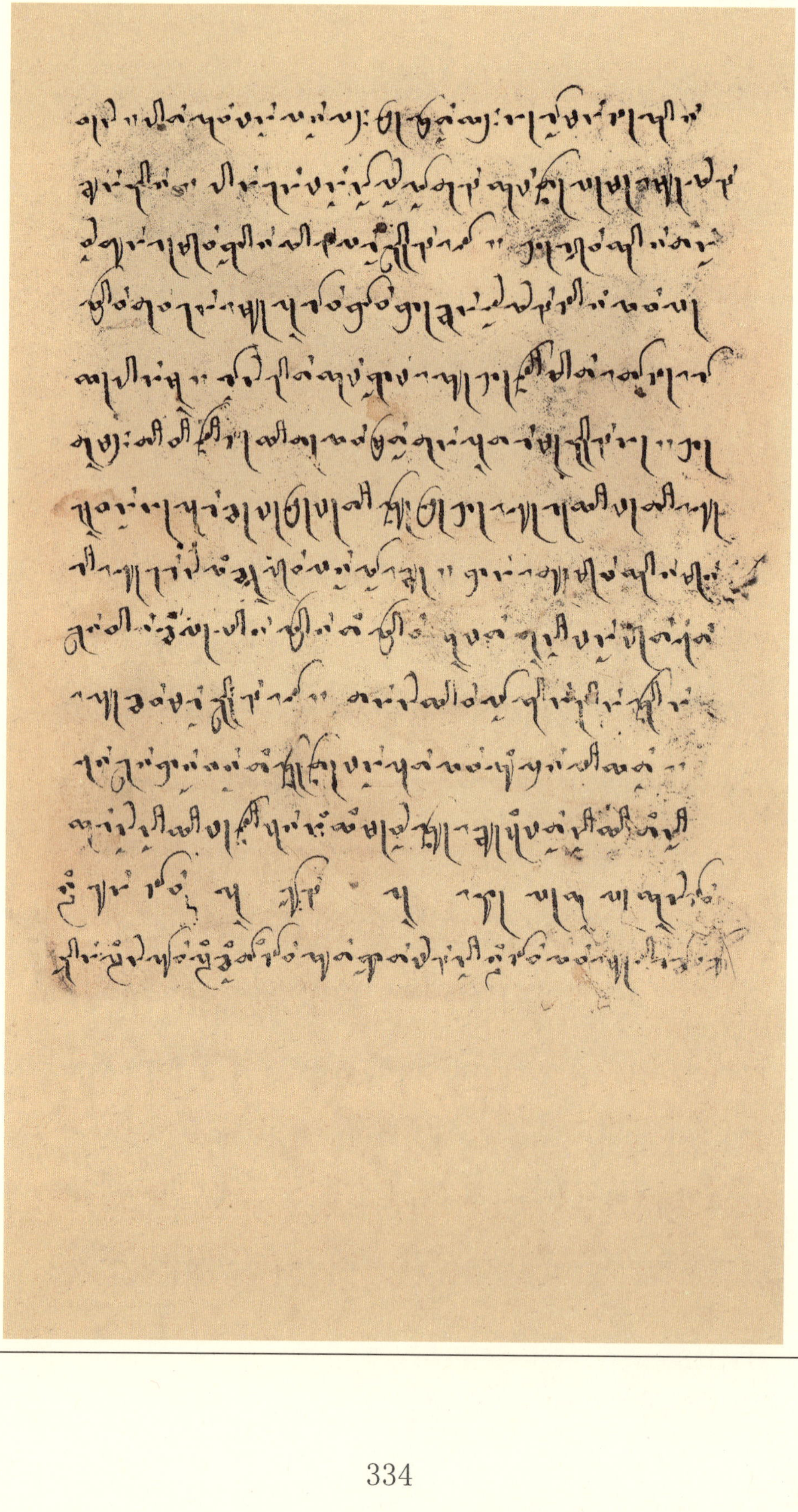

图书在版编目（CIP）数据

云南少数民族古籍珍本集成. 第59卷 / 云南省少数民族古籍整理出版规划办公室编. -- 昆明 : 云南人民出版社,2017.11

ISBN 978-7-222-16652-3

Ⅰ. ①云… Ⅱ. ①云… Ⅲ. ①少数民族—古籍—善本—汇编—云南 Ⅳ. ①K280.74

中国版本图书馆CIP数据核字（2017）第285816号

出 品 人：赵石定
组稿编辑：张平慧
责任编辑：赵 红
封面设计：向 炜
排版编辑：梁冠男
责任校对：任 娜
责任印制：代隆参

书 名：云南少数民族古籍珍本集成 第59卷
作 者：云南省少数民族古籍整理出版规划办公室 编
出 版：云南出版集团公司 云南人民出版社
发 行：云南人民出版社
社 址：昆明市环城西路609号
邮 编：650034
网 址：www. ynpph. com.cn
E-mail：ynrms@sina.com
开 本：889 × 1194 1/16
印 张：21.25
版 次：2017年11月第1版第1次印刷
印 刷：昆明富新春彩色印务有限公司
书 号：ISBN 978-7-222-16652-3
定 价：580.00元